Schriften zum Infrastrukturrecht

herausgegeben von
Wolfgang Durner und Martin Kment

13

Tanja Potschies

Raumplanung, Fachplanung und kommunale Planung

Mohr Siebeck

Tanja Potschies, geboren 1984; Studium der Rechtswissenschaften an der Universität Erlangen-Nürnberg; Referendariat am OLG Nürnberg; Wissenschaftliche Mitarbeiterin am Lehrstuhl für Öffentliches Recht und Europarecht der Universität Erlangen-Nürnberg; 2016 Promotion; seit 2015 Rechtsanwältin.

ISBN 978-3-16-154940-3
ISSN 2195-5689 (Schriften zum Infrastrukturrecht)

Die Deutsche Nationalbibliothek verzeichnet diese Publikation in der Deutschen Nationalbibliographie; detaillierte bibliographische Daten sind im Internet über *http://dnb.dnb.de* abrufbar.

Das Buch wurde von epline in Neuffen gesetzt und von Gulde-Druck in Tübingen auf alterungsbeständiges Werkdruckpapier gedruckt und gebunden.

Vorwort

Diese Arbeit wurde im Sommersemester 2016 an der Friedrich-Alexander-Universität Erlangen-Nürnberg als Dissertation angenommen. Die Untersuchung wurde im Wesentlichen im Dezember 2015 abgeschlossen.

Mein besonderer Dank gilt meinem Doktorvater Prof. Dr. Bernhard W. Wegener, der diese Arbeit betreut und in vielfältiger Hinsicht unterstützt hat. Seine Anregungen waren äußerst wertvoll und haben den Fortgang der Arbeit wesentlich gefördert. Herrn Prof. Dr. Max-Emanuel Geis danke ich für die zügige Erstellung des Zweitgutachtens und die damit verbundenen weiterführenden Hinweise.

Meinem Mann und meiner Tochter danke ich vor allem für Ihre Geduld während der gesamten Zeit, die dieses Vorhaben in Anspruch genommen hat. Ohne diese Ausdauer sowie die Unterstützung meiner Eltern und meiner Schwiegereltern wäre die Erstellung der Arbeit in dieser Weise nicht möglich gewesen.

Allen Korrekturlesern und Korrekturleserinnen, die die Arbeit bis ins letzte Detail gelesen haben, gebührt ebenfalls mein Dank. Meine Kolleginnen und Kollegen am Lehrstuhl für Öffentliches Recht und Europarecht an der FAU haben mich auf vielfältige Weise durchgehend unterstützt.

Meiner „Lerngruppe" Julia und Nicole gilt mein besonderer Dank dafür, dass sie auch bei dieser Etappe bis zum Ende dabei waren.

Inhaltsübersicht

Inhaltsverzeichnis

Abkürzungsverzeichnis

§	Paragraph
§§	Paragraphen
a. A.	anderer Ansicht
a. a. O.	am angegebenen Ort
a. A.	am Anfang
a. F.	alte Fassung
Abs.	Absatz
AEG	Allgemeines Eisenbahngesetz
AG VwGO SachsAnh	Gesetz zur Ausführung der Verwaltungsgerichtsordnung und des Bundesdisziplinargesetzes Sachsen-Anhalt
AGGerStrG MV	Gesetz zur Ausführung des Gerichtsstrukturgesetzes – Gerichtsstrukturgesetz-Ausführungsgesetz Mecklenburg-Vorpommern
AGVwGO Bay	Gesetz zur Ausführung der Verwaltungsgerichtsordnung Bayern
AGVwGO Brem	Gesetz zur Ausführung der Verwaltungsgerichtsordnung Bremen
AGVwGO BW	Gesetz zur Ausführung der Verwaltungsgerichtsordnung Baden-Württemberg
AGVwGO Saarl	Gesetz zur Ausführung der Verwaltungsgerichtsordnung Saarland
AGVwGO SchlH	Gesetz zur Ausführung der Verwaltungsgerichtsordnung Schleswig-Holstein
akt.	aktualisiert
Alt.	Alternative
Anm.	Anmerkung
Art.	Artikel
AtomG	Atomgesetz
Aufl.	Auflage
BauGB	Baugesetzbuch
BauR	Baurecht – Zeitschrift für das gesamte öffentliche und private Baurecht
BayBO	Bayerische Bauordnung
BayLPlG	Bayerisches Landesplanungsgesetz
BayVBl	Bayerische Verwaltungsblätter
BBauG	Bundesbaugesetz
BbgVwGG	Brandenburgisches Verwaltungsgerichtsgesetz
BeckRS	Beck-online Rechtsprechung
Bd.	Band
bearb.	Bearbeitet
Beschl.	Beschluss
BGBl	Bundesgesetzblatt
BImSchG	Bundes-Immissionsschutzgesetz
BNatSchG	Bundesnaturschutzgesetz
BNetzA	Bundesnetzagentur
BR-Drs.	Drucksache des Bundesrats
BT-Drs.	Drucksache des Bundestags

BV	Bayerische Verfassung
BVerfG	Bundesverfassungsgericht
BVerfGE	Entscheidungen des Bundesverfassungsgerichtes – Amtliche Sammlung
BVerfGG	Bundesverfassungsgerichtsgesetz
BVerwG	Bundesverwaltungsgericht
BVerwGE	Entscheidungen des Bundesverwalungsgerichtes – Amtliche Sammlung
bzw.	beziehungsweise
d. h.	das heißt
DÖV	Die öffentliche Verwaltung
DVBl	Deutsches Verwaltungsblatt
ENWG	Energiewirtschaftsgesetz
erw.	erweitert
f.	folgende (Einzahl)
ff.	folgende (Mehrzahl)
Fn.	Fußnote
FStrAbG	Fernstraßenausbaugesetz
FStrG	Fernstraßengesetz
GG	Grundgesetz
GVBl.	Gesetz- und Verordnungsblatt
Halbs.	Halbsatz
HessAGVwGO	Gesetz zur Ausführung der Verwaltungsgerichtsordnung Hessen
HessLPG	Hessisches Landesplanungsgesetz
HessStGHG	Gesetz über den Staatsgerichtshof Hessen
Hrsg.	Herausgeber
i. S. d.	im Sinne des
i. V. m.	in Verbindung mit
juris-PR BVerwG	Juris PraxisReport Bundesverwaltungsgericht
KrWG	Kreislaufwirtschaftsgesetz
LaplaG SchlH	Landesplanungsgesetz Schleswig-Holstein
LBO BaWÜ	Landesbauordnung Baden-Württemberg
LBO Bremen	Bremische Landesbauordnung
LBO NRW	Landesbauordnung Nordrhein-Westfalen
LBO RhPf	Landesbauordnung Rheinland-Pfalz
LBO SchlH	Landesbauordnung Schleswig-Holstein
LEP	Landesentwicklungsplan
LEPro	Landesentwicklungsprogramm
LKrO Bay	Landkreisordnung Bayern
LKRZ	Zeitschrift für Landes- und Kommunalrecht Hessen
LKV	Landes- und Kommunalverwaltung Verwaltungsrechtszeitschrift für die Länder Berlin, Brandenburg, Sachsen, Sachsen-Anhalt und Thüringen
LPIG SachsAnh	Landesplanungsgesetz des Landes Sachsen-Anhalt
LPlaStV Berl/Bbg	Staatsvertrag über die Aufgaben und Trägerschaft sowie Grundlagen und Verfahren der gemeinsamen Landesplanung zwischen den Ländern Berlin und Brandenburg
LPlG BW	Landesplanungsgesetz Baden-Württemberg
LPlG MV	Gesetz über die Raumordnung und Landesplanung des Landes Mecklenburg-Vorpommern
LPlG NRW	Landesplanungsgesetz Nordrhein-Westfalen
LPlG RhPf	Landesplanungsgesetz Rheinland-Pfalz
LuftVG	Luftverkehrsgesetz

LuftVG	Luftverkehrsgesetz
LuftVZO	Luftverkehrs-Zulassungs-Ordnung
LVerfGG MV	Gesetz über das Landesverfassungsgericht Mecklenburg-Vorpommern
LVerfGG SachsAnh	Gesetz über das Landesverfassungsgericht – Landesverfassungsgerichtsgesetz Sachsen-Anhalt
LVerfGG SchlH	Gesetz über das Schleswig-Holsteinische Landesverfassungsgericht – Landesverfassungsgerichtsgesetz Schleswig-Holstein –
LVO BaWü	Landesverwaltungsgesetz Baden-Württemberg
m.	mit
m. w. N.	mit weiteren Nachweisen
NABEG	Netzausbaubeschleunigungsgesetz Übertragungsnetz
NdsJG	Niedersächsisches Justizgesetz
NdsROG	Niedersächsisches Raumordnungsgesetz
NdsVBl	Niedersächsische Verwaltungsblätter
NJOZ	Neue Juristische Online-Zeitschrift
NJW	Neue Juristische Wochenschrift
NordÖR	Zeitschrift für Öffentliches Recht in Norddeutschland
Nr.	Nummer
NUR	Natur und Recht
NVwZ	Neue Zeitschrift für Verwaltungsrecht
NVwZ-extra	Neue Zeitschrift für Verwaltungsrecht – Extra Aufsätze online
NVwZ-RR	Neue Zeitschrift für Verwaltungsrecht, Rechtsprechungsreport
OVG	Oberverwaltungsgericht
RegBkPlG Bbg	Gesetzes zur Regionalplanung und zur Braunkohlen- und Sanierungsplanung Brandenburg
Rn.	Randnummer
ROG	Raumordnungsgesetz
ROV	Raumordnungsverordnung
Rs.	Rechtssache
RuR	Raumordnung und Raumforschung
S.	Seite
S.	Satz
Saar LBO	Landesbauordnung Saarland
SaarlLPG	Saarländisches Landesplanungsgesetz
Sächs BO	Sächsische Bauordnung
SächsJG	Sächsisches Justizgesetz
SächsLPlG	Gesetz zur Raumordnung und Landesplanung des Freistaates Sachsen – Landesplanungsgesetz
SächsVerfGHG	Sächsisches Verfassungsgerichtshofsgesetz
StGHG Brem	Gesetz über den Staatsgerichtshof Bremen
StGHG BW	Gesetz über den Staatsgerichtshof – Staatsgerichtshofgesetz Baden-Württemberg
StGHG Nds	Gesetz über den Staatsgerichtshof – Staatsgerichtshofgesetz Niedersachsen
ThürAGVwGO	Thüringer Gesetz zur Ausführung der Verwaltungsgerichtsordnung
ThürLPlG	Thüringer Landesplanungsgesetz
ThürVerfGHG	Gesetz über den Thüringer Verfassungsgerichtshof – Thüringer Verfassungsgerichtshofsgesetz
u.	und
u. a.	und andere
UPR	Umwelt- und Planungsrecht
Urt.	Urteil

v.	vom
Var.	Variante
VBlBW	Verwaltungsblätter für Baden-Württemberg
VerfGG Bbg	Gesetz über das Verfassungsgericht des Landes Brandenburg – Verfassungsgerichtsgesetz Brandenburg
VerfGHG Berl	Gesetz über den Verfassungsgerichtshof Berlin
VerfGHG RhPf	Landesgesetz über den Verfassungsgerichtshof Rheinland-Pfalz
VerfGHG Saarl	Gesetz über den Verfassungsgerichtshof – Verfassungsgerichtshofgesetz Saarland
VerwArch	Verwaltungsarchiv
VfGHG Bay	Gesetz über den Bayerischen Verfassungsgerichtshof – Verfassungsgerichtshofgesetz Bayern
VGH	Verwaltungsgerichtshof
VGHG NRW	Gesetz über den Verfassungsgerichtshof für das Land Nordrhein-Westfalen – Verfassungsgerichtshofgesetz Nordrhein-Westfalen
vgl.	vergleiche
Vorb.	Vorbemerkung
VwGO	Verwaltungsgerichtsordnung
VwVfG	Verwaltungsverfahrensgesetz
WaStrG	Bundeswasserstraßengesetz
WuV	Wirtschaft und Verwaltung
z. B.	zum Beispiel
ZfBR	Zeitschrift für deutsches und internationales Bau- und Vergaberecht
ZUR	Zeitschrift für Umweltrecht

A. Einleitung

Das „Kompetenzgerangel" zwischen Raumplanung und Fachplanung bzw. Raumplanung und Bauleitplanung ist nicht neu – lohnt es sich, erneut Gedanken daran zu verschwenden? Gar etwas zu Papier zu bringen? Und ob! Befriedigende Lösungsansätze oder sogar Lösungen sind bis heute weder durch den Gesetzgeber,[1] die Rechtsprechung, noch in der zahlreich vorhandenen und vielfältigen Literatur gefunden.

Zentrale Aufgabe der Raumordnungsplanung als Instrument der Raumordnung[2] ist die Ordnung und der Ausgleich verschiedener, unter Umständen konkurrierender, Nutzungen in einem größeren Raum. Dies geschieht beispielsweise durch die Festlegung von Flächen für Energiegewinnung, Siedlungsgebiete oder bestimmte Infrastrukturprojekte. Der Konflikt mit der Fachplanung tritt vor allem dann zu Tage, wenn die Zulassung eines konkreten Vorhabens im Planfeststellungsverfahren beantragt wird. Diese Planungen haben einen unterschiedlichen Ansatzpunkt: Raumordnungsplanung als Planung aus räumlicher Sicht, fachplanungsrechtliche Zulassungsentscheidung als Planung aus fachlicher Sicht. Aus diesem „Nebeneinander" der unterschiedlichen Planungsvorgänge ergeben sich vielfältige Konfliktpunkte. Die zentrale Frage, die sich dabei immer wieder stellt, ist, welche Vorgaben in den Raumordnungsplänen gegenüber einzelnen Fachplanungen enthalten sein dürfen und wie sehr die Fachplanungsbehörden an diese Vorgaben gebunden sind. Im Verhältnis der Raumplanung zur Fachplanung findet sich die wichtigste Vorschrift zur Bindungswirkung der raumplanerischen Vorgaben gegenüber den Fachplanungen in § 4 Abs. 1 ROG.

Verdeutlicht wurde diese Problematik in den letzten Jahren durch verschiedene Judikate, insbesondere im Bereich des Flughafenbaus. Zu nennen sind dabei vor allem die Entscheidungen des VGH Kassel und des BVerwG zum Flughafen Frankfurt,[3] sowie verschiedene Entscheidungen zum Flughafen Berlin Schönefeld.[4]

---

[1] Beziehungsweise „die Gesetzgeber" – auf Bundes- sowie auf Landesebene und in Europa.

[2] *Forsthoff/Blümel*, Raumordnungsrecht und Fachplanungsrecht 1970, S. 17; *Koch/Hendler*, Baurecht, Raumordnungs- und Landesplanungsrecht 2009, § 1 Rn. 19.

[3] Insbesondere *VGH Kassel* Urt. v. 21.08.2009 – 11 C 227/08.T u. a., juris, sowie *BVerwG* Urt. v. 04.04.2012 – 4 C 8/09 u. a., NVwZ 2012, 1314.

[4] Insbesondere die Entscheidung *BVerwG* Urt. v. 16.03.2006 – 4 A 1075/04, NVwZ 2006

Im Verhältnis der Raumplanung zur Bauleitplanung der Gemeinden stellen sich ähnliche Fragen, insbesondere zur Zulässigkeit und Reichweite möglicher Vorgaben in Raumordnungsplänen. §4 Abs. 1 ROG ist auch in diesem Verhältnis eine wichtige gesetzliche Vorgabe. Die Gebundenheit der Kommunen an die Vorgaben der Raumplanung steht im Grundsatz außer Frage. Mit dem Verhältnis der Raumplanung zur kommunalen Bauleitplanung befasste sich das OVG Münster in seiner Entscheidung zur Standortwahl für das Kohlekraftwerk Datteln. Die Gemeinde Datteln hatte den Standort in einem Bebauungsplan abweichend von dem raumordnerisch festgelegten Standort ausgewiesen.[5]

Den genannten Urteilen lassen sich zur Verbindlichkeit der Vorgaben durch die Raumplanungsträger sowohl gegenüber der Fachplanung als auch gegenüber der kommunalen Planung einige veränderte Ansätze entnehmen.

Zentrales Anliegen der vorliegenden Arbeit ist es herauszuarbeiten, wie eine klare Abgrenzung der Kompetenzbereiche der Raumplanung einerseits und der Fach- bzw. kommunalen Planung andererseits erfolgen kann. Ausgehend von einer umfassenden Analyse der genannten Entscheidungen bezüglich des Verhältnisses der Raumordnung zur Fachplanung wird untersucht, wie sich die in den Urteilen gefundenen Ergebnisse in das gesetzlich vorgegebene System der Raumordnung und Fachplanung einfügen und der Änderungsbedarf der bestehenden gesetzlichen Regelungen analysiert.

Die folgende Untersuchung gibt nach einer kurzen Erläuterung der planungsrechtlichen Begriffe in Abschnitt B. zunächst einen Überblick über das bestehende System der Raumordnung (Abschnitt C.) und das Verhältnis zu anderen Planungen, sowie die Bindungen der anderen Planungen an raumordnungsrechtliche Vorgaben (Abschnitt D.). Sodann folgt im Hauptteil die ausführliche Analyse der oben genannten zentralen Urteile in diesem Bereich, die das Spannungsverhältnis zwischen Landesplanung und Fachplanung sowie Landesplanung und kommunaler Planung zum Gegenstand haben (Abschnitt E.). Ausgehend von den in diesen Urteilen herausgefundenen Ansätzen und deren Bewertung werden in Abschnitt F. die wesentlichen Erkenntnisse zusammengefasst. Die Notwendigkeit und Praktikabilität eventueller Anpassungen der bestehenden gesetzlichen Regelungen werden in Abschnitt G. untersucht. Im Zusammenhang mit Festlegungen in Raumordnungsplänen und der Bestimmung derer Verbindlichkeit ist auch das Rechtschutzsystem in den Blick zu nehmen (Abschnitt H.). Abschließend findet sich ein Gesamtfazit (Abschnitt I).

Beilage Nr. 1; *BVerwG* Urt. v. 13.10.2011 – 4 A 4001/10, NVwZ 2012, 432; *BVerwG* Urt. v. 31.07.2012 – 4 A 5000.10,4 A 5001.10, 4 A 5002.10, 4 A 7000.11, 4 A 5001.10, 4 A 5002.10, 4 A 7000.11, BeckRS 2012, 60254.

[5] *OVG Münster* Urt. v. 03.09.2009 – 10 D 121/07.NE, NuR 2009, 801; nachfolgend Nichtzulassungsbeschwerde *BVerwG* Urt. v. 16.03.2010 – 4 BN 66/09, ZUR 2010, 311.

B. Planungsrechtliche Begriffe – Planung, Raumplanung, Fachplanung, Bauleitplanung

Bevor mit der Annäherung an die aufgeworfenen Fragen begonnen wird, soll zunächst der Begriff der Planung präzisiert werden. Planungen treten in vielen unterschiedlichen Variationen auf, beispielsweise die Raumplanung, Verkehrswegeplanung oder Personalplanung. Bei einem Vergleich der soeben genannten Planungen wird deutlich, wie unterschiedlich diese sein können. Je nach dem verfolgten Zweck bestimmen sich Inhalt, Form und Verfahren der jeweiligen Planung. Planung kann als vorausschauende Entwicklung von Handlungszielen und -abfolgen im Wege systematischen Vorgehens über einen längeren Zeitraum verstanden werden.[1] Charakteristisch ist dabei die Blickrichtung in die Zukunft, Zielgerichtetheit, die Orientierung an einem festen Zeithorizont, sowie methodisches Vorgehen.[2]

I. Raumplanung

Davon ausgehend wird für den Bereich der Raumplanung der Begriff dahingehend präzisiert, dass darunter ein politisch-administrativer Entscheidungsprozess zur Erstellung von übergeordneten, überörtlichen und zusammenfassenden Plänen zur Ordnung, Nutzung und Entwicklung des Raumes verstanden wird.[3] Ziel eines jeden Planungsprozesses ist die Aufstellung eines Planes, der die gefundenen Ergebnisse zusammenfasst und weitergehende Vorgaben enthält. Im Bereich der Raumplanung ist dies die Anordnung der Bindungswirkung für andere raumbedeutsame Planungen.[4] Die Raumplanung setzt auf Bundes-, Landes- und Regionalebene an, § 8 Abs. 1, § 17 ROG. Sie ist dabei ihrerseits Be-

[1] *Wolff/Bachof/Stober/Kluth*, Verwaltungsrecht I 2007, § 56 Rn. 11; *Fürst*, in: *Ritter* (Hrsg.), Handwörterbuch der Raumordnung, S. 708.

[2] *Peine*, Öffentliches Baurecht 2003, Rn. 6; *Durner*, Konflikte räumlicher Planungen 2005, S. 31; *Maurer*, Allgemeines Verwaltungsrecht 2011, § 16 Rn. 14; *Fürst*, in: *Ritter* (Hrsg.), Handwörterbuch der Raumordnung, S. 708.

[3] *Fürst*, in: *Ritter* (Hrsg.), Handwörterbuch der Raumordnung, S. 708; *Runkel*, in: *Spannowsky/Runkel/Goppel, ROG*, § 3 Rn. 119; ähnlich auch *Durner*, Konflikte räumlicher Planungen 2005, S. 31.

[4] *Runkel*, in: *Spannowsky/Runkel/Goppel, ROG*, § 3 Rn. 119; zu dem Begriff der Raumbedeutsamkeit unten C.IV.

standteil des Gesamtplanungsrechtes, ebenso wie die städtebauliche Planung.[5] Teilweise wird auch das Fachplanungsrecht als Teil des Raumplanungsrechtes angesehen.[6] Trotz der teilweisen Raumbezogenheit der Fachplanungen liegt der Fokus auf der Untersuchung, Bewertung und Regelung der fachlichen Belange, nicht auf dem Ausgleich der unterschiedlichen räumlichen Nutzungsansprüche.[7] Die Fachplanung ist daher als eigenständige, neben der Raumplanung stehende Kategorie anzusehen. Ihre Aufgabe ist die Planung unter fachlichen Gesichtspunkten, ihr Aufgabenbereich wird durch den Regelungsauftrag für eine bestimmte sachliche Materie eingegrenzt.[8]

II. Fachplanung

Eine gesetzliche Definition des Begriffs der Fachplanung ist nicht vorhanden, auch in der Literatur existiert kein einheitliches Begriffsverständnis.[9] Eine sinnvolle Differenzierung ist zunächst diejenige zwischen vorbereitenden und projektorientierten Planungen.[10] Die vorbereitende Planung umfasst die Sammlung und Bewertung fachspezifischer und sonstiger relevanter Informationen wie z. B. die betroffenen öffentlichen Belange, die in den Fachplan eingehen.[11] Als Beispiel seien hier Abfallwirtschaftspläne nach §§ 30, 31 KrWG, Luftreinhaltepläne nach § 47 Abs. 1 BImSchG sowie Lärmaktionspläne, § 47d BImSchG, aber auch der Bundesverkehrswegeplan[12] und die auf diesem basierenden Bedarfspläne für Bundesstraßen- bzw. -schienenwege und das Linienbestimmungsverfahren nach § 16 FStrG genannt.[13] Um eine rechtsverbindliche Wirkung für Einzelne auszulösen, sind diese Pläne auf weitere Umsetzung

5 *Forsthoff/Blümel*, Raumordnungsrecht und Fachplanungsrecht 1970, S. 19, 21; *Koch/Hendler*, Baurecht, Raumordnungs- und Landesplanungsrecht 2009, § 1 Rn. 24; *Peine*, Öffentliches Baurecht 2003, Rn. 25; *Battis*, in: *Battis/Krautzberger/Löhr, BauGB*, § 1 Rn. 4.

6 *Dörries*, Das Verhältnis der Bauleitplanung zur raumbeanspruchenden Fachplanung 2000, S. 23, 29 m. w. N.

7 Vgl. auch *Breuer*, Die hoheitliche raumgestaltende Planung 1968, S. 42.

8 *Stüer*, Handbuch des Bau- und Fachplanungsrechts 2015, Rn. 3653 f.; *Durner*, Konflikte räumlicher Planungen 2005, S. 222.

9 Vgl. die Ausführungen bei *Durner*, Konflikte räumlicher Planungen 2005, S. 34.

10 *Wagner*, DVBl 1990, 1024, 1025; *Dörries*, Das Verhältnis der Bauleitplanung zur raumbeanspruchenden Fachplanung 2000, S. 31; *Malchus*, in: *Ritter* (Hrsg.), Handwörterbuch der Raumordnung, S. 283. Zur vorbereitenden Fachplanung im Bereich der Flächenvorsorge für Erneuerbare Energien vgl. *Köck*, in: *Jarass* (Hrsg.), Erneuerbare Energien in der Raumplanung, 2011, S. 47, 55.

11 *Malchus*, in: *Ritter* (Hrsg.), Handwörterbuch der Raumordnung, S. 283, 284.

12 Bundesverkehrswegeplan 2030, vom Bundeskabinett beschlossen am 03.08.2016, abzurufen unter https://www.bmvi.de/SharedDocs/DE/Anlage/VerkehrUndMobilitaet/BVWP/bvwp-2030-kabinettsplan.pdf?__blob=publicationFile (zuletzt abgerufen am 10.09.2016).

13 *Steinberg/Wickel/Müller*, Fachplanung 2012 § 7 Rn. 3. Vgl. zu weiteren Beispielen *Scheidler*, KommJur 2012, 241, 242 ff.

angewiesen. Dies geschieht durch projektorientierte Planung im Wege konkreter Zulassungsentscheidungen, durch welche die vorbereitenden Planungen eine bindende Wirkung gegenüber den Bürgern entfalten.[14] Zu nennen sind insbesondere die Planfeststellungsverfahren, beispielsweise nach § 10 Abs. 2 LuftVG, § 17 S. 3 FStrG, § 8 Abs. 1 LuftVG, § 14 WaStrG, § 18 AEG jeweils in Verbindung mit §§ 72 ff. VwVfG.[15]

Ein anderer Ansatz zur Präzisierung des Begriffes der Fachplanung ist die Unterteilung in Planfeststellungsbeschlüsse, Nutzungsregelungen bzw. Schutzgebietsfestlegungen sowie sonstige sektorale Fachplanungen. All diese fachlichen Planungen sind Bestandteil des sogenannten weiten Fachplanungsbegriffs.[16] Unter die Kategorie der Nutzungsregelungen werden dabei Regelungen gefasst, die über die Zulässigkeit verschiedener räumlicher Nutzungen entscheiden, wie beispielsweise Wasserschutzgebiete.[17] Unter die sonstige sektorale Fachplanung werden alle anderen sektoralen Fachplanungen gefasst, z. B. die sektorale Abfallwirtschaftsplanung. Im Gegensatz zu diesem umfassenden Begriffsverständnis wird unter den engen Fachplanungsbegriff nur das konkrete Vorhaben bzw. die konkrete Zulassungsunterscheidung gefasst.[18]

Grundlage für die vorliegende Untersuchung ist der sogenannte weite Fachplanungsbegriff. Die Fachplanungen auf die Planfeststellung zu beschränken greift zu kurz. Das System der Planungen besteht nicht nur aus Raumordnungsplänen und Planfeststellungsentscheidungen, vielmehr existieren noch weitere „dazwischengeschaltete" Entscheidungen, die ebenfalls aus fachrechtlicher Sicht getroffen werden und daher bei dem Begriff der Fachplanung nicht außen vor gelassen werden können. Infolgedessen wird schwerpunktmäßig das Verhältnis der Raumordnungsplanung zu Planfeststellungsentscheidungen untersucht, jedoch haben auch andere Fachplanungen, wie z. B. die Linienbestimmung nach § 16 FStrG, Relevanz. Dagegen bleibt das Verhältnis der Raumordnungsplanung zu vorbereitenden Fachplänen wie naturschutzrechtlichen Plänen oder der Bundesverkehrswegeplanung außen vor.

---

[14] *Wagner*, DVBl 1990, 1024, 1025; *Malchus*, in: *Ritter* (Hrsg.), Handwörterbuch der Raumordnung, S. 283 f.

[15] Beziehungsweise den entsprechenden Regelungen in den Landesverwaltungsverfahrensgesetzen.

[16] *Peine*, Öffentliches Baurecht 2003, Rn. 28; *Dörries*, Das Verhältnis der Bauleitplanung zur raumbeanspruchenden Fachplanung 2000, S. 37 ff.

[17] *Durner*, Konflikte räumlicher Planungen 2005, S. 34. Ausführlich zu den Nutzungsregelungen *Breuer*, Die hoheitliche raumgestaltende Planung 1968, S. 39 f.

[18] So z. B. *Steinberg/Wickel/Müller*, Fachplanung 2012, § 1 Rn. 7.

III. Kommunale Planung

Kommunale Planung als räumliche Planung findet im Bereich der Bauleitplanung durch Flächennutzugspläne sowie Bebauungspläne statt, § 1 Abs. 2 BauGB. Daneben haben die Kommunen auch Haushaltsplanungen sowie Personalplanungen vorzunehmen. Die vorliegende Untersuchung bezieht sich nur auf den erstgenannten Bereich der räumlichen Planung.

C. Überblick über die Raumordnung

I. Gesetzlicher Rahmen

Die zentralen gesetzlichen Vorgaben finden sich im Raumordnungsgesetz des Bundes sowie in den einzelnen Raumordnungsgesetzen der Länder.[1] Für die Raumordnung besteht nach Art. 72 Abs. 1, Art. 74 Abs. 1 Nr. 31 GG eine konkurrierende Gesetzgebungskompetenz ohne Erforderlichkeitsvorbehalt, dafür mit Abweichungsrecht zu Gunsten der Länder nach Art. 72 Abs. 3 S. 1 Nr. 4 GG. Diese Kompetenzregelungen in ihrer jetzigen Ausgestaltung sind in Kraft seit 01. 09. 2006, eingeführt durch die Grundgesetzänderung im Rahmen der sogenannten „Föderalismusreform I".[2] Durch diese Grundgesetzänderung wurde die bis dahin bestehende Rahmengesetzgebungskompetenz des Bundes nach Art. 75 GG a. F. insgesamt und somit auch im Bereich der Raumordnung abgeschafft.[3] Bis zu dieser Änderung hatte der Bund die Rahmen-Kompetenz, Vorgaben zu verabschieden, welche dann von den Ländern auszufüllen waren.[4] Das Raumordnungsgesetz in seiner jetzigen Fassung[5] trat für den Bund am 31. 12. 2008 in Kraft, in den Ländern wegen Art. 72 Abs. 3 S. 1 Nr. 4, S. 2 ROG erst zum 30. 06. 2009.[6] Auf der Grundlage von Art. 72 Abs. 3 S. 1 Nr. 4 GG können die Länder abweichende Regelungen erlassen.[7] Der Bundesgesetzgeber hat

---

[1] Vgl. den Überblick bei *Koch/Hendler*, Baurecht, Raumordnungs- und Landesplanungsrecht 2009, § 1 Rn. 6.

[2] Gesetz zur Änderung des Grundgesetzes vom 28. 08. 2006, BGBl. I, 2034; vgl. auch BT-Drs 16/813; 16/814, 16/2010; 16/2069.

[3] Art. 75 Abs. 1 S. 1 Nr. 4 GG a. F.

[4] Unter dem Vorbehalt der Erforderlichkeit einer bundeseinheitlichen Regelung nach Art. 72 Abs. 2 GG a. F., auf den Art. 75 Abs. 1 S. 1 GG a. F. verwies.

[5] Sogenanntes „ROG 2008".

[6] Gesetz zur Neufassung des Raumordnungsgesetzes und zur Änderung anderer Vorschriften (GeROG) vom 22. 12. 2008, BGBl. I, 2986; zu den Übergangsregelungen vgl. § 28 ROG sowie *Spannowsky*, in: *Spannowsky/Runkel/Goppel, ROG*, § 28 Rn. 1 ff. Allgemein zur Neuordnung der Gesetzgebungskompetenzen *Degenhart*, NVwZ 2006, 1209.

[7] Die Frage, ob die Abweichungsbefugnis der Länder durch einen sogenannten „abweichungsfesten Kern" zwingender bundesrechtlicher Reglungen begrenzt wird, ist sehr umstritten. Für einen abweichungsfesten Kern sprechen sich beispielsweise aus: *Durner*, DVBl 2008, 69, 75; *Battis/Kersten*, DVBl 2007, 152, 157 (die eine Unterscheidung zwischen erforderlichen bundeseinheitlichen Regelungen und rein länderspezifischen Regelungen machen, und damit auf das Erforderlichkeitskriterium in Art. 72 Abs. 2 GG zurückgreifen, das den Kompetenztitel der Raumordnung jedoch nicht erfasst). *Appel*, UPR 2011, 406, 411, *Wagner*, DVBl 2011,

sowohl einheitliche Vorgaben als auch konkretisierungsbedürftige Regelungen erlassen. Abschnitt 1 des ROG enthält Vorgaben, die für die Raumordnung in Bund und Ländern gleichermaßen gelten sollten, Abschnitt 2 konkretisierungsbedürftige Vorgaben für die Raumordnung in den Ländern.[8] Das BayLPlG beispielweise ist als Vollgesetz ausgestaltet, das Abweichungsrecht wurde nahezu vollständig in Anspruch genommen.[9]

Begriffsdefinitionen sind in § 3 ROG enthalten, § 4 ROG regelt die Bindungswirkungen von Zielen, Grundsätzen und sonstigen Erfordernissen der Raumordnung. Der Konflikt mit der Fach- bzw. kommunalen Planung tritt insbesondere im Zusammenhang mit Regelungen in Raumordnungsplänen zu Tage. In diesen sind nach § 7 Abs. 1 S. 1 ROG Festlegungen zur Entwicklung, Ordnung und Sicherung des Raumes in der Gestalt von Zielen und Grundsätzen der Raumordnung zu treffen.

II. Definition der Raumordnung – erste Abgrenzung zu anderen Planungen

Der Begriff der Raumordnung umfasst ausgehend vom Wortlaut die Ordnung des Raumes. Nach dem Verständnis des BVerfG im sogenannten Baugutachten von 1954 ist darunter die „zusammenfassende, übergeordnete Planung und Ordnung des Raumes" zu verstehen.[10] Erfasst sind überörtliche und überfachliche Angelegenheiten.[11] Dieses Grundverständnis der Raumordnung ist bis heute unverändert geblieben, was sich auch in der einfachgesetzlichen Regelung des § 1 Abs. 1 S. 1 ROG widerspiegelt.[12]

1453, 1456 und *Durner*, NuR 2012, 369, 374 lehnen im Zusammenhang mit der Bundesfachplanung nach §§ 4 ff. Netzausbaubeschleunigungsgesetz Übertragungsnetz (NABEG) ein Abweichungsrecht der Länder ebenfalls ab und berufen sich diesbezüglich auf die ungeschriebene Kompetenz des Bundes kraft Natur der Sache für die Raumplanung im Gesamtstaat. Differenzierend *Petschulat*, Die Regelungskompetenzen der Länder für die Raumordnung nach der Föderalismusreform 2015 S. 211 ff. Für ein unbegrenztes Abweichungsrecht sprechen sich aus: *Hoppe*, DVBl 2007, 144, 147 f.; *Moench/Ruttloff*, NVwZ 2011, 1040, 1041.

[8] Vgl. die Begründung zum Gesetzentwurf der Bundesregierung vom 22.09.2008, BT-Drs 16/10292, S. 20 einer- und S. 24 andererseits.

[9] Vgl. die Amtliche Anmerkung Nr. 2 zum BayLPlG.

[10] *BVerfG* Gutachten v. 16.05.1954 – 1 PBvV 2/52, BVerfGE 3, 407, 425.

[11] *BVerfG* Gutachten v. 16.05.1954 – 1 PBvV 2/52, BVerfGE 3, 407, 425.

[12] Vgl. z. B. *Koch/Hendler*, Baurecht, Raumordnungs- und Landesplanungsrecht 2009, § 1 Rn. 9.

1. Überörtlichkeit – Abgrenzung zur örtlichen Planung

a. Art. 28 Abs. 2 GG

Das Merkmal der „Überörtlichkeit" verlangt eine Abgrenzung zum Zuständigkeitsbereich der Kommunen, die für die örtlichen Planungen zuständig sind. Diese Kompetenz der Kommunen ergibt sich aus der in Art. 28 Abs. 2 S. 1 GG normierten Selbstverwaltungsgarantie der kreisangehörigen Gemeinden und kreisfreien Städte.[13] Garantiert wird den Kommunen über diese Vorschrift, alle Angelegenheiten der örtlichen Gemeinschaft allzuständig und eigenverantwortlich regeln zu können.[14] Zu den örtlichen Angelegenheiten gehören nach der grundlegenden *Rastede*-Entscheidung des BVerfG „diejenigen Bedürfnisse und Interessen, die in der örtlichen Gemeinschaft wurzeln oder auf sie einen spezifischen Bezug haben, die also den Gemeindeeinwohnern gerade als solchen gemeinsam sind, indem sie das Zusammenleben und -wohnen der Menschen in der (politischen) Gemeinde betreffen."[15] Für die Gemeinden haben sich dabei eine Reihe von sogenannten Gemeindehoheiten herausgebildet, wie die Rechtsetzungshoheit, die Organisationshoheit und die kommunale Planungshoheit.[16] Die grundgesetzlich geschützte kommunale Planungshoheit garantiert den Gemeinden, die Entwicklungen in ihrem Gebiet langfristig zu steuern, insbesondere auch die Bodennutzung festzulegen.[17] Dies geschieht namentlich durch Aufstellung von Bauleitplänen, vgl. §§ 1 ff. BauGB. Allerdings wird die Selbstverwaltungsgarantie den Gemeinden ausdrücklich nur „im Rahmen der Gesetze" gewährleistet.[18] Sie kann durch andere Regelungen, beispielsweise im Bereich der Raumordnung, eingeschränkt werden.[19] Der Gesetzesvorbehalt selbst unterliegt wiederum Grenzen. Die gemeindliche Selbstverwaltung kann nicht uneingeschränkt beschnitten werden. Eine Begrenzung ergibt sich aus dem Kernbereich der Selbstverwaltungsgarantie, der nicht angetastet werden darf.[20]

---

[13] Beziehungsweise der Gemeindeverbände (Landkreise), Art. 28 Abs. 2 S. 2 GG, vgl. *Nierhaus,* in: *Sachs,* GG, Art. 28 Rn. 32 bzw. Rn. 79.

[14] *BVerfG* Urt. v. 31. 10. 1990 – 2 BvF 2, 6/69, BVerfGE 83, 37, 54.

[15] *BVerfG* Beschl. v. 23. 11. 1988 – 2 BvR 1619, 1628/83, BVerfGE 79, 127, 151 f.

[16] *Nierhaus,* in: *Sachs*, GG, Art. 28 Rn. 53.

[17] *Pieroth,* in: *Jarass/Pieroth, GG,* Art. 28 Rn. 13 a. E.

[18] So der Wortlaut des Art. 28 Abs. 2 S. 1 GG.

[19] Unter den Gesetzesbegriff fallen auch Rechtsverordnungen und andere untergesetzliche Rechtsnormen sowie Gewohnheitsrecht, vgl. Pieroth, in: Jarass/Pieroth, GG, Art. 28 Rn. 20; daher sind grundsätzlich auch Regelungen in Raumordnungsplänen erfasst, die als Rechtsverordnung, Satzung oder Rechtsnormen eigener Art erlassen werden; dazu ausführlich unten H.I.1.a.

[20] *BVerfG* Beschl. v. 23. 11. 1988 – 2 BvR 1619, 1628/83, BVerfGE 79, 127, 143; *Mehde,* in: *Maunz/Dürig, GG,* Art. 28 Abs. 2 Rn. 112 ff.

b. Art. 74 Abs. 1 GG

Kompetenzrechtlicher Anknüpfungspunkt für die Abgrenzung der örtlichen Planung zur Raumordnung ist Art. 74 Abs. 1 GG. In diesem ist neben der Kompetenznorm für die Raumordnung in Nr. 31 der Kompetenztitel für das Bodenrecht in Nr. 18 enthalten. Das Bodenrecht umfasst im Gegensatz zur Raumordnung die Bereiche, die auf die unmittelbare Regelung der rechtlichen Beziehungen der Menschen zum Grund und Boden ausgerichtet sind.[21] Eine bedeutende Regelungsmaterie des Bodenrechts ist danach vor allem das Städtebaurecht. Das BauGB wurde auf der Kompetenzgrundlage des Bodenrechts erlassen.[22] Den örtlichen Planungen übergeordnet sind Planungen, die Auswirkungen auf mehr als ein Gemeindegebiet haben und daher einen planerischen Koordinierungsbedarf auslösen.[23] In Betracht kommen beispielsweise Standortvorgaben für Flughäfen, Einkaufszentren, Kraftwerke, Windkrafträder.

c. Zwischenfazit

Festzuhalten ist, dass es sich bei Raumordnungsplanung und örtlichen Planungen um Planungen auf unterschiedlichen Ebenen handelt.[24] Raumordnung bezieht sich auf großflächige, überörtlich zu regelnde Belange, während sich die Bauleitplanung auf die örtlichen Belange bezieht.[25] Die Bindung der nachrangigen Planung an Vorgaben der Raumordnung regeln § 4 ROG und § 1 Abs. 4 ROG.[26]

2. Überfachlichkeit – Abgrenzung zu fachrechtlichen Entscheidungen

Das Merkmal der Überfachlichkeit begrenzt den Regelungsbereich der Raumordnung gegenüber fachplanungsrechtlichen Regelungen dahingehend, dass

---

21 *BVerfG* Gutachten v. 16. 05. 1954 – 1 PBvV 2/52, BVerfGE 3, 407, 424.

22 *Koch/Hendler*, Baurecht, Raumordnungs- und Landesplanungsrecht 2009, § 1 Rn. 10; *Seiler*, in: *Epping/Hillgruber, Beck'scher Onlinekommentar GG*, Art. 74 Rn. 66. Die korrekte Zuordnung der Materien zum jeweiligen Kompetenztitel ist von Bedeutung, da sowohl die Raumordnung als auch das Bodenrecht zwar zur konkurrierenden Gesetzgebungszuständigkeit des Bundes gehören, im Bereich der Raumordnung jedoch ein Abweichungsrecht der Länder nach Art. 72 Abs. 3 S. 1 Nr. 4 GG besteht. Der Bundesgesetzgeber hat dann seinerseits wiederum die Möglichkeit, davon abweichende Regelungen zu treffen, wobei das jeweils später erlassene Gesetz vorgeht, Art. 72 Abs. 2 S. 3 GG.

23 *BVerfG* Gutachten v. 16. 05. 1954 – 1 PBvV 2/52, BVerfGE 3, 407, 425; *Lieber*, NVwZ 2011, 910, 911; *BVerwG* Urt. v. 04. 05. 1988 – 4 C 22/87, BVerwGE 79, 318, 320; weiterführend zum Merkmal der Überörtlichkeit *Langguth*, ZfBR 2011, 436, 438 ff.

24 *BVerwG* Urt. v. 20. 08. 1992 – 4 NB 20/91, BVerwGE 90, 329, 333; *Forsthoff/Blümel*, Raumordnungsrecht und Fachplanungsrecht 1970, S. 19.

25 *Runkel*, in: *Spannowsky/Runkel/Goppel, ROG*, § 1 Rn. 67; *Langguth*, ZfBR 2011, 436, 438 f.

26 Dazu unten D.

raumplanungsrechtlich nur Regelungen erlassen werden dürfen, die übergreifend die Ordnung des Raumes und die dort entstehenden Konflikte betreffen.[27] Die Regelungsmaterie der Raumordnungspläne geht typischerweise über einzelne fachliche Bereiche wie z. B. den Straßenbau, Schienenbau etc. hinaus. Die Bindung der Fachplanung an die Vorgaben der Raumordnungsplanung regeln § 4 ROG sowie einzelne fachgesetzliche Regelungen. Im Einzelnen ist die Abgrenzung schwer greifbar und mit wenigen Worten kaum beschreibbar.[28] Diese Abgrenzung wird im Verlauf der Arbeit vertieft untersucht.[29]

III. Regelungen des § 4 Abs. 1 ROG

1. Ziele, Grundsätze und sonstige Erfordernisse der Raumordnung

Die für die Bindungswirkungen der Raumordnung zentrale Norm des § 4 ROG nennt in Abs. 1 drei unterschiedliche Arten von Vorgaben der Raumordnung, die von anderen Planungsträgern beachtet bzw. berücksichtigt werden müssen: Ziele, Grundsätze sowie sonstige Erfordernisse der Raumordnung. Diese drei Kategorien werden unter dem Oberbegriff der Erfordernisse der Raumordnung zusammengefasst, § 3 Abs. 1 Nr. 1 ROG.

a. Ziele der Raumordnung, § 3 Abs. 1 Nr. 2 ROG

Ziele der Raumordnung sind eine mögliche Art der Festsetzungen in Raumordnungsplänen, § 7 Abs. 1 S. 1 ROG. Zentrales Merkmal der Ziele der Raumordnung ist nach der gesetzlichen Begriffsbestimmung in § 3 Abs. 1 Nr. 2 ROG deren Verbindlichkeit für andere Planungsträger bzw. Zulassungsentscheidungen. Zielförmig ausgestaltete Vorgaben beziehen sich inhaltlich auf die Entwicklung, Ordnung und Sicherung des Raumes und können sowohl in textlicher als auch in zeichnerischer Form erfolgen. Verbindlichkeit erlangen die Vorgaben nur bei abgeschlossener Abgewogenheit der einzelnen Festlegungen.[30] Nur wenn die Vorgaben mit allen anderen möglichen konfligierenden Nutzungen und Belangen vollumfänglich abgewogen worden sind, kommt ihnen die nach § 3 Abs. 1 Nr. 2 ROG vorgesehene verbindliche Wirkung zu.[31] Ob es sich um

---

[27] So schon *BVerfG* Gutachten v. 16. 05. 1954 – 1 PBvV 2/52, BVerfGE 3, 407, 425; *Stüer*, Handbuch des Bau- und Fachplanungsrechts 2015, Rn. 3662; *Runkel*, in: *Spannowsky/Runkel/Goppel, ROG*, § 1 Rn. 72 ff.

[28] Vgl. z. B. *Kment*, NuR 2010, 392, 393.

[29] Eine erste Annäherung dazu unten D.I. und III.

[30] *Spoerr*, in: *Erbguth/Oebbecke/Rengelin u. a.* (Hrsg.), Planung, 2000, S. 343, 346–347; *Koch/Hendler*, Baurecht, Raumordnungs- und Landesplanungsrecht 2009, § 3 Rn. 15.

[31] *Runkel*, in: *Spannowsky/Runkel/Goppel, ROG*, § 3 Rn. 44; *Durner*, Konflikte räumlicher Planungen 2005; S. 89 ff.; auch vor der gesetzlichen Normierung wurde dies schon in diesem

ein abschließend abgewogenes Ziel handelt oder nicht, ergibt sich nicht aus der Bezeichnung als Ziel (eine solche Bezeichnung ist nach § 7 Abs. 4 ROG vorzunehmen), sondern aus dessen jeweiligen materiellen Gehalt.[32] Nach der Rechtsprechung des BVerwG muss sich bereits aus der Formulierung ergeben, dass es sich um eine Vorgabe mit Letztentscheidungscharakter und nicht lediglich um Abwägungsvorgaben bzw. Handlungsanregungen handelt.[33] Typische zielförmige Vorgaben sind beispielsweise Standortausweisungen für Windräder, Ausweisung von Siedlungsschwerpunkten, Erhaltung und Ausweisung von Grün- bzw. Freiflächen sowie Festlegungen zur konkret zulässigen Nutzung von Flächen.[34]

b. Grundsätze der Raumordnung, § 3 Abs. 1 Nr. 3 ROG

Vorgaben zur Entwicklung, Ordnung und Sicherung des Raumes, die als Grundsätze der Raumordnung aufgestellt werden, sind nach § 3 Abs. 1 Nr. 3 ROG lediglich Vorgaben für nachfolgende Abwägungs- und Ermessensentscheidungen.[35] Im Gegensatz zu Zielen sind diese nicht abschließend abgewogen. Grundsätze können somit bei nachfolgenden Planungsentscheidungen zu Gunsten anderer Belange verdrängt werden.

c. Sonstige Erfordernisse der Raumordnung, § 3 Abs. 1 Nr. 4 ROG

Die gesetzliche Begriffsbestimmung der sonstigen Erfordernisse der Raumordnung in § 3 Abs. 1 Nr. 4 ROG erschöpft sich in der Benennung dreier Unterkategorien: die in Aufstellung befindlichen Ziele der Raumordnung, Ergebnisse förmlicher landesplanerischer Verfahren sowie landesplanerische Stellungnahmen. Das bedeutendste förmliche landesplanerische Verfahren, dessen Ergebnis als sonstiges Erfordernis der Raumordnung zu berücksichtigen ist, ist das in § 3 Abs. 1 Nr. 4 ROG ausdrücklich genannte Raumordnungsverfahren nach § 15 ROG. Es handelt sich dabei um ein gesondertes Verfahren zur Überprüfung der Raumverträglichkeit einzelner, in § 1 der ROV aufgezählter, raumbedeutsamer Planungen und Maßnahmen.[36]

Sinne verstanden, vgl. *BVerwG* Urt. v. 20. 08. 1992 – 4 NB 20/91, BVerwGE 90, 329 333. Ausführlich zum Zielbegriff *Goppel*, BayVBl 1998, 289.

[32] *BVerwG* Urt. v. 19. 09. 2003 – 4 CN 20/02, BVerwGE 119, 54, 59; *BVerwG* Beschl. v. 15. 04. 2003 – 4 BN 25.03, BauR 2004, 285; *Durner*, Konflikte räumlicher Planungen 2005, S. 89.

[33] *BVerwG* Urt. v. 20. 08. 1992 – 4 NB 20/91, BVerwGE 90, 329, 332 f.

[34] Z. B. Regionalplan Mittelfranken http://www.nuernberg.de/internet/pim/textteilneu.html (zuletzt abgerufen am 22. 11. 2015).

[35] *Runkel*, in: *Spannowsky/Runkel/Goppel, ROG*, § 3 Rn. 69 ff.

[36] Zum Raumordnungsverfahren siehe unten C. VI. Darüber hinaus fallen auch Ergebnisse andere landesplanerische Verfahren unter den Begriff der sonstigen Erfordernisse der Raum-

2. Bindungswirkung und Berücksichtigungspflicht

a. Ziele der Raumordnung

§ 4 Abs. 1 ROG schreibt für bestimmte raumbedeutsame Planungen und Maßnahmen, sowohl von öffentlichen Stellen, als auch von privaten Vorhabenträgern, die „Beachtung" der Ziele der Raumordnung vor. Beachtung im Sinne dieser Vorschrift bedeutet dabei, dass lediglich eine Konkretisierung der Planung, nicht jedoch eine weitere Abwägung mit anderen Belangen auf nachfolgenden Planungsstufen möglich ist.[37] Die über § 4 Abs. 1 ROG gebundenen Planungsträger dürfen sich bei ihren Planungsentscheidungen nicht über die zielförmigen Vorgaben hinwegsetzen bzw. diese in eventuelle Abwägungsentscheidungen einbeziehen, sondern haben diese Vorgaben zu befolgen. § 5 ROG schränkt diese Bindungswirkung bei raumbedeutsamen Planungen und Maßnahmen des Bundes unter gewissen Voraussetzungen ein.[38]

Diese strikte Beachtenspflicht erfuhr in jüngerer Zeit gewisse Relativierungen durch die Rechtsprechung.[39]

b. Grundsätze und sonstige Erfordernisse der Raumordnung

Die wichtigste Vorschrift zur Bindungswirkung der Grundsätze ist in § 4 Abs. 1 ROG enthalten. Im Gegensatz zur strikten Zielbindungspflicht sind Grundsätze in „Abwägungs- und Ermessensentscheidungen zu berücksichtigen". Erforderlich sind dazu konkretisierende Anordnungen in den Fachgesetzen, sogenannte spezielle bzw. fachgesetzliche Raumordnungsklauseln.[40] Die Bindung an die Grundsätze der Raumordnung ist damit schwächer ausgestaltet als diejenige an die Ziele, die Grundsätze können im Rahmen der Ermessens- oder Abwägungsentscheidung überwunden werden, wenn andere Belange im konkreten Fall vorgehen.[41]

---

ordnung, sofern es sich um förmliche, d. h. bestimmten Verfahrens- und Beteiligungsvorschriften folgende, Verfahren handelt, vgl. *Runkel*, in: *Spannowsky/Runkel/Goppel, ROG*, § 3 Rn. 72.

[37] *BVerwG* Urt. v. 20.08.1992 – 4 NB 20/91, BVerwGE 90, 329, 334 f.; *Koch/Hendler*, Baurecht, Raumordnungs- und Landesplanungsrecht 2009, § 3 Rn. 30.

[38] Insbesondere die Entscheidung zum Kohlekraftwerk Datteln enthält dazu noch genauer zu analysierende Aussagen, vgl. unter E.IV.

[39] Dazu unten in Abschnitt E.

[40] Dazu unten D.I.2. Die Begriffe „fachgesetzliche" und „spezielle" Raumordnungsklauseln werden weitestgehend synonym verwendet.

[41] *Goppel*, in: *Spannowsky/Runkel/Goppel, ROG*, § 4 Rn. 53. Die Abwägungszugänglichkeit der Grundsätze ist in der jüngeren Rechtsprechung eingeschränkt worden, worauf wie auch zu der Relativierung der Bindung an zielförmige Vorgaben im Rahmen der Analyse der einzelnen Urteile detailliert eingegangen werden wird, vgl. im Rahmen der Analyse der Urteile zum Ausbau des Flughafens Frankfurt am Main unter E.II.III. sowie im Rahmen der Zusammenfassung der neueren Entwicklung der Rechtsprechung unter E.V.

Die sonstigen Erfordernisse der Raumordnung sind nach § 4 Abs. 1 ROG ebenso wie die Grundsätze der Raumordnung bei anderen Planungen zu berücksichtigen, d. h. eine Überwindung der Vorgaben in der Abwägungs- bzw. Ermessensentscheidung ist möglich.

IV. Raumbedeutsame Maßnahmen und Planungen bzw. Funktionen und Nutzungen

Wichtige Begriffe, die im ROG immer wieder aufgegriffen werden, sind „raumbedeutsamen Funktionen und Nutzungen", sowie „raumbedeutsame Maßnahmen und Planungen". Zentral für den gesamten Bereich des Raumordnungsrechtes ist das Merkmal der „Raumbedeutsamkeit". In den Gebieten nach § 8 Abs. 7 ROG können Vorrang-, Vorbehalts- und Eignungs-Regelungen nur für „raumbedeutsame Funktionen oder Nutzungen" getroffen werden. § 4 Abs. 1 und Abs. 2 ROG begrenzen die Bindungswirkung der Ziele, Grundsätze und sonstigen Erfordernisse der Raumordnung auf „raumbedeutsame Planungen und Maßnahmen".

Das Begriffspaar der raumbedeutsamen Maßnahmen und Planungen ist in § 3 Abs. 1 Nr. 6 ROG definiert. Dabei handelt es sich um eine raumbezogene Definition. Entscheidend ist, dass durch die Planungen[42] Raum in Anspruch genommen oder die räumliche Entwicklung oder Funktion beeinflusst wird. Unter Raum wird allgemein ein größerer Zusammenhang der Erdoberfläche verstanden, jeweils bezogen auf den konkreten Planungsraum.[43] Beanspruchung kann als Veränderung der bisherigen Nutzung der Erdoberfläche definiert werden.[44] Darunter fallen insbesondere Vorhaben, die typischerweise weitläufig sind und über das übliche Maß hinausgehend Flächen in Anspruch nehmen.[45] Der Begriff der Raumbeeinflussung ist weniger eingängig. Anknüpfungspunkte sind nach dem Gesetzeswortlaut die räumliche Entwicklung bzw. die räumlichen Funktionen. Räumliche Entwicklung bezieht sich auf die räumliche Struktur, unter anderem Arbeitsplatz-, Verkehrs- und Infrastrukturentwicklung. Räumliche Funktionen eines Gebietes können ökologischer, sozialer und ökonomischer Art sein.[46] Eine (mögliche) Beeinflussung der Gebietsentwicklung bzw. Gebietsfunktion ist im Wege einer Prognoseentscheidung zu beurteilen, entscheidend ist eine Änderung der räumlichen Struktur bzw. der Funktio-

[42] Erfasst von dem Begriff der Planungen sind nach § 3 Abs. 1 Nr. 6 ROG ausdrücklich Raumordnungspläne, Vorhaben und sonstige Maßnahmen.

[43] *Hopp*, Rechts- und Vollzugsfragen des Raumordnungsverfahrens 1999, S. 57; *Runkel*, in: *Spannowsky/Runkel/Goppel, ROG*, § 3 Rn. 98.

[44] *Hopp*, Rechts- und Vollzugsfragen des Raumordnungsverfahrens 1999, S. 57.

[45] *Runkel*, in: *Spannowsky/Runkel/Goppel, ROG*, § 3 Rn. 109 f.

[46] *Hopp*, Rechts- und Vollzugsfragen des Raumordnungsverfahrens 1999, 58 f.

nen.[47] Raumbedeutsam sind danach v. a. Vorhaben, die aufgrund ihrer Größe (z. B. hohe Windenergieanlagen)[48] oder aufgrund der erwarteten Emissionen (z. B. Schweinemastbetriebe)[49] weitreichende Auswirkungen über den unmittelbaren Nahbereich hinaus erwarten lassen.[50] Planungen und Maßnahmen, die nicht als raumbedeutsam eingeordnet werden können, sind daher nicht von den Bindungsvorschriften des ROG erfasst. Sie können nur über spezielle fachgesetzliche Anordnungen der Bindung unterworfen werden.[51]

Die Raumbedeutsamkeit ist im Zusammenhang mit den raumbedeutsamen Funktionen und Nutzungen im Rahmen des § 8 Abs. 7 ROG in gleicher Weise zu verstehen.

V. Raumordnungspläne

Raumordnungspläne sind nach der Begriffsbestimmung in § 3 Abs. 1 Nr. 7 ROG „zusammenfassende, überörtliche und fachübergreifende Pläne nach §§ 8 und 17 [ROG]". § 8 Abs. 1 ROG regelt die Verpflichtung, landesweite Raumordnungspläne sowie Teilpläne aufzustellen. Die genauen Regelungen sind in den einzelnen Ländern unterschiedlich ausgestaltet, insbesondere bei der Bezeichnung der Pläne sowie der Zuständigkeit für deren Erlass.[52] Divergenzen ergeben sich auch bei der Rechtsnatur der Landes-Raumordnungspläne, die Ausgestaltung reicht von förmlichem Gesetz über Rechtsverordnung sowie Satzung bis zu Rechtsnormen eigener Art.[53] §§ 8 ff. ROG enthalten konkrete Vorgaben bezüglich der auf Landesebene aufzustellenden Raumordnungspläne. § 9 ROG als Folge der Umsetzung der SUP-Richtlinie[54] schreibt eine verbindliche Umweltprüfung bei der Aufstellung aller Raumordnungspläne nach § 8 ROG vor, § 10 ROG enthält Beteiligungsvorschriften bei der Aufstellung der Pläne.

---

47 Vgl. weitergehend *Runkel*, in: *Spannowsky/Runkel/Goppel, ROG*, § 3 Rn. 111 ff.; *Hopp*, Rechts- und Vollzugsfragen des Raumordnungsverfahrens 1999, S. 59 ff. Ob zur Bestimmung der Raumbedeutsamkeit eine einzelfallbezogene Prüfung vorgenommen werden muss oder ob die Raumbedeutsamkeit abstrakt raumordnungsorientiert zu bestimmen ist wird unterschiedlich beurteilt, vgl. dazu ausführlich *Bartlsperger*, Raumplanung zum Außenbereich 2003, S. 110 ff., der unter anderem in positive und negative Raumplanungsinhalte unterteilt.

48 Vgl. *BVerwG* Beschl. v. 02. 08. 2002 – 4 B 36.02, BauR 2003, 837; *BVerwG* Urt. v. 13. 03. 2003 – 4 C 4/02, NVwZ 2003, 738, 739.

49 Vgl. z. B. *VGH Mannheim* Beschl. v. 24. 07. 2001 – 8 S 1306, ZfBR 2001, 567.

50 *BVerwG* Beschl. v. 02. 08. 2002 – 4 B 36.02, BauR 2003, 837.

51 Vgl. dazu D.I.2.

52 Dazu C.V.1. bzw. 2.

53 Dazu ausführlich unten unter H.I. 1

54 Richtlinie 2001/42/EG des Europäischen Parlaments und des Rates vom 27. Juni 2001 über die Prüfung der Umweltauswirkungen bestimmter Pläne und Programme, ABl. L 197 vom 21. 07. 2001.

Neu im Bundesraumordnungsrecht ist die Möglichkeit des Bundes, eigene Raumordnungspläne aufzustellen, §§ 17 ff. ROG.[55]

1. Landesweite Pläne, § 8 Abs. 1 S. 1 Nr. 1 ROG

Die Aufstellung landesweiter Raumordnungspläne für das jeweilige Landesgebiet gemäß § 8 Abs. 1 S. 1 Nr. 1 ROG liegt im Zuständigkeitsbereich des jeweiligen Bundeslandes. Die einzelnen Länder haben in Ausfüllung des verbleibenden Gesetzgebungskompetenzspielraumes ihre Raumordnungsgesetze teilweise neu erlassen,[56] teilweise angepasst.[57]

a. Bezeichnung der landesweiten Raumordnungspläne

Die Bezeichnung der landesweiten Raumordnungspläne ist nicht einheitlich. Teilweise werden diese als *Landesentwicklungspläne* bezeichnet. Namentlich in Baden-Württemberg, § 6 Abs. 1 Nr. 1 LPlG BW; Berlin/Brandenburg, Art. 7 Abs. 1 Landesplanungsvertrag Berlin/Brandenburg; Hessen, § 2 Abs. 2 S. 2 HessLPG; Nordrhein-Westfalen, § 2 Abs. 1 LPlG NRW; Saarland, § 3 Abs. 1 S. 1 SaarlLPlG; Sachsen, § 3 Abs. 1 SächsLPlG; Sachsen-Anhalt, § 3 Abs. 1 Nr. 1 LaplaG SachsAnh und Thüringen, § 1 Abs. 2 S. 3 Nr. 1 ThürLPlG. In anderen Ländern lautet die Bezeichnung *Landesentwicklungsprogramm*: in Bayern, Art. 1 Abs. 2 BayLPlG; Mecklenburg-Vorpommern, § 4 Abs. 1 LPlG MV (leicht abweichend bezeichnet als *Landesraumentwicklungsprogramm*); Niedersachsen, § 1 Abs. 5 Nr. 1 i. V. m. § 7 Abs. 1 NdsROG und Rheinland-Pfalz, § 5 S. 1 i. V. m. § 7 f. LPlG RhPf. In Schleswig-Holstein wird der landesweite Plan als *Landesraumordnungsplan* bezeichnet, § 3 Abs. 1 Halbs. 1 LaPlaG SchlH.

b. Besonderheit in den Stadtstaaten Berlin, Bremen und Hamburg, § 8 Abs. 1 S. 2 ROG

Eine Besonderheit ergibt sich für die Stadtstaaten Berlin, Bremen und Hamburg: Nach § 8 Abs. 1 S. 2 ROG können diese den landesweiten Raumordnungsplan durch die Aufstellung eines Flächennutzungsplanes nach § 5 BauGB ersetzen. Hintergrund dieser Regelung ist die Identität von Planungsgebiet und Planungsträger. Die landesweite Planung bezieht sich in den Stadtstaaten aufgrund der geringen Fläche dieser Länder jeweils auf das identische Gebiet, weshalb diese Fläche nicht durch zwei verschiedene Planungsinstrumente durch den iden-

[55] Dazu unten C.V.3.

[56] So beispielsweise die Landesplanungsgesetze in Bayern, Hessen, dem Saarland, Sachsen, Schleswig-Holstein, Thüringen.

[57] Z. B. in Baden-Württemberg, Nordrhein-Westfalen, Rheinland-Pfalz, Sachsen-Anhalt, Mecklenburg-Vorpommern.

tischen Planungsträger beplant werden muss.[58] Gleichwohl muss der Flächennutzungsplan bei einer solchen Funktionsübernahme den Vorgaben des § 7 Abs. 1 ROG für die landesweiten Raumordnungspläne genügen. Von dieser Möglichkeit hat das Land Hamburg[59] Gebrauch gemacht. In Bremen existiert zwar ein Flächennutzungsplan, dieser übernimmt jedoch ausdrücklich nicht die Funktion eines Raumordnungsplanes. Vielmehr ist nur die Absicht formuliert, „in absehbarer Zeit einen Landesraumordnungsplan auf[zu]stellen".[60] Berlin hat mit dem Land Brandenburg einen Landesplanungsvertrag zur gemeinsamen, auf Dauer angelegten Raumordnung und Landesplanung für den Gesamtraum Berlin/Brandenburg abgeschlossen.[61] Die auf Grundlage von Art. 2 des Landesplanungsvertrages eingerichtete Gemeinsame Landesplanungsbehörde übernimmt die Aufgaben der für Raumordnung zuständigen obersten Landesbehörden ist insbesondere für das gemeinsame Landesentwicklungs-programm und die gemeinsamen Landesentwicklungspläne zuständig, Art. 2 Abs. 2 Nr. 1 Landesplanungsvertrag Berlin/Brandenburg.

c. *Zuständigkeit zum Erlass der landesweiten Raumordnungspläne*

Die Zuständigkeit zum Erlass dieser landesweiten Raumordnungspläne ist ebenfalls in unterschiedlicher Weise ausgestaltet. Von Ministerien bis zu Planungsverbänden ist eine Vielzahl an unterschiedlichen „Planungskörperschaften" in den einzelnen Landesplanungsgesetzen mit den entsprechenden Kompetenzen ausgestattet.[62]

d. *Inhalt der landesweiten Raumordnungspläne*

Der Inhalt der landesweiten Raumordnungspläne richtet sich nach § 7 Abs. 1 ROG, welcher für alle Raumordnungspläne Festlegungen zu Entwicklung, Ordnung und Sicherung des Raumes in Form von Zielen und Grundsätzen ver-

---

[58] *Goppel*, in: *Spannowsky/Runkel/Goppel, ROG*, § 8 Rn. 18.

[59] Vgl. Ziff. 2.1. des Erläuterungsberichtes zum Flächennutzungsplan: http://www.hamburg.de/contentblob/2369122/data/druckfassung-inhalt-grundsaetzliches-und-kapitel-1-und-2.pdf sowie allgemein unter http://www.hamburg.de/flaechennutzungsplan/ (zuletzt abgerufen am 22. 11. 2015).

[60] S. 38 der Begründung des Flächennutzungsplanes vom 04. 12. 2014, http://downloads.fnp-bremen.de/20141204/2014_12_04_Begruendung_F-Plan_Bremen_%20V3.6.pdf (zuletzt abgerufen am 22. 11. 2015). Zum Wirksamkeit des vorherigen Flächennutzungsplan, der ebenfalls keine Regelungen zur landesweiten Raumordnungsplanung enthielt *OVG Bremen* Urt. v. 31. 10. 2007 – 1 D 147/07, NordÖR 2008, 69, 71 f.

[61] Vgl. Art. 1 Landesplanungsvertrag Berlin/Brandenburg in der Fassung der Bekanntmachung vom 13. 02. 2012, Bbg. GVBl. I, Nr. 14 bzw. in der Fassung der Bekanntmachung vom 16. 12. 2011, Berl. GVBl. 2012, 2.

[62] Vgl. *Koch/Hendler*, Baurecht, Raumordnungs- und Landesplanungsrecht 2009, § 5 Rn. 4 ff.

langt.[63] Möglich ist nach § 7 Abs. 1 S. 2 ROG auch jeweils die Unterteilung der Pläne in räumliche und sachliche Teilpläne.

2. *Regionale Pläne*

Die Regionalpläne sind nach der Legaldefinition in § 8 Abs. 1 S. 1 Nr. 2 ROG Raumordnungspläne für die einzelnen Teilräume der Länder. Nach § 8 Abs. 2 S. 1 ROG und entsprechenden landesrechtlichen Regelungen sind diese Pläne aus den übergeordneten landesweiten Raumordnungsplänen zu entwickeln. Da die Regionalplanung nur Teilräume des jeweiligen Landes betrifft, ist diese die kleinteiligere und dadurch konkretere Planung.[64]

a. *Bezeichnung der Regionalpläne*

Anders als bei den landesweiten Raumordnungsplänen hat sich für die Raumordnungspläne in den Teilräumen der Länder eine Hauptbezeichnung herauskristallisiert. In den meisten Ländern werden die Pläne in Übereinstimmung mit der Formulierung in § 8 Abs. 1 S. 1 Nr. 2 ROG als *Regionalpläne* bezeichnet. Davon abweichend werden in Mecklenburg-Vorpommern *regionale Raumentwicklungsprogramme* aufgestellt (§ 4 Abs. 1 Alt. 2 LPlG MV), in Niedersachsen lautet die Bezeichnung *Regionales Raumordnungsprogramm* (§ 1 Abs. 5 Nr. 4 NdsROG), in Rheinland-Pfalz *Regionale Raumordnungspläne* (§ 7 Abs. 2 LPlG RhPf) und in Sachsen-Anhalt *Regionale Entwicklungspläne* (§ 3 Abs. 1 Nr. 2 LPIG SachsAnh).

b. *Besonderheit in den Stadtstaaten Berlin, Bremen und Hamburg und dem Land Saarland nach § 8 Abs. 1 S. 3 ROG sowie für regionale Planungsgemeinschaften nach § 8 Abs. 4 ROG*

Eine Sonderregelung ergibt sich auch auf der Ebene der Regionalplanung für die Stadtstaaten Berlin, Bremen und Hamburg sowie zusätzlich für das Land Saarland. Nach § 8 Abs. 1 S. 3 ROG sind die genannten Ländern nicht verpflichtet, Regionalpläne aufzustellen.[65]

---

[63] Zu Begrifflichkeit und Bindungswirkung der Ziele und Grundsätze der Raumordnung vgl. oben C.III.

[64] Zwar können auch die landesweiten Raumordnungspläne in räumliche Teilpläne aufgeteilt werden, § 7 Abs. 1 S. 2 ROG, jedoch ist von der Struktur der gesetzlichen Regelung in § 8 Abs. 1 S. 1 ROG die grundsätzliche Zweistufigkeit der Planung vorgegeben, so dass Regionalpläne nicht durch räumliche Teilpläne auf Ebene der landesweiten Raumordnungspläne ersetzt werden können. Auch auf Ebene der Regionalpläne besteht die Möglichkeit, räumliche und/oder sachliche Teilpläne aufzustellen, § 7 Abs. 1 S. 2 ROG.

[65] Das Land Berlin hat regionalplanerische Festlegungen in seinen Flächennutzungsplan integriert, vgl. die textlichen Festlegungen im Flächennutzungsplan in der Fassung der Neu-

§ 8 Abs. 4 ROG enthält eine Sonderregelung bei Zusammenschlüssen von Gemeinden und Gemeindeverbänden zu regionalen Planungsgemeinschaften. Von Planungsgemeinschaften aufgestellten Regionalplänen kann gleichzeitig die Funktion eines gemeinsamen Flächennutzungsplanes i. S. d. § 204 BauGB zugewiesen werden (regionaler Flächennutzungsplan). Voraussetzung ist das Erfüllen sowohl der maßgeblichen Anforderungen des ROG als auch des BauGB.

c. *Zuständigkeit zum Erlass der Regionalpläne*

Die Organzuständigkeit für den Erlass der Regionalpläne ist noch um einiges variantenreicher ausgestaltet als bei den Plänen auf Landesebene.[66] Oft ist diese auf Verbände bzw. regionale Planungsgemeinschaften übertragen, die von den kommunalen Gebietskörperschaften getragen werden.[67] In Schleswig-Holstein liegt die Kompetenz auf Ebene der Regierung, in Niedersachsen wurde sie den Kreisen übertragen, in Hessen und Nordrhein-Westfalen ist sie bei den staatlichen Mittelinstanzen angesiedelt.

d. *Inhalt der Regionalpläne*

Der Inhalt der Pläne richtet sich ebenso wie bei den landesweiten Raumordnungsplänen im Ausgangspunkt nach den Vorgaben des § 7 Abs. 1 ROG.[68] Die Regelungen in den landesweiten Raumordnungsplänen sind weiterzuentwickeln, § 8 Abs. 2 ROG.

3. *Bundesraumordnungspläne*

Seit der Anpassung des Raumordnungsgesetzes im Jahre 2008[69] an die Änderungen durch die Föderalismusreform I von 2006[70] bestehen für den Bund mehrere Handlungsfelder, in denen dieser Raumordnungspläne aufstellen kann. Zuvor waren in § 18 ROG 1998[71] als rahmenrechtliche Regelung nur einzelne

---

bekanntmachung vom 05.02.2015, Amtsblatt Berlin, S. 31, auch abrufbar unter http://www.stadtentwicklung.berlin.de/planen/fnp/de/fnp/textliche_darstellung.shtml (zuletzt abgerufen am 22.11.2015).

[66] Vgl. dazu oben C.V.1.c.

[67] So z. B. in Baden-Württemberg (§ 1 Abs. 1 S. 1 LPlG BW), Bayern (Art. 22 Abs. 1 BayLPlG), Sachsen-Anhalt (§ 7 Abs. 1 S. 1 LPlG SachsAnh), Thüringen (§ 14 Abs. 1 ThürLPlG).

[68] Vgl. oben unter C.V.1.d.

[69] Gesetz zur Neufassung des Raumordnungsgesetzes und zur Änderung anderer Vorschriften (GeROG) vom 22.12.2008, BGBl. I, 2986.

[70] Gesetz zur Änderung des Grundgesetzes vom 28.08.2006, BGBl I, 2034.

[71] ROG in der Fassung vom 18.8.1997, BGBl I, 2081.

Mitwirkungsmöglichkeiten des Bundes geregelt. Nach § 18 Abs. 1 S. 1 ROG 1998[72] hatte der Bund durch das zuständige Bundesministerium die Möglichkeit, „auf die Verwirklichung der Grundsätze der Raumordnung [...] und des Gegenstromprinzips" hinzuwirken. Nach § 18 Abs. 1 S. 2 ROG 1998[73] konnten in Zusammenarbeit mit den obersten Landesplanungsbehörden „insbesondere Leitbilder der räumlichen Entwicklung des Bundesgebietes" erarbeitet werden.

Nunmehr ist es nach § 17 Abs. 1 ROG möglich, auf Bundesebene einzelne Grundsätze der Raumordnung im Sinne des § 2 Abs. 2 ROG in Bundesraumordnungsplänen festzuschreiben. Dadurch soll die gesamträumliche Planung im Bundesgebiet gestärkt werden.[74] Andere Planungsträger werden an diese Grundsätze über § 4 Abs. 1 ROG im Rahmen ihrer Abwägungsentscheidungen gebunden. Die Ausarbeitung konkreter Raumordnungspläne bleibt weiterhin in der Kompetenz der Länder. Durch Bundesraumordnungspläne nach § 17 Abs. 1 ROG kann lediglich eine Präzisierung der Grundsätze des § 2 Abs. 2 ROG erfolgen.[75] Bisher hat der Bund von dieser Kompetenz noch keinen Gebrauch gemacht.[76]

Die Regelung in § 17 Abs. 2 ROG ermöglicht es dem Bundesverkehrsministerium als Vorstufe zum Bundesverkehrswegeplan[77] länderübergreifende Vorgaben bezüglich Standortkonzepten für Häfen und Flughäfen als Grundlage für ihre verkehrliche Anbindung zu schaffen.[78] Diese Raumordnungspläne sind als reine Vorbereitungsmaßnahmen für die Bundesverkehrswegeplanung ausgestaltet.[79] Die Bindungswirkung solcher Bundesraumordnungspläne besteht nur für

---

[72] ROG in der Fassung vom 18. 8. 1997, BGBl I, 2081.

[73] ROG in der Fassung vom 18. 8. 1997, BGBl I, 2081.

[74] Vgl. die Gesetzesbegründung zum Gesetz zur Neufassung des Raumordnungsgesetzes und zur Änderung anderer Vorschriften vom 22. 12. 2008, BT-Drs 16/10292, S. 27 f.

[75] *Runkel*, in: *Spannowsky/Runkel/Goppel, ROG*, § 17 Rn. 7 f.; zu den Möglichkeiten des Bundes nach § 17 Abs. 2 ROG vgl. *Spannowsky*, UPR 2013, 54.

[76] Lediglich auf den Seiten 222 ff. im Raumordnungsbericht 2011 finden sich Ausführungen zu besonders dringlich zu konkretisierenden Grundsätzen (Raumordnungsbericht 2011 des Bundesinstitut für Bau-, Stadt- und Raumforschung (BBSR) im Bundesamt für Bauwesen und Raumordnung (BBR), Bonn: http://www.bbsr.bund.de/BBSR/DE/Veroeffentlichungen/Sonderveroeffentlichungen/2012/ROB2011.html (zuletzt abgerufen am 22. 11. 2015); *Spannowsky*, UPR 2013, 54, 54 ff. Vgl. auch das Forschungsprojekt „Konkretisierung der Grundsätze der Raumordnung durch die Bundesraumordnung" des Bundesinstitut für Bau-, Stadt- und Raumforschung (BBSR) im Bundesamt für Bauwesen und Raumordnung (BBR), abzurufen unter: http://www.bbsr.bund.de/BBSR/DE/FP/ReFo/Raumordnung/2010/Grundsaetze/Download_Handbuch.pdf?__blob=publicationFile&v=2 (zuletzt abgerufen am 22. 11. 2015).

[77] Bundesverkehrswegeplan 2030, vom Bundeskabinett beschlossen am 03. 08. 2016, abzurufen unter https://www.bmvi.de/SharedDocs/DE/Anlage/VerkehrUndMobilitaet/BVWP/bvwp-2030-kabinettsplan.pdf?__blob=publicationFile (zuletzt abgerufen am 10. 09. 2016), dazu unten D.III.3.a.

[78] *Runkel*, in: *Spannowsky/Runkel/Goppel, ROG*, § 17 Rn. 3.

[79] Die Zuständigkeit für die Aufstellung der Bundesraumordnungspläne ist durch die Neustrukturierung der Bundesministerien nach der Bundestagswahl 2013 von dem im Gesetz genannten Bundesministerium für Verkehr, Bau und Stadtentwicklung auf das Bundesminis-

die Bundesverkehrswegeplanung. Eine Bindungswirkung für raumbedeutsame Planungen und Maßnahmen der Länder schließt § 17 Abs. 2 S. 2 ROG ausdrücklich aus. Raumordnungspläne der Länder können daher andere Standorte für See-, Binnenhäfen und Flughäfen vorsehen.

Für den Bereich der ausschließlichen Wirtschaftszone (AWZ) konnten schon nach der alten Rechtslage, § 18a Abs. 1 ROG 1998,[80] Ziele und Grundsätze der Raumordnung durch den Bund aufgestellt werden. Das Gebiet der AWZ ist nicht den angrenzenden Ländern, sondern dem Bund direkt zugeordnet.[81] Diese Regelung findet sich nunmehr in ähnlicher Weise in § 17 Abs. 3 ROG.[82] Solche Pläne wurden vom Bundesministerium für Verkehr, Bau und Stadtentwicklung für die AWZ in der Nordsee[83] und in der Ostsee[84] noch auf Grundlage des § 18a Abs. 1 ROG 1998[85] aufgestellt.

4. Mögliche Inhalte der Raumordnungspläne der Länder

Nach § 7 ROG sind in den Raumordnungsplänen zwingend Festlegungen „zur Entwicklung, Ordnung und Sicherung des Raums", § 7 Abs. 1 S. 1 ROG, in Form von Zielen und Grundsätzen zu treffen.[86] Was unter Zielen bzw. Grundsätzen der Raumordnung zu verstehen ist, definieren § 3 Abs. 1 Nr. 2 bzw. Nr. 3 ROG.[87]

§ 8 Absätze 5 bis 7 ROG regeln die inhaltlichen Ausgestaltungsmöglichkeiten der Raumordnungspläne. Ausgangspunkt ist dabei § 8 Abs. 5 ROG, nach dem die Raumordnungspläne Festlegungen zur Raumstruktur enthalten sollen, wobei die Siedlungs- (Nr. 1) beziehungsweise Freiraumstruktur (Nr. 2), sowie die für die Infrastruktur zu sichernden Standorte und Trassen (Nr. 3) genannt werden. Darüber hinaus können gemäß § 8 Abs. 7 ROG auch raumbedeutsame

---

terium für Umwelt, Naturschutz, Bau und Reaktorsicherheit (BMUB) übergegangen (Organisationserlass der Bundeskanzlerin vom 17. 12. 2013, BGBl. I, 4310). Die Zuständigkeit für die Aufstellung der Bundesverkehrswegepläne ist beim neu geordneten Bundesministerium für Verkehr und Infrastruktur verblieben.

[80] Gesetz vom 18. 8. 1997, BGBl. I, 2081, 2102.

[81] *Runkel*, in: *Spannowsky/Runkel/Goppel, ROG*, § 17 Rn. 2.

[82] Damit wird der immer stärker konfligierenden Nutzungen des Meeres durch die Nutzungen der Schifffahrt und Fischerei sowie der Offshore-Windparks Rechnung getragen. Durch die Aufstellung von Raumordnungsplänen kann unter Berücksichtigung des Umweltschutzes eine umfassende und ausgleichende Regelung angestrebt werden, vgl. dazu *Runkel*, in: *Spannowsky/Runkel/Goppel, ROG*, § 17 Rn. 35.

[83] Verordnung über die Raumordnung in der deutschen ausschließlichen Wirtschaftszone in der Nordsee vom 21. 09. 2009, BGBl. I, 3107.

[84] Verordnung über die Raumordnung in der deutschen ausschließlichen Wirtschaftszone in der Ostsee vom 10. 12. 2009, BGBl. I, 3861.

[85] ROG in der Fassung vom 18. 8. 1997, BGBl I, 2081, 2102.

[86] § 7 ROG gilt sowohl für alle Raumordnungspläne, sowohl auf Bundes- als auch auf Landesebene, vgl. oben C.I.

[87] Dazu ausführlich oben C.III.1.

Funktionen und Maßnahmen[88] in unterschiedlichen Gebietstypen mit aus der Ausweisung folgenden bestimmten Eigenschaften bezeichnet werden. Diese Vorrang-, Vorbehalts- und Eignungsgebiete kennzeichnen insbesondere unterschiedliche Ausschlusswirkungen für Planungen innerhalb bzw. außerhalb des Gebietes.[89] Diese Regelung ist nicht abschließend. Die Gesetzesbegründung zur Neufassung des § 8 Abs. 7 ROG nimmt ausdrücklich Bezug auf die Vorgängerregelung des § 7 Abs. 4 ROG, die als nicht abschließende Normierung angesehen wurde.[90] Die Länder haben auf Grund ihrer Abweichungskompetenz aus Art. 72 Abs. 3 S. 1 Nr. 4 GG die Möglichkeit, die Ausweisung von Gebietstypen anderer Art zu ermöglichen bzw. die Ausweisung der im ROG genannten Gebiete nicht zuzulassen.[91]

Von der Möglichkeit der Gebietsausweisungen wurde und wird in der Praxis häufig Gebrauch gemacht,[92] da es sich hierbei neben der Festesetzung der zentralen Orte um die wichtigste Funktion der Raumordnungspläne handelt. Diesbezügliche Detailfragen haben immer wieder die Gerichte beschäftigt.[93]

a. *Vorranggebiet, § 8 Abs. 7 S. 1 Nr. 1 ROG*

Durch die Festlegung eines Vorranggebiets nach § 8 Abs. 7 S. 1 Nr. 1 ROG wird bestimmten raumbedeutsamen Funktionen und Nutzungen innerhalb dieses Gebiets der Vorrang vor anderen Nutzungen eingeräumt. Damit wird zugleich eine innergebietliche Ausschlusswirkung normiert: Andere Nutzungen sind in Vorranggebieten danach nur zulässig, wenn sie mit der vorrangigen Nutzung vereinbar sind. Ob mit der Festlegung eines Vorranggebietes gleichzeitig der Ausschluss der festgesetzten Nutzung außerhalb des Gebietes verbunden ist, wird unterschiedlich gesehen.[94] Bei Vorranggebieten handelt es sich um Ziele

---

[88] Zu diesen Begriffen vgl. oben unter C.IV.

[89] Dazu sogleich unter C.V.4.a.–d.

[90] Vgl. BT-Drs 16/10292, S. 24; zentrales Urteil dazu *BVerwG* Urt. v. 01.07.2010 – 4 C 6/09, NVwZ 2011, 240, Rn. 16; *Goppel*, in: *Spannowsky/Runkel/Goppel, ROG*, § 8 Rn. 71.

[91] So z. B. in Bayern geschehen: Art. 14 Abs. 2 S. 1 Nr. 3 BayLPlG nennt ein Gebiet, in dem raumbedeutsame Funktionen oder Nutzungen ausgeschlossen werden können (Ausschlussgebiete), ebenso im Saarland, § 3 Abs. 2 SaarlLPG. Art. 14 Abs. 2 S. 2 BayLPlG schließt die Festlegung von Eignungsgebieten nach § 8 Abs. 7 S. 1 Nr. 3 ROG sowie Vorranggebiete mit der Wirkung von Eignungsgebieten nach § 8 Abs. 7 S. 2 ROG aus. Für diesen Bereich der Ausweisung der Gebietstypen ist die Abweichungsbefugnis der Länder umfassend anerkannt, eine Diskussion bezüglich des Bestehens eines abweichungsfesten Kernes existiert nicht. Zu dieser Diskussion vgl. Fn. 7.

[92] Auch im ROG 1998 (Gesetz vom 18. 8. 1997, BGBl. I, 2081) war die Möglichkeit der Gebietsausweisungen schon vorgesehen, in § 7 Abs. 4 ROG a. F. war die vergleichbare Regelung zur heutigen Fassung enthalten.

[93] Von einer Benennung einzelner Urteile wird hier abgesehen, da diese aufgrund der Vielzahl der ergangenen Judikate nie repräsentativ geschweige denn vollständig sein kann.

[94] Siehe dazu ausführlich im Rahmen der Analyse des Urteiles des OVG Münster zum

der Raumordnung. Der Wortlaut der Vorschrift lässt keinen Spielraum für eine Abwägung mit anderen Belangen. Nur im Falle der Vereinbarkeit mit der gesicherten Nutzung sind auch andere Nutzungen zulässig. Wie sich schon aus der Gebietsbezeichnung als Vorranggebiet ergibt, kommt der gesicherten Nutzung absoluter Vorrang zu, ohne Möglichkeit zur Abwägung.[95] Die abgeschlossene Abgewogenheit ist gerade entscheidendes Merkmal bzw. Voraussetzung von Zielen der Raumordnung gemäß § 3 Abs. 1 Nr. 2 ROG.[96]

b. Vorbehaltsgebiet, § 8 Abs. 7 S. 1 Nr. 2 ROG

Im Gegensatz dazu kann in Vorbehaltsgebieten nach § 8 Abs. 7 S. 1 Nr. 2 ROG für bestimmte raumbedeutsame Funktionen oder Nutzungen nur ein besonderes Gewicht im Rahmen der Abwägung mit anderen raumbedeutsamen Funktionen oder Nutzungen festgeschrieben werden. Im Rahmen der Abwägung können die nicht im Vorbehaltsgebiet gesicherten Funktionen und Nutzungen den gesicherten Funktionen und Nutzungen vorgehen, wenn ihnen unter Einbeziehung aller Belange trotzdem ein höheres Gewicht zukommt. Ob die Vorbehaltsgebiete als Ziele oder nur als Grundsätze der Raumordnung zu qualifizieren sind, ist stark umstritten.[97] Ausgehend von der zentralen Voraussetzung der Einordnung als Ziel der Raumordnung, der abgeschlossenen Abgewogenheit mit allen anderen Belangen, spricht vieles dafür, den Vorbehaltsgebietsfestlegungen lediglich Grundsatzcharakter zuzusprechen, da die festgelegten Funktionen bzw. Nutzungen ausdrücklich der Abwägung zugänglich sind. Die Festlegungen können durch andere Belange überwunden werden, so dass es sich nur um eine Gewichtungsvorgabe handelt.[98] Die Gegenargumentation, es handle sich gerade nicht um einen „normalen" Abwägungsvorgang, da die besondere Gewichtungsvorgabe nicht mit jedem anderen Belang in der Abwägung über-

---

Kraftwerk Datteln, *OVG Münster* Urt. v. 03.09.2009 – 10 D 121/07.NE, NuR 2009, 801, unten unter E.IV.4.

[95] *Hoppe*, in: *Hoppe/Grotefels/Bönker*, Öffentliches Baurecht, § 4 Rn. 47; *Koch/Hendler*, Baurecht, Raumordnungs- und Landesplanungsrecht 2009, § 3 Rn. 24; *Heitsch*, NuR 2004, 20; *Höhnberg/Numberger*, in: *Heigl/Hosch/Höhnberg/Numberger*, Raumordnung und Landesplanung in Bayern 2014, 27. Ergänzungslieferung 2008, Art. 11 Rn. 15.

[96] Vgl. dazu oben C.III.1.a.

[97] Für Grundsatzqualität: *BVerwG* Urt. v. 13.03.2003 – 4 C 4/02, NVwZ 2003, 738, 742; *BVerwG* Beschl. v. 15.06.2009 – 4 BN 10/09, NVwZ 2009, 1226; *Hoppe*, DVBl 1998, 1008, 1009 f. Für Zielqualität: *Goppel*, BayVBl 1998, 289, 291; *Goppel*, BayVBl 2002, 449, 450; *Koch/Hendler*, Baurecht, Raumordnungs- und Landesplanungsrecht 2009, § 3 Rn. 25; *VGH München* Urt. v. 14.10.1996 – 14 N 94.4159, BayVBl 1997, 178, 179.

[98] *BVerwG* Urt. v. 13.03.2003 – 4 C 4/02, NVwZ 2003, 738, 242; *BVerwG* Beschl. v. 15.06.2009 – 4 BN 10/09, NVwZ 2009, 1226; *Schink*, in: *Jarass* (Hrsg.), Raumordnungsgebiete (Vorbehalts-, Vorrang- und Eignungsgebiete) nach dem neuen Raumordnungsgesetz, 1998, S. 46, 58; *Heitsch*, NuR 2004, 20, 21.

wunden werden könne, sondern nur durch einen noch gewichtigeren Belang, ist nicht überzeugend.[99]

c. Eignungsgebiete, § 8 Abs. 7 S. 1 Nr. 3 ROG

In Eignungsgebieten gemäß § 8 Abs. 7 S. 1 Nr. 3 ROG können bestimmten raumbedeutsamen Funktionen oder Nutzungen, die städtebaulich nach § 35 BauGB zu beurteilen sind, d. h. sich im unbeplanten Außenbereich befinden, keine anderen raumbedeutsamen Belange entgegenstehen. Gleichzeitig sind diese Nutzungen und Funktionen dann an anderer Stelle im Planungsraum ausgeschlossen. Den Regelungen im Eignungsgebiet kommt sowohl inner- als auch außergebietlich eine gewisse Ausschlusswirkung zu. Innerhalb des Gebietes können den festgeschriebenen Funktionen oder Nutzungen andere Belange nicht entgegenstehen, sie eignen sich uneingeschränkt zur Zulassung in diesem Gebiet. Die innergebietliche Wirkung ist somit stärker als diejenige des Vorbehaltsgebiets i. S. d. § 8 Abs. 7 S. 1 Nr. 2 ROG, dort können im Rahmen der Abwägung andere raumbedeutsame Funktionen und Nutzungen trotzdem gewichtiger sein und damit vorgehen. Für Eignungsgebiete ist dagegen gesetzlich vorgeschrieben, dass die dort ausgewiesenen Nutzungen und Funktionen nicht mit anderen Belangen in Konflikt geraten können, somit auch nicht im Wege der Abwägung überwunden werden können. Außergebietlich ist die Sperrwirkung dahingehend geregelt, dass die im Eignungsgebiet ausgewiesene Nutzung an keiner anderen Stelle im Planungsgebiet zugelassen werden darf. Durch die Ausweisung einer bestimmten Nutzung in einem Eignungsgebiet wird vor allem die Konzentration gewisser Nutzungsarten in einzelnen Gebieten erreicht. Vor allem solche Nutzungen, die großes Konfliktpotential in sich tragen, sollen damit gesteuert werden. Typische Eignungsgebietsausweisungen sind Ausweisungen von Flächen für Windkrafträder.[100]

Inwiefern es sich bei Eignungsgebieten um Maßnahmen mit Ziel- oder mit Grundsatzcharakter handelt, ist nicht abschließend geklärt. Dabei besteht weitgehende Einigkeit, dass es sich bezüglich der außergebietlichen Sperrwirkung um Ausweisungen mit Zielqualität handelt, da insofern eine strikte Ausschlusswirkung vorliegt, die keinerlei Abwägung mehr zugänglich ist.[101] Ob dies für die innergebietliche Wirkung gleichermaßen gilt, wird unterschiedlich beurteilt.[102]

---

[99] So die Argumentation von *Goppel*, in: *Spannowsky/Runkel/Goppel, ROG*, § 8 Rn. 82; anders auch *VGH München* Urt. v. 14. 10. 1996 – 14 N 94.4159, BayVBl 1997, 178, 179.

[100] Vgl. dazu *Haselmann*, ZfBR 2014, 529; *Schmidt-Eichstaedt*, ZfBR 2013, 639; *Schmidt-Eichstaedt*, LKV 2012, 481.

[101] *Goppel*, in: *Spannowsky/Runkel/Goppel, ROG*, § 8 Rn. 89; *Heitsch*, NuR 2004, 20, 21

[102] Vgl. die Übersicht bei *Koch/Hendler*, Baurecht, Raumordnungs- und Landesplanungsrecht 2009, § 3 Rn. 27; keine Unterscheidung zwischen inner- und außergebietlichen Nutzung

d. Kombination von Vorrang- und Eignungsgebiet, § 8 Abs. 7 S. 2 ROG

§ 8 Abs. 7 S. 2 ROG ermöglicht es, Vorranggebiete nach § 8 Abs. 7 S. 1 Nr. 1 neben der bestehenden innergebietlichen Vorrangwirkung der privilegierten Nutzungen zusätzlich noch mit der außergebietlichen Sperrwirkung eines Eignungsgebietes auszustatten. Die in einem Vorranggebiet gesicherte Nutzung wird dadurch gleichzeitig außerhalb des Gebietes ausgeschlossen.[103] Die innergebietliche Sperrwirkung durch die Ausweisung von Vorranggebieten ist als Ziel der Raumordnung zu qualifizieren,[104] ebenso die außergebietliche Sperrwirkung von Eignungsgebieten.[105] Der Kombination beider Gebietstypen kommt insgesamt Zielwirkung zu.[106]

VI. Raumordnungsverfahren

Im Zusammenhang mit den konkreten Zulassungsentscheidungen bezüglich einzelner Vorhaben spielt die Durchführung von Raumordnungsverfahren eine wichtige Rolle. Es handelt sich dabei um ein Verfahren zur Überprüfung der Raumverträglichkeit konkreter raumbedeutsamer Planungen und Maßnahmen. Es werden die Übereinstimmung mit den Erfordernissen der Raumordnung und die Abstimmung mit anderen raumbedeutsamen Planungen und Maßnahmen geprüft, § 15 Abs. 1 S. 2 ROG. Für welche Planungen und Maßnahmen ein solches Verfahren durchzuführen ist bzw. welche Ausnahmen vorgesehen sind, ergibt sich aus § 1 ROV, auf welchen § 15 Abs. 1 S. 1 ROG Bezug nimmt. Das Raumordnungsverfahren ist ein dem eigentlichen Zulassungsentscheidungsverfahren vorgeschaltetes selbständiges Verfahren, allein darauf ausgerichtet, die Raumverträglichkeit des einzelnen Vorhabens zu überprüfen. Bei der Entscheidung am Ende dieses Verfahrens handelt es sich um keinen normativen Akt oder Verwaltungsakt, sondern um eine gutachterliche Beurteilung.[107] Die Durch-

macht *Schmidt-Eichstaedt*, LKV 2012, 481, S. 485 f; ebenso *Lehners*, Raumordnungsgebiete nach dem Raumordnungsgesetz 1998 1998 76; *Goppel*, in: *Jarass* (Hrsg.), Raumordnungsgebiete (Vorbehalts-, Vorrang- und Eignungsgebiete) nach dem neuen Raumordnungsgesetz, 1998, S. 26, 33. Für ein rein innergebietliches Ziel *Hoppe/Bönker/Grotefels*, Öffentliches Baurecht 2010 § 4 Rn. 54; sowie *Erbguth*, NVwZ-Extra Aufsätze Online 2013, 1, 4. Für ein auch außergebietliches Ziel *Heitsch*, NuR 2004, 20, 21 f.

[103] Die jeweilige Wirkung der Ausweisungen inner- und außerhalb des Gebietes ist umstritten. Diese Problematik wird ausführlich im Rahmen der Analyse des Urteils zum Kohlekraftwerk Datteln behandelt, vgl. unter E.IV.4.a.

[104] Vgl. dazu eben C.V.4.a.

[105] Vgl. dazu eben C.V.4.c.

[106] Vgl. z. B. *Erbguth*, NVwZ-Extra Aufsätze Online 2013, 1, 4; *Lehners*, Raumordnungsgebiete nach dem Raumordnungsgesetz 1998 1998, S. 79 f.; *Bartlsperger*, Raumplanung zum Außenbereich 2003, S. 57.

[107] *BVerwG*, Beschluss v. 30. 08. 1995 – 4 B 86/95, NVwZ 1996, 67.

führung eines solchen Raumordnungsverfahrens ist entbehrlich, wenn sichergestellt ist, dass die Raumverträglichkeit anderweitig geprüft wird, § 15 Abs. 1 S. 5 ROG. Teilweise finden sich in den Landesplanungsgesetzen weitergehende Regelungen, wann ein Raumordnungsverfahren entbehrlich ist. Die Ausgestaltung ist dabei durchaus unterschiedlich. So wird in Baden-Württemberg und Bayern u. a. darauf abgestellt, ob das Vorhaben den Zielen der Raumordnung offensichtlich ent- oder widerspricht.[108] Im hessischen Landesplanungsgesetz dagegen ist der Verzicht auf ein Raumordnungsverfahren für planfeststellungspflichtige Vorhaben möglich, wenn die Prüfung der Vereinbarkeit des Vorhabens mit den Zielen der Raumordnung auch im Planfeststellungsverfahren möglich ist.[109] Das Ergebnis des Raumordnungsverfahrens ist im nachfolgenden Zulassungsverfahren nach § 4 Abs. 1 S. 1 Nr. 3 ROG als sonstiges Erfordernis der Raumordnung, § 3 Abs. 1 Nr. 4 ROG, zu berücksichtigen.[110] Aufgrund dieser ohnehin angeordneten Berücksichtigungspflicht als sonstiges Erfordernis der Raumordnung im späteren Zulassungsverfahren, der im Planfeststellungsverfahren ohnehin zu beachtenden Ziele der Raumordnung über § 4 Abs. 1 ROG sowie der unterschiedlichen Regelungen in den einzelnen Landesplanungsgesetzen, wird von einer näheren Betrachtung des Raumordnungsverfahrens im Rahmen der vorliegenden Untersuchung abgesehen.

---

[108] § 18 Abs. 4 Nr. 1 LPlG BW; Art. 24 Abs. 3 Nr. 1 BayLPlG.
[109] § 11 HLPlG.
[110] Dazu oben C.III.2.b.

D. Verhältnis von Raumordnung zu Bauleitplanung und Fachplanung ausgehend von den Raumordnungsklauseln

I. Raumordnungsklauseln

Der Begriff der Raumordnungsklauseln ist gesetzlich nicht definiert, vielmehr wird er in Rechtsprechung und Literatur ganz selbstverständlich verwendet.[1] Verstanden werden darunter Regelungen, die das ob und wie einer Bindung an die raumordnungsrechtlichen Vorgaben anordnen, somit das Verhältnis raumordnungsrechtlicher Festsetzungen zu anderen Planungen und Maßnahmen beschreiben.[2] Die Regelungen im ROG können aufgrund ihrer Geltung für eine Vielzahl anderer Planungen als „allgemeine Raumordnungsklauseln" bezeichnet werden, diejenigen in Fachgesetzen, die für den jeweiligen Anwendungsbereich spezielle Regelungen enthalten, als „spezielle" Raumordnungsklauseln.[3] Vorgaben zur Ausgestaltung solcher fachgesetzlicher Regelungen enthalten § 4 Abs. 1 S. 3 und Abs. 2 ROG. Als Beispiele für fachgesetzliche Klauseln seien § 1 Abs. 4 BauGB, § 35 Abs. 3 BauGB sowie § 6 Abs. 2 LuftVG genannt.[4]

1. Allgemeine Raumordnungsklauseln, § 4 Abs. 1 S. 1, S. 2 ROG

§ 4 Abs. 1 S. 1 ROG schreibt die Zielbeachtenspflicht bzw. die Berücksichtigungspflicht für Grundsätze bzw. sonstige Erfordernisse der Raumordnung bei verschiedenen raumbedeutsamen Planungen und Maßnahmen vor.[5] § 4 Abs. 1

---

[1] Vgl. beispielhaft *BVerwG* Beschl.v. 01.10.2008 – 4 B 52.08, ZfBR 2009, 57; *BVerwG* Urt. v. 19.07.2001 – 4 C 4/00, BVerwGE 115, 17, 24; *Hartwig*, NVwZ 1985, 8, 10; *Dolderer*, NVwZ 1998, 345, 348; *Erbguth*, NVwZ 2005, 241, 246.

[2] *Forsthoff/Blümel*, Raumordnungsrecht und Fachplanungsrecht 1970, S. 30 f.; *Stüer*, Handbuch des Bau- und Fachplanungsrechts 2015, Rn. 3656 f.

[3] Ähnlich *Wagner*, DVBl 1990, 1024, 1025; *Stüer*, Handbuch des Bau- und Fachplanungsrechts 2015, Rn. 3656. Häufig wird synonym der Begriff der „fachgesetzlichen" Raumordnungsklauseln verwendet, so *Runkel*, in: *Spannowsky/Runkel/Goppel, ROG*, § 4 Rn. 121 f.

[4] Das Verhältnis der raumordnungsrechtlichen Regelungen speziell zu baurechtlichen bzw. fachplanungsrechtlichen Regelungen wird unter D.II. bzw. D.III. näher betrachtet.

[5] Nr. 1 betrifft raumbedeutsame Planungen und Maßnahmen öffentlicher Stellen, somit Fälle, in denen öffentliche Stellen selbst Planungsträger sind, wie beispielsweise beim Bau von kommunalen Krankenhäusern. Nr. 2 bezieht sich auf Entscheidungen öffentlicher Stellen über die Zulässigkeit von raumbedeutsamen Planungen und Maßnahmen anderer öffentlicher Stellen und betrifft damit Vorhaben öffentlicher Planungsträger, die einer Genehmigung durch

S. 2 ROG erklärt § 4 Abs. 1 Nr. 1 und Nr. 2 ROG bei der Durchführung raumbedeutsamer Planungen und Maßnahmen durch Personen des Privatrechts in Wahrnehmung öffentlicher Aufgaben, die einen besonderen Bezug zur öffentlichen Hand haben, für entsprechend anwendbar.[6]

Für die Berücksichtigung der Grundsätze bzw. sonstigen Erfordernisse der Raumordnung nach § 4 Abs. 1 S. 1 Var. 2 ROG sind präzisierende Regelungen, in welcher Weise diese Vorgaben in Abwägungs- bzw. Ermessenentscheidungen im Rahmen der jeweiligen Planung bzw. Zulassungsentscheidung zu berücksichtigen sind, erforderlich. Die Vorschrift des § 4 Abs. 1 S. 1 Var. 2 ROG entfaltet ohne Existenz solcher Klauseln in anderen Gesetzen keine Wirkung.[7] Anders bei Zielen der Raumordnung. Diese sind aufgrund ihrer abgeschlossenen Abgewogenheit ohne fachgesetzlich vermittelnde Vorschrift nach § 4 Abs. 1 S. 1 Var. 2 ROG strikt zu beachten.[8]

Grundsätzlich nicht zu den unmittelbaren Adressaten der Vorgaben der Raumordnung zählen Private. Eine mittelbare Bindung ergibt sich aus § 4 Abs. 1 S. 1 Nr. 3 ROG bei Planungen und Maßnahmen, die der Planfeststellung oder der Genehmigung mit der Rechtswirkung von Planfeststellungen[9] bedürfen. Typische, einer Planfeststellung bedürfende Vorhaben sind beispielsweise Aus- und Neubau von Bundesfernstraßen, § 17 S. 1 FStrG, sowie Bau und Änderung von Flughäfen, § 8 Abs. 1 S. 1 LuftVG. Direkter Adressat der raumordnungsrechtlichen Regelungen ist jedoch nur die öffentliche Stelle, die über die Zulässigkeit der jeweiligen Planung oder Maßnahme zu entscheiden hat.

2. *Spezielle Regelungen in Fachgesetzen i. V. m. § 4 Abs. 1 S. 3 sowie Abs. 2 ROG*

a. § 4 Abs. 1 S. 3 ROG

Die grundsätzliche Zulässigkeit spezieller Raumordnungsklauseln lässt sich § 4 Abs. 1 S. 3 ROG entnehmen. Aus dieser Regelung ergibt sich zunächst, dass spezielle Klauseln nicht durch § 4 Abs. 1 ROG ausgeschlossen sind, vielmehr

---

eine andere öffentliche Stelle bedürfen. Nr. 3 bezieht auch die Entscheidungen öffentlicher Stellen über die Zulässigkeit raumbedeutsamer Planungen und Maßnahmen von Personen des Privatrechts, die der Planfeststellung oder der Genehmigung mit Wirkung der Planfeststellung bedürfen, mit ein. Unter die in § 4 ROG genannten öffentlichen Stellen fallen nach der gesetzlichen Definition des § 3 Nr. 5 ROG insbesondere Bundes- und Landesbehörden, kommunale Gebietskörperschaften sowie verschiedene Körperschaften, Stiftungen und Anstalten des öffentlichen Rechts.

[6] Zum Begriff der raumbedeutsamen Planungen und Maßnahmen im Sinne des § 3 Abs. 1 Nr. 6 ROG vgl. oben C.IV.

[7] *Runkel*, in: *Spannowsky/Runkel/Goppel, ROG*, § 4 Rn. 122.

[8] Nichtsdestotrotz ist in einigen fachgesetzlichen Regelungen die Zielbeachtenspflicht angeordnet. Diese Klauseln sind rein deklaratorisch. Vgl. zu den unterschiedlichen Wirkungen der speziellen Klauseln sogleich unter D.I.2.

[9] Vgl. zu den davon erfassten Genehmigungen *Runkel*, in: *Spannowsky/Runkel/Goppel, ROG*, § 4 Rn. 50.

„unberührt" bleiben. Gleichwohl ist nach dem Wortlaut des §4 Abs. 1 S. 3 ROG nur die Anordnung weitergehender Bindungswirkungen zulässig. Die Klauseln in Fachgesetzen dürfen nicht hinter den Vorgaben des §4 Abs. 1 ROG zurückbleiben.[10]

Solche vermittelnden Vorschriften in Fachgesetzen können Raumordnungsklauseln sein, die ausdrücklich die einzelnen zu berücksichtigenden Erfordernisse der Raumordnung benennen. So ist z. B. nach §6 Abs. 2 LuftVG bei der Genehmigung von Flugplätzen deren Vereinbarkeit mit den „Erfordernissen der Raumordnung" zu überprüfen. Die Bindungswirkung kann sich jedoch auch aus sogenannten Gemeinwohlklauseln ergeben. Dabei handelt es sich um Klauseln in Fachgesetzen, die auf öffentliche Belange allgemein Bezug nehmen und deren Abwägung bzw. Berücksichtigung bei der jeweiligen fachrechtlichen Entscheidung anordnen. Beispiele dafür sind das „öffentliche Interesse", das „öffentliche Wohl" oder das „Wohl der Allgemeinheit" wie unter anderem in § 1 Abs. 7 BauGB, § 16 Abs. 2 S. 1 FStrG erwähnt. Die Erfordernisse der Raumordnung werden von diesen Begriffen erfasst und sind bei der konkreten Entscheidung nach Maßgabe der jeweiligen Regelung zu berücksichtigen.[11]

b. §4 Abs. 2 ROG

§4 Abs. 2 ROG, der für die Entscheidungen öffentlicher Stellen über sonstige raumbedeutsame Planungen und Maßnahmen von Personen des Privatrechts[12] die Berücksichtigung der Erfordernisse der Raumordnung „nach den für diese Entscheidungen geltenden Vorschriften" anordnet, enthält selbst keine materielle Regelung. Es wird ausdrücklich auf die jeweiligen fachgesetzlichen Regelungen verwiesen.[13] §4 Abs. 2 ROG differenziert nicht zwischen Zielen, Grundsätzen und sonstigen Erfordernissen der Raumordnung. Somit ist es zulässig, durch fachgesetzliche Regelungen auch für die Ziele nur eine Berücksichtigungspflicht in der Abwägung bzw. bei einer etwaigen Ermessensentscheidung anzuordnen. Insoweit ist dies eine Durchbrechung der ansonsten angeordneten strikten Beachtenspflicht der Ziele. Allerdings bleibt die Grundunterscheidung, wie sie in §3 Abs. 1 Nr. 2 und Nr. 3 sowie §7 Abs. 2 S. 1 ROG normiert ist,

---

[10] *Runkel*, in: *Spannowsky/Runkel/Goppel, ROG*, §4 Rn. 121; *Goppel*, in: *Spannowsky/Runkel/Goppel, ROG*, §4 Rn. 74.

[11] Entschließung der Ministerkonferenz für Raumordnung „Handreichung zu den Abschnitten 1 und 4 des Raumordnungsgesetzes vom 18. 08. 1997" vom 04. 06. 1998, Nr. 2.3.4.1, abgedruckt in *Simon/Busse*, BayBO, Anlage 209; *Runkel*, in: *Spannowsky/Runkel/Goppel, ROG*, §4 Rn. 122; *Malchus*, in: *Ritter* (Hrsg.), Handwörterbuch der Raumordnung, S. 283, 286.

[12] D. h. Maßnahmen, die nicht in Wahrnehmung öffentlicher Aufgaben geschehen, §4 Abs. 2 S. 2 ROG und die keiner Planfeststellung bedürfen, §4 Abs. 1 Nr. 3 ROG, vgl. BR-Drs 635/96, S. 82 (zur entsprechenden Regelung des §4 Abs. 4 S. 1, 2 ROG a. F.).

[13] *Runkel*, in: *Spannowsky/Runkel/Goppel, ROG*, §4 Rn. 122.

bestehen. § 4 ROG unterscheidet für die Ausgestaltung der Bindungswirkung explizit zwischen den einzelnen Entscheidungen beziehungsweise Planungen raumbedeutsamer Maßnahmen. Für diese jeweils eine unterschiedlich starke Bindung anzuordnen bleibt dem Gesetzgeber unbenommen.

Eine strikte Bindung an die Ziele der Raumordnung ist durch fachgesetzliche Regelungen möglich.[14] Unzulässig, obwohl „weitergehend“ im Sinne des § 4 Abs. 1 S. 3 ROG ist die Anordnung einer strikten Beachtung der Grundsätze der Raumordnung in einem Fachgesetz. Grundsätze sind nach der gesetzlichen Systematik im Gegensatz zu Zielen gerade nicht auf Raumordnungsebene abschließend abgewogen. Sie sind vielmehr darauf angelegt, mit anderen öffentlichen Belangen abgewogen zu werden. Eine strikte Bindung an die Grundsätze würde diese Abwägung auf der Ebene der Fachplanung[15] verhindern. Unter Umständen werden dadurch einige Belange, z. B. Privater, nie in eine Abwägungsentscheidung miteinbezogen, wenn weder auf der Raumplanungsebene noch bei der Zulassungsentscheidung eine umfassende Abwägung stattfindet.[16]

c. *Verhältnis der speziellen Klauseln zu den einzelnen Bestimmungen des § 4 ROG*

Klauseln, die hinter den Vorgaben des § 4 ROG zurückbleiben, sind nach überwiegender Auffassung als deklaratorische Klauseln anzusehen.[17] Bei der Beurteilung, ob eine Klausel hinter den Vorgaben des ROG zurückbleibt oder nicht, ist immer exakt zu ermitteln, welche Variante des § 4 Abs. 1 bzw. Abs. 2 ROG einschlägig ist. Unter Umständen können von der identischen Klausel mehrere Varianten betroffen sein, je nachdem ob es sich um ein Vorhaben eines Privaten oder eines öffentlichen Planungsträgers handelt. Das Verhältnis der Raumordnungsklauseln zueinander ist dabei kein Problem der Normkonkurrenz, das über allgemeine Auslegungsgrundsätze zu lösen wäre. Es handelt sich vielmehr um ein Kompetenzproblem zwischen Raumordnung und Fachplanung.

Im Verhältnis der speziellen Raumordnungsklauseln zu den unterschiedlichen Varianten des § 4 Abs. 1 und Abs. 2 ROG ergibt sich damit Folgendes:

Zulässig sind deklaratorische Klauseln, die inhaltlich nur das wiedergeben, was schon in § 4 Abs. 1 bzw. Abs. 2 ROG selbst geregelt ist. Dies ist möglich als Unberührtheitsklausel oder als ausdrückliche Wiedergabe der Berücksichtigungs – bzw. Beachtenspflicht. Eine deklaratorische Klausel kann trotz

---

[14] *Runkel*, in: *Spannowsky/Runkel/Goppel, ROG*, § 4 Rn. 127. a. E.

[15] Bzw. Bauleitplanung.

[16] *Wagner*, DVBl 1990, 1024, 1027; *Runkel*, in: *Spannowsky/Runkel/Goppel, ROG*, § 4 Rn. 130.

[17] So schon *Wagner*, DVBl 1990, 1024, 1025 f.; *Durner*, Konflikte räumlicher Planungen 2005, S. 85 f.; *Runkel*, in: *Spannowsky/Runkel/Goppel, ROG*, § 4 Rn. 129 lässt offen, ob solche Klauseln unzulässig sind oder als deklaratorische Klausel auszulegen sind.

der bloßen Wiedergabe der Bindung an raumordnungsrechtliche Vorgaben eine „weitergehende" Regelung enthalten, wenn die Bindungsanordnung nicht das Erfordernis der Raumbedeutsamkeit der jeweiligen Maßnahme enthält.[18] Hinsichtlich der Bindung an Ziele der Raumordnung ist über die Vorgaben des § 4 Abs. 1 ROG hinausgehend insbesondere die Anordnung von Handlungspflichten möglich.[19] Ein Beispiel ist § 1 Abs. 4 BauGB, der die Anpassung der Bauleitpläne an die Ziele der Raumordnung verlangt.[20]

II. Baurecht

1. Die spezielle Raumordnungsklausel des § 1 Abs. 4 BauGB

§ 4 Abs. 1 ROG sowie die baurechtliche Vorschrift des § 1 Abs. 4 BauGB normieren die Verpflichtung der Gemeinden, bei ihren Planungen die Ziele der Raumordnung zu beachten bzw. ihre Bauleitpläne diesen anzupassen. Die Vorschrift im BauGB bezieht sich dabei nur auf die Bauleitplanung, während sich § 4 Abs. 1 ROG allgemein auf alle raumbedeutsamen Planungen und Maßnahmen bezieht. Die unterschiedliche sprachliche Formulierung soll aber keine Differenzierung in der Bindungswirkung herbeiführen, die Verwendung des Wortes „anpassen" im BauGB soll lediglich die im ROG normierte Verpflichtung bekräftigen.[21] § 1 Abs. 4 BauGB ist vielmehr eine qualifizierte Raumordnungsklausel gegenüber § 4 Abs. 1 Nr. 1 ROG.[22] Für die Gemeinden besteht bei der Aufstellung, Änderung, Ergänzung oder Aufhebung von Bauleitplänen eine Anpassungsverpflichtung an bereits bestehende, wirksame Ziele der Raumordnung.[23] Zudem sind bestehende Pläne an geänderte Ziele der Raumordnung anzupassen.[24] Die Verpflichtung zur Anpassung im Sinne des § 1 Abs. 4 BauGB erlaubt es den Gemeinden dabei, die Zielvorgaben zu konkretisieren und aus-

---

18 *Runkel*, in: *Spannowsky/Runkel/Goppel, ROG*, § 4 Rn. 126 a. E.

19 *Runkel*, in: *Spannowsky/Runkel/Goppel, ROG*, § 4 Rn. 127.

20 Weitere Vorgaben zur Geltung von raumordnungsrechtlichen Vorschriften enthält § 4 Abs. 3 ROG hinsichtlich öffentlich zugänglicher Abfallbeseitigungsanlagen von Personen des Privatrechts. Wie in § 4 Abs. 1 S. 1 ROG ist dabei eine Bindung an die Ziele sowie eine Berücksichtigung der Grundsätze und sonstigen Erfordernisse der Raumordnung angeordnet. Vgl. zu § 4 Abs. 1 ROG die Ausführungen oben unter C.III.

21 *Koch/Hendler*, Baurecht, Raumordnungs- und Landesplanungsrecht 2009, § 8 Rn. 4; *BVerwG* Urt. v. 20.08.1992 – 4 NB 20/91, BVerwGE 90, 329, lässt es dahinstehen ob ein Unterschied besteht; a. A. *Brohm, Öffentliches Baurecht 2002*, § 12, Rn. 8.

22 *Runkel*, in: *Ernst/Zinkhahn/Bielenberg/Krautzberger, BauGB*, § 1 Rn. 46.

23 Vgl. *Steiner*, in: *Steiner* (Hrsg.), Besonderes Verwaltungsrecht, S. V C Rn. 61; *Runkel*, in: *Ernst/Zinkhahn/Bielenberg/Krautzberger, BauGB*, § 1 Rn. 67; *BVerwG* Urt. v. 17.09.2003 – 4 C 14/01, NVwZ 2004, 220, 224; *BVerwG* Beschl. v. 25.06.2007 – 4 BN 17.07 C, ZfBR 2007, 683.

24 *BVerwG* Urt. v. 17.09.2003 – 4 C 14/01, NVwZ 2004, 220, 224; *BVerwG* Beschl. v. 08.03.2006 – 4 BN 56.05, BeckRS 2006, 22180, Rn. 7.

zugestalten, eine Überwindung der Vorgaben im Rahmen der Abwägung ist jedoch unzulässig.[25] Ob und inwieweit die Ziele den Gemeinden dafür Spielraum überlassen, ist davon abhängig, wie konkret die inhaltlichen Vorgaben der Ziele im jeweiligen Fall sind. Umso genauer Einzelheiten in den Zielen der Raumordnung vorgegeben sind, umso weniger Spielraum bleibt den Gemeinden. Umgekehrt müssen sich die Gemeinden bei relativ großem Spielraum, z. B. bei Auflistung mehrere Standortalternativen in der Form eines Zieles der Raumordnung, an die landesplanerischen Vorgaben halten und dürfen diese nicht im Wege der Abwägung überwinden.[26]

Darüber hinaus ist auch eine sogenannte Erstplanungspflicht der Gemeinden anerkannt. Gemeinden sind über die Anpassung bestehender Pläne hinaus auch verpflichtet, erstmalig einen Plan aufzustellen, wenn dies erforderlich ist, um den Zielen der Raumordnung zu ihrer Durchsetzung zu verhelfen. Das Bestehen einer solchen Erstplanungspflicht war lange umstritten.[27] Seit der Entscheidung des BVerwG vom 17.09.2003[28] besteht nun aber weitgehend Einigkeit hinsichtlich der Pflicht zur Durchführung einer originären Planung, wenn ohne die Umsetzung der raumordnerischen Vorgaben auf der örtlichen Ebene die Ziele nicht zur Geltung gelangen, weil die städtebauliche Entwicklung sich ohne Planung in eine ganz andere Richtung bewegt.[29]

Begrenzt wird der Spielraum der Raumplanungsbehörden durch die Garantie der kommunalen Selbstverwaltung der Gemeinden aus Art. 28 Abs. 2 GG.[30]

2. *Weitere baurechtliche Raumordnungsklauseln*

a. *Allgemeines zur Vorhabenzulassung nach §§ 29 bis 38 BauGB*

§§ 29 bis 38 BauGB regeln die bauplanungsrechtliche Zulässigkeit von Vorhaben.[31] Grundlage dieser Regelungen ist die zum Grundeigentum nach Art. 14 GG gehörende grundsätzliche Baufreiheit.[32] Solange keine gesetzlichen

---

[25] *BVerwG* Urt. v. 20. 08. 1992 – 4 NB 20/91, BVerwGE 90, 329, 334 f.

[26] *BVerwG* Urt. v. 20. 08. 1992 – 4 NB 20/91, BVerwGE 90, 329, 334 f.; *BVerwG* Urt. v. 20. 11. 2003 – 4 CN 6/03, BVerwGE 119, 217, 223.

[27] Dagegen z. B. *Brohm*, Öffentliches Baurecht 2002, § 12 Rn. 9; *Goppel*, BayVBl 1984, 229, 231; befürwortend *Krautzberger*, in: *Battis/Krautzberger/Löhr, BauGB*, § 1 Rn. 32.

[28] *BVerwG* Urt. v. 19. 09. 2003 – 4 CN 20/02, BVerwGE 119, 54, 59, *BVerwG* Urt. v. 17. 09. 2003 – 4 C 14/01, NVwZ 2004, 220, 224.

[29] *Moench*, DVBl 2005, 676, 683.

[30] Inwieweit Gemeinden gegen Raumordnungspläne bzw. einzelne Regelungen in diesen Plänen gerichtlich vorgehen können, wird in Abschnitt H. behandelt.

[31] *Jäde*, in: *Jäde/Dirnberger/Weiss, BauGB/BauNVO*, § 29 Rn. 1. Die Regelung der bauordnungsrechtlichen Zulässigkeit fällt in den Zuständigkeitsbereich der Länder. Das Bauordnungsrecht gehört nicht zum Bodenrecht und ist daher von der konkurrierenden Gesetzgebungskompetenz des Art. 74 Abs. 1 Nr. 18 GG nicht umfasst, vgl. *BVerfG* Gutachten v. 16. 05. 1954 – 1 PBvV 2/52, BVerfGE 3, 407, 432 f.

[32] *Papier*, in: *Maunz/Dürig, GG*, Art. 14 Rn. 57.

Regelungen existieren, die das Bauen einschränken oder verbieten, darf gebaut werden. Hat sich die Gemeinde im Rahmen ihrer Planungshoheit entschieden,[33] für einen Bereich ihres Gemeindegebietes keinen qualifizierten oder vorhabenbezogenen Bauleitplan im Sinne des § 30 Abs. 1 bzw. Abs. 2 BauGB zu erlassen, richtet sich die bodenrechtliche Zulässigkeit der Vorhaben nach § 34 BauGB[34] bzw. § 35 BauGB, je nachdem ob es sich um Vorhaben im Innen- oder im Außenbereich handelt.

b. Raumordnungsklauseln für Vorhaben im Geltungsbereich eines Bebauungsplanes, § 30 BauGB, sowie im unbeplanten Innenbereich, § 34 BauGB

Sowohl im Geltungsbereich eines Bebauungsplanes, § 30 BauGB, als auch im unbeplanten Innenbereich, § 34 BauGB, finden sich keine speziellen Anordnungen zur Beachtung bzw. Berücksichtigung raumordnungsrechtlicher Vorgaben. Die Vorhaben, die dem Regelungsbereich dieser Vorschriften unterfallen, sind überwiegend Vorhaben Privater und fallen damit meist unter § 4 Abs. 2 ROG.[35] Die Klausel des § 4 Abs. 2 ROG enthält selbst keine materielle Regelung.[36] Dem eindeutigen Wortlaut Folge leistend sind die Erfordernisse der Raumordnung nach den für die jeweilige Entscheidung maßgeblichen Vorschriften zu berücksichtigen, hier somit § 30 bzw. § 34 BauGB. Die Zulassung von Vorhaben nach § 30 Abs. 1 bzw. § 30 Abs. 2 BauGB beruht auf den von den Gemeinden aufgestellten Bebauungsplänen. Das jeweilige Vorhaben darf den Festsetzungen des Bebauungsplanes nicht widersprechen und die Erschließung muss gesichert sein. Eine Bindung im Rahmen der Vorhabenzulassung nach § 30 BauGB ergibt sich mittelbar über die Bauleitpläne, bei deren Aufstellung die Ziele der Raumordnung nach § 1 Abs. 4 BauGB zu beachten sowie die Grundsätze und sonstigen Erfordernisse nach § 4 Abs. 1 ROG in der Abwägung zu berücksichtigen sind. Mangels Existenz spezieller Raumordnungsklauseln im Bereich der Zulassung von Vorhaben im unbeplanten Innenbereich nach § 34 BauGB sind die Vorgaben der Raumordnung bei diesen Zulassungsentscheidungen öffentlicher Stellen nicht zu berücksichtigen.[37]

---

[33] In dieser Entscheidung sind die Gemeinden grundsätzlich frei, es sei denn es besteht eine Planungspflicht, vgl. D.II.1.

[34] Eventuell in Verbindung mit einem einfachen Bebauungsplan nach § 30 Abs. 3 BauGB.

[35] § 29 BauGB erklärt §§ 30 bis 37 BauGB „für Vorhaben, die die Errichtung, Änderung oder Nutzungsänderung von baulichen Anlagen zum Inhalt haben" für anwendbar, damit sind grundsätzlich auch Vorhaben öffentlicher Träger erfasst, größtenteils handelt es sich jedoch um Bauvorhaben von Privatpersonen (Errichtung von Wohnhäusern, gewerblich genutzten Gebäuden, etc.); *Runkel*, in: *Spannowsky/Runkel/Goppel, ROG*, § 4 Rn. 168.

[36] Vgl. dazu oben D.I.2.

[37] *BVerwG* Urt. v. 11.02.1993 – 4 C 15/92, NVwZ 1994, 285; *Söfker*, in: *Ernst/Zinkhahn/Bielenberg/Krautzberger, BauGB*, § 34 Rn. 74.Gleichwohl sind die Gemeinden bei Vorgaben

c. Die Raumordnungsklauseln des § 35 BauGB

Im unbeplanten Außenbereich richtet sich die bauplanungsrechtliche Zulassung von Vorhaben nach § 35 BauGB. Der Begriff des Außenbereichs ist gesetzlich nicht definiert, er ergibt sich vielmehr aus einer Negativabgrenzung zum beplanten sowie unbeplanten Innenbereich.[38] Die im Außenbereich vorbehaltlich entgegenstehender öffentlicher Belange zulässigen sogenannten privilegierten Vorhaben sind in § 35 Abs. 1 BauGB abschließend aufgezählt. Sonstige Vorhaben sind nach § 35 Abs. 2 BauGB nur zulässig, wenn öffentliche Belange nicht beeinträchtigt werden und keine Ausnahme nach § 35 Abs. 4 BauGB vorliegt.[39] Somit ist das Bauen im Außenbereich grundsätzlich sehr stark eingeschränkt. Spezielle raumordnungsrechtliche Klauseln finden sich in § 35 Abs. 3 BauGB.

(1) § 35 Abs. 3 S. 2 BauGB

Die Raumordnungsklauseln des § 35 Abs. 3 S. 2 BauGB beziehen sich jeweils auf die Zulässigkeit raumbedeutsamer Vorhaben im Außenbereich. Raumbedeutsamkeit wird auch im Rahmen der bauplanungsrechtlichen Vorschriften entsprechend § 3 Abs. 1 Nr. 6 ROG dahingehend verstanden, dass durch das jeweilige Vorhaben entweder Raum in größerem Ausmaß in Anspruch genommen wird oder die räumliche Entwicklung eines Gebietes beeinflusst wird.[40]

Die negative Raumordnungsklausel des § 35 Abs. 3 S. 2 Halbs. 1 BauGB stellt klar, dass von den Zielen der Raumordnung eine Bindungswirkung ausgeht, die es verbietet, raumbedeutsame Vorhaben im Widerspruch zu den Zielen der Raumordnung zuzulassen. Es handelt sich folglich um eine rein deklaratorische Klausel, die die Anordnung des § 4 Abs. 1 ROG wiederholt. Raumbedeutsame Vorhaben, die die Verwirklichung der Ziele beeinträchtigen, sind unzulässig.[41] Den Zielen kommt diese Bindungswirkung nur zu, wenn sie räumlich

---

durch Ziele der Raumordnung verpflichtet, auch erstmalig einen Bebauungsplan aufzustellen, vgl. oben unter D.II.1. Ist dies (noch) nicht geschehen kann dem Grundstückseigentümer das Ziel der Raumordnung vor Anpassung bzw. Aufstellung des angepassten Bauleitplanes gleichwohl nicht entgegengehalten werden, vgl. im Rahmen der Ausführungen zum Rechtschutz unter H.II.1.b.(3).

[38] *Jäde*, in: *Jäde/Dirnberger/Weiss, BauGB/BauNVO*, § 35 Rn. 1. Es handelt sich um Bereiche, die jenseits von im Zusammenhang bebauten Ortsteilen im Sinne des § 34 BauGB sowie außerhalb des Geltungsbereiches eines qualifizierten (§ 30 Abs. 1 BauGB) bzw. vorhabenbezogenen Bebauungsplanes (§ 30 Abs. 2 BauGB) liegen. Das Vorliegen eines einfachen Bebauungsplanes ändert nichts an der Außenbereichseigenschaft, vgl. *Söfker*, in: *Ernst/Zinkhahn/Bielenberg/Krautzberger, BauGB*, § 35 Rn. 15.

[39] Vgl. *Söfker*, in: *Ernst/Zinkhahn/Bielenberg/Krautzberger, BauGB*, § 35 Rn. 73.

[40] *BVerwG* Urt. v. 13.03.2003 – 4 C 4/02, NVwZ 2003, 738, 739; *Jäde*, in: *Jäde/Dirnberger/Weiss, BauGB/BauNVO*, § 35 Rn. 232. Zum Begriff der Raumbedeutsamkeit vgl. C.IV.

[41] *Mitschang/Reidt*, in: *Battis/Krautzberger/Löhr, BauGB*, § 35 Rn. 104 ff.

und sachlich hinreichend konkret sind.[42] Enthalten sie dagegen nur allgemeine planungsrechtliche Zielaussagen, sind sie nicht zu beachten.[43]

§ 35 Abs. 3 S. 2 Halbs. 2 BauGB regelt positiv, dass öffentliche Belange und damit die Erfordernisse der Raumordnung, im Bereich privilegierter Vorhaben nach § 35 Abs. 1 BauGB diesen Vorhaben nicht entgegenstehen können, wenn die Belange im Rahmen der Zielaufstellung bezüglich dieses Vorhabens schon abgewogen worden sind.[44] Die Vorschrift erfasst damit insbesondere die Ausweisung von Standorten z. B. durch Vorranggebiete, § 8 Abs. 7 S. 1 Nr. 1 ROG.[45]

(2) § 35 Abs. 3 S. 3 BauGB

Die dritte in § 35 BauGB enthaltene Raumordnungsklausel, § 35 Abs. 3 S. 3 BauGB, entfaltet wie § 35 Abs. 3 S. 2 Halbs. 1 BauGB eine negative Wirkung. Wenn ein nach § 35 Abs. 1 Nr. 2 bis 6 BauGB privilegiertes, raumbedeutsames Vorhaben an anderer Stelle als Ziel der Raumordnung ausgewiesen worden ist, steht diese Ausweisung der Zulassung an der beantragten Stelle entgegen.[46] Vorbehaltsgebiete nach § 8 Abs. 7 S. 1 Nr. 2 ROG dürfen dabei nicht als Positivausweisung in diesem Sinne angesehen werden, da sie keinen Zielcharakter haben, sondern lediglich Grundsätze der Raumordnung darstellen und daher nicht abschließend abgewogen worden sind.[47] § 35 Abs. 3 S. 3 BauGB erweitert die Bindung an raumordnungsrechtliche Vorgaben, da Private bei ihren Vorhaben die unter den Anwendungsbereich des § 35 BauGB fallen, gebunden werden. Dieser „bodenrechtliche Durchgriff" ist zulässig auf Grund der Kompetenzgrundlage des Art. 74 Abs. 1 Nr. 18 GG für das Bodenrecht, auf dessen Grundlage das BauGB erlassen wurde. Die Einschränkung, Ziele der Raumordnung seien „in der Regel" zu beachten, ist zulässig, um erhebliche Eingriffe in das Eigentumsgrundrecht aus Art. 14 Abs. 1 GG vermeiden zu können.[48] Aus der Formulierung „stehen [...] in der Regel [...] entgegen" wird deutlich, dass Ausnahmen möglich sind, beispielsweise bei erheblicher Beeinträchtigung privater Belange.[49]

---

[42] Grundlegend zu der wortgleichen Vorgängerregelung in § 35 Abs. 3 S. 3 BauGB a. F. *BVerwG* Urt. v. 19.07.2001 – 4 C 4/00, BVerwGE 115, 17, 22.

[43] *BVerwG* 20.01.1984 – 4 C 43/81, BVerwGE 68, 311, 313; *BVerwG* 20.01.1984 – 4 C 70/79, NJW 1984, 1367, 1368.

[44] *Jäde*, in: *Jäde/Dirnberger/Weiss, BauGB/BauNVO*, § 35 Rn. 260.

[45] *Hoppe/Bönker/Grotefels*, Öffentliches Baurecht 2010, § 8 Rn. 207; *Runkel*, in: *Spannowsky/Runkel/Goppel, ROG*, § 4 Rn. 177.

[46] Vgl. *Mitschang/Reidt*, in: *Battis/Krautzberger/Löhr, BauGB*, § 35 Rn. 120.

[47] *BVerwG* Urt. v. 13.03.2003 – 4 C 4/02, NVwZ 2003, 738, 742; vgl. oben C.V.4.b.

[48] *BVerwG* Urt. v. 13.03.2003 – 4 C 4/02, NVwZ 2003, 738, 741; *BVerwG* Urt. v. 17.12.2002 – 4 C 15.01, BVerwGE 117, 287, 302.

[49] *BVerwG* Urt. v. 17.12.2002 – 4 C 15.01, BVerwGE 117, 287, 302.

(3) Die Berücksichtigung sonstiger Erfordernisse der Raumordnung im Rahmen des § 35 BauGB

Weitere explizite Erwähnung finden die Erfordernisse der Raumordnung in § 35 BauGB nicht, jedoch kommen diese über die Gemeinwohlklauseln zur Geltung.[50] Dies sind in § 35 BauGB namentlich die öffentlichen Belange in § 35 Abs. 1, Abs. 2 sowie Abs. 3 BauGB. Erfordernisse der Raumordnung können daher den privilegierten Vorhaben entgegenstehen, § 35 Abs. 1, Abs. 3 S. 2 Halbs. 2, S. 3 BauGB, bzw. durch sonstige Vorhaben beeinträchtigt werden, § 35 Abs. 2, Abs. 3 S. 1 BauGB. Die Aufzählung der öffentlichen Belange, die sonstigen Vorhaben nach § 35 Abs. 2 BauGB entgegenstehen können, ist nicht abschließend, wie sich aus der Formulierung „insbesondere" ergibt.[51] Solche ungeschriebenen öffentlichen Belange sind die in Aufstellung befindlichen Ziele der Raumordnung, § 3 Abs. 1 Nr. 4 ROG.[52]

III. Fachplanung – Allgemeines Verhältnis zur Raumordnung

1. Konfliktpotential

a. Problemdarstellung

Während sowohl bei der Raumplanung als auch bei der Bauleitplanung Planungen im Blickpunkt stehen, die die jeweiligen Gebiete unter räumlichen Gesichtspunkten betrachten, haben die fachlichen Planungen schon im Ausgangspunkt einen differenten Planungsansatz. Deren Aufgabenbereich wird durch den Regelungsauftrag für eine bestimmte sachliche Materie eingegrenzt.[53] Berührungspunkte ergeben sich, wenn fachplanungsrechtliche Entscheidungen in einem Gebiet zu treffen sind, für welches raumplanerische Vorgaben bestehen, insbesondere wenn die Fachplanung eventuell von diesen Vorgaben abweichen möchte. Konflikte entstehen unter anderem bei konkreten Vorgaben durch Träger der Raumplanung, beispielsweise zu Standorten für einzelne Vorhaben.

---

[50] Vgl. dazu oben D.I.2.

[51] *Söfker*, in: *Ernst/Zinkhahn/Bielenberg/Krautzberger, BauGB*, § 35 Rn. 75.

[52] *BVerwG* Urt. v. 13.03.2003 – 4 C 3/02, NVwZ 2003, 1261, 1263; vgl. zur Geltung der Grundsätze und sonstigen Erfordernissen der Raumordnung im Rahmen des § 35 BauGB *Runkel*, in: *Spannowsky/Runkel/Goppel, ROG*, § 4 Rn. 189 ff. Weitere spezielle Raumordnungsklauseln finden sich in § 1a Abs. 3 S. 3 BauGB im Rahmen der naturschutzrechtlichen Ausgleichsmaßnahmen, in § 200a S. 2 BauGB zu der Regelung der Ersatzvorgaben sowie in § 2 Abs. 2 S. 2 BauGB, der Berufungsmöglichkeit der Gemeinden auf Ziele der Raumordnung im Rahmen des interkommunalen Abstimmungsgebotes.

[53] *Stüer*, Handbuch des Bau- und Fachplanungsrechts 2015, Rn. 3653 f.; *Durner*, Konflikte räumlicher Planungen, 2005, S. 222; vgl. zum Begriff der Fachplanung oben unter B.

Unklarheiten bestehen dabei vor allem dahingehend, ob diese Festsetzungen in Form von Zielen und/oder Grundsätzen der Raumordnung in den Raumordnungsplänen erfolgen dürfen bzw. müssen. Des Weiteren ist nicht vollständig geklärt, ob bzw. wie stark die jeweilige Behörde bei der fachplanerischen Zulassungsentscheidung, insbesondere Planfeststellungsbeschlüssen oder sonstigen Entscheidungen, wie z. B. der Linienbestimmung nach § 16 FStrG,[54] an diese Vorgaben gebunden ist bzw. in welchem Umfang daneben Raum für eine eigene Abwägung bleibt.

b. Ansatzpunkte zur Abgrenzung der Regelungsmaterien der Raumordnung und Fachplanung

Ausgangspunkt zur Abgrenzung der Regelungsbereiche der Raumordnung einer- und der Fachplanung andererseits ist die Definition der Raumordnung: die zusammenfassende, übergeordnete Planung des Raumes.[55] Die Übergeordnetheit resultiert aus der Überörtlichkeit und der Zusammenfassung sowie Abstimmung vielfältiger fachlicher Planungen.[56] Im Ausgangspunkt ist festzuhalten, dass die Raumordnung nur überfachliche, raumbezogene bzw. raumordnende Vorgaben machen darf, die Fachplanung sich dagegen aufgrund ihres Charakters als aufgabenbezogene Planung[57] auf ihren jeweiligen Fachbereich zu beschränken hat. Die Raumordnung darf nicht in den Bereich der Fachplanungen „hineinregieren", darf keine „Ersatzfachplanung" betreiben.[58] Was sich zunächst plausibel und eingängig anhört, ist in der tatsächlichen Umsetzung komplex und auch zentraler Streitpunkt der sogleich zu besprechenden Urteile.

Zentrale einfachgesetzliche Norm zur Regelung dieses Verhältnisses ist auch im Verhältnis zur Fachplanung § 4 Abs. 1 ROG.[59] Darüber hinaus gibt es auch in diesem Bereich zahlreiche spezielle Raumordnungsklauseln.[60]

---

[54] Zu § 16 FStrG im Einzelnen unten unter D.III.3.a.

[55] *BVerfG* Gutachten v. 16. 05. 1954 – 1 PBvV 2/52, BVerfGE 3, 407, 425, vgl. dazu oben C.II.

[56] *BVerfG* Gutachten v. 16. 05. 1954 – 1 PBvV 2/52, BVerfGE 3, 407.

[57] *Fürst*, in: *Ritter* (Hrsg.), Handwörterbuch der Raumordnung, S. 708.

[58] *Kment*, NuR 2010, 392, 393 m. Fn. 7; *Bayerischer Verfassungsgerichtshof* Urt. v. 15. 07. 2002 – Vf. 10-VII-00 u. a., DÖV 2003, 78, 79; *Kment*, BauR 2012, 1867, 1868; *Spannowsky*, UPR 2000, 418, 421.

[59] Dazu sogleich unter D.III.2.

[60] Dazu sogleich unter D.III.3.

2. *§ 4 Abs. 1 ROG in Bezug auf das Fachplanungsrecht*

a. *Allgemeines*

§ 4 Abs. 1 ROG kommt auch im Verhältnis zu den Regelungen im Fachplanungsrecht zentrale Bedeutung zu. Die Ziele der Raumordnung sind bei den dort genannten raumbedeutsamen Planungen und Maßnahmen zu beachten, Grundsätze und sonstige Erfordernisse der Raumordnung zu berücksichtigen.[61] Auch in diesem Bereich besteht zunächst ein grundsätzlicher Vorrang der Raumordnung.[62] Unter § 4 Abs. 1 Nr. 1 ROG als raumbedeutsame Maßnahme der öffentlichen Hand fällt beispielsweise das Linienbestimmungsverfahren nach § 16 FStrG.[63] Im Bereich des § 4 Abs. 1 Nr. 3 ROG kann als Beispiel der Planfeststellungsbeschluss bezüglich Bau und Änderung von Flughäfen, § 8 Abs. 1 S. 1 LuftVG, sowie der erforderliche Planfeststellungsbeschluss bezüglich des Baus von Fernstraßen gemäß § 17 S. 1 FStrG angeführt werden. Auch die jeweiligen Entscheidungsträger im Bereich der Fachplanung sind bei ihren Planungen bzw. Planungsentscheidungen an die Ziele der Raumordnung strikt gebunden und haben die Grundsätze und sonstigen Erfordernisse der Raumordnung in Abwägungs- bzw. Ermessensentscheidungen zu berücksichtigen.

b. *Einschränkung durch § 5 ROG*

Relativiert wird der strikte Vorrang der Raumordnung bei bestimmten raumbedeutsamen Planungen und Maßnahmen des Bundes durch die Regelung des § 5 ROG. Unter anderem bei raumbedeutsamen Planungen von öffentlichen Stellen des Bundes[64] kann die Bindungswirkung eines dieser Planung bzw. Maßnahme entgegenstehenden Zieles ausgeschlossen sein, § 5 Abs. 1, 2 ROG. Voraussetzung ist zunächst die fehlende Beteiligung der zuständigen Stelle oder Person bei der Aufstellung des betreffenden Raumordnungsplanes nach § 10 ROG und der rechtzeitige Widerspruch bezüglich des betreffenden Zieles nach Mitteilung dessen, § 5 Abs. 1 ROG. Zusätzlich muss das entsprechende Ziel der Raumordnung auf einer fehlerhaften Abwägung beruhen oder das Vorhaben nicht an anderem geeignetem Platz durchführbar sein, § 5 Abs. 2 Nr. 1 ROG bzw. § 5 Abs. 2 Nr. 2 ROG. Bei Vorliegen dieser Voraussetzungen entfaltet das Ziel für die konkrete Planung oder Maßnahme keine Wirkung.

---

[61] Zum Inhalt der einzelnen Regelungen in § 4 Abs. 1 ROG vgl. oben C.III.

[62] Von *Kment*, NuR 2010, 392, 392 und *Stüer*, Handbuch des Bau- und Fachplanungsrechts 2015, Rn. 3660 ohne weitere Erläuterung als „materieller Vorrang" bezeichnet.

[63] Die Linienbestimmung ist eine Fachplanung im Sinne der vorbereitenden Planung, vgl. oben B. Zur Bedeutung der Raumordnungsklauseln im Linienbestimmungsverfahren vgl. unter D.III.3.a.

[64] Bzw. anderer öffentlicher Stellen, die im Auftrag des Bundes tätig sind, sowie von Personen des Privatrechts nach § 4 Abs. 1 S. 2 ROG, die für den Bund öffentliche Aufgaben durchführen, § 5 Abs. 1 ROG.

§ 5 ROG hat gerade im Bereich der Fachplanungen erhebliche Bedeutung. Als Beispiel seien die Planungen zum Flughafenbau nach §§ 6, 8 LuftVG sowie die Bundesverkehrswegeplanung genannt.[65]

Auf den ersten Blick scheint den jeweiligen öffentlichen Stellen damit ein relativ einfach handzuhabendes Mittel an die Hand gegeben zu sein, mittels dessen sie sich von der Bindungswirkung eines Zieles der Raumordnung lösen können. Jedoch befreit der Widerspruch nur von der Bindungswirkung, wenn zusätzlich eine der genannten Voraussetzungen des § 5 Abs. 2 ROG erfüllt ist. Die Zielbeachtung entfällt bei Vorliegen dieser Voraussetzungen nur im Verhältnis zwischen den jeweiligen Planungsträgern, nicht allgemein für alle möglicherweise tangierten Planungsträger.[66] § 5 ROG soll eine Art Dialog zwischen den Planungsträgern der jeweiligen raumbedeutsamen bundesrechtlichen Vorhaben mit den Landesplanungsbehörden über die Bindungswirkung einzelner zielförmiger Vorgaben ermöglichen.[67] Die Beurteilung, ob tatsächlich ein Abwägungsfehler vorliegt, liegt bei dem Träger der privilegierten raumbedeutsamen Maßnahme. Nach Einlegung des Widerspruches muss zunächst die Raumplanungsbehörde ihre eigene Abwägung nochmals überprüfen, anschließend entscheidet der Fachplanungsträger über die Gebundenheit.[68] Kann in diesem Verfahren keine Einigung erzielt werden, besteht die Möglichkeit für den Fachplanungsträger, das Ziel der Raumordnung im Wege eines Normenkontrollverfahrens nach § 47 VwGO überprüfen zu lassen.[69] Die tatsächliche Konfliktlösungskraft dieses Verfahrens ist eher als gering einzustufen. Relevanz dürfte es für die Fälle haben, in denen die Raumplanungsbehörden versehentlich den jeweiligen Fachplanungsträger nicht beteiligt haben und dieses Versäumnis zu korrigieren bereit sind. Ebenso wenn sie nachträglich einen Abwägungsfehler eingestehen. Beide beispielhaft genannten Fehler könnten schon zuvor im Rahmen des Beteiligungsverfahrens bei der Aufstellung der jeweiligen Raumordnungspläne bemerkt und beseitigt werden. Dass die Landesplanunsgbehörde erst so spät, nach Abschluss des Aufstellungsverfahrens, ihren Fehler bemerkt bzw. eingesteht, erscheint relativ unwahrscheinlich. Eine direkte Inanspruchnahme verwaltungsgerichtlichen Rechtschutzes scheint naheliegender.

---

[65] Vgl. dazu unten D.III.3.a. Bis zur Änderung des ROG 2008 war in § 5 Abs. 1 Nr. 3 ROG 1998 (Gesetz vom v. 18.8.1997, BGBl. I, 2081) Planungen und Maßnahmen nach dem Luftverkehrsgesetz sowie dem Bundesfernstraßengesetz ausdrücklich genannt. Diese enumerative Aufzählung ist im ROG 2008 ausweislich der Gesetzesbegründung nur aus Gründen der Deregulierung entfallen, vgl. BT-Drs. 16/10292, S. 23.

[66] *Spannowsky*, in: *Spannowsky/Runkel/Goppel, ROG*, § 5 Rn. 15.

[67] *Stüer*, Handbuch des Bau- und Fachplanungsrechts 2015, Rn. 3658.

[68] *Spannowsky*, in: *Spannowsky/Runkel/Goppel, ROG*, § 5 Rn. 23 ff.

[69] Zum Rechtschutz vgl. ausführlich unten unter H.

§ 5 Abs. 3 ROG ermöglicht darüber hinausgehend auch einen nachträglichen Wegfall der Bindungswirkung bei Vorliegen einer geänderten Sachlage.

Unabhängig von diesem Widerspruchsrecht nach § 5 ROG haben die Fachplanungsbehörden – egal ob Bundes- oder Landesbehörde – das Recht zur Beteiligung im Verfahren zur Aufstellung der Raumordnungspläne nach § 10 ROG. In diesem Verfahren haben sie unter anderem ein Recht zur Stellungnahme zum Entwurf des jeweiligen Raumordnungsplanes.

3. Spezielle Raumordnungsklauseln in Fachgesetzen

Die einzelnen Fachgesetze enthalten darüber hinaus eine Vielzahl an Regelungen zum Umgang mit raumplanungsrechtlichen Vorgaben im Fachplanungsrecht.

Beispielhaft ist im Bereich der vorbereitenden Planung § 47 Abs. 3 S. 2 BImSchG zu nennen, der bei der Aufstellung von Luftreinhalteplänen nach § 47 Abs. 1 BImSchG die Pflicht zur Beachtung der Ziele bzw. zur Berücksichtigung der Grundsätze und sonstigen Erfordernissen der Raumordnung enthält. Dabei handelt es sich um eine rein deklaratorische Klausel, da keine über die in § 4 Abs. 1 ROG hinausgehende Bindungswirkung normiert ist. Entsprechendes gilt nach § 47d BImSchG bei der Aufstellung von Lärmaktionsplänen, der in seinem Absatz 6 auf die Regelung des § 47 Abs. 3 S. 2 BImSchG und damit auf die Beachtens- bzw. Berücksichtigungspflicht bezüglich der Ziele bzw. Grundsätze der Raumordnung verweist. § 10 Abs. 1 S. 2 BNatSchG enthält eine den eben genannten Normen inhaltsgleiche und daher ebenfalls rein deklaratorische Regelung für den Bereich der Landschaftsprogramme bzw. Landschaftsrahmenpläne der Länder.[70]

a. Raumordnungsklauseln im Bundesfernstraßenrecht

Im Bereich der projektorientierten Zulassungsentscheidungen enthält die Vorschrift für das Linienbestimmungsverfahren bei Bundesfernstraßen, § 16 Abs. 2 S. 1 FStrG, eine allgemeine sowie eine spezielle Raumordnungsklausel. In diesem Verfahren sind die von dem Vorhaben berührten öffentlichen Belange und damit alle Erfordernisse der Raumordnung zu berücksichtigen. Zudem ist das Ergebnis des Raumordnungsverfahrens nach § 15 ROG ausdrücklich als ein öffentlicher Belang genannt. Bei dem Linienbestimmungsverfahren handelt es sich um eine Planungsentscheidung einer öffentlichen Stelle, namentlich des Bundesministeriums des Verkehrs. Es greift die allgemeine Raumordnungs-

---

[70] In diesen werden überörtliche konkretisierte Ziele, Erfordernisse und Maßnahmen des Naturschutzes und der Landschaftspflege für ein Land bzw. Teile davon dargestellt, § 10 Abs. 1 S. 1 BNatSchG.

klausel des § 4 Abs. 1 S. 1 Nr. 1 ROG.[71] Die spezielle Klausel des § 16 Abs. 2 S. 1 FStrG bezüglich der Berücksichtigung des Ergebnisses des Raumordnungsverfahrens enthält keine weitergehende Bindungswirkung an Erfordernisse der Raumordnung, weshalb die Klausel teilweise als „unvollständige Raumordnungsklausel" bezeichnet wird.[72] Sie nimmt nur einen kleinen Teilbereich der Regelungsmaterie des § 4 ROG heraus und normiert diesbezüglich rein deklaratorisch die Bindungswirkung. Auch die allgemeine Klausel ist mangels weitergehender Bindungswirkung rein deklaratorisch.

Bei dem Linienbestimmungsverfahren handelt es sich um eine verwaltungsinterne Entscheidung ohne Bindungswirkung gegenüber Dritten.[73] Dem Linienbestimmungsverfahren und dem Planfeststellungsverfahren sind noch mehrere Planungen unterschiedlicher Art vorgeschaltet.[74] So wird im Bundesverkehrswegeplan das vorgesehene Investitionsvolumen verkehrsträgerübergreifend für Erhaltung und Ausbau der Bundesfernstraßen, Bundeswasserstraßen sowie Bundesschienenwege für einen Zeitraum von 10 Jahren dargestellt. Es handelt sich um einen reinen Investitionsrahmenplan.[75] Schon auf der Stufe der Bundesverkehrswegeplanung findet eine Berücksichtigung raumordnungsrechtlicher Belange statt. Es wird eine sogenannte Raumwirksamkeitsanalyse durchgeführt, in deren Rahmen die Anforderungen und Ziele der Raumordnung erfasst werden.[76] Da es sich beim Bundesverkehrswegeplan jedoch um eine reine Investitionsrahmenplanung handelt und die einzelnen Vorhaben noch sehr abstrakt erfasst werden, insbesondere ohne genauen Verlauf der geplanten Verkehrswege, kann auch die Berücksichtigung raumordnungsrechtlicher Belange nur sehr abstrakt erfolgen.

---

[71] Eine Bindung an Ziele der Raumordnung gilt nach § 5 Abs. 1 ROG nur, wenn der Bund bei der Aufstellung des betreffenden Raumordnungsplanes nach § 10 ROG beteiligt wurde und dem betreffenden Ziel nicht widersprochen hat, vgl. oben D.III.2.b.

[72] *Runkel*, in: *Spannowsky/Runkel/Goppel, ROG*, § 4 Rn. 152.

[73] *Lampe*, in: *Erbs/Kohlhaas, Strafrechtliche Nebengesetze*, § 16 FStrG Rn. 3; *Stüer*, Handbuch des Bau- und Fachplanungsrechts 2015, Rn. 3697.

[74] Neben den nachfolgend genannten Planungsstufen ist außerdem noch die Entwicklung Transeuropäischer Netze (TEN) auf Ebene der EU zu berücksichtigen. Nach Art. 170 ff. AEUV geschieht dies insbesondere durch die Aufstellung von Leitlinien, in denen Ziele von gemeinsamen Interessen ausgewiesen werden und in denen Ziele, Prioritäten und Grundzüge der geplanten Aktionen erfasst werden, Art. 171 Abs. 1 Spiegelstrich 1 AEUV. Vgl. dazu den kurzen Überblick bei *Ronellenfitsch*, in: *Marschall, FStrG*, vor §§ 16 ff. Rn. 47 f. sowie *Calliess*, in: *Calliess/Ruffert, EUV/AEUV*, Art. 171 AEUV Rn. 2 ff.

[75] Bundesverkehrswegeplan 2030, Teil 1 Ziffer 3.2., abzurufen unter https://www.bmvi.de/SharedDocs/DE/Anlage/VerkehrUndMobilitaet/BVWP/bvwp-2030-kabinettsplan.pdf?__blob=publicationFile (zuletzt abgerufen am 10.09.2016). Dabei werden die jeweiligen Vorhaben danach beurteilt, ob ein verkehrlicher Bedarf für ihre Realisierung besteht und in zwei sogenannte Bedarfskategorien – vordringlicher bzw. weiterer Bedarf – eingeordnet.

[76] Bundesverkehrswegeplan 2030, Teil 1 Ziffer 3.4., abzurufen unter https://www.bmvi.de/SharedDocs/DE/Anlage/VerkehrUndMobilitaet/BVWP/bvwp-2030-kabinettsplan.pdf?__blob=publicationFile (zuletzt abgerufen am 10.09.2016).

Eine Festlegung hinsichtlich Finanzierung und Realisierung einzelner Projekte wird erst auf der nachfolgenden Stufe des Fernstraßenausbaugesetzes (FStrAbG)[77] im Wege einer Bedarfsplanung vorgenommen.[78] § 1 FStrAbG bestimmt, dass der Ausbau des Fernstraßenwegenetzes nach dem Bedarfsplan zu erfolgen hat, der dem Gesetz als Anlage beigefügt ist und in einem Turnus von fünf Jahren vom Bundesministerium für Verkehr, Bau und Stadtentwicklung überprüft und gegebenenfalls angepasst wird, § 5 Abs. 1 S. 1, § 4 S. 1 FStrAbG.[79] Nach § 4 S. 1 Halbs. 2 FStrAbG sind bei der turnusmäßigen 5-jährigen Überprüfung des Bedarfs, gemessen an der Verkehrsentwicklung, unter anderem die berührten Belange der Raumordnung einzubeziehen.[80] Wenn der Bedarf in den jeweiligen Bedarfsplänen festgestellt ist, erzeugt dies eine Bindungswirkung für das Linienbestimmungs- bzw. Planfeststellungsverfahren, § 1 Abs. 2 S. 1 FStrAbG (i. V. m. § 16 FStrG).[81]

Auf der Grundlage der Linienführung ist für das konkrete Bauvorhaben dann das Planfeststellungsverfahren nach § 17 FStrG i. V. m. §§ 72 ff. VwVfG durchzuführen, in dessen Rahmen nach § 17 S. 2 FStrG die raumplanungsrechtlichen Vorgaben über den Begriff der berührten öffentlichen Belange im Rahmen der

---

[77] Bzw. des Bundesschienenwegeausbaugesetzes (BSWAG). Auf das BSWAG wird nicht näher eingegangen, es enthält vergleichbare Regelungen zu denen im Bundesfernstraßenausbaugesetz und hat für die weitere Untersuchung keine Bedeutung.

[78] Nach Maßgabe der jeweils jährlich zur Verfügung stehenden Haushaltsmittel, Bundesverkehrswegeplan 2030, Teil 1 Ziffer 3.2., abzurufen unter https://www.bmvi.de/SharedDocs/DE/Anlage/VerkehrUndMobilitaet/BVWP/bvwp-2030-kabinettsplan.pdf?__blob=publicationFile (zuletzt abgerufen am 10.09.2016). Für ein Vorhaben, das nicht im Bundesverkehrswegeplan aufgenommen worden ist, sind jedoch die Realisierungschancen mangels Festschreibung des Bedarfes sehr gering.

[79] Der Pflicht zur regelmäßigen Bedarfsplanüberprüfung nach § 5 Abs. 1 S. 1, § 4 S. 1 FStrAbG bzw. § 5 Abs. 1 S. 1, 2, § 4 BSWAG ist der Gesetzgeber durch einen verkehrsübergreifenden Investitionsrahmenplan nachgekommen, Investitionsrahmenplan 2011–2015 für die Verkehrsinfrastruktur des Bundes (IRP), http://www.bmvbs.de/SharedDocs/DE/Anlage/Internetredaktion/investitionsrahmenplan-2011-2015-irp.pdf?__blob=publicationFile (zuletzt abgerufen am 22.11.2015).

[80] Der aktuelle Bedarfsplan ist zu finden unter: http://www.bmvbs.de/DE/VerkehrUndMobilitaet/Verkehrspolitik/Verkehrsinfrastruktur/Bedarfsplanueberpruefung/bedarfsplanueberpruefung_node.html (zuletzt abgerufen am 22.11.2015). Die Bedarfspläne wiederum bilden die Grundlage für die Aufstellung der Straßenbaupläne nach Art. 3 des Straßenbaufinanzierungsgesetzes (§ 5 Abs. 1 S. 2 FStrAbG), in denen die konkrete Verwendung der Haushaltsmittel festgeschrieben wird, Art. 3 Straßenbaufinanzierungsgesetz.

[81] Dazu ausführlich *Steinberg/Wickel/Müller*, Fachplanung 2012, § 3 Rn. 104 ff. sowie *Ronellenfitsch*, in: *Marschall, FStrG*, vor §§ 16 ff. Rn. 50 f. Bei den Bedarfsplänen handelt es sich nicht um eine reine Finanzplanung, sondern diese entfalten bindende Wirkung im Rahmen der Planfeststellung, was sich bis hin zu einem eingeschränkten Überprüfungsspielraum der Gerichte fortsetzt. Die im Rahmen der Planfeststellung durch § 1 Abs. 2 S. 1 FStrG angeordnete Planrechtfertigung ist zudem nicht absolut, sondern findet ihre Grenze, sollte ein Verfassungsverstoß des Gesetzgebers festgestellt werden, vgl. *BVerwG* Urt. v. 17.01.2007 – 9 A 20/05, NVwZ 2007, 1054, 1057.

Abwägung zu berücksichtigen sind. Es handelt sich dabei wiederum um eine deklaratorische Raumordnungsklausel.

Eine weitere Raumordnungsklausel enthält die Vorschrift des § 16 Abs. 3 S. 3 FStrG, die den grundsätzlichen Vorrang der Bundes- gegenüber den Landes- und Ortsplanungen anordnet.[82]

b. Raumordnungsklauseln im LuftVG

Der Bau sowie der Betrieb von Flugplätzen ist nach § 6 Abs. 1 S. 1 LuftVG genehmigungsbedürftig. § 6 Abs. 2 S. 1 LuftVG ordnet die Überprüfung der angemessenen Berücksichtig der Erfordernisse der Raumordnung vor Erteilung dieser Genehmigung an. Nach § 6 Abs. 2 S. 2 LuftVG bleiben §§ 4 und 5 ROG unberührt, d. h. die dort genannten Bindungswirkungen werden von der Klausel in § 6 Abs. 2 S. 1 LuftVG nicht verdrängt.[83] Es handelt sich um eine rein deklaratorische Klausel. Für Bau und Änderung von Flughäfen ist gemäß § 8 Abs. 1 S. 1 LuftVG ein Planfeststellungsverfahren durchzuführen.[84] Die raumordnungsrechtlichen Belange werden über die allgemeine Raumordnungsklausel der berührten öffentlichen Belange in § 8 Abs. 1 S. 2 LuftVG berücksichtigt. Für Flughäfen ist ergänzend die relativ neue Regelung des § 17 Abs. 2 S. 1 ROG zu beachten.[85] Der Bund kann u. a. bundesweite Raumordnungspläne zu länderübergreifenden Standortkonzepten für Flughäfen als Basis für die verkehrliche Anbindung dieser im Rahmen der Bundesverkehrswegeplanung[86] aufstellen, sofern dies für die räumliche Entwicklung und Ordnung des Bundesgebietes unter nationalen oder europäischen Gesichtspunkten erforderlich ist. Ausweislich der Regelung in § 17 Abs. 2 S. 2 ROG entfalten diese Pläne jedoch keine Bindungswirkung für raumbedeutsame Planungen und Maßnahmen der Länder, zu denen nach § 3 Abs. 1 Nr. 6 ROG auch die Raumordnungspläne gehören.

---

[82] Dazu ausführlich unter E.I.3.b.(3) im Zusammenhang mit der Analyse des Urteils zum Flughafenausbau Berlin-Schönefeld.

[83] Sogenannte Unberührtheitsklausel, vgl. oben D.I.2.

[84] Unter den Begriff der Flughäfen fallen nach der Definition des § 38 Abs. 1 Luftverkehrszulassungsordnung (LuftVZO) „Flugplätze, die nach Art und Umfang des vorgesehenen Flugbetriebs einer Sicherung durch einen Bauschutzbereich nach § 12 des Luftverkehrsgesetzes bedürfen".

[85] Neu eingeführt im ROG 2008, vgl. dazu oben C.V.3.

[86] Vgl. oben D.III.3.a.

E. Bindungswirkung raumplanerischer Vorgaben in der jüngeren Rechtsprechung

Die Abgrenzungsproblematik zwischen Regelungen in Raumordnungsplänen und fachplanerischen Vorhabengenehmigungsentscheidungen wurde im Zusammenhang mit den gerichtlichen Entscheidungen zum Ausbau des Flughafens Berlin-Schönefeld[1] sowie des Flughafens Frankfurt am Main[2] sehr deutlich. Landesplanungsbehörden, Fachplanungsträger und die mit den unterschiedlichen Planungsentscheidungen befassten Gerichte waren sich teilweise nicht im Klaren darüber, wie stark die Bindungswirkung der unterschiedlichen Regelungen ausgeprägt ist und wie weit die eigenen Entscheidungs- bzw. Interpretationsspielräume reichen. Ähnliche Abgrenzungsprobleme im Verhältnis Raumplanung zu Bauleitplanung wurden im Zusammenhang mit der Standortwahl für die Erweiterung des Kohlekraftwerks in Datteln relevant.[3]

I. Urteil zum Ausbau des Flughafens Berlin-Schönefeld 2006

Im Mittelpunkt der Entscheidung des BVerwG zum Planfeststellungsbeschluss bezüglich des Ausbaus des Flughafens Berlin-Schönefeld zu dem neuen Großflughafen Flughafen Berlin-Brandenburg International (BBI) stand unter anderem der der Planfeststellungsbehörde verbleibende Spielraum zur Durchführung einer eigenständigen Abwägung hinsichtlich des Standortes des Flughafens.[4] Der Ausbau des Flughafens Berlin-Schönefeld stellt eine raumbedeutsame Maßnahme im Sinne des § 3 Abs. 1 Nr. 6 ROG dar.[5] Träger des Flughafenausbaus sind die Flughafen Berlin-Schönefeld GmbH,[6] die DB Netz AG so-

---

[1] Dazu unter E.I.

[2] Dazu unter E.II. bezüglich der Standortentscheidungen und unter E.III. bezüglich der Lärmschutzregelungen.

[3] Dazu unter E.IV.

[4] *BVerwG* Urt. v. 16.03.2006 – 4 A 1075/04, NVwZ 2006 Beilage Nr. 1.

[5] Entspricht § 3 Nr. 6 ROG in der für diese Planungen maßgebliche Fassung vom 01.01.1998, BGBl I 1997, 2081. Das Vorhaben nimmt Raum in Anspruch, sowohl die räumliche Entwicklung als auch die Funktion des Gebietes wird beeinflusst.

[6] Deren Gesellschafter sind die Länder Berlin, Brandenburg sowie die Bundesrepublik Deutschland. Die beiden Länder sind jeweils mit einem Anteil von 37 %, der Bund mit 26 % beteiligt, vgl. Flughafen Berlin-Brandenburg, http://www.berlin-airport.de/de/unternehmen/

wie die DB Station und Service AG.[7] Bau sowie Änderung eines Flughafens bedürfen nach § 8 Abs. 1 LuftVG der Planfeststellung. Ziele und Grundsätze der Raumordnung waren von der Planfeststellungsbehörde nach § 4 Abs. 1 Nr. 2 ROG 1998[8] zu beachten bzw. zu berücksichtigen.[9]

1. Vorgeschichte

Die endgültige Zulassungsentscheidung zum Ausbau des Flughafens Berlin-Schönefeld zu dem neuen Großflughafen Flughafen Berlin-Brandenburg International (BBI) und der damit verbundenen geplanten Schließung der Flughäfen Berlin-Tempelhof und Berlin-Tegel hat eine längere Vorgeschichte, in deren Verlauf mehrere Gerichtsentscheidungen ergingen. Die Länder Berlin und Brandenburg haben 1995 einen Staatsvertrag zur Landesplanung (LPlaStV Berl/Bbg)[10] abgeschlossen, in welchem sie eine auf Dauer angelegte gemeinsame Raumordnungs- und Landesplanung für das gesamte Gebiet der beiden Länder, den sogenannten gemeinsame Planungsraum, vereinbart haben, Art. 1 sowie Präambel des LPlaStV Berl/Bbg. Geregelt war unter anderem die Aufstellung eines gemeinsamen Landesentwicklungsprogrammes, Art. 7 Abs. 1 S. 1 LPlaStV Berl/Bbg, sowie gemeinsamer Landesentwicklungspläne, Art. 8 Abs. 1 LPlaStV Berl/Bbg. Bei beiden Planarten handelt es sich um landesweite Pläne, vgl. Art. 1 Abs. 2 LPlaStV Berl/Bbg. Auf Grundlage dieses Staatsvertrages ist das gemeinsame Landesentwicklungsprogramm der Länder Berlin und Brandenburg (LEPro Berl/Bbg 1998) aufgestellt worden.[11] Zudem sind mehrere gemeinsame Landesentwicklungspläne aufgestellt worden, die sich – z. T. ausschließlich – mit der Flughafenstandortentwicklung beschäftigten.[12]

ueber-uns/unternehmensorganisation/beteiligungsstruktur/index.php (zuletzt abgerufen am 22.11.2015).

[7] *Ministerium für Stadtentwicklung*, Planfeststellungsbeschluss Ausbau Verkehrsflughafen Berlin-Schönefeld, S. 372 (abrufbar unter http://www.dfld.de/Andere/BBI/PFV.html (zuletzt abgerufen am 22.11.2015). Die Flughafen Berlin-Schönefeld GmbH ist ein privatrechtlich organisierter Träger, an dem öffentliche Stellen mehrheitlich beteiligt sind und der in Wahrnehmung öffentlicher Aufgaben handelt, § 4 Abs. 1 S. 2 ROG.

[8] In der für die Entscheidung maßgeblichen Fassung vom 01.01.1998, BGBl I 1997, 2081, entspricht § 4 Abs. 1 S. 2 i. V. m. Abs. 1 Nr. 2 ROG in der aktuellen Fassung.

[9] Nach § 4 Abs. 3 ROG a. F. hatten auch die Träger des Flughafenausbaus selbst die Vorgaben der Raumordnung bei Ihrer Planung zu beachten.

[10] Staatsvertrag über die Aufgaben und Trägerschaft sowie Grundlagen und Verfahren der gemeinsamen Landesplanung zwischen den Ländern Berlin und Brandenburg (Landesplanungsvertrag) vom 06.04.1995, in beiden Ländern jeweils als Gesetz ratifiziert: Gesetz vom 20.07.1995, Bbg. GVBl. I, 210 bzw, Gesetz vom 04.07.1995, Berl. GVBl., 407.

[11] Staatsvertrag über das gemeinsame Landesentwicklungsprogramm der Länder Berlin und Brandenburg (Landesentwicklungsprogramm) und über die Änderung des Landesplanungsvertrages vom 07.08.1997, dem das Landesentwicklungsprogramm als Anlage 1 beigefügt ist; jeweils als Gesetz ratifiziert; Gesetz vom 4.2.1998, Bbg. GVBl. I, 14 bzw. Gesetz vom 09.12.1997, Berl. GVBl., 657.

[12] Landesentwicklungsplan Standortsicherung Flughafen (LEP FS) aus dem Jahr 1999,

a. Landesentwicklungsplan vom 2. März 1998

In der Verordnung über den gemeinsamen Landesentwicklungsplan für den engeren Verflechtungsraum Brandenburg-Berlin vom 2. März 1998[13] wurde der gemeinsame Landesentwicklungsplan für die beiden Länder (LEP eV 1998) als Anlage veröffentlicht, § 1 der Verordnung. In Ziel Nr. 6.5.1 war bestimmt, dass der Ausbau des Verkehrsflughafens Berlin-Schönefeld vordringlich zu betreiben sei und das vorhandene Flughafensystem abgelöst werden soll.[14] Zur Sicherung des Ausbaus wurde zudem die Freihaltung ausreichender Flächen festgelegt. Hintergrund für diese Festlegungen war vor allem die Entwicklung der Stadt Berlin und der Region Brandenburg bedingt durch die Wiedervereinigung der beiden deutschen Staaten 1990,[15] die Weiterentwicklung der Stadt Berlin als Wirtschaftsstandort sowie der Umzug von Parlament und Regierung der Bundesrepublik von Bonn nach Berlin.[16] Zudem wurde die durch die Flughafenbetreibergesellschaft *Berlin Brandenburg Flughafen Holding GmbH* getroffene Entscheidung, den Flughafen Berlin-Schönefeld ausbauen zu wollen, als berücksichtigungswürdig angeführt.[17] Eine zielförmige Festlegung, den Flughafen am Standort Schönefeld als Single-Flughafen auszubauen und das

---

Verordnung über den gemeinsamen Landesentwicklungsplan Standortsicherung Flughafen vom 18.03.1999, Berl. GVBl., 121 bzw. Bbg GVBl. II, 262; ersetzt durch den Landesentwicklungsplan Flughafenstandortentwicklung (LEP FS 2003), in den Ländern Berlin und Brandenburg jeweils als Anlage zur Verordnung über den Landesentwicklungsplan Flughafenstandortentwicklung bekannt gemacht, Verordnung vom 28.10.2003, Berl. GVBl., 521 bzw. Bbg GVBl. II, 594.

[13] Verordnung über den gemeinsamen Landesentwicklungsplan für den engeren Verflechtungsraum Brandenburg-Berlin (LEP eV 1998), vom 02.03.1998, Bbg. GVBl. II, 186 bzw. Berl. GVBl., 38. Zuständig für die Aufstellung dieser Pläne ist nach Art. 8 Abs. 4 S. 1 LPlStV die Gemeinsame Landesplanungsabteilung (GL) der Länder Berlin und Brandenburg. Sie ist zugleich Teil der Senatsverwaltung für Stadtentwicklung des Landes Berlin wie des Ministeriums für Infrastruktur und Landwirtschaft des Landes Brandenburg (http://gl.berlin-brandenburg.de/ueber/landesplanungsabteilung/, zuletzt abgrufen am 22.11.2015).

[14] Ziel Nr. 6.5.1. lautet im Wortlaut: „Zur Deckung des Luftverkehrsbedarfs in Brandenburg und Berlin sind die Planung und der Ausbau des Internationalen Verkehrsflughafens Berlin-Schönefeld vordringlich zu betreiben. Damit soll gleichzeitig das vorhandene Flughafensystem Berlin-Tegel, Berlin-Tempelhof und Berlin-Schönefeld abgelöst werden. Aufgrund der zu erwartenden Verkehrsnachfrage sind ausreichende Flächen für Erhalt und Ausbau des bestehenden Verkehrsflughafens Berlin-Schönefeld freizuhalten. Die landesplanerische Absicherung der ggf. über den Bestand des Flughafengeländes hinaus erforderlichen Flächen bleibt einer Fortschreibung des LEP eV auf der Grundlage eines ergänzend aufzustellenden Landesentwicklungsplans in enger Anbindung an die luftverkehrsrechtliche Fachplanung vorbehalten."

[15] Beitritt der DDR zur BRD, Gesetz zum dem Vertrag vom 31.08.1990 zwischen der Bundesrepublik Deutschland und der Deutschen Demokratischen Republik über die Herstellung der Einheit Deutschlands – Einigungsvertragsgesetz – und der Vereinbarung vom 18.09.1990, Gesetz vom 23.09.1990, BGBl. II, 885.

[16] Vgl. Kapitel I. 1. des LEP eV 1998, Berl. GVBl., 38 bzw. Bbg. GVBl II, 186.

[17] Vgl. Kapitel I. 3.1. des LEP eV 1998, Berl. GVBl., 38 bzw. Bbg. GVBl II, 186.

bisherige Flughafensystem abzulösen, findet sich in § 19 Abs. 11 des übergeordneten gemeinsamen Landesentwicklungsprogramms der Länder Berlin und Brandenburg (LEPro Berl/Bbg 1998).[18]

(1) Urteil des OVG Frankfurt (Oder) vom 24.08.2001

Die Festlegung in Ziel Nr. 6.5.1 des LEP eV 1998 wurde jedoch vom OVG Frankfurt (Oder) im Wege eines Normenkontrollverfahrens, § 47 Abs. 1 VwGO, auf Antrag mehrerer Gemeinden für nichtig erklärt.[19] Und dies gleich aus mehreren Gründen: Die betroffenen Gemeinden seien bei der Aufstellung des Landesentwicklungsplanes LEP eV 1998 nicht ordnungsgemäß beteiligt worden, weshalb ein Verfahrensfehler vorliege.[20] Die Gemeinden seien zwar zum ersten Entwurf vom 4. April 1995 nach Art. 7 Abs. 2 S. 1 LPLStV in der damals gültigen Fassung beteiligt worden, jedoch nicht mehr zum geänderten Entwurf vom 15. Juli 1997.[21] Erst in diesem geänderten Entwurf sei jedoch das Gebiet um den bisherigen Flughafen Berlin-Schönefeld als künftiger einziger Standort und als Ziel der Raumordnung festgelegt worden. Im Ursprungsentwurf sei lediglich der Bau eines neuen Verkehrsflughafens als vordringliche Aufgabe festgehalten worden.[22] Das Gericht führte aus, diese Standortfestlegung in Form eines Zieles der Raumordnung sei für die Gemeinden bindend. Zwar war dies zum Zeitpunkt der Einleitung der Verordnungsaufstellung noch nicht gesetzlich geregelt gewesen, das Gericht verweist jedoch diesbezüglich auf das insofern schon vorhandene Begriffsverständnis in der Rechtsprechung.[23] Zudem sei bei der Erweiterung eines Flughafens von vielschichtigen Auswirkungen auf die im Flughafengebiet liegenden Gemeinden auszugehen, diese dürften keinesfalls im

---

[18] Staatsvertrag über das gemeinsame Landesentwicklungsprogramm der Länder Berlin und Brandenburg (Landesentwicklungsprogramm) und über die Änderung des Landesplanungsvertrages vom 07.08.1997, dem das Landesentwicklungsprogramm als Anlage 1 beigefügt ist; jeweils als Gesetz ratifiziert; Gesetz vom 04.02.1998, Bbg. GVBl. I, 14 bzw. Gesetz vom 09.12.1997, Berl. GVBl., 657. Die in § 19 Abs. 11 LEPro Berl/Bbg 1998 enthaltenen Aussagen sind strikt formuliert und lassen keinen Raum für Abwägungen.

[19] *OVG Frankfurt (Oder)* Urt. v. 24.08.2001 – 3 D 4/99.NE, JurionRS 2001, 28222. Die Möglichkeit, die Bestimmung im Wege eines Normenkontrollverfahrens nach § 47 VwGO anzugreifen, war explizit im Gemeinsamen Landesplanungsvertrag der Länder Berlin und Brandenburg geregelt (Art. 3 Abs. 2 i. V. m. Art. 8 Abs. 4 des Landesplanungsvertrages). Generell ist die Möglichkeit der Normenkontrolle gegen untergesetzlichen Rechtsnormen in Berlin nicht vorgesehen (vgl. dazu im Rahmen des Rechtschutzes unter H.I.3.a.

[20] *OVG Frankfurt (Oder)* Urt. v. 24.08.2001 – 3 D 4/99.NE, JurionRS 2001, 28222, 2.a).

[21] Vgl. die Ausführungen des *OVG Frankfurt (Oder)* Urt. v. 24.08.2001 – 3 D 4/99.NE, JurionRS 2001, 28222, unter 2.a).

[22] Ziel 5.5.1 des Entwurfs LEP eV 1998 vom 04.04.1995, angeführt im Urteil des *OVG Frankfurt (Oder)* Urt. v. 24.08.2001 – 3 D 4/99.NE, JurionRS 2001, 28222, Tatbestand.

[23] *OVG Frankfurt (Oder)* Urt. v. 24.08.2001 – 3 D 4/99.NE, JurionRS 2001, 28222, 2.a). unter Verweis auf *BVerwG* Urt. v. 20.08.1992 – 4 NB 20/91, BVerwGE 90, 329, 332 f.

Aufstellungsverfahren übergangen werden.[24] Schon aus dieser fehlenden Beteiligung der Gemeinden ergebe sich weiter ein Abwägungsfehler, da die Landesplanungsbehörde es dadurch versäumt habe, alle möglicherweise relevanten öffentlichen Belange zu ermitteln und in die Abwägung einzustellen.[25] Darüber hinaus läge ein weiterer Abwägungsfehler darin, dass keine Auseinandersetzung mit den Vor- und Nachteilen des gewählten Standortes stattgefunden habe. Vielmehr sei lediglich auf den Beschluss der Flughafenbetreibergesellschaft, die sich dafür ausgesprochen hatte, den bestehenden Flughafen Berlin-Schönefeld auszubauen, verwiesen worden.[26] Eine Auseinandersetzung mit anderen, insbesondere raumordnungsrechtlichen Belangen, sei gar nicht erfolgt, vielmehr sei die Entscheidung der privaten Betreibergesellschaft gewissermaßen als „unabänderliche[s] Naturereignis" angesehen worden.[27]

(2) Stellungnahme – Verhältnis der Pläne zueinander

Der Argumentation des Gerichts kann durchgängig gefolgt werden. Allein schon die fehlende Einbeziehung der Gemeinden als von der Festschreibung des Zieles Betroffene führt zur Unwirksamkeit der zielförmigen Festlegung. Ein Ziel der Raumordnung löst eine absolute Beachtenspflicht für andere Planungsträger, unter anderem auch die Gemeinden, aus.[28] Gerade von der Entscheidung, an welchem Standort ein Großprojekt wie ein Flughafenbau vollzogen werden soll, gehen erhebliche Auswirkungen auf die umliegenden Gemeinden aus. Gemeinden, auf deren Gebiet der Flughafen gebaut werden soll, können insbesondere keine dem Bau des Flughafens entgegenstehende Bauleitplanung mehr betreiben. Gemeinden, die im Umkreis des Plangebietes liegen, können durch Ziele der Raumordnung ebenso gebunden sein. Dies gilt insbesondere, wenn ein Standort im Wege eines Eignungsgebietes, § 8 Abs. 7 S. 1 Nr. 3 ROG oder eines kombinierten Vorrang-Eignungsgebietes, § 8 Abs. 7 S. 2 ROG oder durch einen landesrechtlichen Gebietstypen mit entsprechender Außenwirkung festgelegt wird.[29] Folglich ist die Planungshoheit der Gemeinden als Teil der kommunalen Selbstverwaltung aus Art. 28 Abs. 2 GG stark tangiert.[30] Die Planungshoheit aus Art. 28 Abs. 2 GG besteht zwar nicht uneingeschränkt. Jedoch ist im Verhältnis der kommunalen Planung zur Raumplanung zur Sicher-

---

[24] *OVG Frankfurt (Oder)* Urt. v. 24.08.2001 – 3 D 4/99.NE, JurionRS 2001, 28222, 2.a).

[25] *OVG Frankfurt (Oder)* Urt. v. 24.08.2001 – 3 D 4/99.NE, JurionRS 2001, 28222, 2.b).

[26] Vgl. Kapitel I.3.1. der Verordnung über den gemeinsamen Landesentwicklungsplan für den engeren Verflechtungsraum Brandenburg-Berlin (LEP eV 1998), vom 02.03.1998, Bbg. GVBl. II, 186 bzw. Berl. GVBl., 38.

[27] So sehr prägnant das *OVG Frankfurt (Oder)* Urt. v. 24.08.2001 – 3 D 4/99.NE, JurionRS 2001, 28222, 2.b).

[28] Vgl. zur Bindungswirkung der Ziele oben C.III.2.a.; zur Bauleitplanung oben D.II.

[29] Zu den einzelnen Gebietstypen und ihrer Wirkung vgl, oben unter C.V.4.

[30] Dazu oben C.II.1.a.

stellung der Rechte der Gemeinde neben dem Berücksichtigungsgebot in § 8 Abs. 2 S. 2 ROG als Ausfluss des Gegenstromprinzips ein Beteiligungsrecht im Planaufstellungsverfahren vorgesehen.[31] Diese Beteiligung ist hier unterblieben. Im Vergleich zu dem ursprünglichen Planentwurf, an dessen Erstellung die Gemeinden noch ordnungsgemäß beteiligt worden sind, handelt es sich durch die konkrete Standortfestlegung bei der überarbeiteten Fassung auch nicht lediglich um eine für die Belange der Gemeinden zu vernachlässigende Planänderung. Als solch eventuell unbeachtliche Änderung ist beispielsweise eine Verkleinerung des ursprünglich vorgesehenen Plangebietes denkbar. Dass die Landesplanungsbehörde nicht einmal angedacht hat, die Gemeinden erneut zu beteiligen, ist nicht nachvollziehbar. Die „Mehrbetroffenheit" aufgrund der konkreten Standortfestlegung ist naheliegend. Alleine schon aus diesem Versäumnis ergibt sich ein Abwägungsmangel, der zur Unwirksamkeit des Zieles führt, da wichtiges Abwägungsmaterial gar nicht in die Abwägung miteingestellt wurde. Ebenso erstaunlich ist die Bezugnahme des Planungsträgers auf die Entscheidung der Flughafengesellschaft zu dem von ihr gewünschten Standort.[32] Die Ausführungen der Landesplanungsbehörde erschöpfen sich in der Feststellung, aufgrund dieser Entscheidung der Flughafengesellschaft seien die Belange des Flughafens in der Abwägung in besonderem Maße zu berücksichtigen. Um welche Belange es sich dabei im Einzelnen handelt und wie diese sich zueinander verhalten, dazu schweigt der Landesentwicklungsplan LEP eV 1998 gänzlich. Der Verweis auf die Entscheidung eines Privaten kann nicht die Abwägungsentscheidung der gemeinsamen Landesplanungsbehörde ersetzen. Die Wirksamkeit eines Zieles der Raumordnung setzt nach § 3 Abs. 1 Nr. 2 ROG in der heutigen Fassung eine abschließende Abwägung der Belange voraus. Diese hat die Landesplanungsbehörde nicht geleistet. Zwar gab es in der damals gültigen Fassung des ROG eine solche Legaldefinition der Ziele der Raumordnung nicht, jedoch waren die nunmehr legal definierten Anforderungen, wie auch das OVG Frankfurt (Oder) zutreffend festgestelt hat, damals schon anerkannt.[33] Zuzustimmen ist dem Gericht auch in der Aussage, dass die zielförmige Festlegung eines Alleinstandortes in § 19 Abs. 11 LEPro Berl/Bbg 1998 die gemeinsame Landesplanungsbehörde bei Festlegung des Zieles im Landesplanungsprogramm nicht von der Pflicht zur eigenen Abwägung entbindet. Landesplanungsprogramm und Landesentwicklungsprogramm sind

[31] Vgl. dazu grundlegend *BVerwG* Urt. v. 20. 08. 1992 – 4 NB 20/91, BVerwGE 90, 329, 335.

[32] Vgl. Kapitel I.3.1. der Verordnung über den gemeinsamen Landesentwicklungsplan für den engeren Verflechtungsraum Brandenburg-Berlin (LEP eV 1998), vom 02. 03. 1998, Bbg. GVBl. II, 186 bzw. Berl. GVBl., 38.

[33] *BVerwG* Urt. v. 20. 08. 1992 – 4 NB 20/91, BVerwGE 90, 329, 333; *Paßlick*, Die Ziele der Raumordnung und Landesplanung 1986, S. 132 ff.

zwar nicht völlig unabhängig voneinander zu betrachten.[34] Nach Art. 8 des Landesplanungsvertrages[35] dienen die gemeinsamen Landesplanungsprogramme als Grundlage für die gemeinsamen Landesentwicklungspläne. Nichtsdestotrotz ist bei jeder Festlegung eines Zieles der Raumordnung eine eigenständige abgeschlossene Abwägung vorzunehmen.[36] In den Erläuterungen zum LEP eV 1998 wird ausdrücklich darauf hingewiesen, dass die Festlegungen des LEPro Berl/Bbg 1998 als Grundlage für die Landesentwicklungspläne dienen und durch diese zu konkretisieren sind.[37] Ähnlich lautet auch die Formulierung in der Begründung des LEPro, wonach dieser als Grundlage für die weiteren Landesentwicklungspläne anzusehen sei.[38] Die Abwägung bei Aufstellung eines Zieles im Landesplanungsprogramm kann nicht die Abwägung bei Aufstellung eines ähnlichen Zieles im Landesentwicklungsprogrammes ersetzen.

Dieser unzulässige Verweis auf die Abwägung im Landesentwicklungsprogramm ergibt sich aus dem unzutreffenden Verständnis des Verhältnisses der Pläne zueinander. Für das hier relevante Verhältnis zweier Planwerke auf Landesebene gelten die gleichen Grundsätze wie für das Verhältnis der Landes- und Regionalpläne zueinander.

Allgemein ist das Verhältnis der Landes- und der Regionalpläne zueinander vor allem durch die Konkretisierung der landesweiten Pläne durch die Regionalpläne gekennzeichnet. Regionalplanungsbehörden sind über § 4 Abs. 1 ROG an die landesweiten Vorgaben gebunden. Zudem sind die Regionalpläne aus den landesweiten Plänen zu entwickeln, § 8 ROG. Die Regionalpläne haben als Bestandteil des gesamträumlichen Planungssystems die landesweiten Vorgaben auf die kleinteiligere Ebene abzubilden und zu konkretisieren.[39] Keine der genannten Regelungen verlangt allerdings die inhaltsgleiche Übernahme der Regelungen der landesweiten Plänen in die Regionalpläne. Vielmehr sind die Regionalpläne dazu gedacht, die Vorgaben der landesweiten Pläne zu konkreti-

---

[34] *OVG Frankfurt (Oder)* Urt. v. 24.08.2001 – 3 D 4/99.NE, JurionRS 2001, 28222, 2.b). a. E.

[35] Staatsvertrag über die Aufgaben und Trägerschaft sowie Grundlagen und Verfahren der gemeinsamen Landesplanung zwischen den Ländern Berlin und Brandenburg (Landesplanungsvertrag) vom 06.04.1995, in beiden Ländern jeweils als Gesetz ratifiziert: Gesetz vom 20.7.1995, Bbg. GVBl. I, 210 bzw, Gesetz vom 04.07.1995, Berl. GVBl., 407.

[36] So schon *Paßlick*, Die Ziele der Raumordnung und Landesplanung 1986, S. 132 ff.; *OVG Frankfurt (Oder)* Urt. v. 24.08.2001 – 3 D 4/99.NE, JurionRS 2001, 28222, 2.b). a. E.

[37] Kapitel III.1 der Verordnung über den gemeinsamen Landesentwicklungsplan für den engeren Verflechtungsraum Brandenburg-Berlin (LEP eV 1998), vom 02.03.1998, Bbg. GVBl. II, 186 bzw. Berl. GVBl., 38.

[38] Teil A) Allgemeine Begründung zum Landentwicklungsprogramm, Staatsvertrag über das gemeinsame Landesentwicklungsprogramm der Länder Berlin und Brandenburg (Landesentwicklungsprogramm) und über die Änderung des Landesplanungsvertrages vom 07.08.1997, dem das Landesentwicklungsprogramm als Anlage 1 beigefügt ist; jeweils als Gesetz ratifiziert; Gesetz vom 04.02.1998, Bbg. GVBl. I, 14 bzw. Gesetz vom 09.12.1997, Berl. GVBl., 657.

[39] *Goppel*, in: *Spannowsky/Runkel/Goppel, ROG*, § 8 Rn. 28 ff.

sieren. Die Pläne auf den beiden Ebenen ergänzen sich. Durch die Aufstellung eines Regionalplanes werden die Regelungen des landesweiten Planes nicht ersetzt. Um alle maßgeblichen raumplanerischen Festlegungen zu ermitteln, ist für die Planadressaten, insbesondere die Gemeinden, immer ein Blick in alle für das betreffende Gebiet geltenden Regelwerke erforderlich. Eine bloße Übernahme der Regelungen aus dem landesweiten Plan führt gerade auch im Bereich des Rechtschutzes zu Schwierigkeiten. Aufgrund der Selbständigkeit der Pläne ist auch die Unwirksamkeit einzelner Bestimmungen in den jeweiligen Plänen jeweils selbständig geltend zu machen. Als Konsequenz daraus führt auch die Unwirksamkeitserklärung einzelner Bestimmungen im landesweiten Plan nicht zur Unwirksamkeit der entsprechenden Bestimmung regionalen Plan.

Entsprechendes gilt auch für die hier leicht abweichende Fallkonstellation zweier Regelwerke auf länderübergreifender Ebene des gemeinsamen Landesentwicklungsprogrammes sowie nachfolgender, dieses konretisierenden gemeinsamen Landesenwicklungspläne. Das Gebot, die Vorgaben des Landesentwicklungsprogrammes zu konkretisieren, findet sich in § 8 Abs. 1 LEPro Berl/Bbg 1998. Die Unwirksamkeit einer Bestimmung im LEP eV 1998 hat nicht die Unwirksamkeit der inhaltsgleichen Bestimmung im LEPro Berl/Bbg 1998 zur Folge.[40] Eine ähnliche Festlegung als Ziel der Raumordnung im Landesentwicklungsplan ist nur sinnvoll, wenn tatsächlich eine Konkretisierung der Vorgaben des Landesentwicklungsprogrammes vorgenommen wird. So ist auch das Verhältnis der beiden Planungsarten, die beide auf der hochstufigen Gesamtplanung angesiedelt sind, ausgestaltet.[41]

b. Landesentwicklungsplan Standortsicherung Flughafen vom 28. 10. 2003 (LEP FS 2003) sowie Urteil des OVG Frankfurt (Oder) vom 10. 02. 2005

Infolge der Nichtigerklärung des Zieles Nr. 6.5.1 des LEP eV 1998[42] durch das OVG Frankfurt (Oder)[43] und der unter anderem dadurch unzureichenden raumordnungsrechtlichen Absicherung des gewünschten Flughafenstandorts Berlin-Schönefeld lediglich in § 19 Abs. 11 LEPro Berl/Bbg 1998[44] sowie in den Zie-

---

[40] Vgl. dazu auch die Ausführungen des *Verfassungsgericht Brandenburg* Urt. v. 21. 10. 1999 – VfGBbg 4/99 u. a., NVwZ 2000, 1167 f.

[41] Vgl. die eben angeführten Begründungen in den jeweiligen Plänen, Fn. 37, 38.

[42] Verordnung über den gemeinsamen Landesentwicklungsplan für den engeren Verflechtungsraum Brandenburg-Berlin (LEP eV 1998), vom 02. 03. 1998, Bbg. GVBl. II, 186 bzw. Berl. GVBl., 38.

[43] Vgl. dazu soeben unter E.I. 1a.

[44] Staatsvertrag über das gemeinsame Landesentwicklungsprogramm der Länder Berlin und Brandenburg (Landesentwicklungsprogramm) und über die Änderung des Landesplanungsvertrages vom 07. 08. 1997, dem das Landesentwicklungsprogramm als Anlage 1 beigefügt ist; jeweils als Gesetz ratifiziert; Gesetz vom 04. 02. 1998, Bbg. GVBl. I, 14 bzw. Gesetz vom 9. 12. 1997, Berl. GVBl., 657.

len 4.1.1. bis 4.1.5. im Landesentwicklungsplan Standortsicherung Flughafen (LEP FS) aus dem Jahr 1999[45] wurde im Jahre 2003 ein neuer Landesentwicklungsplan Flughafenstandortentwicklung (LEP FS 2003) verabschiedet.[46] In Ziel Nr. 1 wurde die Weiterentwicklung des Flughafens Berlin-Schönefeld und die Schließung der anderen Berliner Flughäfen angeordnet:

„Zur Deckung des nationalen und internationalen Luftverkehrsbedarfs der Länder Berlin und Brandenburg ist der Flughafen Berlin-Schönefeld weiterzuentwickeln. Mit Inbetriebnahme der Kapazitätserweiterung am Standort Schönefeld sind die Flugplätze Berlin-Tegel und Berlin-Tempelhof zu schließen und ihre Flächen einer anderen Nutzung zuzuführen.“

Diese Festlegung wurde durch das OVG Frankfurt (Oder) durch Urteil vom 10.02.2005 in einem Normenkontrollverfahren für nichtig erklärt.[47] Wie auch schon der LEP eV 1998 leide der LEP FS 2003 an Abwägungsfehlern. Bei der Aufstellung des LEP FS 2003 seien die Belange, die gegen den Ausbau des bestehenden Standorts Berlin-Schönefeld sprächen, nicht ausreichend in der Abwägung mit anderen Belangen berücksichtigt worden. Die in § 6 Abs. 3 LE-Pro Berl/Bbg 1998 enthaltene Vorgabe, im engeren Verflechtungsraum Berlin-Brandenburg ausreichend Freiraum zu sichern, sei nicht ausreichend gewürdigt worden.[48] Insbesondere habe keine wirkliche Auseinandersetzung mit der Variante eines stadtfernen Flughafens stattgefunden.

Ein weiterer Abwägungsmangel wurde vom Gericht darin gesehen, dass die Zahl der tatsächlich vom Fluglärm betroffenen Anwohner nicht zutreffend ermittelt worden seien. Zwar sei der Belang „Lärmschutz“ berücksichtigt worden, jedoch fehle es an einer zumindest annähernd zutreffenden Erfassung der tatsächlich möglicherweise betroffenen Anwohner.[49]

Da nach Auffassung des Gerichts alle weiteren Festlegungen im LEP FS 2003 in Abhängigkeit von Ziel Nr. 1 stünden, sei aufgrund dessen Unwirksamkeit der gesamte Plan für unwirksam zu erklären.[50]

---

[45] 18.03.1999, Berl. GVBl., 121 bzw. Bbg GVBl. II, 262.

[46] In den Ländern Berlin und Brandenburg jeweils als Anlage zur Verordnung über den Landesentwicklungsplan Flughafenstandortentwicklung bekannt gemacht, Verordnung vom 28.10.2003, Berl. GVBl., 521 bzw. Bbg GVBl. II, 594. Dieser ersetzt den LEP FS 1999, § 3 der Verordnung. Zur als unzureichend angesehenen Absicherung vgl. die Ausführungen zum Planungsanlass unter I. der Anlage zur genannten Verordnung.

[47] *OVG Frankfurt (Oder)* Urt. v. 10.02.2005 – 3 D 104/03.NE, LKV 2005, 306.

[48] *OVG Frankfurt (Oder)* Urt. v. 10.02.2005 – 3 D 104/03.NE, LKV 2005, 306, 308 (2.2.2.b)ee)). § 6 Abs. 3 LEPro Berl/Bbg 1998 ist gleichlautend in den LEPro Berl/Bbg 2003 übernommen worden.

[49] *OVG Frankfurt (Oder)* Urt. v. 10.02.2005 – 3 D 104/03.NE, LKV 2005, 306, 309 (2.2.2.b) ff)).

[50] *OVG Frankfurt (Oder)* Urt. v. 10.02.2005 – 3 D 104/03.NE, LKV 2005, 306, 316 (2.4.).

Die Revision wurde nicht zugelassen. Die dagegen gerichtete Nichtzulassungsbeschwerde zum BVerwG hatte zwar Erfolg.[51] Jedoch wurde das Verfahren anschließend aufgrund übereinstimmender Erledigungserklärung eingestellt.[52]

Aufgrund der durch die Unwirksamkeitserklärung des LEP FS 2003 durch das OVG Frankfurt (Oder) entstandenen Lücke in der gemeinsamen Landesentwicklungsplanung wurde am 30. 6. 2006 der LEP FS in neuer Fassung erlassen (LEP FS 2006).[53]

2. Gegenstand des Urteils des BVerwG vom 16. 03. 2006[54]

Gegenstand des Urteils des BVerwG vom 16.03.2006 – sogenanntes Berlin-Schönefeld-Urteil – war der Planfeststellungsbeschluss „Ausbau Verkehrsflughafen Berlin-Schönefeld" vom 13.08.2004 des Ministeriums für Stadtentwicklung, Wohnen und Verkehr des Landes Brandenburg als Planfeststellungsbehörde.[55] Raumordnungsrechtliche Grundlage für das Planfeststellungsverfahren war neben dem zwischenzeitlich geänderten Landesentwicklungsprogramm LEPro Berl/Bbg 2003[56] der LEP FS 2003.[57] Dieser gemeinsame Landesentwicklungsplan war zum Zeitpunkt des Planfeststel-

[51] *BVerwG* Beschl. v. 03. 08. 2005 – 4 BN 28/05, juris.

[52] *BVerwG* Beschl. v. 27. 09. 2006 – 4 CN 1/05, juris.

[53] Verordnung zur Änderung der Verordnung über den Landesentwicklungsplan Flughafenstandortentwicklung vom 30. 05. 2006, Berl. GVBl., 509 bzw. Bbg. GVBl. II,153.

[54] *BVerwG* Urt. v. 16. 03. 2006 – 4 A 1075/04, NVwZ 2006 Beilage Nr. 1.

[55] Planfeststellungsbeschluss Ausbau Verkehrsflughafen Berlin-Schönefeld, abrufbar unter http://www.dfld.de/Andere/BBI/PFV.html (zuletzt abgerufen am 22. 11. 2015).

[56] Staatsvertrag über das gemeinsame Landesentwicklungsprogramm der Länder Berlin und Brandenburg (Landesentwicklungsprogramm) und über die Änderung des Landesplanungsvertrages vom 07. 08. 1997, dem das Landesentwicklungsprogramm als Anlage 1 beigefügt ist; jeweils als Gesetz ratifiziert; Gesetz vom 4. 2. 1998, Bbg. GVBl. I, 14 bzw. Gesetz vom 09. 12. 1997, Berl. GVBl., 657, geändert durch Staatsvertrag vom 05. 05. 2003, Bbg GVBl. I, 202 bzw. Berl. GVBl. 2004, 1. § 19 Abs. 11 LEPro Berl/Bbg 1998 enthielt durch diese Änderung folgende Fassung: „Der im Gesamtraum Berlin-Brandenburg zu erwartende Bedarf an Luftverkehrskapazitäten soll durch rechtzeitige Bereitstellung vornehmlich innerhalb des bestehenden internationalen Flughafensystems, insbesondere unter Verringerung der Lärmbetroffenheit, gedeckt werden. Dabei soll der nationale und internationale Luftverkehrsanschluss für Berlin und Brandenburg möglichst auf einen Flughafen konzentriert werden. Hierbei soll eine enge räumliche Beziehung des Flughafens zum Aufkommensschwerpunkt Berlin mit kurzen Zugangswegen und unter Einbindung in das vorhandene Verkehrssystem, insbesondere zum Schienennetz und zum öffentlichen Personennahverkehr, angestrebt werden. Die für den Flughafen sowie für seine Funktionsfähigkeit notwendigen Flächen sollen gesichert werden. Für die allgemeine Luftfahrt sollen ergänzend regionale Flugplätze geschaffen werden. Der Anteil des Kurzstreckenluftverkehrs soll zugunsten des Eisenbahnfernverkehrs erheblich verringert werden."

[57] In den Ländern Berlin und Brandenburg jeweils als Anlage zur Verordnung über den Landesentwicklungsplan Flughafenstandortentwicklung bekannt gemacht, Verordnung vom 28. 10. 2003, Berl. GVBl., 521 bzw. Bbg GVBl. II, 594, vgl. soeben E.I.1.b.

lungsverfahrens und -beschlusses in Kraft und (noch) nicht für ungültig erklärt worden.[58] In diesem LEP FS 2003 war in Ziel Nr. 1 die Vorgabe enthalten, den Flughafen Berlin-Schönefeld weiter zu entwickeln und in diesem Zuge die Flughäfen Berlin-Tempelhof und Berlin-Tegel zu schließen.[59] Die Planfeststellungsbehörde ist nach Durchführung des Planfeststellungsverfahrens zu dem Ergebnis gekommen, das Ausbauvorhaben am Standort Berlin-Schönefeld entspreche dem Planziel Nr. 1 des LEP FS 2003 – der Ausweitung der Luftraumkapazität im erforderlichen Umfang durch die Ersetzung des bisherigen Flughafensystems. Dem Vorhaben stünden auch keine öffentlichen und privaten Belange entgegen.[60]

a. Klägerisches Vorbringen

Die Kläger – überwiegend (Mit-)Eigentümer von zu Wohn- bzw. Erholungszwecken genutzten Grundstücken in der Umgebung des planfestgestellten Flughafengeländes – beantragten die Aufhebung des Planfeststellungsbeschlusses und wandten sich u. a. gegen die Standortentscheidung.[61] Ihrer Ansicht nach habe es diesbezüglich schon an einer raumordnungsrechtlichen Grundlage gefehlt. Die in den verschiedenen raumordnungsrechtlichen Plänen aufgestellten zielförmigen Ausweisungen zur Standortfrage seien nichtig.[62] Für den Fall, dass das Gericht trotz alledem § 19 Abs. 11 LEPro Berl/Bbg 2003 sowie die Bestimmungen des LEP FS 2003 für gültig erachten sollte, sei der Plan-

[58] Das Urteil des OVG Frankfurt, in welchem das Ziel Nr. 1 im LEP FS für nichtig erklärt wurde, erging erst am 10.02.2005, somit zeitlich nach dem Planfeststellungsbeschluss vom 13.08.2004.

[59] Ziel Nr. 1 im Wortlaut: „Zur Deckung des nationalen und internationalen Luftverkehrsbedarfs der Länder Berlin und Brandenburg ist der Flughafen Berlin-Schönefeld weiterzuentwickeln. Mit Inbetriebnahme der Kapazitätserweiterung am Standort Schönefeld sind die Flugplätze Berlin-Tegel und Berlin-Tempelhof zu schließen und ihre Flächen einer anderen Nutzung zuzuführen.“

[60] Vgl. die Ausführungen im Rahmen der Alternativenprüfung in dem Planfeststellungsbeschluss, *Ministerium für Stadtentwicklung*, Planfeststellungsbeschluss Ausbau Verkehrsflughafen Berlin-Schönefeld (siehe oben Fn. 7), S. 380 ff., 383, sowie in der abschließenden Gesamtbetrachtung, S. 1163 ff.

[61] *BVerwG* Urt. v. 16.03.2006 – 4 A 1075/04, NVwZ 2006 Beilage Nr. 1, Rn. 20 ff. Die Kläger haben eine Vielzahl unterschiedlicher Teile des Planfeststellungsbeschlusses angegriffen, hier werden nur diejenigen herausgegriffen, die die raumordnungsrechtlichen Belange und vorangegangene raumordnungsrechtliche Entscheidungen tangieren.

[62] Zudem machten die Kläger die Nichtigkeit von § 19 Abs. 11 LEPro Berl/Bbg 2003 (vgl. Fn. 56) geltend, da diese Regelung unbestimmt und darüber hinaus ebenfalls wegen unzureichender Berücksichtigung von Umweltbelangen und Standortfragen abwägungsfehlerhaft sei. Das BVerwG geht darauf nicht näher ein, sieht § 19 Abs. 11 LEPro Berl/Bbg 2003 vielmehr als Grundlage für den LEP FS 2003 an, vgl. *BVerwG* Urt. v. 16.03.2006 – 4 A 1075/04, NVwZ 2006 Beilage Nr. 1, Rn. 59 f. Wäre das BVerwG von der Verfassungswidrigkeit dieser Norm ausgegangen, hätte es nach Art. 100 Abs. 1 GG das Landesverfassungsgericht oder das BVerfG anrufen müssen.

feststellungsbeschluss nach Ansicht der Kläger jedenfalls wegen fehlerhafter Abwägung hinsichtlich der Standortentscheidung rechtswidrig. Abwägungserhebliche Belange seien unzureichend ermittelt worden, die Begründung sei lediglich formal und vollziehe nur den LEP FS 2003 nach. Dies, obwohl sich Standortalternativen – u. a. die Beibehaltung des bestehenden Systems –, aufgedrängt hätten.[63] Aus den genannten Gründen beantragten die Kläger, den Planfeststellungsbeschluss aufzuheben.[64]

Weiterer Angriffspunkt der Kläger war die ihrer Meinung nach unzureichende Berücksichtigung des Lärmschutzes in der Abwägung. Für den beinahe ohne Ausnahme genehmigten Nachtflugverkehr bestünde kein Bedarf, die angeordneten Lärmschutzmaßnahmen seien nicht ausreichend gewesen, um Schlaf- und Kommunikationsstörungen sowie Belästigungen zu vermeiden.[65] Diesbezüglich beantragten sie hilfsweise eine ganze Reihe konkreter Lärmschutzmaßnahmen, unter anderem ein Nachtflugverbot für die Zeit von 22:00 bis 6:00 Uhr.[66]

b. Vorgehen der Planfeststellungsbehörde

Die Bindungswirkung zielförmiger Bestimmungen wurde von der Planfeststellungsbehörde explizit anerkannt, sie hielt ihre eigene Gebundenheit an die Vorgaben ausdrücklich für gegeben und bezog sich dabei auf § 6 Abs. 2 S. 1, 2 LuftVG i. V. m. § 4 Abs. 1 bis 4 ROG, da § 6 Abs. 2 S. 1 LuftVG die Prüfungspflicht bezüglich der Vorgaben der Raumordnung enthielte.[67] Gleichwohl nahm die Planfeststellungsbehörde eine umfassende Standortprüfung unter Einbeziehung aller möglichen Alternativen vor.[68] Die landesplanerische Standortentscheidung als Ziel der Raumordnung hindere eine Planfeststellungsbehörde nicht daran, die örtlichen Einzelheiten sowie die Anforderungen der Fachplanungsgesetze, hier des LuftVG, bei der jeweiligen Zulassungsentscheidung zu prüfen.[69] Sie stützte sich dabei auf das in § 8 Abs. 1 LuftVG enthaltene Abwägungsgebot. Dieses beziehe sich auf alle privaten und öffentlichen Belange und gebiete es, Alternativen in das Abwägungsmaterial aufzunehmen.

---

[63] Vgl. *BVerwG* Urt. v. 16.03.2006 – 4 A 1073.04, BeckRS 2006, 23922, Rn. 33.

[64] Hilfsweise beantragten sie (im Wege einer Feststellungsklage, § 43 VwGO) festzustellen, dass der Planfeststellungsbeschluss rechtswidrig und nicht vollziehbar sei, *BVerwG* Urt. v. 16.03.2006 – 4 A 1073.04, BeckRS 2006, 23922, Rn. 34 Nr. 1.

[65] *BVerwG* Urt. v. 16.03.2006 – 4 A 1073.04, BeckRS 2006, 23922, Rn. 30.

[66] Vgl. *BVerwG* Urt. v. 16.03.2006 – 4 A 1073.04, BeckRS 2006, 23922, Rn. 34 Nr. 2; dazu unten E.I.3.c.

[67] *Ministerium für Stadtentwicklung*, Planfeststellungsbeschluss Ausbau Verkehrsflughafen Berlin-Schönefeld (siehe oben Fn. 7), S. 372.

[68] *Ministerium für Stadtentwicklung* (siehe oben Fn. 7), Planfeststellungsbeschluss Ausbau Verkehrsflughafen Berlin-Schönefeld, S. 380 ff.

[69] *Ministerium für Stadtentwicklung* (siehe oben Fn. 7), Planfeststellungsbeschluss Ausbau Verkehrsflughafen Berlin-Schönefeld, S. 373.

Im Rahmen der Abwägung stellte die Behörde klar, dass sie „ungeachtet §4 Abs. 1 ROG“ eine Standortprüfung unter Einbeziehung aller geäußerten Stellungnahmen und Einwendungen vorgenommen habe.[70]

3. Wesentliche Aussagen im Urteil, Bewertung in der Literatur sowie Stellungnahme

a. Wesentliche Aussagen des BVerwG zur Standortfrage

Der Antrag auf Aufhebung des Planfeststellungsbeschlusses wurde vom BVerwG abgewiesen. Die maßgeblichen raumordnungsrechtlichen Ziele im LEP FS 2003[71] wurden als wirksam angesehen.[72] Infolgedessen sei die Planfeststellungsbehörde an diese landesplanerischen Vorgaben nach §4 ROG 1998[73] gebunden und dürfe keine eigene, vollumgängliche standortbezogene Abwägung vornehmen.[74] Die Einbeziehung der Standortentscheidung in das Abwägungsprogramm der Planfeststellungsbehörde stelle daher eine Überschreitung ihrer (Abwägungs-)Kompetenz dar.[75] Gleichwohl ergaben sich für das BVerwG daraus keine Folgen für die Wirksamkeit des Planfeststellungsbeschlusses. Zum einen, weil die Planfeststellungsbehörde zu dem identischen Ergebnis wie die Träger der Landesplanung – Zulassung des Flughafenausbaus am Standort Berlin-Schönefeld – gelangt sei. Zum anderen – für das Gericht entscheidend – weil sich die Planfeststellungsbehörde im Rahmen ihrer Abwägung nicht auf die Erörterung raumordnungsrechtlicher Belange beschränkt habe, sondern auch ihrer sich aus §8 Abs. 1 S. 2 LuftVG ergebenden Aufgabe

---

[70] *Ministerium für Stadtentwicklung* (siehe oben Fn. 7), Planfeststellungsbeschluss Ausbau Verkehrsflughafen Berlin-Schönefeld, S. 383.

[71] In den Ländern Berlin und Brandenburg jeweils als Anlage zur Verordnung über den Landesentwicklungsplan Flughafenstandortentwicklung bekannt gemacht, Verordnung vom 28. 10. 2003, Berl. GVBl., 521 bzw. Bbg GVBl. II, 594, vgl. zur Vorgeschichte E.I.1.

[72] *BVerwG* Urt. v. 16. 03. 2006 – 4 A 1075/04, NVwZ 2006 Beilage Nr. 1, Rn. 47, 86 f.; anders als das *OVG Frankfurt (Oder)* Urt. v. 10. 02. 2005 – 3 D 104/03.NE, LKV 2005, 306, das Z 1 des LEP FS 2003 für nichtig erklärte, dazu oben E.I.1.b. Auf die von den Klägern geltend gemachten Unwirksamkeit des §19 Abs. 11 LEPro Berl/Bbg 2003 geht das Gericht nicht weiter ein, nimmt vielmehr an mehreren Stellen auf diese Vorschrift Bezug, geht somit von deren Wirksamkeit aus, vgl. z. B. *BVerwG,* a. a. O., Rn, 59, Rn. 146 f., Rn. 171.

[73] §4 ROG in der für die Entscheidung maßgeblichen Fassung vom 01. 01. 1998, BGBl I 1997, 2081 lautete: „(1) Ziele der Raumordnung sind von öffentlichen Stellen bei ihren raumbedeutsamen Planungen und Maßnahmen zu beachten. Dies gilt auch bei 1. Genehmigungen, Planfeststellungen und sonstigen behördlichen Entscheidungen über die Zulässigkeit raumbedeutsamer Maßnahmen öffentlicher Stellen, 2. Planfeststellungen und Genehmigungen mit der Rechtswirkung der Planfeststellung über die Zulässigkeit raumbedeutsamer Maßnahmen von Personen des Privatrechts.“

[74] *BVerwG* Urt. v. 16. 03. 2006 – 4 A 1075/04, NVwZ 2006 Beilage Nr. 1, Rn. 72.

[75] *BVerwG* Urt. v. 16. 03. 2006 – 4 A 1075/04, NVwZ 2006 Beilage Nr. 1, Rn. 177.

nachgekommen sei, unabhängig von der landesplanerischen Standortentscheidung die übrigen von dem Vorhaben berührten Belange zu berücksichtigen.[76]

(1) Standortentscheidung ist vorrangig eine raumordnerische Entscheidung

Die erste zentrale Aussage des BVerwGs bestand darin, die Standortentscheidung für einen internationalen Verkehrsflughafen als eine vorrangig raumordnerische Entscheidung anzusehen, an die die Planfeststellungsbehörde gebunden sei.[77]

Das BVerwG nahm zunächst ausführlich zur Abgrenzung des Kompetenzbereiches der Raumordnungsplanung im Vergleich zu demjenigen der luftverkehrsrechtlichen Fachplanung Stellung.[78] Ausgangspunkt war dabei das geläufige Verständnis der Raumordnungsplanung als überörtliche und überfachliche Gesamtplanung.[79] Keinesfalls dürfe sie in die Kompetenz der Fachplanung eingreifen oder sogar deren Aufgaben übernehmen.[80] Auch bei Standortausweisungen sei die Raumordnungsplanung ihrem Auftrag verpflichtet, unterschiedliche Anforderungen an den Raum in Ausgleich zu bringen.[81] Ohne ausdrückliche Regelungen in einzelnen fachgesetzlichen Raumordnungsklauseln seien auch keine unmittelbar eigentumsbeschränkenden Bodennutzungsbestimmungen möglich.[82] Aus diesen Gründen dürften sich nach Ansicht des Gerichts Aussagen der Raumordnungsbehörden zu Standortfragen allein auf die Geeignetheit aus raumordnungsrechtlicher Sicht beziehen. Dabei seien alleine die unterschiedlichen Ansprüche an die Raumnutzung in Ausgleich zu bringen, um dauerhaft die unterschiedlichen Nutzungsansprüche zu regeln und zu befrieden.[83]

Im Bereich des Luftverkehrsrechtes stützte sich das Gericht zur Ermittlung der Kompetenzgrenzen auf § 4 Abs. 1 S. 2 Nr. 2 i. V. m. § 3 Nr. 2 ROG 1998[84] sowie § 8 Abs. 1 S. 2 i. V. m. § 6 Abs. 2 S. 1 LuftVG, dem Abwägungsgebot im Rahmen der luftverkehrsrechtlichen Planfeststellung. Zentrales Kriterium für die Annahme der strikten Bindungswirkung raumordnungsrechtlicher Ziele war für das Gericht die abgeschlossene Abgewogenheit als Voraussetzung für die

---

[76] *BVerwG* Urt. v. 16.03.2006 – 4 A 1075/04, NVwZ 2006 Beilage Nr. 1, Rn. 178.

[77] *BVerwG* Urt. v. 16.03.2006 – 4 A 1075/04, NVwZ 2006 Beilage Nr. 1, Rn. 72.

[78] *BVerwG* Urt. v. 16.03.2006 – 4 A 1075/04, NVwZ 2006 Beilage Nr. 1, 1, Rn. 63 ff.

[79] *BVerwG* Urt. v. 16.03.2006 – 4 A 1075/04, NVwZ 2006 Beilage Nr. 1, Rn. 64.

[80] *BVerwG* Urt. v. 16.03.2006 – 4 A 1075/04, NVwZ 2006 Beilage Nr. 1, Rn. 64.

[81] *BVerwG* Urt. v. 16.03.2006 – 4 A 1075/04, NVwZ 2006 Beilage Nr. 1, Rn. 65.

[82] *BVerwG* Urt. v. 16.03.2006 – 4 A 1075/04, NVwZ 2006 Beilage Nr. 1, Rn. 65.

[83] *BVerwG* Urt. v. 16.03.2006 – 4 A 1075/04, NVwZ 2006 Beilage Nr. 1, Rn. 65 a. E.; so auch schon *BVerwG* Urt. v. 15.05.2003 – 4 CN 9.01, BVerwGE 118, 181, 194.

[84] ROG in der für die Entscheidung maßgeblichen Fassung vom 01.01.1998, BGBl I 1997, 2081. Entspricht § 4 Abs. 1 S. 1 Nr. 3 i. V. m. § 3 Abs. 1 Nr. 2 ROG in der aktuellen Fassung.

Wirksamkeit eines Zieles, § 3 Nr. 2 ROG 1998.[85] Aus dieser Regelungsstruktur schlussfolgerte das BVerwG, die Planfeststellungsbehörde sei an die vorherige landesplanerische Abwägung hinsichtlich des Standortes gebunden und dürfe diese keinesfalls durch eine eigene, ergebnisoffene Abwägung ersetzen oder auch nur bestätigen.[86] Das Gericht begründete dies mit dem Argument, dem Ausgleich der widerstreitenden Interessen im Bereich der Flughafenzulassung auf Landesplanungsebene komme besondere Bedeutung zu, weil keine rechtsverbindliche Bedarfsplanung auf nationaler oder europäischer Ebene existiere. Wenn die Landesplanung diese Lücke gefüllt und diesen Interessenausgleich hergestellt habe, dürfe die Fachplanung dies nicht ihrerseits wieder in Frage stellen und eine eigene Abwägung bezüglich des geeigneten Standorts vornehmen.[87] Dadurch würde der Planungsanspruch der Raumordnung ignoriert und dem gesetzlichen Konzept einer Reduktion komplexer Planungen widersprochen.[88] Das Gericht bezog diese Aussage auf Fälle, in denen der Vorhabenträger die Zulassung genau an dem Standort beantragt, an dem das Vorhaben durch den Träger der Raumordnung vorgesehen worden war.[89] Dann bestünde für die Planfeststellungsbehörde keinerlei Anlass, eine eigene Abwägung vorzunehmen. Einflussmöglichkeiten der Fachplanungsbehörden auf die Zielaufstellung bestünden durch die Beteiligung dieser sowie der privaten Planungsträger im Raumordnungsplanaufstellungsverfahren nach § 7 Abs. 5 ROG 1998[90]. Zudem bestehe auch bei der Planfeststellung im Bereich der Flughafenzulassung die Möglichkeit eines Widerspruches gegen Ziele der Raumordnung nach § 5 ROG. Unter den dort genannten Voraussetzungen – mangelnde Beteiligung bei Aufstellung des Raumordnungsplanes, rechtzeitiger Widerspruch, der fehlerhaften Abgewogenheit des Zieles oder der Unausführbarkeit des Vorhabens an anderer Stelle[91] – ist die Planfeststellungsbehörde dadurch nicht an die jeweiligen Ziele gebunden.[92]

---

[85] ROG in der für die Entscheidung maßgeblichen Fassung vom 01.01.1998, BGBl I 1997, 2081. Entspricht § 3 Abs. 1 Nr. 2 ROG in der aktuellen Fassung. Zu dieser Voraussetzung der abgeschlossenen Abgewogenheit *BVerwG* Urt. v. 16.03.2006 – 4 A 1075/04, NVwZ 2006 Beilage Nr. 1, Rn. 71.

[86] *BVerwG* Urt. v. 16.03.2006 – 4 A 1075/04, NVwZ 2006 Beilage Nr. 1, Rn. 72.

[87] *BVerwG* Urt. v. 16.03.2006 – 4 A 1075/04, NVwZ 2006 Beilage Nr. 1, Rn. 72.

[88] *BVerwG* Urt. v. 16.03.2006 – 4 A 1075/04, NVwZ 2006 Beilage Nr. 1, Rn. 72 a. E.

[89] Ob diese Aussage verallgemeinerungsfähig auch für die Fälle ist, in denen der Vorhabenträger die Zulassung an einem anderen Standort als von der Raumordnungsbehörde vorgesehen beantragt, lässt das Gericht offen; vgl. dazu sogleich unten unter E.I.3.b.(4).

[90] In der für die Entscheidung maßgeblichen Fassung vom 01.01.1998, BGBl. I 1997, 2081; entspricht § 10 Abs. 1 ROG in der aktuellen Fassung. *BVerwG* Urt. v. 16.03.2006 – 4 A 1075/04, NVwZ 2006 Beilage Nr. 1, Rn. 73.

[91] § 5 Abs. 2 ROG bzw. § 5 Abs. 3 ROG in der für die Entscheidung maßgeblichen Fassung vom 01.01.1998, BGBl. 1997, 2081; vgl. zu dem Widerspruchsrecht oben D.III.2.b.

[92] *BVerwG* Urt. v. 16.03.2006 – 4 A 1075/04, NVwZ 2006 Beilage Nr. 1, Rn. 73.

(2) Keine Pflicht zur Zulassung des Vorhabens an dem von der Landesplanung vorgesehenen Standort

Die zweite zentrale Aussage des BVerwG bestand darin, aus der abschließenden Standortfestlegung durch den Träger der Raumordnungsplanung keine Zulassungspflicht der Planfeststellungsbehörde für das Vorhaben an diesem Standort zu folgern.[93] Vielmehr seien von der Planfeststellungsbehörde andere erhebliche Belange, die der Zulassung an dem vorgesehenen Standort entgegenstehen könnten, abzuwägen. Insbesondere sei das im Fachplanungsrecht vorgesehene Prüfprogramm nicht durch die raumordnungsrechtliche Standortentscheidung ersetzbar.[94] Dies ergebe sich aus § 8 Abs. 1 S. 2 LuftVG, nach welchem alle von dem Vorhaben berührten öffentlichen und privaten Belange einschließlich der Umweltverträglichkeit im Rahmen der Abwägung zu berücksichtigen seien. Im Rahmen dieser Abwägung dürfe bzw. müsse die Planfeststellungsbehörde öffentliche, kommunale und private Belange berücksichtigen, insbesondere solche, die auf Landesplanungsebene noch nicht in identischer Ausprägung und Detailschärfe erkennbar gewesen seien.[95] Die diesbezügliche normative Verankerung sah das Gericht dabei in § 7 Abs. 7 S. 2 ROG 1998:[96] öffentliche und private Belange seien auf Raumordnungsebene abzuwägen, soweit sie jeweils erkennbar seien. Als Beispiel für nicht abschließend erkennbare Belange nannte das Gericht das Ausmaß der schädlichen Emissionen, die von dem jeweiligen Vorhaben ausgehen. Sollte sich dann im Rahmen der Abwägung ergeben, dass solche „raumordnungsexternen Belange" dem Vorhaben an dem von dem Träger der Raumordnung vorgesehenen Standort entgegenstünden, könne die Planfeststellungsbehörde den Zulassungsantrag ablehnen.[97] Dadurch würde nicht in die raumordnerische Abwägung eingegriffen und die Zielbindung aus § 4 Abs. 2 Nr. 2 ROG 1998[98] nicht verkannt. Vielmehr würde die Planfeststellungsbehörde in solch einem Fall nur feststellen, dass andere als raumordnungsrechtliche Belange dem Vorhaben an dem Standort entgegenstünden.[99]

Das BVerwG unterstrich anhand dieser Ausführungen auch einen wesentlichen Unterschied zum baurechtlichen Anpassungsgebot nach § 1 Abs. 4 BauGB: Ziele der Raumordnung seien im Bereich der Bauleitplanung keinerlei Abwägung mehr zugänglich, im Bereich des Fachplanungsrechts dagegen

---

[93] *BVerwG* Urt. v. 16.03.2006 – 4 A 1075/04, NVwZ 2006 Beilage Nr. 1, Rn. 76 ff.

[94] *BVerwG* Urt. v. 16.03.2006 – 4 A 1075/04, NVwZ 2006 Beilage Nr. 1, Rn. 76.

[95] *BVerwG* Urt. v. 16.03.2006 – 4 A 1075/04, NVwZ 2006 Beilage Nr. 1, Rn. 77.

[96] ROG in der für das Urteil maßgeblichen Fassung vom 18.8.1997, BGBl. I, 2081, 2102. Entspricht § 7 Abs. 2 S. 1 Halbs. 1 ROG in der aktuellen Fassung.

[97] *BVerwG* Urt. v. 16.03.2006 – 4 A 1075/04, NVwZ 2006 Beilage Nr. 1, Rn. 77 f.

[98] ROG in der für das Urteil maßgeblichen Fassung vom 18.8.1997, BGBl. I, 2081, 2102. Ähnlich § 4 Abs. 1 ROG in der aktuellen Fassung.

[99] *BVerwG* Urt. v. 16.03.2006 – 4 A 1075/04, NVwZ 2006 Beilage Nr. 1, Rn. 78.

schon.[100] Eine Parallele sah der Senat dabei zu seiner eigenen Rechtsprechung im Bereich des Fernstraßenrechts. In diesem Bereich sei die Bedarfsentscheidung durch den Gesetzgeber in der Abwägung nach § 17 Abs. 1 S. 2 FStrG ebenfalls eine „feste Größe", könne jedoch durch andere Belange überwunden werden.[101] Die in Ziel Nr. 1 des LEP FS 2003 geregelten Vorgaben seien als Ziele der Landesplanung zu qualifizieren, sie erfüllten alle Voraussetzungen des § 3 Nr. 2 ROG aF.[102] Die Landesplanung habe ihren Zuständigkeitsbereich nicht überschritten und keine Realisierungsverpflichtung für den Flughafenausbau festgeschrieben.[103] Vielmehr sei bei verständiger Auslegung der Vorgaben der Landesplanung erkennbar, dass mit der Wortwahl „ist...zu entwickeln" bzw. „sind zu schließen"[104] in Ziel Nr. 1 des LEP FS 2003 deutlich gemacht werden sollte, dass es sich um eine zielförmige Bestimmung und nicht lediglich um einen Grundsatz der Raumordnung handele. Damit stünde die Aussage der Landesplanungsbehörde unter dem Vorbehalt anderer, aus fachplanungsrechtlicher Sicht eventuell überwiegender privater oder öffentlicher Belange im Rahmen der Entscheidung der Planfeststellungsbehörde.[105]

Raum für eigene Abwägungen zu Standortalternativen durch die Planfeststellungsbehörde bleibt nach Ansicht des Gerichts dann, wenn sich der Träger der Landesplanung einer konkreten Aussage zu einem vorzugswürdigen Standort enthalte und lediglich Rahmenvorgaben mache.[106] Je nach Detaillierungsgrad der Vorgaben im Landesentwicklungsplan müsse das Umfeld der in Betracht kommenden Standorte mehr oder weniger stark berücksichtigt werden. Dies gelte insbesondere bei Großvorhaben, von denen eine erhebliche Belastung für das Umfeld ausgehen werde.[107]

b. Stellungnahme bezüglich der Aussagen zu Standortvorgaben unter Einbeziehung der in der Literatur geäußerten Ansichten

(1) Konkrete Standortvorgabe durch die Raumplanungsbehörde

In der Literatur haben die Aussagen des BVerwG zur Kompetenzverteilung zwischen Raum- und Fachplanung hinsichtlich der Standortentscheidung un-

[100] *BVerwG* Urt. v. 16.03.2006 – 4 A 1075/04, NVwZ 2006 Beilage Nr. 1, Rn. 79.

[101] *BVerwG* Urt. v. 16.03.2006 – 4 A 1075/04, NVwZ 2006 Beilage Nr. 1, Rn. 79 a. E. mit Verweis auf *BVerwG* Urt. v. 21.03.1996 – 4 C 26/94, NVwZ 1997, 169.

[102] *BVerwG* Urt. v. 16.03.2006 – 4 A 1075/04, NVwZ 2006 Beilage Nr. 1, Rn. 86.

[103] *BVerwG* Urt. v. 16.03.2006 – 4 A 1075/04, NVwZ 2006 Beilage Nr. 1, Rn. 87.

[104] In den Ländern Berlin und Brandenburg jeweils als Anlage zur Verordnung über den Landesentwicklungsplan Flughafenstandortentwicklung bekannt gemacht, Verordnung vom 28.10.2003, Berl. GVBl., 521 bzw. Bbg GVBl. II, 594.

[105] *BVerwG* Urt. v. 16.03.2006 – 4 A 1075/04, NVwZ 2006 Beilage Nr. 1, Rn. 87.

[106] *BVerwG* Urt. v. 16.03.2006 – 4 A 1075/04, NVwZ 2006 Beilage Nr. 1, Rn. 73 a. E.

[107] *BVerwG* Urt. v. 16.03.2006 – 4 A 1075/04, NVwZ 2006 Beilage Nr. 1, Rn. 74.

terschiedliche Reaktionen hervorgerufen. Größtenteils befürwortet wird die den Raumplanungsbehörden zugesprochene Befugnis zum Erlass abschließender Standortentscheidungen. Als Argument werden die mit der Standortentscheidung für einen Verkehrsflughafen verbundenen Nutzungskonflikte angeführt, die auf der Ebene der Landesplanung abschließend abzuwägen seien.[108] Begrüßt wird teilweise auch die Klarstellung, mit dieser Befugnis gehe nicht automatisch eine Zulassungspflicht an diesem Standort einher. Die Planfeststellungsbehörden seien vielmehr weiterhin befugt und verpflichtet, fachplanerische Belange eigenständig abzuwägen und bei Überwiegen dieser Belange die Zulassung des Vorhabens an dem von der Raumordnungsbehörde als geeignet angesehenen Standort abzulehnen.[109] Genau diese eigenständige Abwägungsbefugnis stößt bei anderen wiederum auf Kritik.[110]

Grundsätzlich ist die relativ weite Auslegung der Kompetenzen der Raumordnung durch das BVerwG zu begrüßen. Zu möglichen Inhalten der raumordnungsrechtlichen Pläne enthält das ROG explizite Vorgaben und sieht durch die Möglichkeit der Ausweisung von Zielen und Grundsätzen der Raumordnung die Möglichkeit von Regelungen unterschiedlicher Rechtsverbindlichkeit für andere Planungen vor. Ziele der Raumordnung zeichnen sich gerade dadurch aus, dass sie nachfolgend nicht mehr überwunden werden können. Zentral ist dabei die abgeschlossene Abwägung auf Ebene der Raumplanung, § 3 Abs. 1 Nr. 2 ROG.[111] Vor diesem Hintergrund ist es konsequent, einer zielförmigen Standortausweisung Verbindlichkeit gegenüber anderen Planungen und Entscheidungen zuzusprechen. Eine andere Auslegung würde dem Wortlaut der §§ 3 Abs. 1 Nr. 2, 4 ROG widersprechen.[112] Die Raumordnungsklausel des § 4 Abs. 1 S. 1 Nr. 3 ROG ordnet ausdrücklich die Pflicht zur Beachtung der Ziele durch die Planfeststellungsbehörden bei deren Entscheidungen an. Dass auch Entscheidungen zu Standorten in Form von verbindlichen Zielen in Raumordnungsplänen durch die Raumordnungsbehörde festgeschrieben werden können, ergibt sich aus § 8 Abs. 5 S. 1 Nr. 3 a) ROG.[113] Nach dieser Regelung sollen Raumordnungspläne unter anderem Festlegungen zu den zu sichernden Standorten für die Verkehrsinfrastruktur enthalten. Daraus lässt sich zunächst die generelle Zulässigkeit von Standortaussagen in Raumordnungsplänen entnehmen. Mangels Einschränkungen im Gesetzestext steht damit zudem fest, dass

---

108 Vgl. *de Witt*, DVBl 2006, 1373, 1376; *Deutsch*, NVwZ 2006, 878.

109 *Deutsch*, NVwZ 2006, 878; *de Witt*, DVBl 2006, 1373, 1376 f.; so auch *Kment*, NuR 2010, 392.

110 *Erbguth*, DVBl 2013, 274, 277.

111 Vgl. dazu oben C.III.1.a.

112 Diese Vorgabe der abgeschlossenen Abgewogenheit ist seit dem ROG in der Fassung vom 01.01.1998, BGBl. I 1997, 2081 (ROG 1998) ausdrücklich in § 3 Abs. 1 Nr. 2 ROG normiert. Diese Fassung war auch für das Urteil maßgeblich.

113 Entspricht § 7 Abs. 2 S. 1 Nr. 3 ROG 1998; vgl. auch *BVerwG* Urt. v. 16.03.2006 – 4 A 1075/04, NVwZ 2006 Beilage Nr. 1, Rn. 65.

die dort vorgesehenen Regelungsmaterien in jeglicher im ROG vorgesehenen „Kategorie“ nach § 3 Abs. 1 Nr. 1 – 3 ROG festgesetzt werden können, auch in Form eines nach § 3 Abs. 1 Nr. 3, § 4 Abs. 1 ROG verbindlichen Zieles der Raumordnung. Teilweise wird in der Literatur aus § 8 Abs. 5 S. 1 Nr. 3 a) ROG eine restriktive Kompetenz der Raumordnungsbehörden im Bereich der Standortfestlegungen hergeleitet.[114] Die in dieser Norm aufgezählten möglichen Regelungen seien rein fakultativ, die zuständigen Planungsträger dürften in den Raumordnungsplänen zwar Standortfestlegungen unter anderem für Verkehrsinfrastrukturvorhaben treffen, müssten dies jedoch nicht. Daraus sei zu entnehmen, dass der Raumordnung vorrangig eine Konfliktausgleichsfunktion in Bezug auf unterschiedliche Raumnutzungsansprüche zukomme, nicht jedoch die Möglichkeit, die Fachplanung zu ersetzen. Die Raumordnung habe lediglich die Aufgabe, die von der Fachplanung vorgegebenen Aussagen zur Raumnutzung und -funktion zu koordinieren. Die fachplanerischen Vorgaben seien nach raumordnerischen Grundsätzen im Wege einer gesamträumlichen Koordination aufeinander abzustimmen, ohne jedoch die Fachplanung zu ersetzen.[115]

Aus diesen Regelungen eine eingeschränkte Kompetenz der Raumordnung im Bereich der Standortfestlegungen herzuleiten ist jedoch nicht zwingend. Eine Ersetzung der Fachplanung wird damit nicht zwangsläufig begründet. Über den Spielraum, der den Fachplanungsbehörden verbleibt, ist durch diese Normierung nichts gesagt. Vielmehr ist in dieser Norm gerade die Befugnis der Raumplanungsbehörden entnehmbar, Standorte verbindlich auszuweisen. Die Möglichkeit, bzw. die in § 8 Abs. 5 S. 1 Nr. 3 a) ROG sogar als „Soll-Vorschrift“ formulierte Vorgabe, bestimmte Standorte in Raumordnungsplänen zu sichern, wäre eine ins Leere laufende gesetzliche Regelung, wenn von einer solchen raumordnungsrechtlichen Festlegung keinerlei Bindungswirkung für die mit dem konkreten Vorhaben befasste Fachplanungsbehörde ausgehen würde.[116] Die Raumplanungsbehörde darf mit solchen Vorgaben nicht an die Stelle der Fachplanung treten, die restriktive Auslegung dieser gesetzlichen Regelung ist jedoch keine Bedingung dafür.[117] Aus § 8 Abs. 5 S. 1 Nr. 3 a) ROG lässt sich kein Verbot konkreter Standortvorgaben durch die Träger der Raumordnung herleiten, vielmehr eine Befugnis, die aus raumplanerischer Sicht vorzugswürdigen Standorte zu sichern, und dies auch und gerade in Form von zielförmigen Ausweisungen in abschließender Weise.[118] Die als Argument für die Unzuläs-

---

[114] Vgl. *Kment*, NuR 2010, 392, 393.

[115] *Kment*, NuR 2010, 392, 393 unter Verweis auf *BVerwG* Urt. v. 30.01.2003 – 4 CN 14.01, BVerwGE 117, 351, 358.

[116] Offen gelassen: Zentralinstitut für Raumplanung, DVBl 2005, 1149, 1157.

[117] So scheint es jedoch *Kment*, NuR 2010, 392, 393 zu formulieren.

[118] *Steinberg/Steinwachs*, NVwZ 2004, 530, 543. Eine Einschränkung auf zielförmige Vorgaben ist in § 8 Abs. 5 S. 1 Nr. 3 a) ROG und auch im Übrigen nicht vorgesehen. Aussagen zu Standorten können auch als Grundsätze der Raumordnung ergehen. Die Bedeutung der

sigkeit abschließender raumplanerischer Standortausweisungen herangezogene Entscheidung[119] befasste sich mit dem Verhältnis von Landschaftsprogrammen und -plänen zu Raumordnungsplänen. Im Gegensatz zu der vorliegenden Konstellation beim Flughafenausbau Berlin-Schönefeld somit nicht mit dem Verhältnis eines Raumordnungsplanes zur späteren fachplanungsrechtlichen Zulassungsentscheidung.

Die Verbindlichkeit zielförmiger Standortentscheidungen durch die Raumplanung ergibt sich auch aus der Existenz der §§ 5 und 6 ROG. Die im ROG vorgesehenen Möglichkeiten von Widerspruch und Zielabweichung stellen Durchbrechungen der strikten Zielbindung nach § 4 ROG dar. Die jeweiligen Fachplanungsbehörden haben die Option, sich unter bestimmten Voraussetzungen von der Zielbindungspflicht zu befreien, sei es durch einen Widerspruch nach § 5 ROG[120] oder die Durchführung des Zielabweichungsverfahrens nach § 6 Abs. 2 ROG.[121] Durch diese Regelungen werden unzumutbare Härten vermieden. Die Zielbindung ist somit trotz der Regelung in § 4 ROG nicht absolut. Es besteht daher keine Notwendigkeit, der Raumplanung die Kompetenz abzusprechen, Standorte für Großvorhaben wie einen Flughafen, zielförmig auszuweisen.[122] Die Problematik der im Rahmen der Vorhabenzulassung möglicherweise auftretenden Konflikte mit anderen Planungen wurde vom Gesetzgeber erkannt und dementsprechend in den genannten Normen geregelt.[123]

Grundsätze für die fachplanerische Abwägung ist jedoch dem Charakter der Grundsätze entsprechend als bloßer Abwägungsgegenstand viel geringer.

[119] *BVerwG* Urt. v. 30.01.2003 – 4 CN 14.01, BVerwGE 117, 351, 358 f., herangezogen von *Kment*, NuR 2010, 392, 393.

[120] Vgl. dazu ausführlich oben unter D.III.2.b. Die luftverkehrsrechtliche Planfeststellung gehört zum Bereich der Bundesauftragsverwaltung und von den Ländern durchgeführt wird, Art. 85, 87 d) Abs. 2 GG i. V. m § 10 Abs. 1 LuftVG. Die Planfeststellungsbehörden fallen daher unter § 5 Abs. 1 ROG als „andere öffentliche Stellen, die im Auftrag des Bundes tätig sind“. Vgl. auch *Koch*, in: *Simon/Busse, BayBO*, Teil D, Anhang Nr. 209, auch wenn sich das noch auf die explizite Aufzählung in § 5 Abs. 2 ROG aF bezieht, nach der Gesetzesbegründung zum ROG 2008 ist diese Aufzählung aber nur weggefallen, weil Kreis der betroffenen Maßnahmen faktisch unbegrenzt sein soll, vgl. BT-Drs 16/10292, S. 23.

[121] Sinngemäß § 11 ROG in der für das Urteil maßgeblichen Fassung vom 18.08.1997, BGBl. I, 2081, 2102.

[122] Vgl. auch *Erbguth*, DVBl 2013, 274, 277.

[123] Die Aussagen des BVerwG zur Zulässigkeit abschließender Standortentscheidungen stehen im Widerspruch zu den Aussagen in der Entscheidung des VGH Kassel im Normenkontrollverfahren gegen den Landesentwicklungsplan Hessen 2000 (LEP Hessen 2000), *VGH Kassel* Urt. v. 16.08.2002 – 4 N 455/02, NVwZ 2003, 229. Dieses Urteil und der sich aufdrängende Vergleich mit einzelnen Aussagen im Schönefeldurteil wird ausführlich im Abschnitt zum Ausbau des Flughafens Frankfurt analysiert, vgl. unten E.II.1, insbesondere unter 1.c.

(2) Abwägungsbefugnis der Planfeststellungsbehörde

Weitestgehend wird die Ablehnung einer mit der Zulässigkeit einer Standortentscheidung durch die Raumplanungsbehörde einhergehenden Verpflichtung der Planfeststellungsbehörde zur bedingungslosen Zulassung des Vorhabens an dem von der Raumplanung vorgesehenen Standort begrüßt.[124] Die angebrachte Kritik, die Planfeststellungsbehörde dürfe nach den Ausführungen des BVerwG zwar keine Standortalternativen mehr überprüfen, habe jedoch alle anderen Belange mit im Vergleich zum Träger der Raumordnungsplanung größerer Untersuchungstiefe zu untersuchen, wodurch immer noch eine Doppelprüfung der unterschiedlichen Belange stattfinde, ist im Ansatz nicht von der Hand zu weisen.[125] Jedoch ist hier strikt zu trennen zwischen raumordnungsrechtlichen Belangen, die allein die Ordnung und Nutzung des Raumes betreffen und den sonstigen, raumordnungsexternen, insbesondere öffentlichen und privaten Belangen.

i. Prüfung der raumordnungsrechtlichen Belange

Eine Doppelprüfung der raumordnungsrechtlichen Belange darf nach den Ausführungen des BVerwG gerade nicht stattfinden. Der Fachplanungsbehörde ist eine erneute Einbeziehung dieser Belange in die Abwägung bei Vorliegen einer zielförmigen Standortausweisung untersagt. Die gerichtliche Klarstellung der Unzulässigkeit einer vollumfänglichen (Doppel)Prüfung durch die Planfeststellungsbehörde hinsichtlich der raumplanerischen Standortentscheidung ist daher zu begrüßen. Auch wenn diese Prüfung in dem konkreten Verfahren keine Auswirkungen auf die Gültigkeit des Planfeststellungsbeschlusses hatte,[126] ist es dennoch wichtig, für zukünftige fachplanungsrechtliche Zulassungsentscheidungen festzuhalten, dass gerade keine Befugnis zu einer erneuten Prüfung raumordnungsrechtlicher Belange besteht, wenn auf Landesplanungsebene hinsichtlich der raumordnungsrechtlichen Belange schon abschließend abgewogen wurde und das Abwägungsergebnis folgerichtig als Ziel der Raumordnung festgehalten worden ist. Wäre die Planfeststellungsbehörde im Rahmen ihrer Abwägung zu einer abweichenden Standortentscheidung gekommen, hätte die Durchführung der Doppelprüfung durchaus Auswirkungen auf das Ergebnis des Planfeststellungsbeschlusses gehabt. Die Planfeststellungsbehörde hätte folgerichtig den beantragten Ausbau des Flughafens an dem raumplanerisch vorgesehenen Standort ablehnen müssen. Eine entsprechende Verpflichtungsklage gegen einen ablehnenden Planfeststellungsbeschluss hätte wegen der Nicht-

---

[124] *De Witt*, DVBl 2006, 1373, 1376; *Deutsch*, NVwZ 2006, 878; *Kment*, NuR 2010, 392.
[125] *De Witt*, DVBl 2006, 1373, 1377.
[126] Vgl. dazu oben E.I.3.a.

beachtung der zielförmigen Standortentscheidung der Landesplanungsbehörde und dem damit einhergehenden Verstoß gegen § 4 ROG Erfolg haben müssen.

ii. Prüfung der raumordnungsexternen Belange

Anders sieht es bezüglich der raumordnungsexternen Belange aus. Beispielhaft und zutreffend als raumordnungsexterne Belange werden vom Gericht Schutzgüter wie das Eigentum oder die Gesundheit, die kommunale Selbstverwaltung und öffentliche Belange wie Wasserhaushalt, Bodenschutz, Natur und Landschaft genannt.[127] Diese Belange müssen unter Umständen sowohl von der Raumplanungsbehörde als auch von der Fachplanungsbehörde in der Abwägung berücksichtigt werden.

Dies ist der gesetzlichen Systematik und der Charakteristik der unterschiedlichen Planungsentscheidungen geschuldet. § 8 Abs. 1 S. 2 LuftVG sieht eindeutig die Pflicht zur Abwägung durch die Planfeststellungsbehörde vor. Eine solche ist auch notwendig, um die durch das konkrete Vorhaben entstehenden Konflikte auszugleichen. Wie vom Gericht zutreffend ausgeführt, können insbesondere die von dem Vorhaben ausgehenden schädlichen Emissionen erst auf Ebene der Planfeststellung abschließend ermittelt und bewertet werden.[128] Erst zu diesem Zeitpunkt sind die Emissionen exakt zu beziffern. Deshalb führt die raumplanerische Festlegung des Standortes nach dem Urteil des BVerwG nicht zwangsläufig dazu, dass das konkrete Vorhaben an dem aus raumplanerischer Sicht vorzugswürdigen Standort tatsächlich zugelassen wird. Vielmehr kann die Zielvorgabe durch die „raumordnungsexternen Belange" in der Abwägung überwunden werden. Soweit diese Belange schon auf der Ebene der Raumordnung vorhersehbar sind, sind sie dort in der Abwägung auch zu berücksichtigen, § 7 Abs. 2 S. 1 Halbs. 1 ROG. § 7 Abs. 2 S. 1 Halbs. 2 ROG stellt nunmehr[129] ausdrücklich klar, dass bei der Festlegung von Zielen der Raumordnung eine abschließende Abwägung stattfinden muss. Dieses Abwägungserfordernis bezieht sich nicht auf alle erdenklichen Belange, vielmehr nur auf die raumordnungsrechtlichen Belange. Nur diese sind Bestandteil der Regelungsmaterie des ROG. Diese raumordnungsrechtlichen Belange müssen abschließend untereinander abgewogen werden. Diese Entscheidung darf nicht auf die nachfolgenden Planungsebenen verlagert werden. Andernfalls würde es sich wiederum nicht um abschließend abgewogene Entscheidungen handeln, wodurch es an

[127] *BVerwG* Urt. v. 16. 03. 2006 – 4 A 1075/04, NVwZ 2006 Beilage Nr. 1, Rn. 77.

[128] *BVerwG* Urt. v. 16. 03. 2006 – 4 A 1075/04, NVwZ 2006 Beilage Nr. 1, Rn. 77.

[129] Halbs. 2 wurde neu eingeführt durch das Gesetz zur Neufassung des Raumordnungsgesetzes und zur Änderung anderer Vorschriften (GeROG), Gesetz vom 22. 12. 2008, BGBl. I, 2986; § 7 Abs. 2 S. 1 Halbs. 1 ROG entspricht § 7 Abs. 7 S. 3 ROG in der für das Urteil maßgeblichen Fassung vom 18. 8. 1997, BGBl. I, 2081.

der Zielqualität der jeweiligen Festlegungen fehlen würde.[130] Soweit öffentliche und private Belange dagegen auf der Ebene der Raumplanung noch nicht erkennbar sind, sind sie zwingend auf Ebene der fachplanungsrechtlichen Zulassungsentscheidung zu berücksichtigen.[131] Dies ist insbesondere in Bezug auf Lärmschutzbelange relevant. Gerade im Hinblick auf die zum Teil erheblichen Zeitspannen, die zwischen der landesplanerischen Entscheidung und der konkreten Planfeststellungsentscheidung liegen, ist eine erneute Prüfung einzelner öffentlicher und privater Belange auf Fachplanungsebene mehr als gerechtfertigt. In diesem Zeitraum können sich bedeutsame neue Erkenntnisse beispielsweise bezüglich der zu erwartenden Lärmemissionen ergeben bzw. neue wissenschaftliche Erkenntnisse zu Lärmschutzmaßnahmen vorliegen. Aus § 7 Abs. 2 S. 1 Halbs. 1 ROG ergibt sich hinsichtlich der zum Zeitpunkt der Raumordnung noch nicht erkenn- und ermittelbaren Belange die Pflicht zur Einbeziehung in die Abwägung auf Ebene der Fachplanung. Genau dies hat das BVerwG klargestellt. Welche Belange dann im Einzelnen von der Planfeststellungsbehörde erneut überprüft werden dürfen, kann nicht pauschal festgelegt werden. Dies ist vielmehr bei jeder einzelnen Zulassungsentscheidung für die dann jeweils konkret gegebene Situation festzustellen und dementsprechend durch die zuständigen Behörden handzuhaben.

Auch die Planfeststellungsbehörde hatte die Unterscheidung in spezifische raumordnungsrechtliche und fachplanerische Belange im Grundsatz anerkannt.[132] Gleichwohl ist die daraus gezogene Schlussfolgerung, „ungeachtet der Standortfestlegung durch die Ziele der Raumordnung“ und „ungeachtet § 4 Abs. 1 ROG“ eine eigene umfassende Standortprüfung im Wege einer vollumfänglichen Abwägungsentscheidung vorzunehmen, systemwidrig.[133] Zudem hat die Planfeststellungsbehörde bei ihrer Abwägung im Wesentlichen raumordnungsrechtliche Belange wie beispielsweise die Verminderung von räumlichen Nutzungskonflikten und die verkehrliche Anbindung einbezogen[134] und sich gerade nicht auf raumordnungsexterne Belange gestützt.[135]

Die Pflicht zur erneuten Einbeziehung einzelner, schon von der Raumplanungsbehörde einbezogenen Belange, stellt jedoch keine wirkliche Doppelprü-

---

[130] In diese Richtung auch *Runkel*, in: *Spannowsky/Runkel/Goppel, ROG*, § 7 Rn. 30.

[131] Vgl. auch *Deutsch*, NVwZ 2006, 878.

[132] Ministerium für Stadtentwicklung, Wohnen und Verkehr des Landes Brandenburg, Planfeststellungsbeschluss Ausbau Verkehrsflughafen Berlin-Schönefeld (siehe oben Fn. 7), S. 373.

[133] So die Ausführungen der Planfeststellungsbehörde, Ministerium für Stadtentwicklung, Wohnen und Verkehr des Landes Brandenburg, Planfeststellungsbeschluss Ausbau Verkehrsflughafen Berlin-Schönefeld (siehe oben Fn. 7), S. 373.

[134] Ministerium für Stadtentwicklung, Wohnen und Verkehr des Landes Brandenburg, Planfeststellungsbeschluss Ausbau Verkehrsflughafen Berlin-Schönefeld, S. 381 f.

[135] So zutreffend auch *BVerwG* Urt. v. 16. 03. 2006 – 4 A 1075/04, NVwZ 2006 Beilage Nr. 1, Rn. 176 f.

fung im kritisierten Sinne[136] dar. Es handelt sich vielmehr um eine präzisierende Abwägung der auf Raumplanungsebene schon erkannten, auf Fachplanungsebene nun konkretisierten einzelnen raumordnungsexternen Belange.

(3) Anerkennung von sektoralem Sonderraumordnungsrecht

Die Feststellung des BVerwG, gerade weil es kein luftplanungsrechtliches Gesamtkonzept gebe, sei die Landesplanungsbehörde befugt gewesen, hinsichtlich der Standortentscheidung abschließend abzuwägen, hat zu einer kontroversen Diskussion geführt.[137] Das BVerwG legte in seiner Urteilsbegründung dar, die Zulässigkeit der abschließenden Standortentscheidung sei auch insbesondere dadurch gekennzeichnet, dass eine „rechtsverbindliche Flughafennetz- und Bedarfsplanung auf der Grundlage einer luftverkehrspolitischen Gesamtkonzeption weder auf europäischer noch auf nationaler Ebene existiert".[138] Teilweise wurde daraus die Anerkennung eines „sektoralen Sonderraumordnungsrechtes" gefolgert.[139] Die Stärkung der Raumordnung durch diese Rechtsprechung des BVerwG stehe unter dem Vorbehalt des fehlenden bundesrechtlichen sektoralen Sonderraumordnungsrechts in Fachgesetzen, von dessen grundsätzlicher Zulässigkeit das BVerwG ausgegangen sei.[140] Bei Existenz eines luftverkehrsrechtlichen Gesamtkonzepts, welches sektorales Sonderraumordnungsrecht in diesem Sinne darstelle, würde eine der vom Gericht aufgestellten Voraussetzungen für die Zulässigkeit abschließender Standortentscheidungen durch die Raumplanungsbehörden wegfallen.[141] Bestünde ein übergreifendes Konzept zu Neu- und Ausbau von Flughafenstandorten, entfiele die Kompetenz der Raumordnungsbehörden zur Regelung der (Raum-)Nutzungskonflikte.[142] Konkrete Standortvorgaben seien in diesen Fällen gerade nicht mehr zulässig. Vergleichbar sei dieses Recht zur Sonderraumordnungsplanung mit der Konstellation im Bereich der Fernstraßenplanung und Zulassung. Die dortige Linienbestimmung nach § 16 FStrG als Vorstufe zur Planfeststellung sei eine Vorranganordnung zu Gunsten des Bundes und damit der Fachplanung.[143] In dem Flughafengesamt-

---

136 *De Witt,* DVBl 2006, 1373, 1377.

137 *BVerwG* Urt. v. 16.03.2006 – 4 A 1075/04, NVwZ 2006 Beilage Nr. 1, Rn. 72.

138 *BVerwG* Urt. v. 16.03.2006 – 4 A 1075/04, NVwZ 2006 Beilage Nr. 1, Rn. 72.

139 Insbesondere *Durner*, RuR 2010, 271, 274.

140 So *Durner*, RuR 2010, 271, 274.

141 *Durner*, RuR 2010, 271, 274 mit Verweis auf das damals in Vorbereitung, nun in Kraft befindliche Flughafenkonzept des Bundes: Flughafenkonzept des Bundes 2009, abgerufen unter http://www.bmvbs.de/SharedDocs/DE/Anlage/VerkehrUndMobilitaet/Luft/flughafenkonzept-2009-der-bundesregierung.pdf?__blob=publicationFile (zuletzt abgerufen am 22.11.2015).

142 *Durner*, RuR 2010, 271, 274.

143 *Durner*, RuR 2010, 271, 274.

konzept des Bundes aus dem Jahr 2009[144] finden sich keinerlei Aussagen zu konkreten Standorten. Standortausweisungen durch die Raumplanungsbehörden bleiben trotz der Existenz eines solchen Gesamtkonzeptes weiterhin zulässig.

Diese Interpretation der Aussagen des BVerwG geht zu weit. In letzter Konsequenz würde dies eine Auslagerung einzelner eigentlich raumplanerischer Kompetenzen auf die Fachplanungsbehörden bedeuten. Dies entspricht nicht der bestehenden Aufteilung der Zuständigkeiten zwischen den unterschiedlichen Planungsträgern. Raumplanung und Fachplanung sind zwei unterschiedliche Kompetenzbereiche, die auch getrennt bleiben sollten. Wenn die Fachplanungsbehörden Raumplanung betreiben dürfen und umgekehrt, verwischen die Kompetenzgrenzen und damit die Frage, welcher Planungsträger zuständig ist, völlig. Auch in der Literatur wird die Auffassung, Standortausweisungen durch die Raumplanung seien nur im Falle fehlenden Sonderraumordnungsrechtes zulässig, überwiegend abgelehnt.[145] Zutreffend wird die genannte Aussage im Urteil des BVerwG als reine Hilfserwägung des Gerichts gewertet. Maßgeblich ist die Aussage, die Standortwahl habe weiträumige Auswirkungen und löse daher, unabhängig davon, welche Regelungen das Fachrecht enthalte, schon auf Landesplanungsebene ein Planungsbedürfnis aus.[146] Die Fachplanung hat generell nur die Möglichkeit bei Standortauswahl und Streckenentscheidungen Regelungen zu treffen, wenn die Raumplanungsbehörden Entscheidungsspielräume freigelassen haben.[147] Hat eine Landesplanungsbehörde die ihr zustehende Befugnis, die gesamträumlichen Nutzungskonflikte auszugleichen, nicht wahrgenommen, bleibt es der Fachplanungsbehörde unbenommen, eine eigenständige Standortentscheidung zu treffen.[148]

Die Existenz und Zulässigkeit eines sektoralen Sonderraumordnungsrechts ist insgesamt kritisch zu sehen. Das Recht zur Linienbestimmung nach § 16 FStrG[149] wird teilweise als solches Sonderraumordnungsrecht eingestuft. Durch die großflächige Inanspruchnahme von Raum durch die Linienbestimmung ist der Regelungsbereich der Raumordnung betroffen. Die Befugnis der Fachplanung, durch die Linienbestimmung eine solch weitreichende räumliche Aussage zu treffen, wurde bisher aus einer Kompetenz kraft Natur der Sache hergeleitet.[150] Im Linienbestimmungsverfahren sind nach § 16 Abs. 2 S. 1

---

[144] Flughafenkonzept des Bundes 2009, abgerufen unter http://www.bmvbs.de/SharedDocs/DE/Anlage/VerkehrUndMobilitaet/Luft/flughafenkonzept-2009-der-bundesregierung.pdf?__blob=publicationFile (zuletzt abgerufen am 22. 11. 2015).

[145] *Kment*, NuR 2010, 392; *Erbguth*, DVBl 2013, 274.

[146] So *Kment*, NuR 2010, 392, 394 f.; *Erbguth*, DVBl 2013, 274, 277.

[147] So auch *Kment*, NuR 2010, 392, 395.

[148] *BVerwG* Urt. v. 16. 03. 2006 – 4 A 1075/04, NVwZ 2006 Beilage Nr. 1, Rn. 73.

[149] Vgl. zur Stellung des Verfahrens der Linienbestimmung im System der Straßenplanung oben unter D.III.3.a.

[150] *BVerwG* Urt. v. 26. 06. 1981 – 4 C 5/78, BVerwGE 62, 342, 344 f.

FStrG im Rahmen einer Abwägungsentscheidung die berührten öffentlichen Belange zu berücksichtigen, unter anderem das Ergebnis des Raumordnungsverfahrens.[151] Nach § 16 Abs. 2 S. 1 FStrG sind zudem auch ganz allgemein die öffentlichen Belange in die Abwägung miteinzubeziehen. Diese Regelung enthält eine allgemeine Raumordnungsklausel, die die Berücksichtigung der raumordnungsrechtlichen Vorgaben anordnet, jedoch rein deklaratorisch ist, da sie kein „mehr" an Berücksichtigung gegenüber § 4 Abs. 1 ROG anordnet.[152] Diese Regelung des § 16 Abs. 2 FStrG diente dem VGH München dazu, die Existenz des sektoralen Sonderraumordnungsrechtes zu begründen. Es handele sich bei dieser Norm um eine „sondergesetzliche[n] Raumordnungsvorschrift des Bundes", die Vorrang vor den allgemeinen raumordnungsrechtlichen Vorschriften genieße.[153] Eine Bindung an Ziele sei über das Raumordnungsverfahren gegeben, dessen Ergebnis nach § 16 Abs. 2 S. 1 FStrG bei der Linienbestimmung zu berücksichtigen sei.[154] Zusätzlich wies der VGH München auf die den Vorrang der Bundesplanung vor Orts- und Landesplanungen bestimmende Norm des § 16 Abs. 3 S. 3 FStrG hin.

Erfasst ist von dieser Regelung ausgehend vom Wortlaut auch das Verhältnis der Bundesfernstraßenplanung zu der Landesraumplanung. Damit steht sie im Widerspruch zu § 4 Abs. 1 ROG, wonach die Ziele der Raumordnung, die unter anderem in Landesraumordnungsplänen enthalten sind, strikt zu beachten sind. Diese Auffassung, die Ziele der Raumordnung könnten im Rahmen der fernstraßenrechtlichen Abwägung überwunden werden, ist zu weitgehend.[155] Zwar scheint der Vorrang des Bundesrechtes gegenüber dem Landesrecht diesem Ansatz zur Auflösung der Konfliktlage entgegenzustehen. Diesem Vorrang wird jedoch durch die Regelung des § 5 ROG Rechnung getragen. Bevor die Voraussetzung der abgeschlossenen Abwägung von Zielen im ROG normiert wurde,[156] hatte das BVerwG die Auffassung vertreten, es sei eine Entscheidung

---

[151] Sofern ein Raumordnungsverfahren durchgeführt wurde. Nach § 15 Abs. 1 S. 4 ROG ist ein solches nicht durchzuführen, wenn die Raumverträglichkeit anderweitig geprüft wird, weiteres ist von den Landesregierungen durch Rechtsverordnung regelbar.

[152] Vgl. dazu schon oben D.III.3.a.

[153] *VGH München* Urt. v. 19.04.2005 – 8 A 05.40022, NVwZ-RR 2006, 432, 433.

[154] Die Zielbindung war im ROG 1998 (Gesetz vom 18.08.1997, BGBl. I, 2081), das zum Zeitpunkt der Entscheidungen des VGH München maßgeblich war, in § 4 Abs. 1 S. 2 Nr. 1 ROG geregelt, auch danach waren die Ziele zu „beachten".

[155] So allerdings *Durner*, RuR 2010, 271, 275 mit Verweis auf *VGH München* Beschl. v. 19.04.2005 – 8 AS 02.40041, NuR 2006, 653 und *VGH München* Urt. v. 19.04.2005 – 8 A 05.40022, NVwZ-RR 2006, 432. Auch *Kment*, NuR 2010, 392, 395, geht von der Zulässigkeit sektoralen Sonderraumordnungsrechtes bei ausdrücklicher gesetzlicher Anordnung wie in § 16 Abs. 3 S. 3 FStrG aus.

[156] Diese wurde erst mit § 3 Nr. 2 im ROG 1998 eingeführt, Gesetz vom 18.08.1997, BGBl. I, 2081. Die Zielbeachtungspflicht an sich war schon immer normiert, vgl. schon § 5 Abs. 4 ROG in der ursprünglichen Fassung des ROG: Raumordnungsgesetz vom 08.04.1965, BGBl. I, 306.

des bundesfernstraßenrechtlichen Planungsträgers im Einzelfall, ob sich fernstraßenrechtliche Planung gegenüber den Zielen der Raumordnung durchsetze.[157] § 16 Abs. 2 FStrG a. F.[158] sei zu entnehmen, dass eine Änderung der Landesplanung nicht automatisch eine Änderung der Bundesplanung bedeute. Vielmehr bestehe diesbezüglich ein Entscheidungsrecht des bundestraßenrechtlichen Planungsträgers, ob er sich gegen die geänderte Planung des Landes durchsetzen möchte.[159] Diese Entscheidung betraf allerdings den speziellen Fall einer Zieländerung auf Ebene der Landesplanung, die einen bestehenden Planfeststellungsbeschluss tangierte. Diese Aussage ist daher nicht generell auf alle Kollisionen bundesfernstraßenrechtlicher Planungen mit Orts- und Landesplanungen übertragbar. Sie bezog sich nur auf den speziellen Fall einer bestehenden Planfeststellungsentscheidung, die von einer nachträglichen Änderung der Landesplanung tangiert wurde. Es ist vielmehr vom Wortlaut der Norm auszugehen, welcher den Vorrang der Bundesplanungen ausdrücklich nur „grundsätzlich“ anordnet. Die Regelung in § 16 Abs. 3 S. 3 FStrG bezieht sich nicht ausschließlich auf das Verhältnis der Bundesstraßenplanung zur Raumplanung. Vielmehr sind alle Orts- und Landesplanungen erfasst, insbesondere kommunale und landesrechtliche Straßenplanungen.[160] Die Anordnung eines grundsätzlichen Vorrangs der Linienbestimmung der Bundesfernstraßen gegenüber den Planungen für Orts- oder Landesstraßen ist aufgrund der überörtlichen Bedeutung der Bundesfernstraßen gerechtfertigt. Bundesfernstraßen haben aufgrund der größeren Anzahl an Nutzern einen höheren Stellenwert als Planungen für Orts- bzw. Landesstraßen.[161] Dieser grundsätzliche Vorrang besteht nicht absolut, sondern nur unter der Berücksichtigung der Interessen der jeweiligen anderen Planungsträger.[162] Die Regelung des § 4 Abs. 1 ROG gilt ebenfalls nicht uneingeschränkt. Vielmehr wird die Zielbindungsanordnung durch das Widerspruchsrecht nach § 5 ROG und das Zielabweichungsverfahren nach § 6 ROG relativiert.[163] Voraussetzung für das Entstehen der Bindungswirkung der Ziele der Raumordnung und Landesplanung ist ohnehin die ordnungsgemäße Abwägung aller Belange bei Aufstellung der Ziele. Die Bundesfernstraßenplanung

---

[157] *BVerwG* Urt. v. 20. 10. 1989 – 4 C 12/87, BVerwGE 84, 31, 37.

[158] Die Vorschrift entspricht § 16 Abs. 3 FStrG in der aktuellen Fassung und war schon in der ursprünglichen Fassung des FStrG enthalten (Bundesfernstraßengesetz vom 06. 08. 1953, BGBl. I, 903).

[159] *BVerwG* Urt. v. 20. 10. 1989 – 4 C 12/87, BVerwGE 84, 31, 37.

[160] *Runkel*, in: *Jarass* (Hrsg.), Erneuerbare Energien in der Raumplanung, 2011, S. 25, 37, bezieht diese Regelung nur auf das Verhältnis der Straßenplanungen untereinander und kommt damit gar nicht zur Problematik des Widerspruchs zu § 4 Abs. 1 ROG.

[161] Ähnlich *Sauthoff/Witting*, in: *Müller, FStrG*, § 16 Rn. 59.

[162] *Gaentzsch*, WuV 1985, 235, 241, der diese Regelung als Gewichtungsvorgabe einstuft. *Breuer*, Die hoheitliche raumgestaltende Planung 1968, S. 41 sieht die Vorschrift als ein das Ermessen einschränkendes materielles Gebot im Rahmen der Abwägung.

[163] Vgl. dazu oben D.III.2.b.

ist also keinesfalls ausnahmslos an die Vorgaben der Raumordnung gebunden. Die Anerkennung eines absoluten Vorrangs der Bundesfernstraßenplanung gegenüber der Landesraumplanung würde die Vorgabe des § 4 Abs. 1 ROG unterlaufen. Nach § 4 Abs. 1 S. 3 ROG sind ausdrücklich nur weitergehende Anordnungen zulässig.[164] Auch dem Urteil des BVerwG zum Flughafen Berlin-Schönefeld ist keine gegenläufige Tendenz zu entnehmen, die Erwähnung eines fehlenden Gesamtkonzeptes lediglich in einem Nebensatz[165] liefert dafür keine tragfähige Begründung. Diese Sichtweise untermauert auch der Hinweis Nr. 6 Abs. 2 zu § 16 FStrG im Allgemeinen Rundschreiben Straßenbau des Bundesministeriums für Verkehr und Städtebau (BMVBS)[166] vom 02. 04. 2013.[167] Darin wird darauf hingewiesen, dass Ziele der Raumordnung nach § 4 Abs. 1 ROG zu beachten sind und nicht im Rahmen der Abwägung überwunden werden können. Zudem wird in Hinweis Nr. 16 Abs. 2 2. Spiegelstrich dieses Allgemeinen Rundschreibens Straßenbau klargestellt, dass der grundsätzliche Vorrang der Bundes- vor der Landesplanung gerade nicht bezüglich der Ziele der Raumordnung und Landesplanung gilt. Um Ausnahmen von den Zielen der Raumordnung zu ermöglichen, existieren die Regelungen der §§ 5 und 6 ROG.[168] Diese Normen wären überflüssig, wenn in einzelnen Fachgesetzen Ausnahmen von der strikten Bindungswirkung vorgesehen werden könnten.[169] Bis zur Neufassung durch das ROG 2008 waren in § 5 Abs. 1 Nr. 3 ROG 1998[170] Planungen und Maßnahmen nach dem Bundesfernstraßengesetz ausdrücklich genannt. Diese enumerative Aufzählung ist im ROG 2008 ausweislich der Gesetzesbegründung nur aus Gründen der Deregulierung entfallen.[171] § 16 Abs. 3 S. 3 FStrG stellt nur den grundsätzlichen Vorrang des Bundesrechtes fest, § 4 ROG

---

[164] Vgl. dazu oben D.I.2. Dieser Klausel entgegenstehende Anordnungen sind als deklaratorische Klauseln auszulegen, vgl. *Wagner*, DVBl 1990, 1024, 1025 f.; *Durner*, Konflikte räumlicher Planungen 2005, S. 85 f. Zu den unterschiedlichen Kategorien von Raumordnungsklauseln vgl. oben D.I.

[165] *BVerwG* Urt. v. 16. 03. 2006 – 4 A 1075/04, NVwZ 2006 Beilage Nr. 1, Rn. 75.

[166] Durch den Organisationserlass der Bundeskanzlerin vom 17. 12. 2013 (BGBl. I, 4310) hat sich die Zuständigkeit und Bezeichnung des Ministeriums in „Ministerium für Verkehr und digitale Infrastruktur" (BMVI) geändert.

[167] Allgemeines Rundschreiben Straßenbau Nr. 17/2013 vom 02. 04. 2013, http://www.bmvbs.de/SharedDocs/DE/Anlage/VerkehrUndMobilitaet/Strasse/hinweise-zu-paragraph-16-fstrg.pdf?__blob=publicationFile (zuletzt abgerufen am 22. 11. 2015). Die Allgemeinen Rundschreiben Straßenbau (ARS) werden von der Abteilung Straßenbau des Bundesministeriums für Verkehr und digitale Infrastruktur herausgegeben und im Verkehrsblatt veröffentlicht. Zur Rechtsnatur diese Hinweise vgl. *Ronellenfitsch*, in: *Marschall, FStrG*, § 16 Rn. 9.

[168] So auch *Erbguth*, DVBl 2013, 274, 276; zu den Voraussetzungen des § 5 ROG vgl. oben D.III.2.b.

[169] So auch *Durner*, Konflikte räumlicher Planungen 2005, S. 129 f.

[170] Gesetz vom 18. 8. 1997, BGBl. I, 2081.

[171] Vgl. Entwurf eines Gesetzes zur Neufassung des Raumordnungsgesetzes und zur Änderung anderer Vorschriften (GeROG), BT-Drs. 16/10292, S. 23.

kann dadurch nicht umgangen werden.[172] Die Regelung des § 5 ROG wäre überflüssig, wenn von vornherein keine Möglichkeit der Bindung der Bundesfachplanung durch die Ziele der Landesplanung bestünde.[173] Gerade im Hinblick darauf, dass die Bundesfachplanung durch die Regelungen der §§ 5 und 6 ROG nicht absolut an die Vorgaben der Landesplanung gebunden ist, kann und muss es bei dem Vorrang der Raumplanung nach § 4 Abs. 1 ROG bleiben.[174] Andernfalls könnten sich Ziele der Raumordnung nie gegen entgegenstehende Bundesfernstraßenplanungen durchsetzen, obwohl diese bei der Aufstellung abschließend abgewogen wurden und im Rahmen dieser Abwägung auch die Belange der Bundesfernstraßenplanung mit einbezogen wurden.[175] Keinesfalls ist ein Abweichen von § 4 ROG durch eine Ausweisung in einem Regelwerk, das nicht in Gesetzesform gegossen ist, wie beispielsweise das Flughafenstandortkonzept, möglich.[176]

Ob es so etwas wie sektorales Sonderraumordnungsrecht überhaupt gibt und ob dies vom BVerwG mit den in Bezug genommenen Aussagen in dem Urteil zum Planfeststellungsbeschluss zum Ausbau des Flughafens Berlin-Schönefeld[177] wirklich anerkannt wurde, ist zu bezweifeln. In diesem Urteil mit über 550 Randnummern ist das Gericht nur mit einem einzigen Satz auf das fehlende luftverkehrspolitische Gesamtkonzept eingegangen. Aus einer solchen Bemerkung eine Schranke für die Zulässigkeit abschließender raumordnungsrechtlicher Entscheidungen zu folgern, geht zu weit. Vielmehr ist den Aussagen des BVerwG zu entnehmen, dass Standortentscheidungen abschließend auf raumordnungsrechtlicher Ebene getroffen werden können, wenn der Träger der Raumordnung dies möchte und es dementsprechend zielförmig festlegt. Die Anerkennung von gesetzlich nicht geregeltem sektoralen Sonderraumordnungsrechtes würde zu einer unnötigen Zersplitterung führen und die vom BVerwG getroffene Aussage des Vorrangs der Raumordnung vor der Fachplanung konterkarieren. Für den Bereich der Flughafenplanung die Existenz und Zulässigkeit von sektoralem Sonderraumordnungsrecht anzunehmen, ist noch

[172] Vgl. dazu schon oben D.III.3.a. *Erbguth*, DVBl 2013, 274, 277, hält eine Ablehnung der Bindungswirkung nur für denkbar, wenn eine fachliche Standortentscheidung zeitlich vorging und schon rechtsverbindlich darüber entschieden wurde. Anders *Kment*, NuR 2010, 392, 395, der fachgesetzliche Standortaussagen dann für zulässig hält, wenn eine ausdrückliche gesetzliche Normierung existiere, wie sie § 16 Abs. 3 FStrG enthalte.

[173] *Durner*, Konflikte räumlicher Planungen 2005, S. 129 f.

[174] So auch ausdrücklich *Runkel*, in: *Jarass* (Hrsg.), Erneuerbare Energien in der Raumplanung, 2011, S. 25, 36 zum Verhältnis der fernstraßenrechtlichen Linienbestimmung zum Raumordnungsrecht.

[175] Ähnlich *Erbguth*, DVBl 2013, 274, 276.

[176] Nach Auffassung von *Kment*, NuR 2010, 392, 395 blieben fachplanerische Konzepte (zu Bedarf und Standorten) Entscheidungen durch die „fachplanerische Brille", die gerade nicht in der identischen Art und Weise wie die raumordnungsrechtlichen Entscheidung alle bedeutsamen Belange in die jeweilige Festlegung mit einbeziehen (können).

[177] *BVerwG* Urt. v. 16.03.2006 – 4 A 1075/04, NVwZ 2006 Beilage Nr. 1, Rn. 72.

fernliegender, da es in diesem Bereich keinerlei gesetzliche Anhaltspunkte für die Zulässigkeit eines solchen gibt. Vielmehr sind nach § 8 LuftVG im Rahmen der Planfeststellung unter anderem alle berührten öffentlichen Belange abzuwägen. Das luftverkehrsrechtliche Gesamtkonzept der Bundesregierung ist nicht in Form eines Gesetzes oder einer anderen Rechtsform ergangen, sondern nur um ein rechtlich unverbindliches Konzept zur Stärkung des Luftverkehrs und zum Zusammenhang mit anderen Verkehrsträgern. Solche unverbindlichen Festlegungen können nicht den Ziele der Raumordnung vorgehen.[178]

(4) Beantragung der Vorhabenzulassung an anderer Stelle als von der Raumordnung vorgesehen

Unklar bleibt indes, wie in Fällen zu verfahren ist, in denen der Vorhabenträger die Zulassung eines konkreten Projekts an anderer Stelle als im jeweiligen Raumordnungsplan vorgesehen beantragt. Darf dann die Planfeststellungsbehörde auch die raumordnungsrechtlichen Belange, die für oder gegen diesen Standort sprechen, abwägen, muss sie das vielleicht sogar? Oder ist sie durch die Zielausweisung an anderer Stelle von vornherein gehindert, das Vorhaben am beantragten Standort zuzulassen? In diesem Bereich ist zu unterscheiden, in welcher konkreten Form die Ziele jeweils ausgewiesen wurden. In Fällen, in denen dies im Wege eines kombinierten Vorrang- und Eignungsgebietes nach § 8 Abs. 7 S. 1 Nr. 1, S. 2 ROG[179] erfolgt, besteht neben der innergebietlichen Sperrwirkung des Vorranggebietes – andere, mit dem Vorhaben nicht im Einklang stehende Maßnahmen sind in dem Gebiet unzulässig[180] – auch eine außergebietliche Sperrwirkung durch die Eignungsgebietsausweisung. Das in dem Gebiet ausgewiesene Vorhaben ist dadurch an keiner anderen Stelle im

[178] Zu Diskussion über die Existenz eines sektoralen Sonderraumordnungsrechtes im Allgemeinen und unter Bezugnahme auf die Regelung des § 16 FStrG vgl. weiterführend *Erbguth*, DVBl 2013, 274, 276; *Durner*, RuR 2010, 271 mit Verweis auf *VGH München* Beschl. v. 19.04.2005 – 8 AS 02.40041, NuR 2006, 653 und *VGH München* Urt. v. 19.04.2005 – 8 A 05.40022, NVwZ-RR 2006, 432. Auch *Kment*, NuR 2010, 392, 395, geht von der Zulässigkeit sektoralen Sonderraumordnungsrechtes bei ausdrücklicher gesetzlicher Anordnung wie in § 16 Abs. 3 S. 3 FStrG aus. Gegen die Zulässigkeit eines Sonderraumordnungsrechtes im Bereich der fernstrassenrechtlichen Linienbestimmung sprechen auch der Hinweis Nr. 6 Abs. 2 zu § 16 FStrG im Allgemeinen Rundschreiben Straßenbau Nr. 17/2013 vom 02.04.2013 des damaligen Bundesministeriums für Verkehr und Städtebau, BMVBS, http://www.bmvbs.de/SharedDocs/DE/Anlage/VerkehrUndMobilitaet/Strasse/hinweise-zu-paragraph-16-fstrg.pdf?__blob=publicationFile (zuletzt abgerufen am 22.11.2015), worin darauf hingewiesen wird, dass Ziele der Raumordnung nach § 4 Abs. 1 ROG zu beachten seien und nicht im Rahmen der Abwägung überwunden werden können. Hinweis Nr. 16 Abs. 2 2. Spiegelstrich dieses Rundschreibens, stellt klar, dass der grundsätzliche Vorrang der Bundes- vor der Landesplanung gerade nicht bezüglich der Ziele der Raumordnung und Landesplanung gelte.

[179] § 8 Abs. 7 ROG entspricht § 7 Abs. 4 ROG a. F. in der für das Urteil maßgeblichen Fassung vom 18. 8. 1997, BGBl. I, 2081.

[180] Vgl. oben C.V.4.a.

Planungsraum zulässig. Der Fachplanungsbehörde ist es aufgrund der durch § 8 Abs. 7 S. 1 Nr. 1, S. 2 ROG bestehenden Ausschlusswirkung untersagt, das Vorhaben außerhalb des vorgesehenen Gebietes zuzulassen.

Für den Bereich zielförmiger Aussagen ohne spezielle Ausweisung in einem Gebiet nach § 8 Abs. 7 ROG kann indes nichts anderes gelten. Orientiert an den Aussagen des BVerwG im Schönefeld-Urteil ist eine Zulassung an einem anderen Standort als dem raumordnungsrechtlich vorgesehenen auch auf expliziten Antrag des Vorhabenträgers hin nur dann zulässig, wenn an dem von der Landesplanungsbehörde vorgesehenen Standort raumordnungsexterne Belange entgegenstehen, die bei der Abwägung durch die Planfeststellungsbehörde nicht überwunden werden können. Die Bezugnahme des BVerwG auf die Fälle, in denen der Vorhabenträger das Vorhaben an der Stelle beantragt, an der auch landesplanerisch der Standort vorgesehen ist, ist nicht als Einschränkung auf diese Fälle zu verstehen.[181] Vielmehr ist dies der konkreten Sachlage geschuldet, die dem Urteil zu Grunde lag. Ansatzpunkte dafür, eine weitergehende Abwägungsbefugnis der Planfeststellungsbehörde in anderen Fallgestaltungen anzunehmen, sind nicht gegeben. Auch in einer Konstellation, in der ein Vorhabenträger die Zulassung an einer anderen Stelle als im jeweils maßgeblichen Raumordnungsplan vorgesehen beantragt, ist es zwar eher nachvollziehbar, wenn sich die Planfeststellungsbehörde als befugt sieht, eine eigenständige Abwägung vorzunehmen. Eine weitergehende Befugnis aus dieser Konstellation abzuleiten ist jedoch nicht veranlasst. Unabhängig davon, an welcher Stelle der Vorhabenträger die Zulassung beantragt, gelten die raumordnungsrechtlichen Vorgaben gleichermaßen. Es kann nicht in der Hand des Planungsträgers liegen, ob die Planfeststellungsbehörde mehr oder weniger abwägen darf.

Beantragt der Vorhabenträger den Flughafen an anderer Stelle als landesplanerisch abgesichert, kann dieser an der beantragten Stelle nur zugelassen werden, wenn der zielförmigen Standortsausweisung raumordnungsexterne Belange entgegenstehen, die in der Abwägung den raumordnerischen Belangen vorgehen. Wie diese Entscheidung der Planfeststellungsbehörde ausfällt ist einzelfallabhängig von den jeweiligen raumordnungsrechtlichen und raumordnungsexternen Belangen.

[181] *BVerwG* Urt. v. 16.03.2006 – 4 A 1075/04, NVwZ 2006 Beilage Nr. 1, Rn. 72.

c. Wesentliche Aussagen des BVerwG zur Abwägungsentscheidung der Landesplanungsbehörde bezüglich der Lärmschutzbelange – Kriterium der „vorausschauenden Prüfung"

Weiterer Angriffspunkt gegen die landesplanerische Entscheidung für den Standort Schönefeld in Ziel Nr. 1 des LEP FS 2003[182] war die nach Ansicht der Kläger unzureichende Berücksichtigung der Lärmschutzbelange der Anwohner. Die Kläger machten geltend, am Standort Schönefeld sei im Vergleich zum Standort Sperenberg sowohl qualitativ als auch quantitativ eine höhere Lärmbetroffenheit zu erwarten, was die Landesplanungsbehörde nicht berücksichtigt habe.[183] Das BVerwG geht von einer abwägungsfehlerfreien Entscheidung der Landesplanungsbehörde bezüglich Ziel Nr. 1 im LEP FS 2003 aus.[184] Die Belange der vom Fluglärm potentiell betroffenen Anwohner an den jeweils in Frage kommenden Standorten wurden nach Ansicht des Gerichts von der Landesplanungsbehörde ausreichend berücksichtigt. Insbesondere sei nicht übersehen worden, dass an den stadtferneren Standortoptionen weniger Lärmbetroffene vorhanden seien, als an dem stadtnahen Standort Schönefeld.[185]

Das Gericht nahm diese Ausgangslage zum Anlass, auch im Hinblick auf Lärmschutzbelange weitergehend zum Verhältnis der Kompetenzen der Landesplanung zur luftverkehrsrechtlichen Fachplanung auszuführen. Ausgangspunkt war der in § 2 Abs. 2 Nr. 6 S. 5 ROG[186] enthaltene Grundsatz der Raumordnung, den Schutz der Allgemeinheit vor Lärm sicherzustellen. Die jeweiligen Träger der Landesplanung müssten sich zumindest über flächen- und zahlenmäßige Größenordnung der Lärmbetroffenheit an den unterschiedlichen Standorten Klarheit verschaffen. Eine „numerisch-präzise Ermittlung"[187] der Anzahl der voraussichtlich Betroffenen sei entbehrlich, wenn es nach der planerischen Konzeption und Zielsetzung auf die Unterschiede bei der Lärmbelastung in der Abwägung nicht ankomme. Das Gericht erläuterte diese Aussage folgendermaßen: Die möglichen Lärmemissionen an einzelnen Standorten seien nur dann näher zu untersuchen, wenn mehrere Standorte grundsätzlich geeignet seien, das mit dem Vorhaben verfolgte Planungsziel zu erreichen. Wenn sich abzeichne, dass das vorrangig verfolgte Planungsziel an einzelnen grundsätzlich in Betracht kommenden Standorten aus anderen Gründen nicht erreichbar sei, dann sei auch bezüglich des zu erwartenden Lärms keine Detailprüfung

---

[182] Verordnung über den Landesentwicklungsplan Flughafenstandortentwicklung vom 28.10.2003, Berl. GVBl., 521 bzw. Bbg GVBl. II, 594.

[183] *BVerwG* Urt. v. 16.03.2006 – 4 A 1073.04, BeckRS 2006, 23922, Rn. 32 (insoweit in *NVwZ 2006* Beilage Nr. 1, nicht abgedruckt).

[184] *BVerwG* Urt. v. 16.03.2006 – 4 A 1075/04, NVwZ 2006 Beilage Nr. 1, Rn. 148 ff.

[185] *BVerwG* Urt. v. 16.03.2006 – 4 A 1075/04, NVwZ 2006 Beilage Nr. 1, Rn. 150 ff.

[186] Entspricht § 2 Abs. 2 Nr. 8 S. 8 ROG in der für das Urteil maßgeblichen Fassung vom 18.8.1997, BGBl. I, 2081.

[187] *BVerwG* Urt. v. 16.03.2006 – 4 A 1075/04, NVwZ 2006 Beilage Nr. 1, Rn. 153.

mehr erforderlich.[188] Sollte andererseits schon bei der Raumplanung erkennbar sein, dass wegen erheblicher zu erwartender Lärmbetroffenheit das Vorhaben an dem von der Landesplanung favorisierten Standort nicht möglich sein wird, weil es im Rahmen der Planfeststellung auf unüberwindbare tatsächliche oder rechtliche Hindernisse stoßen würde, dürfe der Standort nicht als raumordnungsrechtlich vorzugswürdig im Landesentwicklungsplan festgeschrieben werden. Andernfalls sei der entsprechende Landesentwicklungsplan unwirksam.[189] Um diesen Anforderungen beim Umgang mit den voraussichtlich zu erwartenden Lärmbelastungen gerecht zu werden, dürfe die Landesplanungsbehörde jedoch ihrem Aufgabenkreis gemäß nur auf raumplanungsrechtliche Befugnisse zurückgreifen.[190] Genannt werden dabei beispielhaft die Festlegung der Siedlungs- und Freiraumstruktur und deren Konkretisierung in Gestalt von Planungszonen zur Siedlungsbeschränkung. Die Raumplanung sei jedoch nicht befugt, konkrete örtliche Einzelheiten und fachplanerische Anforderungen miteinzubeziehen. Dies sei allein Aufgabe der Fachplanungsbehörde im Rahmen der konkreten Zulassungsentscheidung. Das BVerwG stellt als Voraussetzung für eine ordnungsgemäße Abwägung seitens der Landesplanungsbehörde die Anforderung einer „vorausschauenden" Prüfung auf. Es müsse geprüft werden, ob später eventuell entstehende Lärmschutzprobleme auf der Fachplanungsebene beherrschbar sein werden.[191]

Diesen Anforderungen sei die Landesplanungsbehörde bei der Aufstellung von Ziel Nr. 1 im LEP FS 2003 nachgekommen. Aus der Begründung zu diesem Ziel sei ersichtlich, dass sich die Landesplanungsbehörde mit den potentiellen Lärmauswirkungen an den jeweiligen Standorten befasst habe. Die zu erwartende geringere Lärmbelastung an einem stadtfernen Standort wie Sperenberg sei erkannt worden. Gleichwohl habe sich die Landesplanungsbehörde mit realistischen Möglichkeiten zur Kompensation der Lärmauswirkungen wie Siedlungsbeschränkungszonen und Betriebsbeschränkungen an den stadtnahen Standorten auseinandergesetzt. Diese Nachteile seien den dort bestehenden Vorteilen, wie beispielsweise die bessere Verkehrsanbindung, sowie die Bedeutung für die wirtschaftliche Entwicklung der Region, gegenübergestellt worden.[192] Generell sei ein Offenhalten aller Standortalternativen nicht erforderlich, wenn sich auch aus der übrigen Sachverhaltsermittlung ausreichende Grundlagen ergeben, auf deren Basis die Landesplanungsbehörde ihre Entscheidung im Hin-

---

188 *BVerwG* Urt. v. 16.03.2006 – 4 A 1075/04, NVwZ 2006 Beilage Nr. 1, Rn. 153 mit Verweis auf *BVerwG* Urt. v. 25.01.1996 – 4 C 5/95, BVerwGE 100, 238, 246 f. zum Umfang der Alternativenprüfungspflicht im Bereich der Umweltverträglichkeitsprüfung.

189 *BVerwG* Urt. v. 16.03.2006 – 4 A 1075/04, NVwZ 2006 Beilage Nr. 1, Rn. 154.

190 *BVerwG* Urt. v. 16.03.2006 – 4 A 1075/04, NVwZ 2006 Beilage Nr. 1, Rn. 155.

191 *BVerwG* Urt. v. 16.03.2006 – 4 A 1075/04, NVwZ 2006 Beilage Nr. 1, Rn. 155.

192 *BVerwG* Urt. v. 16.03.2006 – 4 A 1075/04, NVwZ 2006 Beilage Nr. 1, Rn. 156.

blick auf das von ihr verfolgte Planungsziel – die Wahl eines möglichst zentrumsnahen Flughafens – stützen kann.[193]

d. Stellungnahme zur Abwägungsentscheidung der Landesplanungsbehörde hinsichtlich der Lärmschutzbelange unter Einbeziehung der in der Literatur geäußerten Ansichten

Der grundsätzlich angestrebten klaren Trennung der Befugnisse der Raumplanung und der Fachplanung steht es nicht entgegen, von der Raumplanungsbehörde bei ihrer Abwägung die Prüfung der tatsächlichen Realisierbarkeit des konkreten Vorhabens an dem von ihr als bevorzugt angesehenen Standort zu verlangen. Die Raumplanung würde ins Leere laufen, wenn die Realisierbarkeit des Vorhabens an dem raumplanerisch bevorzugten Standort offensichtlich nicht möglich ist, der Standort von der Raumplanungsbehörde aber trotzdem ausgewiesen würde.[194]

Die Befugnis zur vollumfänglichen Abwägung der raumordnungsexternen Belange durch die Planfeststellungsbehörde bezüglich der Standortentscheidung ist im Zusammenhang mit der vorausschauenden Prüfung durch die Raumplanungsbehörde zu sehen. Wenn die Raumplanungsbehörde die auf der Zulassungsebene eventuell entstehenden Konflikte gänzlich ignoriert, ist es je nach Fallgestaltung sehr wahrscheinlich, dass ihre Standortentscheidung durch die Planfeststellungsbehörde aufgrund überwiegender raumordnungsexterner Belange, wie beispielsweise Lärmschutzbelange der Anwohner, überwunden werden wird. Dieser „Gefahr“ kann sie selbst durch die vorausschauende Abwägung entgegenwirken. Richtig ist auch, diese Befugnis der Raumplanungsbehörde auf eine „grobe“ Prüfung zu beschränken.[195] Auch unter dem „Deckmantel“ einer lediglich vorausschauenden Prüfung darf die Raumplanung keine Befugnisse der Fachplanungsbehörde an sich ziehen. Die Raumplanungsbehörde bleibt auf die Beurteilung der grundsätzlichen Beherrschbarkeit möglicher Konflikte beschränkt. Dabei muss sie vor allem die Existenz entsprechender rechtlicher und technischer Möglichkeiten prüfen. Der Fachplanungsbehörde obliegt es, dic detaillierte Prüfung vorzunehmen und gegebenenfalls konkrete Anordnungen durch entsprechende Nebenbestimmungen zu erlassen.[196] Darin liegt auch keine dem System der Planungen widersprechende Prüfung fachlicher Einzelheiten durch die Raumplanung, namentlich der tatsächlichen

---

[193] *BVerwG* Urt. v. 16.03.2006 – 4 A 1075/04, NVwZ 2006 Beilage Nr. 1, Rn. 161.

[194] Zustimmend auch *Rojahn*, NVwZ 2011, 654, 662; *Hendler*, LKRZ 2007, 1, 2 f.

[195] So *BVerwG* Urt. v. 16.03.2006 – 4 A 1075/04, NVwZ 2006 Beilage Nr. 1, Rn. 155, vgl. soeben oben E.I.3.c.

[196] Prägnant als „ob“ und „wie“ der Realisierbarkeit beschrieben von *Hendler*, LKRZ 2007, 1, 3; diese Abgrenzung befürwortend auch *Rojahn*, NVwZ 2011, 654, 662; in diese Richtung auch *Kment*, NuR 2010, 392, 394.

Verwirklichungsmöglichkeiten im fachlichen Zulassungsverfahren.[197] Die Raumplanungsbehörde prüft detailliert weiterhin nur die überfachlichen Belange, bezüglich der Realisierbarkeit bleibt es bei einer Abschätzung der vorhandenen Möglichkeiten, um die später entstehenden Konflikte beherrschen zu können.[198] Nicht unberechtigt ist die teilweise vorgebrachte Kritik, die Landesplanungsbehörde müsse – auch wenn sie nur vorausschauend prüfe – teilweise doch auf gewisse spezifisch fachplanerische Kriterien zurückgreifen, deren Umfang und Gewichtung sich bis zur Zulassungsentscheidung wieder ändern könne.[199] Dadurch entstünde weitere Unklarheit für die Fachplanungsbehörde, welche Belange sie in welchem Umfang erneut abwägen dürfe. Das ist so nicht zutreffend. Die Raumplanungsbehörde hat keine Befugnis, diese fachplanerischen, raumordnungsexternen Belange in die Abwägung miteinzubeziehen. Sie muss nur prüfen, ob die Möglichkeit besteht, dass die potentiell entgegenstehenden Belange im Rahmen der Abwägung durch die Fachplanungsbehörde bewältigt werden können. Diese Abwägung ist weiterhin Aufgabe der Fachplanung, eine „Vorwegnahme" durch die Raumplanungsbehörde findet nicht statt. Wenn die Landesplanungsbehörde erkennt, dass trotz der grundsätzlichen raumplanerischen Geeignetheit des Standortes die Möglichkeit besteht, dass dieser beispielweise aufgrund der erheblichen Lärmauswirkungen auf der fachplanerischen Ebene als ungeeignet eingestuft werden könnte, muss sie das in ihre Entscheidung mit einbeziehen und abschätzen, ob es Mittel und Wege geben kann, dies angemessen zu bewältigen.[200]

Das BVerwG hat in dem Urteil – das trotz seiner grundsätzlichen Bedeutung immer noch eine Einzelfallentscheidung darstellt – ausführlich erläutert, wieso die Landesplanungsbehörde in dem konkreten Fall den Anforderungen an eine solche „vorausschauende" Prüfung gerecht geworden ist – sie hat die unterschiedlichen Lärmauswirkungen und die unterschiedliche Anzahl der Lärmbetroffenen im LEP FS 2003 erkannt und ausführlich bewertet.[201] Der hier angelegte Maßstab kann durchaus als Anhaltspunkt für zukünftige Standortentscheidungen auf Raumordnungsebene herangezogen werden. Ob die jeweiligen Erwägungen der Raumplanungsbehörden im konkreten Einzelfall „vorausschauend" genug sind, ist jeweils neu zu beurteilen.

---

[197] So *Erbguth*, DVBl 2013, 274, 280, der in dieser vorausschauenden Beurteilung einen zutiefst fachlichen Prüfvorgang sieht, der der Raumordnung eigentlich nicht zugänglich sei.

[198] *Erbguth*, DVBl 2013, 274, 280 spricht dann irritierenderweise doch von der Zulässigkeit einer „überschlägigen raumordnerischen Machbarkeitsprüfung". Was diese dann aber im Gegensatz zu der vom BVerwG verlangten vorausschauenden Prüfung beinhaltet, bleibt offen.

[199] So *Barth*, ZUR 2006, 531, 532. Beispielhaft wird der tatsächliche Umfang des Flugverkehrs genannt.

[200] *Rojahn*, NVwZ 2011, 654, 662.

[201] *BVerwG* Urt. v. 16.03.2006 – 4 A 1075/04, NVwZ 2006 Beilage Nr. 1, Rn. 156 ff.

4. Änderungen im Verhältnis Raumordnung zur (luftverkehrsrechtlichen) Fachplanung durch das Urteil

Zusammenfassend ist festzuhalten, dass sich durch das Urteil des BVerwG zum Ausbau des Flughafens Berlin-Schönefeld keine grundsätzliche Änderung des Verhältnisses der Befugnisse der Raumplanung gegenüber der Befugnisse der Fachplanung ergeben hat. Eine grundlegende Veränderung wäre auch eher überraschend, da sich die gesetzlichen Grundlagen im ROG und im LuftVG nicht geändert haben. Zwar ist eine Änderung der gesetzlichen Grundlagen nicht Bedingung für eine Änderung der Rechtsprechung, jedoch wäre im Hinblick auf die schon lange bestehende Abgrenzungsproblematik und die ebenso lange andauernde Diskussion in Rechtsprechung und Literatur, eine plötzliche bahnbrechende Änderung alleine durch veränderte Auslegung der Normen – insbesondere des ROG – doch eher verwunderlich. Vielmehr hat sich durch dieses Urteil eine erfreuliche Klarstellung des Verhältnisses der Befugnisse der Raumplanungsbehörden zu denen der Fachplanungsbehörden ergeben, insbesondere im Hinblick auf die Zulässigkeit von Standortentscheidungen durch Raumplanungsbehörden. Anders als in manchen Anmerkungen in der Literatur geäußert, ist den Ausführungen des BVerwG durchaus eine Präzisierung zur Lösung des problematischen Verhältnisses zu entnehmen. Das Gericht hat klargestellt, dass die Raumplanungsbehörde sich für einen konkreten, aus raumordnerischer Sicht vorzugswürdigen Standort entscheiden und diesen als Ziel ausweisen kann und die Fachplanungsbehörde dann nachfolgend bei ihrer Entscheidung über die konkrete Zulassung des Projekts an diese Entscheidung gebunden ist. Wenn diese Standortausweisung in Form eines Zieles der Raumordnung erfolgt, muss diese Entscheidung notwendigerweise abschließend abgewogen sein, ansonsten ist die Ausweisung als Ziel nicht rechtswirksam (§ 3 Abs. 1 Nr. 2 ROG). Sofern die Landesplanungsbehörde im Rahmen ihrer Abwägung bei der Aufstellung eines Raumordnungsplanes zu dem Ergebnis kommt, dass nach ihren Planungsvorstellungen aus raumordnungsrechtlicher Sicht nur dieser eine Standort in Betracht kommt, besteht keine Veranlassung, im Raumordnungsplan verschiedene Standortalternativen offen zu halten. Die weitere Folgerung, es als unzulässig anzusehen, durch die Fachplanungsbehörde eine vollumfängliche, eigenständige, auch die raumordnungsrechtlichen Belange beinhaltende Standortabwägung vorzunehmen, ist durchaus stringent. Die Raumordnungsbehörden sind für die überörtlichen und überfachlichen Belange, die Fachplanungsbehörden für die Einhaltung der nach dem jeweiligen Fachplanungsrecht vorgesehenen fachlichen Belange, insbesondere die Auflösung etwaiger Konflikte, die zwischen den verschiedenen tangierten Belangen entstehen können, zuständig. Konsequent ist daher auch die Schlussfolgerung des BVerwG, dass die raumordnungsrechtliche Standortfestlegung, sofern diese als Ziel der Raumordnung im entsprechenden Raumordnungsplan ausgewiesen ist, zwar für die Fachplanungsbehörde bindend ist, jedoch nur im Hinblick auf die raumordnungsrechtlichen Belange. Eine Ablehnung des vorgesehenen Standorts durch die Fachplanungsbehörde bleibt trotzdem möglich, wenn raumordnungsexterne Belange[202] gegen diesen Standort sprechen. Die Fachplanungsbehörde muss folglich eine solche Standortentscheidung der Landesplanungsbehörde hinnehmen und sich auf die Prüfung des Fachrechts beschränken. Eine gewisse Einschränkung dieser klaren Abgrenzung ergibt sich aus § 7 Abs. 2 S. 1 ROG, der auch im Rahmen der Aufstellung der Raumordnungspläne die Abwägung aller erkennbaren öffentlichen und privaten Belange vorschreibt. Damit ist jedoch kein Eingriff in die Fachplanungskompetenz verbunden, vielmehr ist auch hier der Grundsatz der ebenenspezifischen Abwägung zu beachten. Das bedeutet für die jeweilige Landesplanungsbehörde die Pflicht zur Berücksichtigung auch anderer als rein raumordnungsrechtlicher Belange, jedoch nur insoweit, als diese auf dieser übergeordneten Ebene der Raumordnung erkenn- und ermittelbar sind. Gleichwohl bleibt die Fachplanungsbehörde befugt und verpflichtet, die öffentlichen und privaten Belange im Rahmen der fachplanerischen Zulassungsentscheidung in ihre Abwägung einzustellen.[203] Regelmäßig sind erst im Rahmen der konkreten Zulassungsentscheidung die einzelnen Belange klar erkennbar, da erst zu diesem Zeitpunkt exakt festgestellt werden kann, wer in welchem Umfang und in welcher Intensität betroffen ist. Eine abschließende Abwägung, wie sie § 7 Abs. 2 S. 1 Hs. 2 ROG vorsieht, kann folglich nur eine Abgeschlossenheit bezüglich raumordnungsrechtlicher Belange meinen. In diese gesetzlich vorgesehene Systematik fügt sich die Entscheidung des BVerwG nahtlos ein.

Die teilweise geäußerte Kritik an weiterhin bestehenden Doppelprüfungen auf den verschiedenen Ebenen ist nicht unbedingt nachvollziehbar.[204] Hervorzuheben ist meiner Meinung nach die klare Trennung der Befugnisse, die nur der Raumplanungsbehörde zustehen – namentlich die Beurteilung der raumordnungsrechtlichen Gesamtsituation – und der Befugnis bzw. Pflicht, weitere öffentliche und private Belange abzuwägen. Die Raumplanungsbehörden müssen diese Belange im Wege der vorausschauenden Prüfung schon in ihre Entscheidung miteinbeziehen, die konkrete Abwägung bleibt Sache der Fachplanungsbehörde. Die vom Gericht vorgenommene Abgrenzung ist ein guter Anhaltspunkt, wie in ähnlich gelagerten Fällen zu verfahren ist.

Die zweite bedeutende Aussage des Gerichts, die sich auf die Berücksichtigung der Lärmschutzbelange auf den unterschiedlichen Ebenen bezieht, ist ebenfalls zu begrüßen. Die in diesem Zusammenhang vorgenommene Abschichtung der zu prüfenden Belange im Sinne einer „vorausschauenden“

[202] In Betracht kommen hier beispielsweise Belange des Naturschutzes oder Lärmschutzes.

[203] Vergleiche z. B. die Vorgabe in § 8 Abs. 1 S. 2 LuftVG.

[204] So z. B. *de Witt*, DVBl 2006, 1373, 1377, vgl. auch oben E.I.3.b.(2).

Prüfung durch die Raumplanungsbehörde ist nachvollziehbar und wird der Problematik gerecht. Darin ist ebenso wenig ein Eingriff in die Kompetenz der Fachplanungsbehörde zu sehen wie durch die Anerkennung bindender Standortvorgaben durch die Raumplanung. Der Grundsatz der ebenenspezifischen Abwägung wird durch die hier vom BVerwG aufgestellte Abstufung nicht in Frage gestellt. Vielmehr ist es durchaus plausibel, die Abstufung in der Weise vorzunehmen, dass eine aus raumordnungsrechtlicher Sicht abschließende Standortentscheidung getroffen werden darf, wenn die an diesem Standort voraussichtlich tangierten Belange mit fachplanungsrechtlichen Instrumenten angemessen berücksichtigt und in einen Ausgleich gebracht werden können. Dadurch werden insbesondere die vielfach unklare Abgrenzung sowie die Problematik der Doppelprüfungen zumindest in diesem Bereich vermieden. Die Verknüpfung dieser vorausschauenden Prüfung mit dem Verwendungszweck der jeweiligen Planung als Leitlinie zur Orientierung, ob die Belange beherrscht werden können oder nicht, ist ein guter Anhaltspunkt, ob der von der Raumplanungsbehörde vorgesehene Standort überhaupt in Betracht kommt oder ob dies von vornherein ausgeschlossen ist.

Insgesamt ist durch dieses Urteil die Kompetenz der Raumordnung gestärkt worden. Die jeweils zuständigen Raumplanungsbehörden dürfen abschließende Entscheidungen treffen, wenn sie sich mit den Konsequenzen, die sich daraus unter Umständen auf der Ebene der Fachplanung ergeben können, ausreichend auseinandersetzen. Ein unzulässiger Eingriff in den Kompetenzbereich der jeweiligen Fachplanungsbehörden ist darin nicht zu sehen, vielmehr eine Klärung der Abgrenzungskriterien.

5. *Weitere Urteile im Zusammenhang mit dem Ausbau des Flughafens Berlin Schönefeld bezogen auf Regelungen des Lärmschutzes*

Infolge des Berlin-Schönefeld-Urteils des BVerwG vom 16.03.2006,[205] in dem das Gericht zu dem Ergebnis kam, das Lärmschutzkonzept in dem ursprünglichen Planfeststellungsbeschluss sei unzureichend,[206] hat die Planfeststellungsbehörde 2009 den Planergänzungsbeschluss „Lärmschutzkonzept BBI" erlassen.[207] Gegen diesen Planergänzungsanspruch wurden erneut Klagen erhoben, die jedoch alle ohne Erfolg blieben.

---

205 *BVerwG* Urt. v. 16.03.2006 – 4 A 1075/04, NVwZ 2006 Beilage Nr. 1.

206 *BVerwG* Urt. v. 16.03.2006 – 4 A 1075/04, NVwZ 2006 Beilage Nr. 1, Rn. 246 ff. Insbesondere kam das Gericht zu dem Ergebnis, der Planfeststellungsbeschluss werde den Anforderungen an das Abwägungsgebot des § 8 Abs. 1 S. 2 LuftVG nicht gerecht, es fehlten ausreichende Nachtflugbeschränkungen (*BVerwG,* a. a. O., Rn. 267 ff.). Solche seien zwar nicht per se notwendig, jedoch sei vor dem Hintergrund des § 29 b Abs. 1 S. 2 LuftVG sei das Fehlen solcher Regelungen besonders rechtfertigungsbedürftig (*BVerwG,* a. a. O., Rn. 269).

207 Abrufbar unter: http://www.mil.brandenburg.de/cms/media.php/lbm1.a.3310.de/PEB%20Laermschutzkonzept%20BBI.pdf (zuletzt abgerufen am 22.11.2015).

In seinem Urteil vom 13.10.2011,[208] das sich mit den Nachtflugregelungen befasste, wies das BVerwG lediglich darauf hin, dass die Planfeststellungsbehörde den Grundsatz G 9[209] im LEP FS 2006[210] nicht übersehen habe, sich aus diesem aber auch keine weiteren als aus § 29 b LuftVG ergebenden Anforderungen ableiten ließen. Ein vollständiges Nachtflugverbot ließe sich jedenfalls nicht entnehmen.[211]

Bezüglich der im Planergänzungsbeschluss ausgewiesenen Flugrouten erging am 31.07.2012 ein weiteres Urteil des BVerwG.[212] Hinsichtlich des Verhältnisses der Raumordnung zur Fachplanung griff das Gericht seine Aussagen aus dem Urteil zum Planfeststellungsbeschluss im Jahre 2006 wieder auf.[213] Auch hinsichtlich der Flugrouten müsse die Landesplanungsbehörde lediglich vorausschauend prüfen, ob die Standortentscheidung auch bei eventuellem Abweichen von den prognostizierten Flugrouten in der Zulassungsentscheidung hinsichtlich möglicher Lärmauswirkungen noch zu bewältigen sein werde oder ob sich im Hinblick auf den Lärmschutz unüberwindbare Hindernisse ergeben würden.[214] Das Gericht wiederholte, die Planfeststellungsbehörde sei nicht an die Standortwahl der Landesplanungsbehörde gebunden, wenn raumordnungsexterne Belange dieser entgegenstünden.[215] In der Literatur haben diese Urteile im Hinblick auf das Verhältnis der Raumordnung zur Fachplanung keine weitere Resonanz hervorgerufen, was nachvollziehbar ist, da sie diesbezüglich auch keine neuen Aussagen enthalten.[216]

---

[208] *BVerwG* Urt. v. 13.10.2011 – 4 A 4001/10, NVwZ 2012, 432.

[209] Grundsatz G 9 lautet: „Bei der Entwicklung des Flughafens Berlin-Schönefeld sind alle rechtlichen Anforderungen, Lärmbeeinträchtigungen durch den Betrieb des Flughafens zu vermeiden und unvermeidbare Lärmbeeinträchtigungen auf ein Mindestmaß zu beschränken, im Rahmen der geltenden Vorschriften auszuschöpfen."

[210] Verordnung zur Änderung der Verordnung über den Landesentwicklungsplan Flughafenstandortentwicklung vom 30. Mai 2006, Berl. GVBl., 509 bzw. Bbg. GVBl. II, 153.

[211] *BVerwG* Urt. v. 13.10.2011 – 4 A 4001/10, NVwZ 2012, 432, Rn. 176 ff.

[212] *BVerwG* Urt. v. 31.07.2012 – 4 A 5000.10,4 A 5001.10, 4 A 5002.10, 4 A 7000.11, 4 A 5001.10, 4 A 5002.10, 4 A 7000.11, BeckRS 2012, 60254.

[213] *BVerwG* Urt. v. 16.03.2006 – 4 A 1075/04, NVwZ 2006 Beilage Nr. 1, vgl. dazu oben E.I.3.c.

[214] *BVerwG* Urt. v. 31.07.2012 – 4 A 5000.10,4 A 5001.10, 4 A 5002.10, 4 A 7000.11, 4 A 5001.10, 4 A 5002.10, 4 A 7000.11, BeckRS 2012, 60254, Rn. 49 f.; vgl. zur Prüfungspflicht der Planfeststellungsbehörde auch *Jannasch*, VBlBW 2013, 257, 260.

[215] *BVerwG* Urt. v. 31.07.2012 – 4 A 5000.10,4 A 5001.10, 4 A 5002.10, 4 A 7000.11, 4 A 5001.10, 4 A 5002.10, 4 A 7000.11, BeckRS 2012, 60254, Rn. 80 mit Verweis auf *BVerwG* Urt. v. 16.03.2006 – 4 A 1075/04, NVwZ 2006 Beilage Nr. 1, Rn. 76.

[216] Da diese Entscheidungen im engen Zusammenhang mit dem Urteil des BVerwG von 2006 (*BVerwG* Urt. v. 16.03.2006 – 4 A 1075/04, NVwZ 2006 Beilage Nr. 1) stehen, sollen sie hier der Vollständigkeit halber trotzdem erwähnt werden.

II. Urteile zum Ausbau des Flughafens Frankfurt am Main – Untersuchung der Aussagen zur Standortfestlegung

Weitere Urteile, die sich mit der Bindungswirkung von landesplanerischen Vorgaben gegenüber fachplanungsrechtlichen Entscheidungen auseinandersetzten, ergingen im Zusammenhang mit den Planungen zum Ausbau des Flughafens Frankfurt am Main.

1. Der LEP Hessen 2000[217] und das dazu ergangene Urteil des VGH Kassel vom 16.08.2002[218] – Aussagen zur Standortentscheidung

a. LEP Hessen 2000

Der Landesentwicklungsplan Hessen 2000 (LEP Hessen 2000) wurde durch die Landesregierung auf Grundlage des § 5 Abs. 4 HLPlG[219] in § 1 der Landesentwicklungsplanverordnung Hessen 2000 (LEPlVO)[220] als Rechtsverordnung festgestellt und dieser als Anlage beigefügt. Rechtliche Grundlage für die Planaufstellung war § 4 Abs. 1 HLPlG. Unter Gliederungspunkt Nr. 7.4 des LEP Hessen 2000 wurden für den Bereich des Luftverkehrs mehrere Ziele und Grundsätze der Raumordnung aufgestellt. Ausdrücklich als Ziel festgeschrieben wurde die Funktion des Flughafens Frankfurt am Main als wichtige Drehscheibe im internationalen Luftverkehr.[221] Um dies zu verwirklichen wurde in Nr. 7.4 Absatz 2 S. 2 folgende Bestimmung aufgenommen:

„Hierzu ist eine Erweiterung über das bestehende Start- und Landebahnsystem hinaus zu planen und zu realisieren.“

In der daran anschließenden Begründung wurde die besondere Bedeutung des Luftverkehrs im Verkehr über längere Distanzen sowie die Notwendigkeit der Erweiterung des bestehenden Start- und Landebahnsystems angeführt, um an den Zuwächsen durch das stetige Wachstum des Luftverkehrs teilzuhaben.

---

[217] Verordnung über den Landesentwicklungsplan Hessen 2000 vom 13.12.2000, Hess GVBl. I 2001, 2.

[218] *VGH Kassel* Urt. v. 16.08.2002 – 4 N 455/02, NVwZ 2003, 229.

[219] HLPlG in der damals gültigen Fassung vom 29.11.1994, Hess GVBl. I, 707, (http://www.dfld.de/Downloads/HLPG.pdf, zuletzt abgerufen am 22.11.2015), mittlerweile ist auch die Zustimmung des Landtages erforderlich, § 4 Abs. 5 HLPlG.

[220] Verordnung über den Landesentwicklungsplan Hessen 2000 vom 13.12.2000, Hess GVBl. I 2001, 2.

[221] Die zielförmigen Festlegungen sind im Plan jeweils mit dem Buchstaben „Z“ gekennzeichnet und kursiv abgedruckt.

b. Urteil des VGH Kassel vom 16.08.2002

Auf den Normenkontrollantrag der Gemeinde Offenbach hin erklärte der VGH Kassel Nr. 7.4 Absatz 2 Satz 2 des LEP Hessen 2000 auf Grund eines Abwägungsfehlers für ungültig.[222] Bevor der VGH Kassel zu diesem Ergebnis kam, führte er zunächst aus, anders als von der Landesplanungsbehörde ausgewiesen handele es sich nur bei Nr. 7.4 Absatz 2 Satz 2 LEP Hessen 2000 tatsächlich um ein Ziel der Raumordnung.[223] In diesem Satz sei ein konkreter Auftrag zur Erweiterung des Flughafens Frankfurt am Main an diesem konkreten Standort vorgesehen, wodurch eine Beachtenspflicht für andere Planungsträger ausgelöst werde. Tragendes Argument des Gerichts war der damit verbundene Ausschluss der sogenannten „Null-Variante." Diese bedeutet Ausbaustillstand. Die normenkontrollantragstellende Gemeinde habe durch die zu erwartende Zunahme von Lärm ihre eigenen Planungen zwingend nach den Ausbauplänen zu richten, um auf die Auswirkungen durch die Lärmbelastung reagieren zu können. Zudem ergebe sich aus dieser Ausbauverpflichtung der Zwang für die Behörden der nachfolgenden Planungsstufen, etwaige entgegenstehende Belange unter allen Umständen zu überwinden. Dadurch sei auf Ebene der Landesplanung eine für alle öffentlichen Stellen verbindliche Vorgabe nach § 3 Nr. 2 ROG aF[224] gegeben. Diese Festlegung sei ebenso abschließend wie die Festlegung auf einen Verkehrsflughafen am Standort Berlin-Schönefeld in Ziel Nr. 6.5.1. im LEP eV 1998, wie es auch das OVG Frankfurt (Oder) beurteilt habe.[225]

Die zielförmige Vorgabe im LEP Hessen 2000 sei nichtig, da die Landesplanungsbehörde viele Belange[226] überhaupt nicht in ihre Abwägung eingestellt habe. Für die Zuerkennung des Zielcharakters sei jedoch gerade erforderlich, dass eine abschließende Abwägung aller Belange stattgefunden habe. Die Einwände der Antragstellerin, es sei ebenenspezifisch abgewogen worden, wies das Gericht mit dem Argument zurück, eine landesplanerische Letztentscheidung zu Gunsten der Erweiterung der Start- und Landebahnen könne von der Plan-

---

[222] *VGH Kassel* Urt. v. 16.08.2002 – 4 N 455/02, NVwZ 2003, 229, 231. Dies führte jedoch nicht zur Gesamtnichtigkeit des LEP Hessen 2000, da sich dieser eine Satz im LEP 2000 nach Ansicht des Gerichts ohne Weiteres streichen ließe, ohne dass der Gesamtzusammenhang des Plans berührt würde, *VGH Kassel* Urt. v. 16.08.2002 – 4 N 455/02, NVwZ 2003, 229, 231 a. E.

[223] Die übrigen Festlegungen in Nr. 7.4. und damit auch die Aussagen zum Lärmschutz enthielten bloße Absichtserklärungen, die keinerlei Bindungswirkungen für andere Planungsebenen auslösten, vgl. *VGH Kassel* Urt. v. 16.08.2002 – 4 N 455/02, NVwZ 2003, 229, 231.

[224] In der damals gültigen Fassung vom 18.08.1997, BGBl. I, 2081, entspricht § 3 Abs. 1 Nr. 2 ROG in der aktuellen Fassung.

[225] *VGH Kassel* Urt. v. 16.08.2002 – 4 N 455/02, NVwZ 2003, 229, 231 mit Verweis auf *OVG Frankfurt (Oder)* Urt. v. 24.08.2001 – 3 D 4/99.NE, JurionRS 2001, 28222. Vgl. dazu oben unter E.I.1.a.(1).

[226] Genannt werden die Anzahl der Flugbewegungen, Lärmsorten oder faktische Vogelschutzgebiete.

feststellungsbehörde aufgrund der Bindungswirkung nicht mehr in Frage gestellt werden.[227]

c. Stellungnahme, insbesondere Vergleich einzelner Aussagen mit dem Urteil des BVerwG zum Flughafen Berlin-Schönefeld 2006

Das Urteil des VGH Kassel[228] enthält zu den Befugnissen der Landesplanungsbehörde in Bezug auf die Zulässigkeit abschließender Standortentscheidungen von den Aussagen des BVerwG im Urteil zum Ausbau des Flughafens Berlin-Schönefeld abweichende Aussagen.[229]

i. Trennung zwischen raumordnungsrechtlichen und raumordnungsexternen Belangen

Während das BVerwG in Bezug auf die Festlegungen im LEP FS 2003 davon ausging, auch auf Raumplanungsebene abschließend abgewogene Ziele könnten durch raumordnungsexterne Belange überwunden werden, hatte der VGH Kassel in der Entscheidung zum LEP Hessen 2000 die Auffassung vertreten, solche abschließend abgewogenen Ziele könnten unter keinen Umständen überwunden werden.

Keine der beiden Auslegungsvarianten ist von vornherein zwingend. Bei der Aussage im LEP FS 2003 handelt es sich ausdrücklich um eine Standortentscheidung für den Ausbau am Flughafen Schönefeld, im LEP Hessen 2000 auf den ersten Blick nur um eine Ausbauverpflichtung. Durch die dort in Ziel Nr. 7.4 enthaltene Formulierung „Erweiterung über das bestehende Start- und Landebahnsystem hinaus“ wird allerdings gleichzeitig ein anderer Standort ausgeschlossen.[230] Der festgelegte Ausbau der bestehenden Landebahn kann nur an dem bisherigen Standort erfolgen. Beiden soll nach dem Willen der jeweiligen Landesplanungsbehörde Zielqualität zukommen, was eine abgeschlossene Abgewogenheit der jeweiligen Aussage voraussetzt.[231] Daran zweifeln auch beide Gerichte nicht. Sie weisen den einzelnen im Streit stehenden Standortbestimmungen jeweils die Zielqualität zu, die diese nach dem Willen der Landespla-

---

[227] *VGH Kassel* Urt. v. 16.08.2002 – 4 N 455/02, NVwZ 2003, 229, 231.

[228] Dazu soeben unter E.II.1.b.

[229] *BVerwG* Urt. v. 16.03.2006 – 4 A 1075/04, NVwZ 2006 Beilage Nr. 1, dazu oben unter E.I.

[230] So zutreffend auch *VGH Kassel* Urt. v. 16.08.2002 – 4 N 455/02, NVwZ 2003, 229, 231.

[231] Diese in § 3 Nr. 2 ROG 1998 (= § 3 Abs. 1 Nr. 2 ROG) ausdrücklich formulierte Voraussetzung war nach § 23 ROG 1998 auf den dem Urteil zu Grunde liegenden Sachverhalt noch nicht anwendbar, da die Einleitung des Planungsverfahrens zum LEP 2000 vor dem 01.01.1998 begonnen hatte. Die Voraussetzung war allerdings auch ohne gesetzliche Normierung anerkannt, *BVerwG* Urt. v. 20.08.1992 – 4 NB 20/91, BVerwGE 90, 329.

nungsbehörde haben sollen.[232] Der VGH Kassel sah die konkrete Festlegung im LEP Hessen 2000 allerdings mangels Berücksichtigung raumordnungsexterner Belange als unwirksam an, während das BVerwG die Standortbestimmung im LEP FS 2003 auch ohne abschließende Berücksichtigung raumordnungsexterner Belange als wirksam bewertete. Während der VGH Kassel davon ausging, dass auf Raumordnungsebene abschließend abgewogene Ziele unter keinen Umständen auf der nachfolgenden Planungsebene noch überwunden werden können, trennte das BVerwG zwischen raumordnungsrechtlichen, nicht überwindbaren und raumordnungsexternen, überwindbaren Belangen.

Die durch das BVerwG vorgenommene Unterscheidung zwischen raumordnungsrechtlichen und raumordnungsexternen Belangen grenzt die Befugnisse der Landesplanung gegenüber der Fachplanung nachvollziehbar ab und vermeidet unzulässige Eingriffe der Raumplanungsbehörden in Kompetenzbereiche der Fachplanungsbehörden. Der VGH Kassel dagegen verkannte mit dem aufgestellten Erfordernis der abgeschlossenen Abgewogenheit auch der fachplanerischen Belange die Kompetenzverteilung zwischen Raumplanung und Fachplanung.[233]

Die Grenze der vorausschauenden Berücksichtigung der fachplanerischen Belange wurde durch die Oberste Landesplanungsbehörde im LEP Hessen 2000 nicht überschritten. Dieses Kriterium wurde vom BVerwG zwar erst nach diesem Urteil[234] ausdrücklich so formuliert, allerdings ist es in die Betrachtung mit einzubeziehen, dass tatsächlich auch schon vor dem Judikat des BVerwG die Landesplanungsbehörden wie hier die fachplanerischen Belange zutreffend in ihre Abwägung miteinzubezogen hatten, das vom BVerwG formulierte Kriterium keine „Neuerfindung" darstellt[235] Ein unzulässiger Eingriff in die Kompetenz der Fachplanungsbehörden ist nicht gegeben. Hauptsächlich wurde auf die besondere Bedeutung des Luftverkehrs, sowie dessen stetiges Wachstum und die damit verbundene Notwendigkeit der Stärkung des Flughafens Frankfurt am Main durch eine Erweiterung des Start- und Landebahnsystems verwiesen. Zudem wurde der geplante Bau von Fracht- und Speditionshallen im Süden des Flughafens Frankfurt am Main zur Schaffung der Voraussetzungen für die Anforderungen des Luftfrachtverkehres erwähnt. Zu Belangen der Lärmemissionen sowie Schadstoffen wurde nur ausgeführt, dass eine Reduktion bzw. eine Entkopplung der Verkehrszunahme von der Zunahme der Emissionen gelungen

---

[232] *VGH Kassel* Urt. v. 16.08.2002 – 4 N 455/02, NVwZ 2003, 229, 231; *BVerwG* Urt. v. 16.03.2006 – 4 A 1075/04, NVwZ 2006 Beilage Nr. 1, Rn. 86.

[233] Vgl. zu dieser nunmehr in § 7 Abs. 2 S. 1 Halbs. 2 ROG gesetzlich angelegten Abgrenzung oben unter E.I.3.b., insbesondere in Unterabschnitt (2).ii. im Rahmen der Analyse zum Urteil des BVerwG zum Ausbau des Flughafens Berlin-Schönefeld.

[234] 2006 im Rahmen seines Urteils zum Flughafenausbau Berlin-Schönefeld, *BVerwG* Urt. v. 16.03.2006 – 4 A 1075/04, NVwZ 2006 Beilage Nr. 1, vgl. dazu unter E.I.3.

[235] Anders der VGH Kassel, der das Ziel aufgrund unzureichender Abwägung für unzulässig erklärte.

sei. Aus diesen Ausführungen ist nicht erkennbar, dass rein fachplanerische Belange von der Raumplanungsbehörde abschließend abgewogen worden wären.

ii. Vorausschauende Abwägung – Realisierungsverpflichtung

Bei der Beurteilung der landesplanerischen Standortfestlegung in Ziel Nr. 1 des LEP FS 2003 für den Flughafen Schönefeld ließ das BVerwG zwar erkennen, dass bei rein wörtlicher Auslegung der Bestimmung tatsächlich von einer Beschneidung des Spielraums der Fachplanungsbehörde in der Weise, dass diese keine Option mehr hätte, den Flughafen am Standort Schönefeld abzulehnen, ausgegangen werden könnte.[236] Gleichwohl betonte das Gericht den mit dieser Auslegung automatisch einhergehenden unzulässigen Eingriff in die Kompetenz der Fachplanungsbehörde. Nach der Lesart des BVerwG sei in der Formulierung „ist der Flughafen Berlin-Schönefeld weiter zu entwickeln" in Ziel 1 des LEP FS 2003 keine Realisierungsverpflichtung enthalten, sondern nur die Betonung der Verbindlichkeit der Festlegung.[237] Diese Auslegung liegt nicht direkt auf der Hand. Wie das Gericht zutreffend festgestellt hat, ist aus dem Wortlaut die Verpflichtung zur Weiterentwicklung und damit genau genommen eine Ausbaupflicht ablesbar. Im Gesamtzusammenhang gesehen ergibt sich allerdings, dass der Fokus der Landesplanungsbehörde auf der Absicherung der ohnehin beabsichtigten Erweiterung der Flughafenkapazität an dem von ihr bevorzugten Standort in Schönefeld liegt. Die Begründung zu Ziel Nr. 1 des LEP FS 2003 befasst sich schwerpunktmäßig auf über sechs von sieben Seiten mit der Abwägung der Vor- und Nachteile an den zur Diskussion stehenden Standorten.[238] Die Notwendigkeit eines Ausbaus an sich stand nicht zur Diskussion. Eine Verpflichtung zur Realisierung unter allen Umständen geht damit trotzdem nicht einher. Diese Lesart würde der originären fachplanerischen Zulassungsentscheidung vorgreifen. Vielmehr enthält die einführende Erläuterung im Rahmen der Begründung unter Ziffer II.1. als ausdrückliche Aufgabe die landesplanerische Standortsicherung des Standorts Berlin-Schönefeld. Daraus wird deutlich, dass keinesfalls eine abschließende Entscheidung über den Ausbau insgesamt getroffen werden sollte, sondern lediglich die Schaffung der landesplanerischen Voraussetzungen für die Realisierung am landesplanerisch bevorzugten Standort.

Der VGH Kassel beurteilte die ähnlich lautende Bestimmung im LEP Hessen 2000 dagegen als Realisierungsverpflichtung. Durch die Bestimmung,

---

[236] *BVerwG* Urt. v. 16.03.2006 – 4 A 1075/04, NVwZ 2006 Beilage Nr. 1, Rn 87.

[237] *BVerwG* Urt. v. 16.03.2006 – 4 A 1075/04, NVwZ 2006 Beilage Nr. 1, Rn. 87.

[238] Unter Ziffer IV. „Begründung" Nr. 4 und Nr. 5 zu Z 1 im LEP FS 2003 (in den Ländern Berlin und Brandenburg jeweils als Anlage zur Verordnung über den Landesentwicklungsplan Flughafenstandortentwicklung bekannt gemacht, Verordnung vom 28.10.2003, Berl. GVBl., 521 bzw. Bbg. GVBl. II, 594.

„eine Erweiterung über das bestehende Start- und Landebahnsystem hinaus zu planen und zu realisieren" sei die Null-Variante – gar keine Planung und damit keinerlei Auswirkungen auf andere Planungsträger – ausgeschlossen. Dieser Ausbauverpflichtung etwaige entgegenstehende Belange müssten von den nachfolgenden Planungsträgern unter allen Umständen überwunden werden.[239] Wie das BVerwG bezüglich der ähnlichen Formulierung im LEP FS 2003[240] zutreffend ausführte, ist eine solche Realisierungsverpflichtung kompetenzwidrig. Sie greift in unzulässiger Weise der fachplanerischen Zulassungsentscheidung vor.[241]

Die vom VGH Kassel geforderte umfängliche Abwägung aller, auch der fachplanerischen Belange, darf die Landesplanungsbehörde aus Kompetenzgründen gar nicht durchführen. Eine solche Realisierungsverpflichtung ist daher nicht erst auf Grund unzureichender Abwägung unwirksam, sondern schon auf Grund fehlender Kompetenz unzulässig.[242]

iii. Unwirksamkeit der zielförmigen Ausweisung aufgrund unzureichender Abwägung der raumordnungsrechtlichen Belange

Die Unwirksamkeit der zielförmigen Festlegung Nr. 7.4 im LEP Hessen 2000 wäre vielmehr aufgrund mangelnder Abwägung der spezifischen raumordnungsrechtlichen Belange für unwirksam zu erklären gewesen. Um eine wirksame zielförmige Aussage zu treffen, muss die Landesplanungsbehörde hinsichtlich der raumordnungsrechtlichen Belange abschließend abwägen. Diese Unterscheidung hat der VGH Kassel verkannt. Sollte in der Festlegung in Nr. 7.4 des LEP Hessen 2000 wie auch im LEP FS 2003 „nur" eine Absicherung des Standortes zu sehen sein und nicht auch eine Realisierungsverpflichtung, wäre das Ziel wirksam, wenn die Landesplanungsbehörde die relevanten Belange ebenenspezifisch und auch im Übrigen wirksam abgewogen hätte. Dies ist nicht geschehen. Die Begründung zu den Festlegungen in Abschnitt 7.4. des LEP Hessen 2000 ist sehr knapp gehalten und bringt nicht zum Ausdruck, mit welchen raumordnungsrechtlichen Belangen sich die Landesplanungsbehörde auseinandergesetzt hat. Insbesondere ob andere Standorte in Betracht kamen oder welche Bedeutung die Erweiterung für die Siedlungsstruktur oder ähnliches haben könnte, wird nicht erwähnt.

---

239 *VGH Kassel* Urt. v. 16.08.2002 – 4 N 455/02, NVwZ 2003, 229, 231.

240 Ziel Nr. 1 im LEP FS 2003 enthält die Formulierung „ist ... zu schließen", „sind ... zu entwickeln", Verordnung vom 28.10.2003, Berl. GVBl., 521 bzw. Bbg. GVBl. II, 594.

241 *BVerwG* Urt. v. 16.03.2006 – 4 A 1075/04, NVwZ 2006 Beilage Nr. 1, Rn. 87.

242 So sehen es auch *Steinberg/Steinwachs*, NVwZ 2004, 530, 535.

2. *Änderung LEP Hessen 2007*[243] *– Aussagen zur Standortentscheidung*[244]

In Folge der Unwirksamkeitserklärung der Zielfestlegung Nr. 7.4. Abs. 2 S. 2 im LEP Hessen 2000 durch den VGH Kassel mit Urteil vom 16.08.2002[245] wurde der Landesentwicklungsplan Hessen 2000 im Jahr 2007 geändert.[246] Im Bereich der Festlegungen findet sich in Abschnitt III.1. „Erweiterungsflächen für den Flughafen Frankfurt Main" unter der Bezeichnung „Z" folgende Formulierung:

> „Zur Sicherung der langfristigen räumlichen Entwicklungsmöglichkeiten des Flughafens Frankfurt Main werden die in der Plankarte dargestellten Flächen für die Erweiterung der Flughafenanlagen einschließlich einer neuen Landebahn als Vorranggebiete ausgewiesen, die von konkurrierenden Planungen und Nutzungen freizuhalten sind."[247]

Im Begründungsteil findet sich im Rahmen der raumordnungsrechtlichen Gesamtbewertung die Darlegung, nur eine Erweiterung am bisherigen Standort sei im Hinblick auf alle möglichen Belange, insbesondere der Erhaltung des ländlichen Raumes, zweckmäßig.[248] Bezüglich der einzelnen Ziele und Grundsätze wird sodann ausgeführt, der Bau einer neuen Landebahn im Nordwesten sei mit den geringsten Auswirkungen insbesondere auf Wald- und Freiflächen sowie die kommunale Planungshoheit verbunden, auch wenn damit eine stärkere Beeinträchtigung bestehender und geplanter Gewerbegebiete hervorgerufen werde.[249] Diese Auswirkungen seien jedoch mit Mitteln des Immissionsschutzrechtes beherrschbar sowie durch bauliche und technische Maßnahmen begrenzbar. Nach derzeitigem Kenntnisstand seien keine zwingenden rechtlichen und technischen Gründe erkennbar, die dem Ausbau im Nordwesten entgegenstünden. Ebenso wenig sei für den Betreiber des angrenzenden Gewerbebetriebes eine unzumutbare Belastung zu erwarten. Im Vergleich mit den bei der Variante Nordwest entstehenden Nachteilen überwiege die stärkere Risikozunahme für die Wohnbevölkerung bei anderen Varianten. Selbst wenn sich für die Gewerbebetriebe

---

243 Verordnung über die Änderung des Landesentwicklungsplans Hessen 2000 vom 22.06.2007, Hess GVBl. I, 406 in der Fassung der Berichtigung vom 20.09.2007, Hess GVBl. I, 578.

244 Auf die Änderungen zu lärmschutzrechtlichen Gesichtspunkten wird unter E.III. eingegangen.

245 *VGH Kassel* Urt. v. 16.08.2002 – 4 N 455/02, NVwZ 2003, 229, vgl. dazu E.II.1.b.

246 Verordnung über die Änderung des Landesentwicklungsplans Hessen 2000 vom 22.06.2007, Hess GVBl. I, 406 in der Fassung der Berichtigung vom 20.09.2007, Hess GVBl. I, 578.

247 Verordnung über die Änderung des Landesentwicklungsplans Hessen 2000 vom 22.06.2007, Hess GVBl. I, 406 in der Fassung der Berichtigung vom 20.09.2007, Hess GVBl. I, 578, Abschnitt Z.III.1.

248 Verordnung über die Änderung des Landesentwicklungsplans Hessen 2000 vom 22.06.2007, Hess GVBl. I, 406 in der Fassung der Berichtigung vom 20.09.2007, Hess GVBl. I, 578, Abschnitt IV.10.

249 Verordnung über die Änderung des Landesentwicklungsplans Hessen 2000 vom 22.06.2007, Hess GVBl. I, 406 in der Fassung der Berichtigung vom 20.09.2007, Hess GVBl. I, 578, Abschnitt IV.10., Ausführungen zu III.1.

weitergehende Beeinträchtigungen durch Betriebsbeschränkung oder sogar Stilllegung der betroffenen Anlagen ergeben würden, die bei anderen Varianten nicht anfallen würden, überwögen die öffentlichen Belange diese Nachteile.[250]

3. Planfeststellungsbeschluss vom 18.12.2007

Parallel zur Änderung des Landesentwicklungsplanes Hessen wurde auf Antrag der Vorhabenträgerin Fraport AG das Planfeststellungsverfahren zum Ausbau des Flughafens Frankfurt am Main durchgeführt.[251] Der Planfeststellungsbeschluss erging am 18.12.2007.[252] Festgestellt wurde insbesondere die Erweiterung des Flughafens durch den Bau einer weiteren Landebahn nordwestlich des bestehenden Flughafengeländes. Dabei nahm die Planfeststellungsbehörde bezüglich der Standortentscheidung eine umfangreiche Abwägung aller möglichen Belange vor. Sie ging davon aus, im Landesentwicklungsplan in der Fassung von 2007 sei keine bindende Standortentscheidung enthalten. In der Ausweisung des Vorranggebietes sah sie kein Verbot einer Ausweisung der Flughafenerweiterung an anderer als an das bestehende Flughafengelände anschließender Stelle. Das Vorranggebiet diene lediglich der Sicherung der aus Sicht der Raumordnungsbehörde besonders geeigneten Fläche.[253]

---

[250] Als öffentliche Belange werden insbesondere genannt: Die Lage des Flughafens an zentralen Verkehrsachsen, die große Anzahl der geschaffenen Arbeitsplätze, Schutz der Freiräume anderenorts, Verordnung über die Änderung des Landesentwicklungsplans Hessen 2000 vom 22.06.2007, Hess GVBl. I, 406 in der Fassung der Berichtigung vom 20.09.2007, Hess GVBl. I, 578, Abschnitt IV.10. zu III.1.

[251] Die Fraport AG als Trägerin des Ausbauvorhabens stellte den Antrag auf Ausbau bei dem Hessischen Ministerium für Wirtschaft, Verkehr und Landesentwicklung als Planfeststellungsbehörde am 08.09.2003, vgl. Planfeststellungsbeschluss Teil A, S. 1, abrufbar unter https://wirtschaft.hessen.de/verkehr/luftverkehr/ausbau-flughafen-frankfurt/planfeststellungsbeschluss (zuletzt abgerufen am 11.08.2015).

[252] Die einzelnen Teile des Beschlusses sind veröffentlicht unter https://wirtschaft.hessen.de/verkehr/luftverkehr/ausbau-flughafen-frankfurt/planfeststellungsbeschluss (zuletzt abgerufen am 11.08.2015).

[253] HMWVL, Planfeststellungsbeschluss Ausbau Flughafen Frankfurt/Main v. 18.12.2007, S. 691 ff., insbesondere S. 703 ff., abrufbar unter https://wirtschaft.hessen.de/sites/default/files/HMWVL/plafe_teil_c_entscheidungsgruende_iii_1_bis_7.pdf (zuletzt abgerufen am 11.08.2015).

4. Aussagen zur Standortentscheidung im Urteil des VGH Kassel vom 21. 08. 2009[254] zum Planfeststellungsbeschluss sowie im Beschluss des VGH Kassel vom 05. 02. 2010[255] zur Änderung des Landesentwicklungsplans Hessen 2007

Sowohl das Urteil des VGH Kassel in dem Verfahren zur Wirksamkeit des Planfeststellungsbeschlusses als auch der Beschluss des selben Gerichts[256] zur Wirksamkeit der Änderung des Landesentwicklungsplanes LEP Hessen 2007 kommen im Hinblick auf die jeweiligen Befugnisse der Landesplanungsbehörde einer- und der Fachplanungsbehörde andererseits zu dem Ergebnis, die Planfeststellungsbehörde habe ihre Kompetenzen durch die umfängliche Abwägung nicht überschritten.

a. Aussagen zur Standortentscheidung im Urteil des VGH Kassel vom 21. 08. 2009 zum Planfeststellungsbeschluss

Gegen den Planfeststellungsbeschluss vom 18. Dezember 2007 wurden mehrere Anfechtungsklagen erhoben.[257] Geltend gemacht wurde unter anderem, der Plan verstoße gegen Vorgaben des Raumordnungsrechts, da die sich aus dem Landesentwicklungsplan Hessen 2007 ergebenden bindenden Vorgaben bezüglich des Standorts von der Planfeststellungsbehörde verkannt worden seien. Nach Auffassung der Kläger sei der Ausbau des Flughafens zielförmig und beinahe parzellenscharf durch die Landesplanung festgelegt worden.[258] Die Änderungsverordnung selbst sei u. a. wegen fehlender Beachtung von im Regionalplan Hessen festgelegten Zielen nichtig, was auf die Rechtmäßigkeit des Planfeststellungsbeschlusses durchschlage.[259]

Der VGH Kassel lehnte diese Anträge ab. Das Gericht führte aus, die Planfeststellungsbehörde sei zu Recht davon ausgegangen, bezüglich des Standorts eine eigenständige Abwägung unter Berücksichtigung der Aussagen der Landesplanungsbehörde durchführen zu dürfen, da sich aus den landesplanerischen Vorgaben keine strikte Bindung ergebe.[260] Zielförmig ausgewiesen sei nur die Vorrangfläche und damit das Verbot, diese Fläche anderweitig zu nutzen. Die vorgesehene Nutzung der gesicherten Fläche zur Erweiterung des Flughafens

---

254 *VGH Kassel* Urt. v. 21. 08. 2009 – 11 C 227/08.T u. a., juris, dazu unter E.II.4.a.

255 *VGH Kassel* Beschl. v. 05. 02. 2010 – 11 C 1549/08.N, BeckRS, 47545, dazu unter E.II.4.b.

256 Es entschied in beiden Fällen der 11. Senat des VGH Kassel.

257 Kläger waren mehrere Kommunen, private Grundeigentümer in Frankfurt-Sachsenhausen sowie das Klinikum in Offenbach. Über diese zur Entscheidung verbundenen Klagen hat der VGH Kassel mit Urteil vom 21. 08. 2009 entschieden, *VGH Kassel* Urt. v. 21. 08. 2009 – 11 C 227/08.T u. a., juris.

258 *VGH Kassel* Urt. v. 21. 08. 2009 – 11 C 227/08.T u. a., juris, Rn. 12.

259 *VGH Kassel* Urt. v. 21. 08. 2009 – 11 C 227/08.T u. a., juris, Rn. 12.

260 *VGH Kassel* Urt. v. 21. 08. 2009 – 11 C 227/08.T u. a., juris, Rn. 417.

erhalte dadurch jedoch keine Zielqualität. Die diesbezüglich vorgesehene Nutzung der Fläche sei als Grundsatz der Raumordnung zu beachten.[261] Die Ablehnung einer zielförmigen Bestimmung ergab sich für das Gericht aus der fehlenden Kennzeichnung als Ziel.[262] Selbst wenn die umfangreiche Ermittlung des Sachverhalts für eine abschließende Entscheidung auf Landesplanungsebene spreche und eine solche Entscheidung auch möglich gewesen wäre, habe sich die Landesplanungsbehörde auf die zielförmige Absicherung der Vorrangfläche beschränkt. Eine explizite Ausweisung des Baus der Landebahn im Nordwesten fände sich im LEP Hessen 2007 gerade nicht.[263] Der VGH Kassel stellte dabei auch den Unterschied zum Urteil des BVerwG zum Ausbau des Flughafens Berlin-Schönefeld heraus. In dem dieser Entscheidung zu Grunde liegenden Landesentwicklungsplan LEP FS 2003 sei in Ziel Nr. 2 ebenfalls eine Vorrangfläche für den Ausbau festgelegt worden. Zusätzlich sei explizit in Ziel Nr. 1 die Ausbauverpflichtung für den Flughafen am Standort Schönefeld aufgenommen worden.[264] Darin sei eine abschließende Standortentscheidung zu sehen, die über eine bloße Ausweisung eines Vorranggebietes hinausgehe.[265] Da der landesplanerische Wille zum Ausbau im Nordwesten des bestehenden Flughafens Frankfurt aber auch so deutlich zum Ausdruck komme, sei diese Vorgabe im Rahmen der Abwägung als Grundsatz zu beachten. Nach § 8 Abs. 1 S. 2 LuftVG seien zwar die Belange der Raumordnung bei der Zulassungsentscheidung zu berücksichtigen, die Zulassung einer Flughafenerweiterung stehe jedoch nicht unter dem Vorbehalt einer zielförmigen landesplanerischen Festlegung.[266] Den Angriff auf die Rechtmäßigkeit der LEP-Änderung an sich verwirft der VGH Kassel mit dem Argument, eine Standortentscheidung für einen Flughafen müsse nicht zwingend auf der Ebene der Landesplanung abschließend getroffen werden, eine Absicherung durch Ausweisung einer Vorrangfläche sei vielmehr ausreichend. Aus den genannten Gründen sei die Planfeststellungsbehörde nicht nur berechtigt, sondern sogar verpflichtet gewesen, auch bezüglich der Standortwahl vollumfänglich eigenständig abzuwägen.[267] Weiter stellte das Gericht fest, Mängel des LEP Hessen 2007 könnten nicht auf Fachplanungsebene durchschlagen, da der Planfeststellungsbeschluss keine verbindliche Entscheidung der Landesplanungsbehörde aufgreife. Der Planfeststellungsbeschluss sei von der Wirksamkeit der LEP-Änderung unabhängig, eine eventuelle Unwirksamkeit des LEP Hessen 2007 habe nicht zwangsläufig

---

[261] *VGH Kassel* Urt. v. 21. 08. 2009 – 11 C 227/08.T u. a., juris, Rn. 433.

[262] Diese Kennzeichnung verlangt § 7 Abs. 4 ROG.

[263] *VGH Kassel* Urt. v. 21. 08. 2009 – 11 C 227/08.T u. a., juris, Rn. 434.

[264] Der LEP FS 2003 wurde in den Ländern Berlin und Brandenburg jeweils als Anlage zur Verordnung über den Landesentwicklungsplan Flughafenstandortentwicklung bekannt gemacht, Verordnung vom 28. 10. 2003, Berl. GVBl., 521 bzw. Bbg GVBl. II, 594.

[265] *VGH Kassel* Urt. v. 21. 08. 2009 – 11 C 227/08.T u. a., juris, Rn. 436.

[266] *VGH Kassel* Urt. v. 21. 08. 2009 – 11 C 227/08.T u. a., juris, Rn. 438.

[267] *VGH Kassel* Urt. v. 21. 08. 2009 – 11 C 227/08.T u. a., juris, Rn. 438 f.

die Unwirksamkeit des Planfeststellungsbeschlusses zur Folge, weshalb das Gericht sich auch nicht gehalten sah, den LEP Hessen 2007 in einer „Quasi"-Normenkontrolle inzident zu überprüfen.[268]

b. Aussagen zur Standortentscheidung im Beschluss des VGH Kassel vom 05.02.2010 zur Änderung des LEP Hessen 2007

Gegen die „Verordnung über die Änderung des Landesentwicklungsplanes Hessen 2000 vom 22.06.2007", den LEP Hessen 2007,[269] haben mehrere im Umfeld des Flughafens Frankfurt liegende Kommunen einen Antrag auf Normenkontrolle nach §47 VwGO gestellt. Der VGH Kassel hat darüber durch Beschluss vom 05.02.2010 entschieden.[270] Die Antragsteller hatten geltend gemacht, die LEP-Änderung sei schon formell unwirksam, da durch die Vorranggebietsfestlegung ein unzulässiger Eingriff in die fachplanerischen Befugnisse erfolgt sei. Diese Gebietsfestlegung für eine neue Landebahn stelle eine raumordnerische Letztentscheidung hinsichtlich des Standorts dar, die Landesplanungsbehörde habe aber nur ebenenspezifisch die raumbedeutsamen Belange abgewogen.[271] Der 11. Senat des VGH Kassel hat zum Verhältnis der landesplanerischen zu den fachplanerischen Befugnissen ähnliche Erwägungen wie in seinem Urteil vom 21.08.2009[272] zu dem Planfeststellungsbeschluss 2007 angeführt und den Normenkontrollantrag insgesamt als unbegründet abgelehnt. Die Vorranggebietsfestsetzung sei zielförmig ausgewiesen, nicht jedoch die Nutzung selbst. Auch wenn die Landesplanungsbehörde umfangreich untersucht habe, ob die durch die Standortausweisung entstehenden Konflikte fachplanerisch zu bewältigen sein werden, sei dies kein Argument dafür, dass der Flughafenausbau zwingend auf der gesicherten Vorrangfläche durchgeführt werden müsse.[273] Erneut verwies das Gericht auf den Unterschied zu den landesplanerischen Vorgaben für den Flughafenausbau in Berlin-Schönefeld. Dort sei zusätzlich zur Ausweisung einer Vorrangfläche eine Ausbauverpflichtung an einem bestimmten Standort festgeschrieben worden.[274] Die Wahl eines Standortes für einen Flughafen sei vorrangig auf der Ebene der Raumordnung zu treffen, was jedoch umgekehrt keine zwingende Voraussetzung für die Zulässigkeit einer Flughafenerweiterung sei. Für die Flughafenzulassung sei kein ge-

---

[268] *VGH Kassel* Urt. v. 21.08.2009 – 11 C 227/08.T u. a., juris, Rn. 439.

[269] Hess GVBl. I, 406 in der Fassung der Berichtigung vom 20.09.2007, Hess GVBl I, 578. Vgl. zu den relevanten Änderungen im Bereich der Standortfestlegung die Ausführungen unter E.II.2.

[270] *VGH Kassel* Beschl. v. 05.02.2010 – 11 C 1549/08.N, BeckRS, 47545.

[271] Vgl. die Zusammenfassung der Ausführungen der Antragsteller durch das *VGH Kassel* Beschl. v. 05.02.2010 – 11 C 1549/08.N, BeckRS, 47545 unter I.

[272] *VGH Kassel* Urt. v. 21.08.2009 – 11 C 227/08.T u. a., juris, dazu soeben unter E.II.4.a.

[273] *VGH Kassel* Beschl. v. 05.02.2010 – 11 C 1549/08.N, BeckRS, 47545, unter II.2.2.2.

[274] *VGH Kassel* Beschl. v. 05.02.2010 – 11 C 1549/08.N, BeckRS, 47545, unter II.2.2.2.

setzlicher Vorbehalt der landesplanerischen zielförmigen Standortausweisung gegeben, zur Sicherung der Erweiterungsflächen genüge die Ausweisung eines Vorranggebietes.[275] Einen unzulässigen Eingriff in die Kompetenz der Planfeststellungsbehörde durch die Vorranggebietsfestlegung verneinte das Gericht mit dem Argument, es läge keine Ausweisung der Gestalt vor, in dem Vorranggebiet ausschließlich eine Landebahn bauen zu dürfen. Die Nutzung als Landebahn sei lediglich als eine mögliche Nutzung ausgewiesen worden.[276] Ein Verstoß gegen das raumordnungsrechtliche Abwägungsgebot läge ebenfalls nicht vor. Selbst bei gebietsscharfen Standortausweisungen beschränke sich die Abwägungspflicht auf den Ausgleich der Raumnutzungen und Raumfunktionen. Örtliche Einzelheiten blieben der konkreten fachplanungsrechtlichen Zulassungsentscheidung vorbehalten. Diese Kompetenzgrenzen habe die Landesplanungsbehörde nicht verlassen.[277]

5. Rechtsmittelentscheidungen des BVerwG: Aussagen bezüglich der Zulässigkeit von Standortentscheidungen auf Raumplanungsebene

a. Zurückweisungsbeschlüsse des BVerwG vom 31.03.2011 gegen die Nichtzulassung der Revision im Beschluss des VGH Kassel vom 05.02.2010[278]

Die Beschwerden gegen die Nichtzulassung der Revision in dem Beschluss des VGH Kassel zu der LEP-Änderung 2007 wurden durch das BVerwG mit Beschlüssen vom 31.03.2011 zurückgewiesen.[279] Keiner der von den Beschwerdeführern geltend gemachten Punkte rechtfertige die Durchführung eines Revisionsverfahrens, insbesondere sei keine grundsätzliche Bedeutung der Rechtssache nach § 132 Abs. 2 Nr. 1 VwGO gegeben.

Die Beschwerdeführer hielten unter anderem die Frage für klärungsbedürftig, ob die landesplanerische Standortfestlegung für einen internationalen Verkehrsflughafen zielförmig erfolgen müsse und ob die Standortentscheidung für die Erweiterung eines internationalen Verkehrsflughafens durch die Festlegung eines Vorranggebietes erfolgen könne. Das BVerwG sah insbesondere keine Verpflichtung gegeben, Flughafenstandorte verbindlich auf Raumordnungsebene festzulegen. Entgegen der Auffassung der Beschwerdeführer sei § 7 Abs. 2

[275] *VGH Kassel* Beschl. v. 05.02.2010 – 11 C 1549/08.N, BeckRS, 47545, unter II.2.2.2. a. E.

[276] *VGH Kassel* Beschl. v. 05.02.2010 – 11 C 1549/08.N, BeckRS, 47545, unter II.2.2.6.

[277] *VGH Kassel* Beschl. v. 05.02.2010 – 11 C 1549/08.N, BeckRS, 47545, unter II.2.3.

[278] *VGH Kassel* Beschl. v. 05.02.2010 – 11 C 1549/08.N, BeckRS, 47545, vgl. dazu unter E.II.4.b.

[279] *BVerwG* Beschl. v. 31.03.2011 – 4 BN 19/10, BeckRS 2011, 49978 und *BVerwG* Beschl. v. 31.03.2011 – 4 BN 18/10, BeckRS 2011, 49977.

S. 1 Nr. 3 ROG 1998[280] keine Pflicht zur abschließenden Standortentscheidung auf Ebene der Landesplanung zu entnehmen. Des Weiteren führte das BVerwG aus, Vorranggebiete hätten „unstreitig" Zielcharakter und lösten daher bindende Wirkung für nachfolgende Ebenen aus, was zur Sicherung eines Standortes für einen Flughafen ausreiche.[281]

In der Parallelentscheidung vom selben Tag ebenfalls zur Nichtzulassung der Revision stand die Frage im Mittelpunkt, ob bei der Festlegung des Vorranggebietes nicht zugleich auch der Standort zielförmig festgelegt worden sei.[282] Dem widersprach das BVerwG und stellte vielmehr klar, eine solche Auslegung der Norm des § 7 Abs. 4 ROG 1998[283] sei nicht möglich. Ein Ausschluss der Vorrangnutzung an anderer Stelle sei der Norm nicht zu entnehmen, gerade auch die gesetzlich vorgesehene Möglichkeit der Kombination mit einem Eignungsgebiet spräche dagegen. Die Landesplanungsbehörde könne ohne Verstoß gegen Bundesrecht einen Standort als Grundsatz der Raumordnung ausweisen.

b. Revisionsentscheidung des BVerwG vom 04. 04. 2012 gegen die Entscheidung des VGH Kassel vom 21. 08. 2009284

Gegen die Entscheidung des VGH Kassel bezüglich des Planfeststellungsbeschlusses vom 21. 08. 2009 wurde von Klägern und Beklagten Revision eingelegt. Die Kläger hatten im Hinblick auf die Lärmschutzregelungen teilweise Erfolg, im Hinblick auf die Verbindlichkeit der Standortentscheidung auf Raumordnungsebene jedoch nicht.[285] Das BVerwG stellte klar, der VGH Kassel habe ohne Bundesrechtsverletzung einen Verstoß gegen Vorgaben der Raumordnung verneint.[286] Insbesondere sei das Gericht zu Recht davon ausgegangen, die Vorranggebietsfestlegung sei zielförmig ausgewiesen, die Erweiterung des Flughafens auf der Vorrangfläche im Nordwesten lediglich als Grundsatz der Raumordnung festgehalten worden.[287] Der Senat wiederholte seine Aussage aus den Beschlüssen über die Nichtzulassung der Revision zu dem Urteil des VGH Kassel bezüglich der LEP-Änderung 2007,[288] es gebe keine bundesrecht-

---

280 Entspricht § 8 Abs. 5 Nr. 3 ROG in der Fassung vom 22. 12. 2008, BGBl. I, 2968.

281 *BVerwG* Beschl. v. 31. 03. 2011 – 4 BN 19/10, BeckRS 2011, 49978, Rn. 13.

282 *BVerwG* Beschl. v. 31. 03. 2011 – 4 BN 18/10, BeckRS 2011, 49977, Rn. 5 ff.

283 Entspricht § 8 Abs. 5 ROG in der Fassung vom 22. 12. 2008, BGBl. I, 2968.

284 *VGH Kassel* Urt. v. 21. 08. 2009 – 11 C 227/08.T u. a., juris, vgl. dazu oben unter E.II.4.a.

285 *BVerwG* Urt. v. 04. 04. 2012 – 4 C 8/09 u. a., NVwZ 2012, 1314; zu den Aussagen zu den Lärmschutzregelungen in diesem Urteil unten unter E.III.3.

286 *BVerwG* Urt. v. 04. 04. 2012 – 4 C 8/09 u. a., NVwZ 2012, 1314, Rn. 75.

287 *BVerwG* Urt. v. 04. 04. 2012 – 4 C 8/09 u. a., NVwZ 2012, 1314, Rn. 81.

288 *BVerwG* Beschl. v. 31. 03. 2011 – 4 BN 18/10, BeckRS 2011, 49977; *BVerwG* Beschl. v. 31. 03. 2011 – 4 BN 19/10, BeckRS 2011, 49978.

liche Vorschrift, die die verbindliche Festsetzung eines Flughafenstandorts auf Raumordnungsebene verlange.[289]

6. Stellungnahme zu den Aussagen in den Entscheidungen des VGH Kassel und des BVerwG zur Standortausweisung im LEP Hessen 2007 und im Planfeststellungsbeschluss 2007

a. Keine Verpflichtung der Landesplanungsbehörden zur zielförmigen Ausweisung von Standorten

Den Entscheidungen ist insoweit zuzustimmen, als sie festhalten, aus dem ROG ergebe sich keine Verpflichtung der Landesplanungsbehörden, Standortentscheidungen zwingend in Form von Zielen der Raumordnung auszuweisen.[290]

Es ist freilich nicht von der Hand zu weisen, dass es für die Zulassungsbehörden leichter wäre, wüssten sie von vornherein, dass Standortausweisungen in Landesraumordnungsplänen immer strikt zu beachten seien. Andererseits würde dadurch der Entscheidungsspielraum der Zulassungsbehörde schon von vornherein und für alle Fälle begrenzt, was nicht immer den konkreten, situationsbedingt sehr unterschiedlichen Anforderungen entspricht. Die Einführung einer solchen Verpflichtung zur verbindlichen Ausweisung wäre auch nicht sinnvoll. Die Landesplanungsbehörden sind nach §§ 7 ff. ROG gesetzlich verpflichtet, Raumordnungspläne aufzustellen, welche Festlegungen u. a. zur Entwicklung und Ordnung des Raumes enthalten, insbesondere auch zu Standorten und Trassen für Infrastruktur, § 8 Abs. 5 Nr. 3 ROG. Ob sie die von den konkreten Ausweisungen tangierten öffentlichen und privaten Belange abschließend gegeneinander abwägen möchten, um ein wirksames Ziel der Raumordnung aufzustellen, § 3 Abs. 1 Nr. 2, § 7 Abs. 2 S. 1 Halbs. 2 ROG, oder eine Vorgabe für die nachfolgende Abwägungsentscheidung in Form eines Grundsatzes der Raumordnung, § 3 Abs. 1 Nr. 3 ROG, treffen möchten, sollte alleine in der Entscheidungskompetenz der Landesplanungsbehörden liegen. Dies ist in jedem Einzelfall nach den örtlichen Gegebenheiten auch unterschiedlich zu beurteilen. Es steht den Landesplanungsbehörden frei, ob sie es für erforderlich halten, einen Standort für ein Vorhaben unter raumordnungsrechtlichen Gesichtspunkten zu bewerten und auszuweisen. Es ist ihnen auch freigestellt zu entscheiden, mit welcher Verbindlichkeit sie diese Ausweisung ausgestalten möchten – in Form eines Zieles oder lediglich eines Grundsatzes der Raumordnung. Aus den Regelungen in § 7 Abs. 2 S. 1 Nr. 3 und Abs. 4 ROG a. F. in

---

[289] *BVerwG* Urt. v. 04. 04. 2012 – 4 C 8/09 u. a., NVwZ 2012, 1314, Rn. 82.

[290] *VGH Kassel* Urt. v. 21. 08. 2009 – 11 C 227/08.T u. a., juris, Rn. 438; *BVerwG* Beschl. v. 31. 03. 2011 – 4 BN 19/10, BeckRS 2011, 49978, Rn. 10 ff.; *BVerwG* Beschl. v. 31. 03. 2011 – 4 BN 18/10, BeckRS 2011, 49977, Rn. 9 ff.

dem zum Zeitpunkt der Entscheidungen anwendbaren ROG 1998[291] ließ sich ebenfalls keine Pflicht zur abschließenden Standortentscheidung entnehmen.[292] Ebenso wie die entsprechenden Normen des § 8 Abs. 5 S. 1 Nr. 3 und Abs. 7 ROG in der aktuellen Fassung regelten diese Bestimmungen nur die Möglichkeit, Standortfestlegungen in Raumordnungsplänen mit den genannten Gebietstypen abzusichern. Bei einer Ausweisung eines Vorranggebietes handelt es sich um eine zielförmige Bestimmung. Eine Verpflichtung zur Ausweisung eines Standorts als Vorranggebiet ist damit jedoch nicht verbunden. Des Weiteren kann es auch durchaus aus Sicht der Landesplanungsbehörden Gründe für ein Offenhalten der abschließenden Standortentscheidung geben, wenn sie beispielsweise mehrere Standorte aus ihrer Sicht als gleich gut geeignet ansieht und die endgültige Entscheidung der Zulassungsbehörde überlassen möchte.

b. Verbindlichkeit der Vorranggebietsfestlegung und der darin gesicherten Nutzung

Der zweite besonders relevante Punkt in den Entscheidungen zum Ausbau des Flughafens Frankfurt am Main ist die Unterscheidung der Vorranggebietsausweisung als Ziel der Raumordnung einer- und der darin festgelegten Nutzung als Grundsatz der Raumordnung andererseits. Hauptargument des VGH Kassel war diesbezüglich die fehlende Kennzeichnung auch der Nutzung als Ziel der Raumordnung nach § 7 Abs. 4 ROG.[293] Der ausdrückliche Wille, die Landebahn Nordwest zu bauen, sei nicht in Form eines Zieles der Raumordnung in den LEP Hessen 2007 aufgenommen worden.[294]

Den Entscheidungen des VGH Kassel und nachfolgend des BVerwG ist in Bezug auf die Aussagen im LEP Hessen 2007 zur fehlenden Verbindlichkeit der Standortausweisung zuzustimmen.

Mit der Ausweisung des Vorranggebietes zur Sicherung dieses Standortes für einen möglichen Ausbau des Flughafens in diesem Gebiet ist nach der Regelung in § 8 Abs. 7 S. 1 Nr. 1 ROG[295] nur festgelegt, dass keine dieser gesicherten Nutzung entgegenstehenden raumbedeutsamen Nutzungen innerhalb dieses Gebietes ausgewiesen werden dürfen. Die Nutzung der Flächen außerhalb des Gebietes ist durch diese Ausweisung nicht geregelt. Die ausführlichen Ausführungen zur Vorzugswürdigkeit des Baus einer Landebahn im Nordwesten und die umfangreiche Abwägung aller tangierten Belange in der Begründung

[291] Gesetz vom 18. 08. 1997, BGBl. I, 2081.

[292] So die tragende Begründung des BVerwG in *BVerwG* Beschl. v. 31. 03. 2011 – 4 BN 19/10, BeckRS 2011, 49978, Rn. 10 ff. sowie *BVerwG* Beschl. v. 31. 03. 2011 – 4 BN 18/10, BeckRS 2011, 49977, Rn. 9 ff.

[293] *VGH Kassel* Urt. v. 21. 08. 2009 – 11 C 227/08.T u. a., juris, Rn. 434.

[294] *VGH Kassel* Urt. v. 21. 08. 2009 – 11 C 227/08.T u. a., juris, Rn. 435.

[295] Entspricht § 7 Abs. 4 S. 1 Nr. 1 ROG aF., Gesetz vom 18. 08. 1997, BGBl. I, 2081.

zum LEP Hessen 2007 sprechen zwar für eine abschließende Entscheidung der Landesplanungsbehörde für diesen Standort.[296] So beurteilte das auch der VGH Kassel. Mangels eindeutiger Festlegung als Ziel der Raumordnung ging das Gericht von einem Grundsatz der Raumordnung aus.[297] Alleine die Erfüllung der materiellen Voraussetzungen, die abschließende Abwägung auf Ebene der Raumplanung, genügt nicht zur Bejahung einer zielförmigen Ausweisung. Vielmehr ist aus Gründen der Erkennbarkeit für andere Planungsträger die eindeutige Kennzeichnung der rechtlichen Qualität der jeweiligen Festlegung erforderlich. Das verlangt auch § 7 Abs. 4 ROG[298] ausdrücklich. Eine solche eindeutige zielförmige Festlegung auf den von der Landesplanung nach ihren Erläuterungen bevorzugten Standort im Nordwesten fehlt im LEP Hessen 2007. Wie das BVerwG in den ablehnenden Beschlüssen hinsichtlich der beantragten Revisionszulassungen zutreffend ausführte, ergibt sich aus dem Rechtsbegriff Vorranggebiet nichts anderes.[299] Gerade die Möglichkeit einer Kombination von Vorrangs- und Eignungsgebietsfestlegungen in § 8 Abs. 7 S. 2 ROG wäre unnötig, hätte schon das Vorranggebiet an sich auch eine Ausschlusswirkung nach außen.[300] Das Auseinanderfallen von zielförmiger Ausweisung des Vorranggebietes und der nur in Grundsatzform gesicherten Nutzung ist nicht systemwidrig. Dies ist vielmehr im ROG durch die Möglichkeit zur Ausweisung von Vorranggebieten mit rein innergebietlicher Sperrwirkung sowie der Kombination von Vorrang- und Eignungsgebiet und damit erzeugter inner- und außergebietlicher Wirkung gerade vorgesehen.

---

[296] So findet sich im LEP Hessen 2007 im Abschnitt III.1. unter „Z" die Formulierung, die dargestellten Flächen seien „für die Erweiterung der Flughafenanlagen einschließlich einer neuen Landebahn als Vorranggebiete ausgewiesen". Dadurch hat es den Anschein, auch die Nutzung für die Erweiterung des Flughafens und insbesondere eine neue Landebahn seien abschließend als Ziel der Raumordnung festgelegt. Die südlich des Flughafengebietes liegende Fläche ist nach der Begründung als Erweiterungsbereich für die Betriebsfläche vorgesehen, der Bereich im Nordwesten für die Erweiterung der Landebahn. In der Begründung setzt sich die Behörde ausführlich mit mehreren in Betracht kommenden AusbauVar.n und Standorten auseinander und kommt dann abschließend zu dem Ergebnis, am beabsichtigten Standort im Nordwesten seien die unterschiedlichen Belange am besten in einen Ausgleich zu bringen. Auch in der raumordnerischen Gesamtbewertung spricht sich die Behörde eindeutig für die Var. Nordwest aus.

[297] *VGH Kassel* Urt. v. 21. 08. 2009 – 11 C 227/08.T u. a., juris, Rn. 434. Ebenso *VGH Kassel* Beschl. v. 05. 02. 2010 – 11 C 1549/08.N, BeckRS, 47545, unter 2.2.2. Anders *Steinberg*, DVBl 2010, 137, 139, der aufgrund der von der Landesplanungsbehörde im Rahmen der Erläuterungen des Planungsanlasses im LEP Hessen 2007 von einer abschließend abgewogenen Entscheidung ausgeht.

[298] Eine entsprechende Regelung zur Kennzeichnungspflicht von Zielen war in der zum Zeitpunkt der Entscheidungen anwendbaren Norm des § 7 Abs. 1 S. 2 ROG aF. (Gesetz vom 18. 08. 1997, BGBl. I, 2081) enthalten.

[299] *BVerwG* Beschl. v. 31. 03. 2011 – 4 BN 19/10, BeckRS 2011, 49978, Rn. 10 ff. sowie *BVerwG* Beschl. v. 31. 03. 2011 – 4 BN 18/10, BeckRS 2011, 49977, Rn. 9 ff.

[300] *BVerwG* Beschl. v. 31. 03. 2011 – 4 BN 18/10, BeckRS 2011, 49977, Rn. 10.

Den Landesplanungsbehörden ist nach dem System des Raumordnungsrechtes die Möglichkeit eröffnet zu entscheiden, ob sie ihre Ausweisungen verbindlich im Wege von Zielen der Raumordnung, oder weniger verbindlich durch die Ausweisung von Grundsätzen der Raumordnung vornehmen möchten. Wenn sie sich für verbindliche Ausweisungen entscheiden, die für nachfolgende Planungsträger bindend sind, muss dies für diese Planungsträger eindeutig erkennbar sein. Darauf zielt auch die Regelung in § 7 Abs. 4 ROG ab. Die Ausweisungen im LEP Hessen 2007 zeigen gerade auf, wie verwirrend Aussagen der Landesplanungsbehörde sein können, wenn es an einer solchen Kennzeichnung fehlt. Ausgehend von den umfangreichen Ausführungen ist dem Plan zwar zu entnehmen, dass die Landesplanungsbehörde auch den Standort im Nordwesten verbindlich ausweisen wollte und nicht nur die Fläche durch das Vorranggebiet absichern wollte. Durch die fehlende ausdrückliche zielförmige Ausweisung entstand jedoch die Unsicherheit hinsichtlich der Verbindlichkeit der Standortfestlegung und daraus resultierend die Klagen gegen den Planfeststellungsbeschluss zum Ausbau des Flughafens von 2007[301] sowie gegen den LEP Hessen 2007.[302] Ausgehend von dem im ROG vorgesehenen „Angebot" der unterschiedlichen Gebietstypen und den dort geregelten Unterschieden zwischen Innen- und Außenwirkung sind die Landesplanungsbehörden gehalten, sich eindeutig zu entscheiden, welche Wirkung ihre Ausweisungen haben sollen. Trotz umfangreicher Abwägung und Befürwortung eines bestimmten Standortes im Rahmen einer Planbegründung ist für die Erzeugung der verbindlichen Wirkung eines Zieles der Raumordnung dessen ausdrückliche Kennzeichnung erforderlich. Nur so ist für andere Planungsträger erkennbar, in welcher Weise sie die raumplanerischen Vorgaben zu beachten haben.

c. Durchschlagen von Mängeln auf die Planfeststellungsebene – Vergleich mit diesbezüglichen Aussagen in dem Urteil zum Flughafen Berlin-Schönefeld

In der von dem VGH Kassel in seinem Urteil zum Planfeststellungsbeschluss 2007 vertretenen Auffassung, der Planfeststellungsbeschluss sei von der Wirksamkeit der LEP-Änderung unabhängig, eine eventuelle Unwirksamkeit des LEP Hessen 2007 habe nicht zwangsläufig die Unwirksamkeit des Planfeststellungsbeschlusses zur Folge,[303] liegt kein Widerspruch zur Aussage des BVerwG im Urteil zum Flughafenausbau Berlin-Schönefeld, Mängel bei der Zielfestlegung könnten auf die Planfeststellungsebene durchschlagen und insbesondere Gegenstand des verwaltungsgerichtlichen Normenkontrollver-

---

[301] *VGH Kassel* Urt. v. 21.08.2009 – 11 C 227/08.T u. a., juris, dazu oben E.II.4.a

[302] *VGH Kassel* Beschl. v. 05.02.2010 – 11 C 1549/08.N, BeckRS, 47545, dazu oben E.II.4.b.

[303] *VGH Kassel* Urt. v. 21.08.2009 – 11 C 227/08.T u. a., juris, Rn. 439.

fahrens gegen den Planfeststellungsbeschluss sein.[304] In dem vom BVerwG entschiedenen Verfahren handelte es sich bei der Standortentscheidung um eine zielförmige Bestimmung im Landesentwicklungsplan LEP FS 2003,[305] im LEP Hessen 2007 war die Standortwahl nach der Auffassung des VGH Kassel lediglich als Grundsatz ergangen.[306] Ausgehend von dieser Qualifikation der Standortentscheidung war im LEP FS 2003 eine aus raumordnungsrechtlichen Gesichtspunkten abschließende landesplanerische Entscheidung gegeben. Im LEP Hessen 2007 fehlte es nach Auffassung des VGH Kassel gerade an einer solchen raumordnungsrechtlich abgeschlossenen Entscheidung. Im ersten Fall ist die Planfeststellungsbehörde im Rahmen ihrer Entscheidung an die landesplanerischen raumordnungsrechtlichen Vorgaben gebunden. Diese Entscheidung wird in den Planfeststellungsbeschluss übernommen. Aus diesem Grund ist es gerechtfertigt, die landesplanerischen Festlegungen dann inzident im Verfahren gegen den Planfeststellungsbeschluss zu überprüfen. Liegt dagegen nur eine Entscheidung in Form eines Grundsatzes auf Landeplanungsebene vor, darf diese auch nicht direkt ohne weitere Abwägung in die Entscheidung der Planfeststellungsbehörde eingehen, sondern „nur" als abzuwägender Belang. Erst durch die Entscheidung der Planfeststellungsbehörde wird verbindlich über die Belange entschieden.

d. Zusammenfassende Beurteilung der Abwägungsbefugnis der unterschiedlichen Planungsträger hinsichtlich Standortentscheidungen auf der Grundlage des LEP Hessen 2007

Die vollumfängliche Abwägung durch die Planfeststellungsbehörde bezüglich des Standortes ist nach all dem nicht zu beanstanden. Lediglich die Vorranggebietsausweisung ist als Ziel der Raumordnung zu qualifizieren. Die in diesem Gebiet gesicherte Fläche darf nicht einer anderweitigen Nutzung als der Nutzung für die Erweiterung des Flughafens zugeführt werden. Der von der Landesplanungsbehörde bevorzugte Standort für eine neue Landebahn im Nordwesten ist mangels eindeutiger Kennzeichnung nur als Grundsatz und nicht als Ziel der Raumordnung anzusehen und daher der Abwägung im Rahmen des Planfeststellungsverfahrens zugänglich. Die zum LEP Hessen 2007 und dem Planfeststellungsbeschluss ergangenen Urteile widersprechen den Aussagen des BVerwG im Urteil zum Flughafen Schönefeld nicht. Insgesamt wird die klare Abgrenzung zwischen Zielen und Grundsätzen der Raumordnung betont und die Möglichkeit der Raumplanungsbehörden zur grundsätzlich verbindlichen Ausweisung von Standorten gestärkt.

---

304 *BVerwG* Urt. v. 16.03.2006 – 4 A 1075/04, NVwZ 2006 Beilage Nr. 1, Rn. 83.
305 *BVerwG* Urt. v. 16.03.2006 – 4 A 1075/04, NVwZ 2006 Beilage Nr. 1, Rn. 86.
306 *VGH Kassel* Urt. v. 21.08.2009 – 11 C 227/08.T u. a., juris, Rn. 434.

III. Urteile zum Ausbau des Flughafens Frankfurt am Main – Untersuchung der Aussagen zur Berücksichtigung der Nachtlärmschutzvorgaben des LEP Hessen 2007 im Planfeststellungsbeschluss

1. Bestimmungen zum Nachtlärmschutz im LEP Hessen 2007

Der im LEP Hessen 2000[307] zum Lärmschutz unter Nr. 7.4 enthaltene Grundsatz, auf die Nachtruhe der Bevölkerung in besonderem Maße Rücksicht zu nehmen, sowie die Bestimmung, die verbindliche Festsetzung der Lärmschutzmaßnahmen erfolge im Verfahren nach dem Luftverkehrsgesetz,[308] wird im LEP Hessen 2007 unter Nr. III.1 wie folgt ergänzt:

„In den Verfahren nach dem Luftverkehrsgesetz ist aus Rücksichtnahme auf die besonders schutzbedürftige Nachtruhe der Bevölkerung ein umfassender Lärmschutz in den Kernstunden der Nacht von herausragender Bedeutung.“[309]

Im Rahmen der raumordnerischen Gesamtbewertung zu den einzelnen Festlegungen in den Zielen und Grundsätzen wird von der Landesplanungsbehörde ausgeführt, die Prüfung von Einzelheiten und die Erfüllung spezifisch fachgesetzlicher Anforderungen an ein wirksames und finanziell tragbares Lärmschutzkonzept bleibe der Entscheidung über die Zulässigkeit des Vorhabens im Rahmen der Planfeststellung vorbehalten. In diesem Verfahren seien dann die

---

[307] Verordnung über den Landesentwicklungsplan Hessen 2000 vom 13.12.2000, Hess GVBl. I 2001, 2.

[308] Ziel Nr. 7.4 Absatz 2 Sätze 5 und 6 des LEP Hessen 2000 lautet: „Bei der Erweiterung über das bestehende Start- und Landebahnsystem hinaus ist auf die Nachtruhe der Bevölkerung in besonderem Maße Rücksicht zu nehmen. Die verbindliche Festsetzung der Nachtflugbeschränkungen erfolgt in den Verfahren nach dem Luftverkehrsgesetz.“ Als Begründung wurde die weitere Reduktion der Lärmemissionen sowie eine Entkopplung dieser Emissionen von der Verkehrszunahme am Flughafen Frankfurt/Main angeführt, was durch Optimierung der Technik, Gebührenpolitik sowie Zusammenlegung von Flügen weiterverfolgt werden könne. Der VGH Kassel kam in seinem Urteil zu dem Ergebnis, bei dieser Bestimmung handele es um bloße Absichtserklärungen, die keinerlei Bindungswirkungen für andere Planungsebenen auslösten, *VGH Kassel* Urt. v. 16.08.2002 – 4 N 455/02, NVwZ 2003, 229, 231.

[309] Verordnung über die Änderung des Landesentwicklungsplans Hessen 2000 vom 22.06.2007, Hess GVBl. I, 406 in der Fassung der Berichtigung vom 20.09.2007, Hess GVBl. I, 578, Abschnitt III.1. Unter „Kernstunden der Nacht“ wird zumeist der Zeitraum zwischen 24 und 5 Uhr angesehen (vgl. z. B. *BVerwG* Urt. v. 24.07.2008 – 4 A 3001/07, NVwZ 2009, 109; *Görisch*, ZUR 2012, 611). Im LEP Hessen bezieht sich der Begriff auf den Zeitraum zwischen 23 und 5 Uhr, der sogenannten „Mediationsnacht“, siehe Begründung des LEP Hessen, IV.1., zweite Grundannahme, dort wird der Zeitraum zwischen 24 und 5 Uhr als „Mediationsnacht“ definiert, im weiteren Verlauf für diesen Zeitraum dann der Begriff der „Kernnacht“ verwendet. Der VGH Kassel sieht in der Ausdehnung des maßgeblichen Zeitraumes kein Problem, vgl. *VGH Kassel* Urt. v. 21.08.2009 – 11 C 227/08.T u. a., juris, Rn. 773.

eventuell erforderlichen technischen oder betrieblichen Schutzvorkehrungen festzulegen.[310]

2. Kernaussagen zum Lärmschutz im Urteil des VGH Kassel vom 21. 08. 2009

Diese Aussagen zum Lärmschutz hat die Planfeststellungsbehörde nach Ansicht des VGH Kassel durch die Zulassung von 17 planmäßigen Flügen in der Zeit zwischen 23 und 5 Uhr unzureichend beachtet.[311] Die Planfeststellungsbehörde habe zwar auf die landesplanerischen Vorgaben Bezug genommen, jedoch ohne detaillierte Auseinandersetzung und mit dem bloßen Verweis auf ihre im LEP Hessen 2007 festgehaltenen Entscheidungsbefugnisse hinsichtlich der Prüfung von Einzelheiten und der Erfüllung fachgesetzlicher Anforderungen an ein wirksames Lärmschutzkonzept.[312] Nach Ansicht des VGH Kassel habe die Landesplanungsbehörde im LEP Hessen 2007 jedoch großen Wert auf die Beachtung der Lärmschutzbelange der Bevölkerung gelegt, was sich nicht nur aus dem ergänzten Grundsatz,[313] sondern auch aus den sonstigen Ausführungen im LEP Hessen 2007 ergebe.[314] Daraus entnahm das Gericht einen engen Zusammenhang der landesplanerischen Entscheidung für den Ausbau des Flughafens im Nordwesten mit dem Verbot planmäßiger Flüge zwischen 23 und 5 Uhr. Den Grundsatz zum Lärmschutz qualifizierte es als eine „konkretisierende Gewichtungsvorgabe“,[315] die als grundsätzliches Verbot planmäßiger Flüge in der Zeit zwischen 23 und 5 Uhr zu verstehen sei und den Gestaltungsspielraum der Planfeststellungsbehörde bezüglich der Betriebsregelungen in dieser Zeit auf annähernd Null einschränke. Die Notwendigkeit eine solche Vorgabe in Form eines Zieles der Raumordnung und damit stärkerer Bindung auszuweisen, sah

---

[310] Verordnung über die Änderung des Landesentwicklungsplans Hessen 2000 vom 22.06.2007, Hess GVBl. I, 406 in der Fassung der Berichtigung vom 20.09.2007, Hess GVBl. I, 578, Abschnitt IV. 10. zu III.1. Die Landesplanungsbehörde ging dabei trotz der Entscheidung des *VGH Kassel* Urt. v. 16.08.2002 – 4 N 455/02, NVwZ 2003, 229, 231 davon aus, dass es sich bei den Festlegungen in Nr. 7.4. Abs. 2 Sätze 5 und 6 des LEP Hessen 2000 um zielförmige Festlegungen handelte.

[311] *VGH Kassel* Urt. v. 21.08.2009 – 11 C 227/08.T u. a., juris, Rn. 763 ff. Darüber hinaus sei die Zulassung von 17 planmäßigen Flügen in der Nacht auch ein Verstoß gegen § 29b Abs. 1 Nr. 2 LuftVG, *VGH Kassel,* a. a. O., Rn. 753 ff., da insbesondere nicht der dargelegt worden sei, dass der nächtliche Frachtverkehr überwiegende dem Transport von Expressfracht dient, wie es für die Bejahung von standortspezifischem Bedarf erforderlich ist, *VGH Kassel,* a. a. O., Rn. 757.

[312] *VGH Kassel* Urt. v. 21.08.2009 – 11 C 227/08.T u. a., juris, Rn. 766 mit Verweis auf S. 1156 des Planfeststellungsbeschlusses, Teil C III 1–7, abrufbar unter https://wirtschaft.hessen.de/verkehr/luftverkehr/ausbau-flughafen-frankfurt/planfeststellungsbeschluss (zuletzt abgerufen am 11.08.2015).

[313] Siehe soeben unter E.III.1.

[314] *VGH Kassel* Urt. v. 21.08.2009 – 11 C 227/08.T u. a., juris, Rn. 763 mit Verweis auf die Begründung zum LEP Hessen 2007, Hess GVBl. I, 406, unter IV.1.

[315] *VGH Kassel* Urt. v. 21.08.2009 – 11 C 227/08.T u. a., juris, Rn. 767.

das Gericht nicht gegeben, zweifelte vielmehr die Zulässigkeit solch konkreter Betriebsregelungen in Form eines Zieles der Raumordnung an.[316]

Einen Verstoß gegen die Kompetenzverteilung zwischen Raumplanung und Fachplanung sah das Gericht in seiner Annahme eines Grundsatzes mit Gewichtungsvorrang nicht. Unter Bezugnahme auf das Urteil des BVerwG vom 16.03.2006 zum Ausbau des Flughafens Berlin-Schönefeld[317] führte der VGH Kassel aus, die Landesplanungsbehörde müsse schon auf ihrer Ebene vorausschauend prüfen, ob der Ausgleich möglicherweise kollidierender Belange auf Fachplanungsebene voraussichtlich beherrscht werden könnte.[318] Zwar seien die Vorgaben zum Nachtlärmschutz hier nicht als Ziel ausgewiesen, in dem Grundsatz komme jedoch die Bedeutung des Nachtlärmschutzes so deutlich zum Ausdruck, dass das Nachtflugverbot für die Zulassungsbehörde quasi bindend sei.[319] Wenn die Landesplanungsbehörde zu dem Ergebnis komme, die entstehenden Konflikte auf der Fachebene seien nur zu bewältigen, wenn ein Nachtflugverbot bestehe, dann dürfe sie ein solches in der Form eines Grundsatzes mit Gewichtungsvorgabe ausweisen.[320]

Der festgestellte Abwägungsmangel führte nach Ansicht des Gerichtes nicht zur Aufhebung des Planfeststellungsbeschlusses, sondern mache vielmehr eine Planergänzung notwendig.[321]

3. *Aussagen des BVerwG zu einzelnen Lärmgesichtspunkten in der Revisionsentscheidung vom 04.04.2012*[322]

Das BVerwG bestätigte in seiner Revisionsentscheidung die Auffassung des VGH Kassel, die Ausweisung eines Nachtflugverbotes in einem Landesentwicklungsplan sei zulässig. Auch die Annahme eines „Grundsatzes mit konkretisierender Gewichtungsvorgabe" sei nicht zu beanstanden.[323] Damit sei die gesetzliche Systematik nicht verlassen worden, eine abschließende – und damit zielförmig auszuweisende – Regelung liege nicht vor, da der VGH Kassel die Zulässigkeit von Ausnahmen bei von der Landesplanung nicht vorhersehbaren, außergewöhnlichen Betriebsbedingungen anerkannt hätte.[324] Es handele sich erst dann nicht mehr um einen Grundsatz der Raumordnung, wenn eine abschließende Regelung durch den Plangeber vorliege, wie etwa bei einem

---

[316] *VGH Kassel* Urt. v. 21.08.2009 – 11 C 227/08.T u. a., juris, Rn. 765.

[317] *BVerwG* Urt. v. 16.03.2006 – 4 A 1075/04, NVwZ 2006 Beilage Nr. 1.

[318] *VGH Kassel* Urt. v. 21.08.2009 – 11 C 227/08.T u. a., juris, Rn. 768 f. mit Verweis auf *BVerwG* Urt. v. 16.03.2006 – 4 A 1075/04, NVwZ 2006 Beilage Nr. 1, Rn. 154.

[319] *VGH Kassel* Urt. v. 21.08.2009 – 11 C 227/08.T u. a., juris, Rn. 768 a. E.

[320] *VGH Kassel* Urt. v. 21.08.2009 – 11 C 227/08.T u. a., juris, Rn. 769 f.

[321] *VGH Kassel* Urt. v. 21.08.2009 – 11 C 227/08.T u. a., juris, Rn. 777.

[322] *BVerwG* Urt. v. 04.04.2012 – 4 C 8/09 u. a., NVwZ 2012, 1314.

[323] *BVerwG* Urt. v. 04.04.2012 – 4 C 8/09 u. a., NVwZ 2012, 1314, Rn. 292 ff.

[324] *BVerwG* Urt. v. 04.04.2012 – 4 C 8/09 u. a., NVwZ 2012, 1314, Rn. 299.

Ziel mit Regel-Ausnahme-Struktur.[325] In der Anerkennung eines Grundsatzes mit Gewichtungsvorgabe liege auch keine Verkennung des Verhältnisses der Raumplanung zur Fachplanung, die Festlegung einer Gewichtungsvorgabe sei ein zulässiges raumordnerisches Mittel. Raumordnung sei gerade auf die Sicherung und Ordnung des Raumes angelegt. Wenn die Standortausweisung aus Sicht der Raumordnungsbehörde nur konfliktarm durch Anordnung des Nachtlärmschutzes möglich sei, dann stelle dies die Regelung eines Nutzungskonfliktes dar und gehöre zum Kompetenzbereich der Raumordnung. Erkenne die Landesplanungsbehörde Nutzungskonflikte und halte sie diese nur durch die Vorgabe eines besonderen Nachtlärmschutzes für lösbar, dürfe sie solche Vorgaben auch aufstellen.[326] Das BVerwG stellte dabei entscheidend auf den Zusammenhang mit der ebenfalls erfolgten landesplanerischen Standortentscheidung durch zielförmige Ausweisung eines Vorranggebietes ab.[327] Die vom Raumordnungsrecht zur Verfügung gestellten Mittel seien nicht überreizt worden, der VGH Kassel habe zu Recht angenommen, es sei dem Träger der Landesplanung nicht um den Erlass einer Betriebsregel gegangen, sondern nur darum, den Gestaltungsspielraum der Planfeststellungsbehörde hinsichtlich der Betriebsregeln einzuschränken. Den Erlass einer Betriebsregel durch die Landesplanungsbehörde erklärte das BVerwG in diesem Zusammenhang für unzulässig.[328] Die fachplanungsrechtliche Kompetenz sei auch nicht durch die vom VGH angenommene Einengung des Abwägungsspielraumes auf annähernd Null durch Anerkennung der Gewichtungsvorgabe in unzulässiger Weise eingeschränkt. Vielmehr entspreche dies der Rechtsprechung des erkennenden Senates zum Ausbau des Flughafens Berlin-Schönefeld, eine Abwägung raumordnungsexterner Belange durch die Planfeststellungsbehörde müsse möglich bleiben.[329] Die Offenheit für die Abwägung mit raumordnungsexternen Belangen habe auch der VGH Kassel in seinem Urteil anerkannt, indem er für „außergewöhnliche Betriebsbedingungen" ein Abweichen von dem Grundsatz zugelassen habe. Aus diesem Grund sah das BVerwG trotz Anerkennung einer Gewichtungsvorgabe einen ausreichenden Planungsspielraum für die Planfeststellungsbehörde gegeben.[330]

[325] Zu landesplanerischen Vorgaben mit Regel-Ausnahme-Struktur vgl. *BVerwG* Urt. v. 19.09.2003 – 4 CN 20/02, BVerwGE 119, 54, 59; *Hoppe*, DVBl 2004, 478; *BVerwG* Urt. v. 22.06.2011 – 4 CN 4/10, juris; *Gatz*, jurisPR-BVerwG 18/2011 Anm. 4 zu BVerwG, Urt. v. 22.06.2011 – 4 CN 4/10.

[326] *BVerwG* Urt. v. 04.04.2012 – 4 C 8/09 u. a., NVwZ 2012, 1314, Rn. 302 ff.

[327] *BVerwG* Urt. v. 04.04.2012 – 4 C 8/09 u. a., NVwZ 2012, 1314, Rn. 306.

[328] *BVerwG* Urt. v. 04.04.2012 – 4 C 8/09 u. a., NVwZ 2012, 1314, Rn. 307.

[329] *BVerwG* Urt. v. 04.04.2012 – 4 C 8/09 u. a., NVwZ 2012, 1314, Rn. 308.

[330] *BVerwG* Urt. v. 04.04.2012 – 4 C 8/09 u. a., NVwZ 2012, 1314, Rn. 308.

4. *Aussagen zum Nachtlärmschutz in dem Beschluss des VGH Kassel vom 05. 02. 2010 zur Änderung des LEP Hessen 2007*

Die Ausführungen zum Nachtlärmschutz in dem Beschluss des VGH Kassel vom 05. 02. 2010[331] im Normenkontrollverfahren zum geänderten Landesentwicklungsplanes Hessen 2000 im Jahre 2007 deckt sich im Wesentlichen mit den Aussagen in den Urteilen, die den Planfeststellungsbeschluss von 2007 zum Gegenstand hatten.[332]

Der VGH Kassel führte in dem Beschluss vom 05. 02. 2010 aus, eine Pflicht zur Festlegung einer Nachtflugbeschränkung in Form eines Zieles der Raumordnung bestehe nicht. Eine solch strikte Festlegung könne vielmehr einen unzulässigen Eingriff in die Kompetenz der Fachplanungsbehörde darstellen. Der Pflicht zur Konfliktbewältigung sei die Landesplanungsbehörde ausreichend dadurch nachgekommen, den Grundsatz zum Nachtlärmschutz verbotsähnlich auszugestalten.[333] Mit der Aufnahme des Grundsatzes zum Nachlärmschutz komme deutlich zum Ausdruck, dass der Flughafen nur im Zusammenhang mit dem grundsätzlichen Verbot von Nachtflügen überhaupt zugelassen werden solle. Die möglichen Lärmkonflikte seien dadurch ausreichend berücksichtigt, ein Eingriff in die Kompetenz der Fachplanungsbehörde fände nicht statt. Der Landesplanung könne nicht unterstellt werden, sie sei beim Nachtlärmschutz von falschen Voraussetzungen ausgegangen. Zwar bezeichne sie im LEP Hessen 2007 den Lärmschutzgrundsatz als Ergänzung zur „Zielfestlegung" im LEP Hessen 2000, obwohl dessen Zielcharakter aberkannt wurde. Damit sei nur eine Bezugnahme beabsichtigt, nicht das Festhalten an der Auffassung, es handele sich um ein Ziel der Raumordnung.[334]

5. *Stellungnahme zu den Aussagen des VGH Kassel und des BVerwG zu Nachtlärmschutzvorgaben im LEP Hessen 2007 unter Berücksichtigung der Anmerkungen in der Literatur*

Auf den ersten Blick wirkt die Entscheidung des VGH Kassel und deren Bestätigung durch das BVerwG zu dem Grundsatz des Nachtlärmschutzes in dem im Jahre 2007 geänderten LEP Hessen 2000 durchaus schlüssig. Die Annahme, der in diesem Plan unter Nr. III.1 enthaltene Grundsatz, ein umfassender Lärm-

---

[331] *VGH Kassel* Beschl. v. 05. 02. 2010 – 11 C 1549/08.N, BeckRS, 47545. In den Beschlüssen zur Revisionszulassung, *BVerwG* Beschl. v. 31. 03. 2011 – 4 BN 18/10, BeckRS 2011, 49977 und *BVerwG* Beschl. v. 31. 03. 2011 – 4 BN 19/10, BeckRS 2011, 49978, war das Nachtflugverbot jeweils nicht Gegenstand der Beschwerden.

[332] *VGH Kassel* Urt. v. 21. 08. 2009 – 11 C 227/08.T u. a., juris sowie *BVerwG* Urt. v. 04. 04. 2012 – 4 C 8/09 u. a., NVwZ 2012, 1314, vgl. dazu unter E.III.2. und 3.

[333] *VGH Kassel* Beschl. v. 05. 02. 2010 – 11 C 1549/08.N, BeckRS, 47545, unter II.2.3.2 a. E.

[334] *VGH Kassel* Beschl. v. 05. 02. 2010 – 11 C 1549/08.N, BeckRS, 47545, unter II.2.3.3.1.

schutz in den Nachtstunden sei von herausragender Bedeutung,[335] stelle eine konkrete Gewichtungsvorgabe dar, die die „normale" Wirkung eines Grundsatzes der Raumordnung verstärke, scheint zunächst nachvollziehbar. Bei genauerer Betrachtung lässt sich jedoch ein Widerspruch zur bestehenden Systematik des Raumordnungsrechts nicht von der Hand weisen.

a. Abgrenzung zwischen Zielen und Grundsätzen

Durch die Interpretation des raumordnungsrechtlichen Grundsatzes als faktisch bindende Vorgabe werden die Grenzen zwischen Zielen und Grundsätzen der Raumordnung erheblich verwischt. Im ROG ist der Unterschied zwischen Zielen und Grundsätzen der Raumordnung klar definiert: Ziele sind nach § 3 Abs. 1 Nr. 2 ROG verbindliche Vorgaben, die abschließend abgewogen sind, Grundsätze nach § 3 Abs. 1 Nr. 3 ROG Vorgaben für nachfolgende Abwägungs- und Ermessensentscheidungen.[336] Zielförmige Vorgaben sind bei nachfolgenden Entscheidungen keinerlei Abwägung mehr zugänglich, Grundsätze jedoch schon, was § 4 ROG deutlich klarstellt.[337] Dieses Unterschiedes muss sich eine Landesplanungsbehörde bei der Aufstellung von Raumordnungsplänen bewusst sein, weshalb sie auch nach § 7 Abs. 4 ROG zur ausdrücklichen Kennzeichnung verpflichtet ist, ob es sich um einen Grundsatz oder ein Ziel handelt. Diese Kennzeichnung ist zwar nicht allein entscheidend für die Qualität der jeweiligen Ausweisung, sie ist aber eine Voraussetzung und soll vor allem die Landesplanungsbehörden dazu anhalten, bewusst zu hinterfragen, ob es sich bei der jeweiligen Festlegung tatsächlich um ein Ziel oder nur um einen Grundsatz handelt. Entscheidend ist immer, ob es sich um eine abschließend abgewogene Vorgabe handelt oder nicht.[338] Ist eine abschließend abgewogene Bestimmung nicht als Ziel gekennzeichnet, so kommt ihr auch keine Zielqualität zu, da die Planungsbehörde in diesem Fall nicht ausreichend ihren dafür erforderlichen Willen zum Ausdruck gebracht hat, eine verbindliche Regelung aufzustellen.[339]

In diese gesetzliche Systematik fügen sich die Ausführungen des VGH Kassel und des BVerwG hinsichtlich der Bindungswirkung des Grundsatzes

---

[335] Verordnung über die Änderung des Landesentwicklungsplans Hessen 2000 vom 22.06.2007, Hess GVBl. I, 406 in der Fassung der Berichtigung vom 20.09.2007, Hess GVBl. I, 578, Abschnitt III.1.

[336] Entsprechend die Regelungen in § 3 Nr. 1 bzw. Nr. 2 in der für die Planaufstellung und das Urteil maßgeblichen Fassung des ROG 1998, Gesetz vom 18.08.1997, BGBl I, 2081.

[337] Vgl. dazu oben unter C.III.

[338] *BVerwG* Urt. v. 19.09.2003 – 4 CN 20/02, BVerwGE 119, 54, 59; *BVerwG* Beschl. v. 15.04.2003 – 4 BN 25.03, BauR 2004, 285.

[339] *Runkel*, in: *Spannowsky/Runkel/Goppel, ROG*, § 7 Rn. 52; aus diesem Grund hat der VGH Kassel in seinem Urteil vom 21.08.2009 *VGH Kassel* Urt. v. 21.08.2009 – 11 C 227/08.T u. a., juris, Rn. 434 der Standortbestimmung der Landesplanungsbehörde aus formalen Gründen die Ziel-Qualität abgesprochen, dazu oben E.II.4.a.

zum Lärmschutz im LEP Hessen 2007 nicht ein. Nach der Formulierung des VGH Kassel bleibt der konkrete Grundsatz hier nur im Ausnahmefall der Überwindung in der Abwägungsentscheidung zugänglich, namentlich in Konfliktsituationen, die die Landesplanungsbehörde trotz vorausschauender Prüfung nicht vorhersehen konnte.[340] Der Fachplanungsbehörde bleibt dadurch faktisch keinerlei Abwägungsspielraum. Damit wird die Möglichkeit zur Überwindung des Grundsatzes im Rahmen der Abwägung als absolute Ausnahme statuiert und nicht wie gesetzlich vorgesehen als Regelfall.[341] Die Möglichkeit, Grundsätze der Raumordnung mit Gewichtungsvorgaben zu versehen, ist im Ansatz anerkannt.[342] Ausdrücklich im Gesetz ist das für die Wirkung von Ausweisungen in Vorbehaltsgebieten vorgesehen, § 8 Abs. 7 S. 1 Nr. 2 ROG. Nach der bisherigen Rechtsprechung des BVerwG ist es eine Frage des Einzelfalles und kann nicht abstrakt vorab bestimmt werden, ob sich diese mit besonderem Gewicht versehenen Belange, die in dem Vorbehaltsgebiet gesichert sind, im Rahmen der Abwägung gegen andere Belange durchsetzen.[343] Wie in der Literatur zutreffend angenommen wird, kann für die Bindungswirkung von Grundsätzen mit Gewichtungsvorgabe, die nicht in einem Vorbehaltsgebiet gesichert sind, nichts anderes gelten.[344]

Das BVerwG unterstützte im Revisionsurteil die Auffassung des VGH Kassel durch ergänzende Argumente.[345] Auch diese vermögen jedoch im Einzelnen nicht zu überzeugen. Der Rückgriff auf das Urteil des BVerwG zum Ausbau des Flughafens Berlin-Schönefeld und der dortigen Feststellung, zielförmige Standortausweisungen könnten durchaus durch raumordnungsexterne Belange überwunden werden, verwischt im Gegenteil die Grenzen zwischen Zielen und Grundsätzen noch mehr. Die Feststellung der Überwindungsmöglichkeit durch Belange, die auf Ebene der Raumordnung noch nicht vorhersehbar waren, bezog sich im Schönefeld-Urteil auf eine zielförmige Ausweisung im Landesentwicklungsplan. Zudem widerspricht der Senat sich selbst im Hinblick auf die Ausführungen im Urteil zum Flughafen Frankfurt am Main mit der Feststellung, Ziele und Grundsätze seien nach dem System der Raumordnung kategorial unterschiedlich und lägen nicht „auf einem Kontinuum des mehr oder weniger Verbindlichen".[346] Zwar findet sich die Aussage zu der Überwindungsmöglichkeit durch raumordnungsexterne Belange in dem Abschnitt des Urteils, welcher die Ausführungen zu dem Verhältnis der Raumordnung zur

[340] Kritisch dazu auch *Steinberg*, NVwZ 2010, 273.

[341] So auch *Deutsch*, NVwZ 2010, 1520, 1523.

[342] Ausführlich dazu *Hoppe*, DVBl 1998, 1008 ff.

[343] *BVerwG* Beschl. v. 15.06.2009 – 4 BN 10/09, NVwZ 2009, 1226, 1226 f. unter Verweis auf *BVerwG* Urt. v. 13.03.2003 – 4 C 4/02, NVwZ 2003, 738, 742 zur Überwindbarkeit der Vorgaben in Vorbehaltsgebieten.

[344] *Deutsch*, NVwZ 2010, 1520, 1523.

[345] *BVerwG* Urt. v. 04.04.2012 – 4 C 8/09 u. a., NVwZ 2012, 1314, Rn. 298 ff.

[346] *BVerwG* Urt. v. 04.04.2012 – 4 C 8/09 u. a., NVwZ 2012, 1314, Rn. 298.

Fachplanung enthält[347] und nicht unter dem Unterpunkt der Erläuterungen zu dem Verhältnis der Ziele und Grundsätze der Raumordnung.[348] Allein durch die Aufteilung auf verschiedene Standorte innerhalb der Urteilsbegründung verlieren die Ausführungen jedoch nicht an Aussagekraft. Zwar wird auch im Urteil zum Ausbau des Flughafens Berlin-Schönefeld die ausnahmsweise Überwindbarkeit der Vorgaben der Raumordnung durch raumordnungsexterne Belange in Konfliktsituationen, die für die Landesplanungsbehörde bei Aufstellung des Landesentwicklungsplanes nicht vorhersehbar waren, anerkannt. Aber dort handelte es sich um eine zielförmige Vorgabe, hier um einen Grundsatz. Durch die gleichlaufende Argumentationsstruktur wird der Anschein erweckt, die beiden Kategorien seien austauschbar, es mache keinen Unterschied, ob eine Vorgabe als Ziel ausgewiesen werde oder als Grundsatz, der mit entsprechender Begründung dann als „Grundsatz mit Gewichtungsvorgabe“ verstanden werden kann und ebenfalls nur bei überwiegenden raumordnungsexternen Belangen in der Abwägung zurückstehen kann. Ziele und Grundsätze der Raumordnung sind jedoch strikt zu trennen und keinesfalls austauschbare Kategorien.[349] Grundsätzen kann nicht ein so hohes Gewicht beigemessen werden, das faktisch zu einer Unüberwindbarkeit der Vorgaben im Rahmen der nachfolgenden Abwägungsentscheidung führt.[350] Als weiteres Argument für die Verwischung der Grenzen zwischen Zielen und Grundsätzen wird die Bezugnahme des BVerwG auf den Charakter des Grundsatzes als „Soll“-Vorschrift angeführt. Das ist nicht zutreffend. Das BVerwG zog die Grenze zwischen Grundsätzen und verbindlichen Zielvorgaben an der Stelle, an der durch tatbestandlich abgeschlossene Festlegungen Verbindlichkeit geschaffen wird. Als Beispiel führte es Ziele mit Regel-Ausnahme-Struktur an.[351] Das Gericht sah den im LEP Hessen 2007 ausgewiesenen Grundsatz noch nicht als Ziel mit Regel-Ausnahme-Charakter an. Wie allerdings die Abgrenzung zwischen einer zulässigen eingeschränkten Abwägungsbefugnis auf annähernd „Null“ und einer unzulässigen, verbindlichen und damit einem Ziel entsprechenden Festlegung vorgenommen werden soll, bleibt offen. Dem hier als Grundsatz ausgewiesenen Nachtlärmschutz kommt durch die in den Urteilen vorgenommene Interpretation die Qualität eines Zie-

---

347 *BVerwG* Urt. v. 04.04.2012 – 4 C 8/09 u. a., NVwZ 2012, 1314; Rn. 301 ff.

348 *BVerwG* Urt. v. 04.04.2012 – 4 C 8/09 u. a., NVwZ 2012, 1314, Rn. 296 ff.

349 Siehe schon grundlegend und zutreffend *Hoppe*, DVBl 1993, 681, 685, der den Unterschied durch die Einordnung in die Kategorien „Regel“ und „Prinzip“ verdeutlicht. Dem folgend auch *Lehners*, Raumordnungsgebiete nach dem Raumordnungsgesetz 1998 1998, S. 42 ff. Speziell zum Vorbehaltsgebiet *Hoppe*, DVBl 1998, 1008 ff. Systemwidrig dagegen *Goppel*, BayVBl 1998, 289, 291.

350 *Kment*, NVwZ 2004, 155, 156.

351 *BVerwG* Urt. v. 04.04.2012 – 4 C 8/09 u. a., NVwZ 2012, 1314, Rn. 299. Zu Vorgaben mit Regel-Ausnahme-Struktur vgl. *BVerwG* Urt. v. 19.09.2003 – 4 CN 20/02, BVerwGE 119, 54, 59; *Hoppe*, DVBl 2004, 478; *BVerwG* Urt. v. 22.06.2011 – 4 CN 4/10, juris; *Gatz*, jurisPR-BVerwG 18/2011 Anm. 4 zu BVerwG, Urt. v. 22.06.2011 – 4 CN 4/10.

les zu, obwohl das aus den Ausführungen der Landesplanungsbehörde nicht ausdrücklich hervorgeht und daher schon mangels eindeutiger Kennzeichnung als Ziel nach § 7 Abs. 4 ROG keinesfalls als solches interpretiert werden kann. Zwar hat die Landesplanungsbehörde in ihrer Begründung immer wieder auf die Wichtigkeit des nächtlichen Lärmschutzes für die Bevölkerung hingewiesen, jedoch finden sich ebenso häufig Ausführungen, dass die konkreten Lärmschutzregelungen zum Aufgabenbereich der Zulassungsbehörde gehören.[352] Die vom VGH Kassel vorgenomme Auslegung, der Lärmschutz sei der Landesplanungsbehörde so wichtig gewesen, dass sie ohne die strikte Festschreibung in einem Grundsatz mit Gewichtungsvorgabe den konkreten Standort auch nicht durch ein Vorranggebiet abgesichert hätte, geht somit fehl.[353] Vielmehr sprechen diese Aussagen für eine Ausweisung als reiner Grundsatz ohne Gewichtungsvorgabe mit so starker Einschränkung des Abwägungsspielraumes der Planfeststellungsbehörde, dass der Ausweisung die Wirkung eines Zieles der Raumordnung gleichkommt. Die Zweifel des VGH Kassel, eine zielförmige Ausweisung eines Nachtflugverbotes könnte eventuell nicht zulässig sein, liefern ebenfalls kein überzeugendes Argument für die Annahme, die Vorgabe zum Lärmschutz als einen Grundsatz mit solch starker Gewichtungsvorgabe anzusehen. Dann wäre es erst recht unzulässig, dies durch Ausweisung eines Grundsatzes mit Gewichtungsvorgabe zu umgehen.[354]

In der Literatur wird noch ergänzend darauf verwiesen, es erfolge eine Auflösung des Unterschiedes zwischen Optimierungsgeboten und zwingenden Planungsleitsätzen.[355] Unter Optimierungsgeboten werden solche Vorgaben verstanden, die eine möglichst weitgehende Beachtung der in der jeweiligen Norm genannten Belange bei der konkreten Entscheidung verlangen. Eine Zurückstellung der in einem Optimierungsgebot enthaltenen Belange in der Abwägung erfordert andere Belange von hohem Gewicht. Planungsleitsätze sind strikt zu beachten und können nur bei Bestehen zwingender Gegenbelange überwunden werden.[356] Die maßgebliche fachplanerische Norm, die im Rahmen der luft-

[352] So wird in der Begründung zu den Ausweisungen im LEP Hessen 2007 (Verordnung über die Änderung des Landesentwicklungsplans Hessen 2000 vom 22. 06. 2007, Hess GVBl. I, 406 in der Fassung der Berichtigung vom 20. 09. 2007, Hess GVBl. I, 578) unter Abschnitt IV. 1. „Planungsvoraussetzungen" ausdrücklich die diesbezügliche „eingeschränkten Kompetenz der Landesplanung" erwähnt (S. 7), weshalb die Ausweisung in Form eines Grundsatzes erfolge. Im Rahmen der raumordnerischen Gesamtbewertung unter IV. 10 wird zu den Festlegungen in Abschnitt III. 1. einerseits auf die hohe Bedeutung einer Nachtflugbeschränkung hingewiesen, andererseits zur Lösung auf die Ausweisung des Grundsatzes zum Nachtlärmschutz verwiesen (S. 134).

[353] *VGH Kassel* Urt. v. 21. 08. 2009 – 11 C 227/08.T u. a., juris, Rn. 767.

[354] Zur Zulässigkeit zielförmiger Ausweisungen eines Nachtflugverbotes sogleich unter E.II.5.b. im Rahmen der Analyse der Aussagen zum Verhältnis der Raumplanung zur Fachplanung.

[355] *Steinberg*, NVwZ 2010, 273, 275. Zum Unterschied zwischen Optimierungsgeboten und Abwägungsdirektiven *Grüner*, UPR 2011, 50.

[356] *BVerwG* Urt. v. 22. 03. 1985 – 4 C 73/82, NJW 1986, 82, 83.

verkehrsrechtlichen Planfeststellungsentscheidung zu beachten ist, ist § 29 b Abs. 1 S. 2 LuftVG. Zutreffend und vom BVerwG auch so klargestellt enthält diese Norm eine Gewichtungsvorgabe, die die besondere Berücksichtigung der Lärmschutzbelange hervorhebt.[357] Durch die Auslegung des Grundsatzes zum Lärmschutz als Grundsatz mit solch starker Gewichtungsvorgabe, der die in § 29 b Abs. 1 S. 2 LuftVG enthaltene Vorgabe verstärkt, werde ein zwingender Planungsleitsatz konstruiert, was der Systematik zwischen Zielen und Grundsätzen der Raumordnung widerspreche.[358]

Auf die Einordnung als Optimierungsgebot oder als Planungsleitsatz kommt es primär gar nicht an. Maßgeblich ist der Wille der Landesplanungsbehörde, die Vorgabe als Grundsatz und nicht als Ziel der Raumordnung auszuweisen. Alleine dadurch kommt schon zum Ausdruck, dass die Vorgabe der Abwägung zugänglich sein und nicht die Bindungswirkung eines Zieles haben soll.

b. Verhältnis Raumordnung zur Fachplanung – Nachtflugverbot

(1) Grundsatz mit Gewichtungsvorgabe oder reiner Grundsatz

Die Auslegung als Grundsatz mit Gewichtungsvorgabe stellt einen zu weiten Eingriff in die Kompetenz der Fachplanungsbehörden dar. Die Regelung eines Nachtflugverbotes ist eine konkrete Maßnahme mit starken Auswirkungen für den gesamten Flughafenbetrieb. Ob den Lärmschutzbelangen der Bevölkerung durch aktive und passive Lärmschutzmaßnahmen ausreichend Rechnung getragen werden kann, obliegt der Entscheidung der Planfeststellungsbehörde, die die Einzelheiten vor Ort betrachten und dementsprechende Regelungen in ihren Beschluss aufnehmen muss. Die Ermittlung aller einzelnen Faktoren, die für die Beurteilung der konkreten Beeinträchtigung der Anwohner durch Fluglärm relevant sein können, muss und soll nicht von der Landesplanungsbehörde geleistet werden. Das würde den Kompetenzbereich der Raumordnung ausgehend von dem zentralen Merkmal der Überfachlichkeit verlassen.[359] Die Raumplanungsbehörden dürfen keine Ersatzfachplanung betreiben.[360] Genau das geschieht jedoch durch den Erlass eines Nachtflugverbotes und damit einer Betriebsregelung. Die konkrete Anordnung von Lärmschutzmaßnahmen ist

[357] *BVerwG* Urt. v. 16.03.2006 – 4 A 1075/04, NVwZ 2006 Beilage Nr. 1, Rn. 268.

[358] *Steinberg*, NVwZ 2010, 273, 275 a. E.

[359] So auch *Deutsch*, NVwZ 2010, 1520, 1523 f. Anders und allgemein betriebliche Regelungen in Raumordnungsplänen für möglich haltend *Reidt*, DVBl 2011, 789, 794 f. Allerdings schränkt auch *Reidt* die Zulässigkeit solcher Regelungen durch die Pflicht zur Beachtung der „Hochstufigkeit der Konfliktbewältigung der Raumordnung“ ein. Wie die Abgrenzung zu betriebsbezogenen Regelungen, die „zur Lösung eines Raumnutzungskonflikts bereits auf der Ebene der Raumordnung“ seiner Meinung nach gerechtfertigt sein können, genau zu treffen ist, bleibt offen.

[360] Vgl. z. B. *Bayerischer Verfassungsgerichtshof* Urt. v. 15.07.2002 – Vf. 10-VII-00 u. a., DÖV 2003, 78, 79; *Schink*, DÖV 2011, 905, 911; *Kment*, BauR 2012, 1867, 1868.

eine Materie, die originär in die Kompetenz der Fachplanungsbehörde fällt. Der Rahmen der überfachlichen Koordinationsaufgabe ist mit der Anordnung solch präziser Regelungen verlassen. Die Entscheidung über die Notwendigkeit einzelner konkreter Maßnahmen fallen in den Kompetenzbereich der fachplanerischen Zulassungsentscheidung und können auch erst zu diesem Zeitpunkt abschließend beurteilt werden. Erst dann ist das genaue Ausmaß des Vorhabens bekannt und es sind die entsprechenden Schutzmaßnahmen nach dem dann jeweils aktuellen Stand der Technik festlegbar.[361] Durch die Aufstellung eines Grundsatzes zum Schutz der Nachtruhe an sich wird nicht unzulässig in die Kompetenz der Fachplanungsbehörden eingegriffen. Die Landesplanungsbehörde hatte im LEP Hessen 2007 an mehreren Stellen explizit auf die diesbezügliche Kompetenz der Planfeststellungsbehörde verwiesen.[362] Erst die Auslegung als Grundsatz mit Gewichtungsvorgabe dehnt die Kompetenz der Landesplanungsbehörde in unzulässiger Weise aus.[363] Die zielförmige Ausweisung eines Nachtflugverbotes in einem Landesentwicklungsplan wäre hingegen unzulässig.[364] Konkrete Betriebsregelungen sind Bestandteil der fachrechtlichen Genehmigung nach § 6 LuftVG.[365] Erst im Rahmen der Zulassungsentscheidung liegen alle Fakten vor, um beurteilen zu können, in welchem Umfang Lärmschutzmaßnahmen erforderlich sind.[366]

(2) Vorausschauenden Berücksichtigung

An dem Gebot zur vorausschauenden Berücksichtigung aller Belange, wie es das BVerwG im Urteil zum Ausbau des Flughafens Berlin-Schönefeld aufgestellt hatte, ändert sich dadurch nichts.[367] Vielmehr hat die Landesplanungsbehörde durch Aufstellung dieses Grundsatzes genau die vom BVerwG

---

[361] *Rojahn*, NVwZ 2011, 654, 661.

[362] Verordnung über die Änderung des Landesentwicklungsplans Hessen 2000 vom 22.06.2007, Hess GVBl. I, 406 in der Fassung der Berichtigung vom 20.09.2007, Hess GVBl. I, 578, IV.1. (Bezugnahme auf den Grundsatz im LEP Hessen 2000, der explizit die detaillierte Regelung des Nachtlärmschutzes dem Verfahren nach dem Luftverkehrsgesetz vorbehält); zudem im Rahmen der Begründung unter IV. 10, Raumordnungsrechtliche Gesamtbewertung, zu Festlegung III.1.

[363] Vgl. *Steinberg*, DVBl 2010, 137, 140.

[364] An der Zulässigkeit eines zielförmigen Nachtflugverbotes zweifelte auch der *VGH Kassel* Urt. v. 21.08.2009 – 11 C 227/08.T u. a., juris, Rn. 765 im Urteil zum Planfeststellungsbeschluss vom 18.12.2007. Ausdrücklich ablehnend äußerte sich das BVerwG in der damit zusammenhängenden Revisionsentscheidung, *BVerwG* Urt. v. 04.04.2012 – 4 C 8/09 u. a., NVwZ 2012, 1314, Rn. 307.

[365] *Schiller*, in: *Grabherr/Reidt/Wysk, Luftverkehrsgesetz*, § 8 Rn. 30, 32.

[366] *Stüer*, DVBl 2007, 610, 614 mit Verweis auf *BVerwG* Urt. v. 16.03.2006 – 4 A 1075/04, NVwZ 2006 Beilage Nr. 1, allerdings ohne Angabe einer Randnummer, spricht sich ebenfalls gegen zielförmige Ausweisungen von Nachtflugverboten aus.

[367] *BVerwG* Urt. v. 16.03.2006 – 4 A 1075/04, NVwZ 2006 Beilage Nr. 1, Rn. 155, vgl. oben E.I.3.c.

geforderte vorausschauende Abwägung vorgenommen, ohne dass damit gleichzeitig ein vollständiges Verbot von Nachtflügen einhergeht. Das BVerwG hatte im Urteil zum Ausbau des Flughafens Berlin-Schönefeld noch klar zu verstehen gegeben, das konkrete Lärmschutzkonzept bliebe der Fachplanung vorbehalten.[368] Diese Auffassung wurde auch durch das BVerfG im Rahmen eines Nichtannahmebeschlusses bezüglich einer Verfassungsbeschwerde gegen den Planfeststellungsbeschluss für den Ausbau des Flughafens Berlin-Schönefeld bestätigt.[369] Die Landesplanungsbehörde müsse lediglich in den Fällen, in denen sie Nachtflüge für grundsätzlich erforderlich halte, vorausschauend prüfen, ob die Zulassungsbehörde den Lärmschutzbelangen der Bevölkerung durch entsprechende Anordnungen vorrausichtlich Rechnung tragen werden könne. Diese erfreuliche Abgrenzung wurde durch die hier analysierte neuere Judikatur wieder revidiert.[370]

(3) Wille der Landesplanungsbehörde, ein Nachtflugverbot zu regeln

Ob die Landesplanungsbehörde überhaupt ein komplettes Nachtflugverbot regeln wollte, wie es der VGH Kassel und das BVerwG interpretiert haben, ist stark zu bezweifeln.[371] Aus der Begründung des Landesentwicklungsplanes ist zwar zu entnehmen, dass der Landesplanungsbehörde die Nachtruhe der Bevölkerung wichtig war. Eine derart hohe Bedeutung, die zur absoluten Unzulässigkeit von Flügen in der Nacht führen würde, kommt in der Begründung nicht zum Ausdruck. Vielmehr finden sich an mehreren Stellen des LEP Hessen 2007 Verweise dahingehend, dass die konkrete Ausgestaltung der Nachtflugregelungen in die Kompetenz der Fachplanungsbehörde falle. Gleich zu Beginn der Begründung zur Planänderung heißt es beispielsweise: „Die Prüfung von Einzelheiten und die Erfüllung spezifisch fachgesetzlicher Anforderungen an ein Lärmschutzkonzept bleiben nach der Rechtsprechung des BVerwG der Entscheidung über die Zulässigkeit des Vorhabens in der Planfeststellung vorbehalten.“[372] Es ist zwar zutreffend, dass die Nachtruhe der Bevölkerung für die Landesplanungsbehörde von hoher Bedeutung war – ansonsten hätte sie diese Vorgabe nicht in Form eines Grundsatzes aufgenommen. Ausweislich der Formulierung in diesem Grundsatz hat die Nachtruhe der Bevölkerung für die Landesplanung sogar

---

368 *BVerwG* Urt. v. 16.03.2006 – 4 A 1075/04, NVwZ 2006 Beilage Nr. 1, Rn. 64.

369 *BVerfG* Beschl. v. 20.02.2008 – 1 BvR 2389/06, NVwZ 2008, 775, Leitsatz 2 bzw. S. 777 Rn. 19.

370 So zutreffend auch *Kämper*, NVwZ 2013, 8, 11.

371 Vgl. auch *Steinberg*, NVwZ 2010, 273, 277.

372 Verordnung über die Änderung des Landesentwicklungsplans Hessen 2000 vom 22.06.2007, Hess GVBl. I, 406 in der Fassung der Berichtigung vom 20.09.2007, Hess GVBl. I, 578, Abschnitt IV. 1; weitere Aussagen in diese Richtung finden sich im Rahmen der raumordnerischen Gesamtbewertung in Abschnitt IV.1. zu den Festlegungen unter III.1.

„herausragende[…] Bedeutung".[373] Jedoch hat sie die hohe Bedeutung des Nachtlärmschutzes durch die Regelung in einem Grundsatz verdeutlicht und damit der Abwägung zugänglich gemacht. Zudem ist dieser Vorgabe nicht zu entnehmen, dass die Landesplanungsbehörde ein vollständiges Nachtflugverbot für zwingend notwendig hält, um den Lärmschutzbelangen der Bevölkerung Geltung zu verschaffen. Der Grundsatz beschränkt sich vielmehr darauf, einen „umfassende[n] Lärmschutz in den Kernstunden der Nacht"[374] zu verlangen. Umfassender Lärmschutz ist nicht zwingend mit einem totalen Verbot von Nachtflügen gleichzusetzen.[375] Der umfassendste Schutz wäre durch ein vollständiges Nachtflugverbot gegeben. Die Zulassung weniger Flüge in Kombination mit Schallschutzmaßnahmen kann aber der landesplanerischen Vorgabe eines umfassenden Schutzes ebenfalls genügen. Ob dies zutrifft, kann erst die Planfeststellungsbehörde nach Ermittlung aller potentiell Lärmbetroffener im Rahmen der planfeststellungsrechtlichen Zulassungsentscheidung beurteilen. Ergänzend wird in der Literatur noch der Vergleich mit der Entscheidung des VGH Kassel zum LEP Hessen 2000 herangezogen. In dieser Entscheidung habe der VGH Kassel wesentlich stärker formulierten Bedingungen die Zielqualität abgesprochen und diese als bloße Absichtserklärungen qualifiziert.[376] Dieser Vergleich mit den Bestimmungen des LEP Hessen 2000 ist indes nicht weiterführend. In der dortigen Bestimmung unter Nr. 7.4., „auf die Nachtruhe der Bevölkerung [ist] in besonderem Maße Rücksicht zu nehmen",[377] kommt keine stärkere Verbindlichkeit zum Ausdruck als der Aussage im LEP Hessen 2007, „in den Verfahren nach dem Luftverkehrsgesetz [sei] aus Rücksichtnahme auf die besonders schutzbedürftige Nachtruhe der Bevölkerung ein umfassender Lärmschutz in den Kernstunden der Nacht von herausragender Bedeutung."[378] Vielmehr kommt der Festsetzung im LEP Hessen 2007 durch die Wortwahl, der Lärmschutz sei von „herausragender Bedeutung", eine stärkere Gewichtung zu. Trotzdem handelt es sich bei der Aussage im LEP Hessen 2007 um einen Grundsatz, dem kein komplettes Nachtflugverbot zu entnehmen ist.

---

[373] Verordnung über die Änderung des Landesentwicklungsplans Hessen 2000 vom 22.06.2007, Hess GVBl. I, 406 in der Fassung der Berichtigung vom 20.09.2007, Hess GVBl. I, 578, Festlegung III.1, 1. Grunsatz.

[374] Verordnung über die Änderung des Landesentwicklungsplans Hessen 2000 vom 22.06.2007, Hess GVBl. I, 406 in der Fassung der Berichtigung vom 20.09.2007, Hess GVBl. I, 578, Festlegung III.1, 1. Grunsatz.

[375] *Steinberg*, NVwZ 2010, 273, 277.

[376] *Steinberg*, NVwZ 2010, 273, 277 mit Verweis auf *VGH Kassel* Urt. v. 16.08.2002 – 4 N 455/02, NVwZ 2003, 229, 231.

[377] Verordnung über den Landesentwicklungsplan Hessen 2000 vom 13.12.2000, Hess GVBl. I 2001, 2.

[378] Verordnung über die Änderung des Landesentwicklungsplans Hessen 2000 vom 22.06.2007, Hess GVBl. I, 406 in der Fassung der Berichtigung vom 20.09.2007, Hess GVBl. I, 578, Abschnitt III.1.

(4) Nachtflugverbot in der Kompetenz der Fachplanung

In dieser Zuordnung der Nachtflugregelungen zur Entscheidungskompetenz der Planfeststellungsbehörden ist auch keine Überhöhung der Fachplanung zu sehen.[379] Zwar ist zuzugeben, dass die Zulassung von Nachtflügen eine Entscheidung ist, die durchaus Auswirkungen auf die Umgebung hat und daher für die Raumverträglichkeit des Gesamtvorhabens, hier den (Aus-)Bau des Flughafens, durchaus Bedeutung hat.[380] Die Beurteilung der örtlichen Gegebenheiten und die Entscheidung über die Notwendigkeit einzelner konkreter Maßnahmen fällt in den Kompetenzbereich der fachplanerischen Zulassungsentscheidung und kann auch erst zu diesem Zeitpunkt abschließend beurteilt werden.[381] Erst dann ist das genaue Ausmaß des Vorhabens bekannt und die entsprechenden Schutzmaßnahmen sind nach dem dann jeweils aktuellen Stand der Technik festlegbar.[382] Zur ordnungsgemäßen Einbeziehung aller tangierter Belange stehen für die Raumordnungsbehörden gerade die Mittel des Raumordnungsrechtes zur Verfügung. Diese können die aus ihrer Sicht zum Ausgleich der Raumnutzungsansprüche zu beachtenden Belange durch die Aufstellung von Zielen und Grundsätzen zum Ausdruck bringen. Dabei haben sie alle erkennbaren Belange vorausschauend zu untersuchen, ohne jedoch typisch fachplanerische Entscheidungen vorwegzunehmen. Die Festlegung eines Standortes für den (Aus-)Bau eines Großflughafens ist dabei eine typische, die Raumnutzungsansprüche tangierende Frage, die schon auf Raumordnungsebene entschieden werden kann und auch entschieden werden sollte.[383]

c. Zusammenfassung der Erkenntnisse bezüglich der Nachtlärmschutzvorgaben

Interessanterweise hat der Grundsatz zum Nachtlärmschutz erst durch die dargestellte „Überinterpretation" der Gerichte seine Qualifikation als Grundsatz mit Gewichtungsvorgabe erhalten. Im Urteil zum Flughafen Schönefeld hatte das BVerwG noch ausdrücklich betont, die Gewichtung der öffentlichen Belange sei nicht Aufgabe der Verwaltungsgerichte.[384] Im Widerspruch zu dieser Aussage wurde hier eine die Vorgaben der Landesplanung übersteigende Gewichtung vorgenommen. Eine derartige Überhöhung der Raumordnung und die dadurch ausgelöste Unsicherheit und Verwischung der Grenzen ist unnötig.

---

379 *Lieber*, NVwZ 2011, 910, 912 f.

380 Ähnlich *Rojahn*, NVwZ 2011, 654, 661 a. E.

381 So auch *Stüer*, DVBl 2007, 610, 614.

382 *Rojahn*, NVwZ 2011, 654, 661.

383 So ausdrücklich *BVerwG* Urt. v. 16. 03. 2006 – 4 A 1075/04, NVwZ 2006 Beilage Nr. 1, Rn. 54; vgl. oben E.I.3.a.(1).

384 *BVerwG* Urt. v. 16. 03. 2006 – 4 A 1075/04, NVwZ 2006 Beilage Nr. 1, Rn. 166.

Zusammenfassend lässt sich festhalten, dass § 29b Abs. 1 S. 2 LuftVG eine gesetzliche Gewichtungsvorgabe für die Planfeststellungsbehörde im Rahmen ihrer Zulassungsentscheidung enthält, die Lärmschutzbelange der Bevölkerung zu beachten. Die Landesplanungsbehörde kann diese Vorgabe durch die Aufnahme eines entsprechenden Grundsatzes verstärken. Dabei muss jedoch für die Planfeststellungsbehörde ausreichend Abwägungsspielraum verbleiben. Eine zielförmige Vorgabe eines Nachtflugverbotes ist nicht zulässig. Die Anordnungsbefugnis für ein Nachtflugverbot verbleibt im Zuständigkeitsbereich der Fachplanugsbehörde.

IV. Urteil Kohlekraftwerk Datteln

Das Urteil des OVG Münster vom 03.09.2009[385] zu dem Bebauungsplan Nr. 105 – E.ON Kraftwerk der Stadt Datteln vom 15.01.2007[386] mit der Standortfestlegung für den Bau eines Steinkohlekraftwerkes im Stadtgebiet Datteln hatte neben dem Verhältnis der Landesplanung zur Regionalplanung auch deren jeweiliges Verhältnis zur kommunalen Planung zum Gegenstand. Dieser Bebauungsplan wurde im Wege eines Normenkontrollverfahrens nach § 47 Abs. 1 Nr. 1 VwGO angegriffen.[387] Geltend gemacht wurde unter anderem eine Verletzung der Anpassungspflicht an die Ziele der Raumordnung nach§ 1 Abs. 4 BauGB.[388] Thematisiert wurde auch ein möglicher Eingriff in die Planungshoheit der Gemeinde.[389]

1. Raumplanerischer Hintergrund

a. Landesweite Planungsvorgaben

In Nordrhein-Westfalen waren nach dem damals geltenden § 11 LPlG NRW 1994[390] für die Darstellung der Raumordnungsziele und Raumordnungsgrundsätze verschiedene Planungsinstrumente vorgesehen. Das Landesentwicklungsprogramm nach § 12 LPlG NRW 1994 sollte allgemeine Ziele und

---

385 *OVG Münster* Urt. v. 03.09.2009 – 10 D 121/07.NE, NuR 2009, 801.

386 Aufstellungsbeschluss vom 16.03.2005, aufgestellt am 15.01.2007, bekannt gemacht am 19.01.2007; Begründung abrufbar unter http://www.datteln.de/9_Bauen_Wohnen/StaedtebaulichePlanungen/Umweltbericht_mit_Begruendung.pdf (zuletzt abgerufen am 22.11.2015).

387 Antragsteller war der Eigentümer einer landwirtschaftlichen Hofstelle, die ca. 1,3 km weit von dem Plangebiet entfernt lag.

388 *OVG Münster* Urt. v. 03.09.2009 – 10 D 121/07.NE, NuR 2009, 801, 807, Rn. 3 ff.

389 Art. 28 Abs. 2 GG bzw. Art. 78 Abs. 1 Landesverfassung Nordrhein-Westfalen; *OVG Münster* Urt. v. 03.09.2009 – 10 D 121/07.NE, NuR 2009, 801, Rn. 6.

390 LPlG NRW in der Fassung vom 29.06.1994, GV. NW, 474.

Grundsätze für die Gesamtentwicklung des Landes enthalten. Des Weiteren waren Raumordnungspläne auf Landesebene,[391] sowie Gebietsentwicklungspläne bzw. Regionalpläne[392] auf Regionalebene vorgesehen.[393]

Zum Erlasszeitpunkt des Bebauungsplans Nr. 105 – E.ON Kraftwerk war auf Landesplanungsebene das LEPro NRW[394] sowie der LEP NRW 1995[395] in Kraft.[396] § 26 LEPro NRW verlangte in Abs. 1 u. a. in allen Teilen des Landes die Voraussetzungen für eine möglichst preisgünstige Energieversorgung zu schaffen und enthielt in Abs. 2 die Zielsetzung, einheimische und regenerative Energieträger einzusetzen.[397] Der LEP NRW 1995 bezog sich an einigen Stellen auf den LEP VI[398] aus dem Jahr 1978, der in seiner damaligen Form infolge der Aufstellung des LEP NRW 1995 außer Kraft getreten war. Der LEP VI beinhaltete die Festlegung von Gebieten für flächenintensive Großvorhaben sowie Standorte für die Energieerzeugung.[399]

Im LEP NRW 1995 waren in textlicher sowie in zeichnerischer Form „Ziele" der Landesplanung enthalten.[400] Zeichnerisch war unter anderem ein Gebiet

---

391 Sogenannte Landesentwicklungspläne nach § 13 LPlG NRW 1994.

392 § 14 LPlG NRW 1994.

393 Die Bezeichnung der Pläne auf Regionalebene änderte sich zwischen Erlass des hier relevanten LEP NRW 1995 und der Aufstellung des Bebauungsplanes vom 15.01.2007 mit Erlass des Landesplanungsgesetzes vom 07.05.2005 (LPlG NRW 2005), GV. NW, 430 von „Gebietsentwicklungspläne" in „Regionalpläne", § 2 Abs. 3 LPlG NRW 2005.

394 Landesentwicklungsprogramm Nordrhein-Westfalen vom 05.10.1989, GV. NW, 485, bereinigt S. 648; außer Kraft mit Wirkung vom 31.12.2011, § 38 S. 2 LEPro NRW.

395 Landesentwicklungsplan Nordrhein-Westfalen, Gesetz vom 11.05.1995, GV. NW, 532.

396 Die Landesentwicklungspläne hatten nach § 13 Abs. 1 LPlG NRW 1994 auf der Grundlage des Landesentwicklungsprogrammes die Ziele und Grundsätze der Landesplanung für die Gesamtentwicklung des Landes festzulegen.

397 § 26 LEPro NRW war gültig bis 23.12.2009, aufgehoben durch Gesetz vom 17.12.2009, GV. NW, 874, das Gesetz insgesamt war bis 31.12.2011 in Kraft. „(1) In allen Teilen des Landes sind die Voraussetzungen für eine ausreichende, sichere, umweltverträgliche und möglichst preisgünstige Energieversorgung zu erhalten oder zu schaffen; dabei sind alle Möglichkeiten der Energieeinsparung zu berücksichtigen. (2) Es ist anzustreben, daß insbesondere einheimische und regenerierbare Energieträger eingesetzt werden. (3) [1]Zur Verbesserung des Energienutzungsgrades und aus Umweltgesichtspunkten sind die Möglichkeiten der Kraft-Wärme-Kopplung sowie der Nutzung industrieller Abwärme auszuschöpfen. [2]Regionale und örtliche Energieversorgungskonzepte sollen entwickelt werden."

398 LEP VI in der Fassung vom 08.11.1978, MBl. NRW, 1878. Dabei handelte sich um einen der Vorgängerpläne zum LEP NRW 1995.

399 Vgl. die „Übersicht über die Einzelpläne der Gebiete für flächenintensive Großvorhaben und Kraftwerksstandorte", LEP VI in der Fassung vom 08.11.1978, MBl. NRW, 1878, 1882.

400 So war es in der Einleitung des LEP NRW 1995 (Gesetz vom 11.05.1995, GV. NW, 532) unter A.II. ausdrücklich festgehalten. Zudem fand sich unter „A.III.2. Zeichnerische und textliche Darstellung, Vorbemerkungen, Erläuterungen" die Formulierung: „Zeichnerische und textliche Darstellungen sind „Ziele" der Raumordnung und Landesplanung." Unter Verweis auf § 5 Abs. 4 ROG weist die Landesplanungsbehörde nochmals explizit darauf hin, dass

für flächenintensive Großvorhaben, A. 3.1. Datteln-Waltrop, und ein Standort für die Energieversorgung, B. 3.5. Datteln-Waltrop, festgelegt. Dieses Gebiet für flächenintensive Großvorhaben sowie der in diesem Gebiet eingezeichnete Standort B. 3.5 befand sich östlich des Dortmund-Ems-Kanals, nördlich des Datteln-Hamm-Kanals und südlich des Ortsteils Vinnum der Gemeinde Olfen. Beide Gebiete waren aus dem LEP VI übernommen worden.[401] Ebenso die Standortfestlegungen für die Errichtung neuer Kraftwerke,[402] die als „Angebotsplanung" zu verstehen seien.[403]

b. Regionale Planungsvorgaben

Nach § 14 Abs. 1 LPlG NRW 1994 waren auf der Grundlage des Landesentwicklungsprogrammes sowie der Landesentwicklungspläne Gebietsentwicklungspläne zu erlassen.[404] Für den das Gebiet der Gemeinde Datteln umfassenden Planbereich relevant war der Regionalplan Münster – Teilabschnitt Emscher-Lippe in der zum Zeitpunkt der Planaufstellung in Kraft befindlichen Fassung durch die 4. Änderung.[405] In diesem Regionalplan war zeichnerisch ein Bereich für gewerbliche und industrielle Nutzungen (GIB) mit der Zweckbestimmung „Kraftwerke und einschlägige Nebenbetriebe" um den Standort des bestehenden Kraftwerkes Datteln herum sowohl westlich als auch östlich des Datteln-Ems-Kanals und südlich des Datteln-Hamm-Kanals ausgewiesen. Eine weiteres solches Gebiet für flächenintensive Großvorhaben war nördlich des Datteln-Hamm-Kanals in dem Bereich, in dem auch der LEP NRW 1995 den Kraftwerkstandort vorsah, eingezeichnet.

Ziele der Raumordnung und Landesplanung unter anderem von Bundes- und Landesbehörden, Gemeindeverbänden sowie öffentlichen Planungsträgern zu beachten seien.

[401] So ausdrücklich in Abschnitt „C.III. Flächenintensive Großvorhaben" unter „C.III.1. Vorbemerkungen" des LEP NRW 1995, Gesetz vom 11.05.1995, GV. NW, 532, festgehalten.

[402] Im Abschnitt „D.II. Energieversorgung" des LEP NRW 1995 fand sich unter „D.II.1. Vorbemerkungen" folgende Aussage: „Für die Errichtung neuer Kraftwerke sind durch den LEP NRW entsprechende Standorte gesichert; vor ihrer Inanspruchnahme sind die Möglichkeiten der Energieeinsparung sowie der Steigerung der Energieproduktivität in bestehenden Anlagen im Hinblick auf die energiewirtschaftlichen Ziele zu prüfen. Die Standorte sind aus dem ehemaligen LEP VI übernommen worden."

[403] So die Formulierung am Ende des Abschnitts „D.II.3. Erläuterungen" des LEP NRW 1995.

[404] Ähnlich die Formulierung in § 19 Abs. 1 LPlG NRW 2005 in der zum Zeitpunkt der Bebauungsplanaufstellung geltenden Fassung vom 03.05.2005, GV. NW, 430.

[405] Regionalplan Münster – Teilabschnitt Emscher-Lippe, 4. Änderung 2004, Bekanntmachung der Genehmigung durch das Ministerium für Wirtschaft, Mittelstand und Energie am 29.06.2006. Der relevante Planausschnitt ist enthalten in der Begründung zum Bebauungsplan Nr. 105 – E.ON Kraftwerk, S. 34; Begründung abrufbar unter http://www.datteln.de/9_Bauen Wohnen/StaedtebaulichePlanungen/Umweltbericht_mit_Begruendung.pdf (zuletzt abgerufen am 22.11.2015).

2. Wesentlicher Inhalt des Bebauungsplans Nr. 105 – E.ON Kraftwerk

Das Plangebiet des Bebauungsplans Nr. 105 – E.ON Kraftwerk lag im Südosten der Stadt Datteln an der Stadtgrenze zu Waltrop, wurde im Westen durch den Dortmund-Ems-Kanal begrenzt und befand sich südlich des Datteln-Hamm-Kanals. Das Plangebiet lag somit innerhalb des Gebietes, das im Regionalplan Münster – Teilabschnitt Emscher-Lippe als ein möglicher Kraftwerksstandort ausgewiesen war, im LEP NRW 1995 jedoch nicht als Standort vorgesehen war. In einem großen Teil des Plangebietes setzte der Plan Flächen für Versorgungsanlagen mit der Zweckbestimmung „Kraftwerk" nach § 9 Abs. 1 Nr. 12 BauGB fest. Auf der gegenüberliegenden Seite des Dortmund-Ems-Kanals befinden sich die schon bestehenden Blöcke 1–3 des Kraftwerks Datteln.

a. Bezugnahme auf die landesplanerischen Vorgaben

Im Hinblick auf die landesplanerischen Vorgaben fanden sich in der Begründung zum Bebauungsplan Nr. 105 – E.ON Kraftwerk in Abschnitt 8 Ausführungen zum Umweltbericht. In Unterabschnitt 8.1.3.2. „Zielaussagen der Fachpläne" waren Bezugnahmen auf § 26 LEPro NRW[406] und unter anderem die Ziele D.II.2.1, 2.3 des LEP NRW 1995 enthalten, insbesondere heimische Energieträger zu verwenden und die Energieproduktivität zu erhöhen.[407] In Unterabschnitt 8.2.6. „Prüfung anderweitiger Planungsmöglichkeiten" fanden sich zu den Vorgaben im LEP NRW 1995 keine Ausführungen.

b. Bezugnahme auf die regionalplanerischen Vorgaben

In Abschnitt 1.4 wurde unter dem Punkt „Regionalplanung" auf den Regionalplan Münster – Teilabschnitt Emscher-Lippe und dessen Ausweisung eines Kraftwerksstandortes im südwestlichen Teil des Plangebietes des Bebauungsplanes Bezug genommen.[408] Im Rahmen der Erläuterungen zum Umweltbericht wurde näher auf die regionalplanerischen Vorgaben eingegangen, insbesondere auf die zeichnerische Festlegung einer verbindlichen Fläche für

---

[406] Norm wiedergegeben bei Fn. 400.

[407] Der Wortlaut des Zieles D.II.2.1. lautet: „Es sollen insbesondere heimische Primärenergieträger zur Stromerzeugung eingesetzt werden. Regenerative Energien müssen stärker genutzt werden. Die Energieproduktivität muß erhöht werden." Ziel D.II.2.3 lautet: „Bevor neue Kraftwerke geplant werden, sollen die Möglichkeiten der Energieeinsparung und der Steigerung der Energieproduktivität in vorhandenen Anlagen ausgeschöpft werden."

[408] Abschnitt 1 „Allgemeine Planungsvorgaben und Planungsziele", Unterabschnitt 1.4 „Planungsrechtliche Vorgaben", S. 8 f. der Begründung zum Bebauungsplan Nr. 105 – E.ON Kraftwerk, abrufbar unter http://www.datteln.de/9_Bauen_Wohnen/StaedtebaulichePlanungen/Umweltbericht_mit_Begruendung.pdf (zuletzt abgerufen am 22.11.2015).

einen Kraftwerkstandort um das bestehende Kraftwerk herum.[409] Des Weiteren nahm der Plan auf Grundsatz 18 der textlichen Ausführungen des Regionalplans Münster – Teilabschnitt Emscher-Lippe Bezug.[410] Im Zusammenhang mit der „Prüfung anderweitiger Planungsmöglichkeiten“ setzte sich die Gemeinde mit den beiden im Regionalplan ausgewiesenen Gebieten für flächenintensive Großvorhaben auseinander.[411] An diese Vorgaben des Regionalplans sah sich die Gemeinde aufgrund § 1 Abs. 4 BauGB gebunden.[412] Im Ergebnis lehnte sie die den Standort nördlich des Datteln-Hamm-Kanals ab.[413] An dem gewählten Standort direkt am Dortmund-Ems-Kanal sei die erforderliche Erschließung an Wasserstraße, Eisenbahn und Straße gegeben und könnte sofort genutzt werden. Zudem sei die Fläche durch das vorhandene Kraftwerk und die seit 1991 im Flächennutzungsplan dargestellte Erweiterungsfläche planerisch vorgeprägt. Andere sich aufdrängende Planungsalternativen seien nicht ersichtlich.[414]

---

[409] Abschnitt 8 „Umweltbericht gemäß § 2 Abs. 4 und § 2a BauGB zur Begründung der Aufstellung des B-Planes NR. 105 „E.ON Kraftwerk“ der Stadt Datteln“, Unterabschnitt 8.1.3.2. „Zielaussagen der Fachpläne“, S. 33 f. der Begründung zum Bebauungsplan Nr. 105 – E.ON Kraftwerk, abrufbar unter http://www.datteln.de/9_Bauen_Wohnen/StaedtebaulichePlanungen/Umweltbericht_mit_Begruendung.pdf (zuletzt abgerufen am 22. 11. 2015).

[410] Grundsatz 18 des Regionalplans Münster, Teilabschnitt Emscher-Lippe, lautete: „18.1.: Die Inanspruchnahme von Standorten für Kraftwerke soll angesichts der bereits im Raum vorhandenen Belastungen durch industrielle Nutzungen bedarfsgerecht und umweltgerecht erfolgen. 18.2.: Zur Minimierung der Umweltbelastungen sollen Altanlagen modernisiert oder durch neue, umweltverträgliche und ressourcenschonende Kraftwerke ersetzt werden. 18.3.: Im Plangebiet sollen Kraftwerksstandorte nach Möglichkeit in den mit dem Symbol ‚Kraftwerke und einschlägige Nebenbetriebe‘ gekennzeichneten Gewerbe- und Industrieansiedlungsbereichen errichtet werden.“ Der relevanter Planausschnitt (Kapitel 6 zur Ver- und Entsorgungsinfrastruktur, Unterkapitel 6.1. Energieversorgung, 6.1. Kraftwerkstandorte) ist enthalten in der Begründung zum Bebauungsplan Nr. 105 – E.ON Kraftwerk, S. 34; Begründung abrufbar unter http://www.datteln.de/9_Bauen_Wohnen/StaedtebaulichePlanungen/Umweltbericht_mit_Begruendung.pdf (zuletzt abgerufen am 22. 11. 2015).

[411] Abschnitt 8.2.6 „Prüfung anderweitiger Planungsmöglichkeiten“, S. 135 ff. der Begründung zum Bebauungsplan Nr. 105 – E.ON Kraftwerk, Begründung abrufbar unter http://www.datteln.de/9_Bauen_Wohnen/StaedtebaulichePlanungen/Umweltbericht_mit_Begruendung.pdf (zuletzt abgerufen am 22. 11. 2015.)

[412] Abschnitt 8.2.6 „Prüfung anderweitiger Planungsmöglichkeiten“, S. 136 der Begründung zum Bebauungsplan Nr. 105 – E.ON Kraftwerk, Begründung abrufbar unter http://www.datteln.de/9_Bauen_Wohnen/StaedtebaulichePlanungen/Umweltbericht_mit_Begruendung.pdf (zuletzt abgerufen am 22. 11. 2015).

[413] Gegen diesen Standort sprächen die fehlende Erschließung an Wasserstraße, Eisenbahn und Straße und das Fehlen der tatsächlichen und rechtlichen Voraussetzungen diese Erschließung herzustellen, auch wenn der Standort bezogen auf die Umweltauswirkungen günstiger sei, vgl. S. 136 der Begründung zum Bebauungsplan Nr. 105 – E.ON Kraftwerk, abrufbar unter http://www.datteln.de/9_Bauen_Wohnen/StaedtebaulichePlanungen/Umweltbericht_mit_Begruendung.pdf (zuletzt abgerufen am 22. 11. 2015).

[414] S. 137 der Begründung zum Bebauungsplan Nr. 105 – E.ON Kraftwerk, abrufbar unter http://www.datteln.de/9_Bauen_Wohnen/StaedtebaulichePlanungen/Umweltbericht_mit_Begruendung.pdf (zuletzt abgerufen am 22. 11. 2015).

3. Wesentliche Aussagen des Urteils

Das OVG Münster kam in seinem Urteil zu dem Ergebnis, die Ausweisung des Bebauungsplangebietes südlich des im LEP NRW 1995 vorgesehenen Standortes verstoße hinsichtlich der raumordnungsrechtlichen Vorgaben gegen das Anpassungsgebot des § 1 Abs. 4 BauGB und sei daher unwirksam.[415]

a. Wirkung der Gebietsausweisung im LEP NRW 1995

(1) Zeichnerische Festlegung als Ziel der Raumordnung

Die zeichnerische Kraftwerksstandortfestlegung im LEP NRW 1995 sei als Ziel der Raumordnung zu qualifizieren und als solches verbindlich nach § 3 Nr. 2 ROG.[416] Diese gebietsscharfe Standortausweisung sei mit der kommunalen Selbstverwaltung vereinbar, da landesbedeutsame Gesichtspunkte, insbesondere das überörtliche Interesse an einer unter anderem umweltverträglichen, sicheren Energieversorgung, eine solche Ausweisung erforderten.[417] Die Zielvorgaben seien aus dem früheren LEP VI aus dem Jahre 1978 übernommen und Ergebnis einer umfangreichen Abwägung.[418] Zudem fänden sich im zeichnerischen Teil des LEP NRW 1995 konkrete Standortausweisungen nur für Kraftwerke und flächenintensive Großvorhaben, was ebenfalls für eine verbindliche Zielfestlegung spreche.[419]

(2) Vorranggebiet

Diese zielförmige Standortfestlegung hätte im Ergebnis eine Vorrangplanung bewirkt, was sich sowohl aus den Erläuterungen zum LEP VI als auch zum LEP NRW 1995 sowie aus allgemeinen raumplanerischen Kriterien ergebe.[420] Dadurch sei der Standort für die Nutzung als Kraftwerk gegen anderweitige, entgegenstehende Planungen untergeordneter Planungsträger gesichert worden.

---

[415] *OVG Münster* Urt. v. 03. 09. 2009 – 10 D 121/07.NE, NuR 2009, 801, unter I. der Urteilsgründe, Rn. 3 ff. Darüber hinaus leide der Plan auch an Abwägungsfehlern und verstoße daher gegen das allgemeine Abwägungsgebot nach § 1 Abs. 7 BauGB, *OVG Münster* Urt. v. 03. 09. 2009 – 10 D 121/07.NE, NuR 2009, 801, unter II. der Urteilsgründe, Rn. 43 ff.

[416] *OVG Münster* Urt. v. 03. 09. 2009 – 10 D 121/07.NE, NuR 2009, 801, Rn. 6.

[417] *OVG Münster* Urt. v. 03. 09. 2009 – 10 D 121/07.NE, NuR 2009, 801, Rn. 6 a. E., Rn. 7.

[418] Umfassend abgewogen worden sei insbesondere im Hinblick auf den Abstand zum Wohnsiedlungsbereich, vorhandener Bebauung, Immissionsschutz etc.

[419] *OVG Münster* Urt. v. 03. 09. 2009 – 10 D 121/07.NE, NuR 2009, 801, Rn. 8.

[420] *OVG Münster* Urt. v. 03. 09. 2009 – 10 D 121/07.NE, NuR 2009, 801, Rn. 9.

(3) Außenwirkung des Vorranggebietes

Darüber hinaus komme dieser Festsetzung auch eine Außenwirkung zu, da es sich um ein abschließend abgewogenes Ziel handele. Dies bedeute „notwendig“[421], dass dieser Standort von der Landesplanung als geeigneter bewertet worden sei als andere Standorte.[422] Eine andere Auslegung unterstelle dem Landesplaner eine willkürliche Entscheidung bzw. schlösse eine abschließende Entscheidung des Landesplaners aus.[423] Weiter verwies das Gericht auf die Erläuterungen in Abschnitt C. III.2.2. des LEP NRW 1995, bei Überlagerung von Gebieten für flächenintensive Großvorhaben und Kraftwerksstandorten werde die endgültige Nutzung beim jeweiligen konkreten Vorhaben durch die Landesplanungsbehörde festgelegt. Nur vor diesem Hintergrund sei eine Regelung im LEP VI von 1978 zu verstehen, wonach die Errichtung von Kraftwerken an bestehenden Standorten unberührt bleibe.[424] Hätte die Zielfestlegung keine Außenwirkung, müsste eine solche Ausnahme nicht aufgenommen werden. Zudem sei bei einer Ausweisung einzelner Flächen zur Sicherung energiewirtschaftlicher Ziele auf Landesebene „nach einer Betrachtung des gesamten Landesgebietes“ „nur dann sinnvoll, wenn diese Festlegung grundsätzlich der gemeindlichen Abwägungsentscheidung entzogen ist“.[425]

Für die Regional- und Bauleitplanung sah es das Gericht als nicht gänzlich ausgeschlossen an, ein Kraftwerk an anderer Stelle auszuweisen, wenn „die Vorrangplanung in den Blick [genommen]“ und „grundsätzlich das dort festgelegte Ziel“ verwirklicht werde.[426] Jedoch sei eine Planung durch die Gemeinde an anderer Stelle im Regelfall doch ausgeschlossen, wenn ein Landesentwicklungsplan im Gemeindegebiet „in Kenntnis der regionalen Besonderheiten“ einen Kraftwerksstandort ausweise.[427] Eine Planung in der Umgebung dürfe die landesplanerisch vorgesehene Flächennutzung nicht beeinträchtigen.[428]

---

[421] *OVG Münster* Urt. v. 03.09.2009 – 10 D 121/07.NE, NuR 2009, 801, Rn. 10.

[422] *OVG Münster* Urt. v. 03.09.2009 – 10 D 121/07.NE, NuR 2009, 801, Rn. 11.

[423] *OVG Münster* Urt. v. 03.09.2009 – 10 D 121/07.NE, NuR 2009, 801, Rn. 12 a.A. Das Gericht begründete die Verbindlichkeit der Standortentscheidung auch außerhalb des ausgewiesenen Bereiches sodann mit einer Bezugnahme auf Abschnitt D.II.1. des LEP NRW 1995, wonach vor der Inanspruchnahme der in diesem Landesentwicklungsplan gesicherten Kraftwerksstandorte zunächst die Möglichkeiten der Energieeinsparung sowie die Möglichkeit einer Steigerung der Energieproduktivität bestehender Anlagen zu prüfen seien.

[424] Ziffer 5.3. Abs. 1 Erläuterungsbericht LEP VI; MBl. NW 1978, 1878, 1909.

[425] *OVG Münster* Urt. v. 03.09.2009 – 10 D 121/07.NE, NuR 2009, 801, Rn. 12.

[426] *OVG Münster* Urt. v. 03.09.2009 – 10 D 121/07.NE, NuR 2009, 801, Rn. 13.

[427] *OVG Münster* Urt. v. 03.09.2009 – 10 D 121/07.NE, NuR 2009, 801, Rn. 13.

[428] *OVG Münster* Urt. v. 03.09.2009 – 10 D 121/07.NE, NuR 2009, 801, Rn. 13.

b. Verhältnis der Landes- zur Regionalplanung, der Landes- und Regionalplanung zur gemeindlichen Planung sowie das Zusammenspiel der Standortausweisungen in den unterschiedlichen Raumordnungsplänen

Das Gericht kam zu dem Schluss, sowohl die Bauleitplanung der Gemeinde als auch der Regionalplan Münster – Teilplan Emscher-Lippe in der Fassung durch die 4. Änderung[429] hielten die Vorgaben des LEP NRW 1995 aus mehreren Gründen nicht ein.[430]

Die Abweichung von dem im LEP NRW 1995 vorgesehenen Standort sei nicht einmal thematisiert worden, obwohl die Kraftwerksansiedlung im Gemeindegebiet nicht gänzlich ausgeschlossen, sondern im LEP NRW 1995 nur an anderer Stelle vorgesehen gewesen sei. Bei der Festlegung im LEP NRW 1995 handele es sich ausweislich des Landesentwicklungsplanes um eine „Angebotsplanung".[431] Eine solche bedeute keine Planungspflicht. Die Gemeinde könne sich gegen das Angebot entscheiden. Damit gehe jedoch nicht die Möglichkeit zur Annahme des Angebots an anderer Stelle einher.[432] Eine solche Standortausweisung an anderer Stelle als im Landesentwicklungsplan vorgesehen stelle eine Verletzung des landesplanerischen Zieles dar. Selbst bei „engem Verständnis" der Ausweisung lediglich als Standortsicherung wäre eine Entscheidung für einen Standort an anderer Stelle ausgeschlossen.[433] Das sei der Gemeinde auch bewusst gewesen. Diese anderweitige Standortausweisung stelle eine Verletzung des von der Landesplanung in Anspruch genommenen Letztentscheidungsrechtes, welche Vorhaben im LEP-Bereich an welcher Stelle verwirklicht werden sollen, dar. Die Festlegung verstoße gegen die Verpflichtung, eine der Landesplanung widersprechende Bauleitplanung zu unterlassen und stehe zudem in Widerspruch zu den Kriterien, die die landesplanerische Standortwahl bestimmt hätten.[434]

Die Tatsache, dass der Regionalplan Münster – Teilabschnitt Emscher-Lippe den von der Gemeinde gewählten Standort ebenfalls als möglichen Kraftwerkstandort darstelle, ändere nichts an der Anpassungspflicht der gemeindlichen Planung an den LEP NRW 1995.[435] Der Regionalplan sei mangels Beachtung

---

[429] Der relevante Planausschnitt (Kapitel 6 zur Ver- und Entsorgungsinfrastruktur, Unterkapitel 6.1. Energieversorgung, 6.1. Kraftwerkstandorte) ist enthalten in der Begründung zum Bebauungsplan Nr. 105 – E.ON Kraftwerk, S. 34; Begründung abrufbar unter http://www.datteln.de/9_Bauen_Wohnen/StaedtebaulichePlanungen/Umweltbericht_mit_Begruendung.pdf (zuletzt abgerufen am 22. 11. 2015).

[430] *OVG Münster* Urt. v. 03. 09. 2009 – 10 D 121/07.NE, NuR 2009, 801, Rn. 14 ff.

[431] So die Formulierung am Ende des Abschnitts „D. II.3. Erläuterungen" des LEP NRW 1995.

[432] *OVG Münster* Urt. v. 03. 09. 2009 – 10 D 121/07.NE, NuR 2009, 801, Rn. 14 a. E.

[433] *OVG Münster* Urt. v. 03. 09. 2009 – 10 D 121/07.NE, NuR 2009, 801, Rn. 15.

[434] *OVG Münster* Urt. v. 03. 09. 2009 – 10 D 121/07.NE, NuR 2009, 801, Rn. 15. Welche Kriterien dafür maßgeblich waren, bleibt offen.

[435] *OVG Münster* Urt. v. 03. 09. 2009 – 10 D 121/07.NE, NuR 2009, 801, Rn. 18.

der landesplanerischen Zielvorgaben und des damit einhergehenden Verstoßes gegen § 19 Abs. 1 S. 1 LPlG[436] unwirksam.[437]

Indem sich die Gemeinde an die Vorgaben im Regionalplan, nicht aber an die Vorgaben im LEP NRW 1995 gebunden sah, habe sie das hierarchische Verhältnis von Landes- und Regionalplanung verkannt.[438] Wieso nach Auffassung der Gemeinde die Vorgaben im LEP NRW 1995 die Ausweisung von Kraftwerken an anderen als im Landesentwicklungsplan vorgesehenen Standorten nicht ausschließe, sei aus der Begründung zum Bebauungsplan nicht nachvollziehbar.[439] Unabhängig davon, wie die Verbindlichkeit der raumplanerischen Vorgaben außerhalb der ausgewiesenen Standorte bewertet werde, sei die Bauleitplanung der Gemeinde unwirksam.[440] Wenn im LEP NRW 1995 und im Regionalplan Münster – Teilabschnitt Emscher-Lippe verbindliche Vorgaben enthalten seien, die die Ausweisung eines Standorts an anderer Stelle ausschlössen, sei der Bebauungsplan mangels Anpassung an die Landesplanung unwirksam. Sollte den Vorgaben der Landesplanung keine bindende Wirkung mit dem Verbot für Ausweisungen an anderer Stelle zukommen, sei die gemeindliche Standortwahl mangels Einbeziehung weiterer Alternativen außer der beiden im Regionalplan vorgesehenen defizitär.[441] Die Gemeinde könne sich auch nicht darauf berufen, schon die Regionalplanung habe die Vorgaben des LEP NRW 1995 missachtet.[442] Auch die Regionalplanung sei vielmehr verpflichtet, ihre Planung den Vorgaben des LEP NRW 1995 anzupassen. Durch das Bestehen der landesplanerischen zielförmigen Festlegung auf einen Standort sei kein Raum für die Ausweisung eines weiteren Neustandortes durch die Regionalplanung. Der Gemeinde sei trotz allem nicht verwehrt gewesen, eine Planung vorzunehmen, die mit beiden raumordnungsrechtlichen Plänen vereinbar sei. Die Auffassung der Gemeinde, der LEP NRW 1995 trete hinter dem Regionalplan zurück, lehnt das Gericht klar ab.[443]

4. Stellungnahme unter Berücksichtigung der Anmerkungen in der Literatur

Anlass für eine kritische Auseinandersetzung mit der Entscheidung des OVG Münster bietet insbesondere dessen Auffassung, bei der Ausweisung des Kraftwerksstandortes im LEP NRW 1995 handele es sich um ein Vorranggebiet, das nicht nur innergebietliche, sondern auch außergebietliche Sperrwirkung entfal-

[436] Die Vorschrift des § 19 Abs. 1 S. 1 LPlG 2005 bestimmte, dass Regionalpläne auf der Grundlage des LEPro NRW und des LEP NRW die Ziele der Raumordnung festzulegen haben.
[437] *OVG Münster* Urt. v. 03. 09. 2009 – 10 D 121/07.NE, NuR 2009, 801, Rn. 19.
[438] *OVG Münster* Urt. v. 03. 09. 2009 – 10 D 121/07.NE, NuR 2009, 801, Rn. 20.
[439] *OVG Münster* Urt. v. 03. 09. 2009 – 10 D 121/07.NE, NuR 2009, 801, Rn. 20.
[440] *OVG Münster* Urt. v. 03. 09. 2009 – 10 D 121/07.NE, NuR 2009, 801, Rn. 21.
[441] *OVG Münster* Urt. v. 03. 09. 2009 – 10 D 121/07.NE, NuR 2009, 801, Rn. 21.
[442] *OVG Münster* Urt. v. 03. 09. 2009 – 10 D 121/07.NE, NuR 2009, 801, Rn. 24.
[443] *OVG Münster* Urt. v. 03. 09. 2009 – 10 D 121/07.NE, NuR 2009, 801, Rn. 24 a. E.

te.[444] Daran anknüpfend sind auch die Ausführungen zum Verhältnis der Regional- zur Landesplanung und das Zusammenspiel der Standortausweisungen in den jeweiligen Plänen genauer zu betrachten.[445]

a. Wirkung der Gebietsausweisung im LEP NRW 1995

(1) Ziel der Raumordnung

Dem Gericht ist zuzustimmen, dass es sich bei der zeichnerischen Ausweisung des Kraftwerkstandortes im LEP NRW 1995 um ein Ziel der Raumordnung handelt.[446] Wesentliche Anhaltspunkte dafür sind zunächst die Ausführungen im LEP NRW 1995 unter Ziffer A.III.2, zeichnerische und textliche Darstellungen seien „Ziele" der Raumordnung und Landesplanung. Durch diese Formulierung alleine wird noch nicht die Zielqualität der Ausweisungen statuiert, maßgeblich ist immer deren abgeschlossene Abgewogenheit, §§ 3 Abs. 1 Nr. 2, 7 Abs. 2 S. 1 Halbs. 2 ROG.[447] Aus den einführenden Erläuterungen im LEP NRW 1995 unter Abschnitt A.II. und A.III.2.[448] ergibt sich der Wille des Landesplaners, eine endgültige Regelung zu treffen und die jeweiligen Vorgaben als abschließende und von allen weiteren Planungsstufen zu beachtende Vorgaben festzulegen. Ausweislich der einführenden Erläuterungen im LEP NRW 1995 gehörte die Vorsorge für die Energieversorgung zu einem der zwei Zielbereiche des LEP NRW 1995.[449] Durch die Zugehörigkeit der Kraftwerksplanung zum Bereich der Energieversorgung unterfällt auch die Standortfestlegung für das Kraftwerk diesem Zielbereich. Es wird zudem im gesamten Abschnitt A.II. des LEP NRW 1995 immer wieder auf die landesweiten zielförmigen Planungsabsichten verwiesen, die umfassend seien und für einen längeren Planungszeitraum gelten sollten. Wie vom Gericht zutreffend ausgeführt, ist die Übernahme der Standorte aus dem LEP VI von 1978 ein weiterer Anhaltspunkt für die Zielqualität der Standortausweisung im LEP NRW 1995. Im Rahmen der dortigen Erläuterungen zu den Kraftwerksstandorten[450] stellte die Landesplanungsbehörde auch insbesondere auf den zu beachtenden Umweltschutz ab und

[444] Dazu nachfolgend unter E.IV.4.a.

[445] Dazu nachfolgend unter E.IV.4.b.

[446] Ebenso wie im LEP VI von 1978, aus dem diese Standorte übernommen wurden, vgl. die Bezugnahme in C.II.2. und D.II.1. des LEP NRW 1978.

[447] In der aktuellen Fassung des ROG ist dies eindeutig geregelt, war jedoch auch schon zum Zeitpunkt der Aufstellung der hier relevanten Raumordnungspläne sowie des Bebauungsplanes anerkannt, vgl. z. B. *BVerwG* Beschl. v. 20. 08. 1992 – 4 NB 20/91, NVwZ 1993, 167, 169 (insoweit in *BVerwGE* 90, 329 nicht abgedruckt). Vgl. auch schon die Ausführungen unter E.I.3.b., insbesondere in Unterabschnitt (2).ii. im Rahmen der Analyse zum Urteil des BVerwG zum Ausbau des Flughafens Berlin-Schönefeld.

[448] Vgl. oben unter E.IV.1.a. mit Fn. 403.

[449] Unter A.II. des LEP NRW 1995.

[450] Unter Abschnitt 5.2 des LEP VI 1978, MBl. NW, 1878, 1909.

führte als wesentliche Kriterien bei der Auswahl unter anderem Netzanbindung, Möglichkeit der Abwärmenutzung, sowie die Lage zum Verbrauchsschwerpunkt an.

(2) Vorranggebiet

Die vom Gericht darüber hinaus getroffene Feststellung, es handele sich bei der Gebietsausweisung um ein Vorranggebiet, geht nicht ohne weiteres aus dem LEP NRW 1995 hervor. Die Annahme ist zwar inhaltlich zutreffend. Wie in der Literatur[451] zu Recht angemerkt wird, fehlt es jedoch an einer begründenden Auslegung durch das Gericht. Stattdessen bezieht sich dieses lediglich in einem einzigen Satz auf die allgemeinen textlichen Erläuterungen und allgemeine raumplanerische Kriterien.[452]

Eine Analyse der Gebietsausweisung ergibt das Vorliegen eines Vorranggebietes. Zwar fehlt eine ausdrückliche Kennzeichnung des Kraftwerkstandortes als ein solches Vorranggebiet im LEP NRW 1995. Dies ergibt sich daraus, dass in der zur Zeit der Aufstellung des LEP NRW 1995 gültigen Fassung des ROG noch keine Vorschrift enthalten war, die die Ausweisung von Vorranggebieten ausdrücklich vorgesehen hatte.[453] Dadurch war die Ausweisung eines solchen Gebietes zur besonderen Absicherung eines Standortes jedoch nicht von vornherein ausgeschlossen. In der Rechtsprechung war auch die Möglichkeit zu solchen Gebietsausweisungen schon vor der ausdrücklichen gesetzlichen Normierung anerkannt.[454] Vor dem Hintergrund der gesetzlichen Regelungen zum Zeitpunkt des Urteils des OVG Münster im Jahr 2009 ist es aus der Sicht des Gerichts durchaus nachvollziehbar, die Gebietsausweisung in eine der in § 13 Abs. 5 S. 1 LPlG NRW 2005[455] vorgesehenen Gebietskategorien, namentlich Vorrang-, Vorbehalts- und Eignungsgebiet, einzuordnen.[456] Eine ausdrück-

---

[451] *Goppel*, DVBl 2009, 1592; *Appel*, UPR 2011, 160, 167.

[452] *OVG Münster* Urt. v. 03.09.2009 – 10 D 121/07.NE, NuR 2009, 801, Rn. 9, vgl. oben E.IV.3.

[453] ROG in der Fassung vom 28.04.1993, BGBl. I, 630. Da es sich um dabei um rahmenrechtliche Vorgaben handelte, fand sich auch im damals gültigen LPlG NRW in der Fassung vom 29.06.1994, GV. NW, 474, keine weitergehende, eine Vorranggebietsausweisung ausdrücklich ermöglichende Norm.

[454] Vgl. *BVerwG* Urt. v. 20.08.1992 – 4 NB 20/91, BVerwGE 90, 329, 336; *Goppel*, in: *Jarass* (Hrsg.), Raumordnungsgebiete (Vorbehalts-, Vorrang- und Eignungsgebiete) nach dem neuen Raumordnungsgesetz, 1998, S. 26, 26; *Schink*, in: *Jarass* (Hrsg.), Raumordnungsgebiete (Vorbehalts-, Vorrang- und Eignungsgebiete) nach dem neuen Raumordnungsgesetz, 1998, S. 46.

[455] LPLG NRW 2005 vom 03.05.2005, GV. NW, 430.

[456] In der zum Urteilszeitpunkt geltenden Fassung des § 13 Abs. 5 LPlG NRW in der Fassung der Bekanntmachung vom 03.05.2005, GV. NW, 430, waren die identischen Gebietstypen wie in § 7 Abs. 4 ROG in der Fassung vom 18.8.1997, BGBl. I, 2081 vorgesehen, was § 8 Abs. 7 ROG in der aktuellen Fassung entspricht.

liche Kennzeichnung als Vorranggebiet ist auch nach der aktuellen Gesetzesfassung nicht erforderlich.[457] Ob einer bestimmten Nutzung in einem Gebiet dieser Vorrang zukommen soll, kann sich nur aus der Ausweisung und der zugehörigen Begründung im jeweiligen Raumordnungsplan ergeben. Aus einer rein zeichnerischen Ausweisung ohne konkrete Anordnung der jeweiligen Verbindlichkeit ist keine rechtliche Zuordnung möglich.[458] Im Zusammenhang mit der Aussage in Vorbemerkung D.II.1. des LEP NRW 1995, die ausgewiesenen Kraftwerksstandorte landesplanerisch sichern zu wollen, sowie dem Hinweis der expliziten Übernahme der Gebiete aus dem LEP VI[459] kann jedoch von einer beabsichtigten innergebietlichen Sperrwirkung ausgegangen werden. Die zielförmige Ausweisung eines Standorts für ein Kraftwerk in einem bestimmten Gebiet durch die Landesplanungsbehörde ist nur sinnvoll, wenn damit zugleich eine Sperrwirkung für andere Nutzungen in diesem Gebiet einhergeht.[460] Anhaltspunkte für die Vorrangwirkung der Standortausweisung finden sich im LEP VI aus dem Jahre 1978. Im Rahmen des Erläuterungsberichtes unter Nr. 6 ist ausdrücklich festgeschrieben, die Standorte von Nutzungen freizuhalten, „die der Verwirklichung dieser Ansiedlungsfälle entgegenstehen".[461] Nach ihrer Überschrift ist diese Erläuterung Nr. 6 zwar nur an die Fachplanung adressiert und für das Genehmigungsverfahren vorgesehen. Die Erläuterungen selbst sind jedoch ohne Einschränkung an die öffentlichen Planungsträger adressiert, welche die gesicherten Gebiete von kollidierenden Nutzungen freizuhalten haben. Des Weiteren soll ausweislich Nr. 7.2. des Erläuterungsberichts durch die textlichen Darstellungen im LEP VI die vorgesehene Nutzung der Standorte im Sinne der Zielsetzung sichergestellt werden.[462] In Nr. 8.1. des Erläuterungsberichtes ist für die angestrebte Umsetzung der landesplanerischen Vorgaben in die Gebietsentwicklungspläne nochmals ausdrücklich darauf hingewiesen, sowohl in den textlichen als auch in den zeichnerischen Darstellungen deutlich zu machen, dass die für Kraftwerke vorgesehenen Bereiche nur für diese Nutzung beansprucht werden dürfen. Aus diesen Ausführungen lässt sich entnehmen,

---

[457] *Goppel*, in: *Spannowsky/Runkel/Goppel, ROG*, § 8 Rn. 76, im Gegensatz zu § 7 Abs. 4 ROG, der die ausdrückliche Kennzeichnung von Zielen und Grundsätzen vorsieht.

[458] *Lehners*, Raumordnungsgebiete nach dem Raumordnungsgesetz 1998 1998, S. 114.

[459] Im Abschnitt „D.II. Energieversorgung" des LEP NRW 1995 fand sich unter „D.II.1. Vorbemerkungen" folgende Aussage: „Für die Errichtung neuer Kraftwerke sind durch den LEP NRW entsprechende Standorte gesichert; vor ihrer Inanspruchnahme sind die Möglichkeiten der Energieeinsparung sowie der Steigerung der Energieproduktivität in bestehenden Anlagen im Hinblick auf die energiewirtschaftlichen Ziele zu prüfen. Die Standorte sind aus dem ehemaligen LEP VI übernommen worden."

[460] So auch *Wagner*, DVBl 2014, 150, 114 der darauf hinweist, dass mit einem reinen landesplanerischen Vorbehalt eine beabsichtigte Sicherung des Standortes nur bedingt möglich sei und durch die Übernahme der Gebiete aus dem LEP VI von einer zielförmigen Vorranggebietsfestlegung ausgegangen werden könne.

[461] LEP VI in der Fassung vom 08. 11. 1978, MBl. NW, 1878, 1909.

[462] LEP VI in der Fassung vom 08. 11. 1978, MBl. NW, 1878, 1910.

dass die gesicherten Kraftwerkstandorte von anderweitigen Nutzungen freigehalten werden sollen, den Gebieten somit die Wirkung eines Vorranggebietes zukommen soll.[463]

Ein unzulässiger Eingriff in die Planungshoheit der Gemeinde liegt durch die in dem Vorranggebiet gesicherte Standortausweisung nicht vor. Zwar wird die Planungsmöglichkeit der Gemeinde innerhalb dieses Gebietes dahingehend eingeschränkt, dass sie keinerlei dem Kraftwerksbau entgegenstehenden Ausweisungen vornehmen darf. Die Zulässigkeit solcher gebietsscharfer Standortfestlegungen bei Vorliegen überörtlicher Interessen von hohem Gewicht ist schon lange anerkannt.[464] Dieses überörtliche Interesse kann mit § 26 Abs. 1 LEPro NRW und dem dort genannten Interesse an der Energieversorgung sowie auf die Regelung in Abschnitt A.II. im LEP NRW 1995, die die Vorsorge für die Energieversorgung als für die ökonomische und ökologische Erneuerung des Landes unverzichtbare Voraussetzung nennt, begründet werden.[465]

(3) Innen- und/oder Außenwirkung des Vorranggebietes

Die Annahme des Gerichtes, die Vorranggebietsfestlegung beinhalte auch eine Außenwirkung, stellt eine Überinterpretation der landesplanerischen Vorgaben dar.[466] Im Hinblick auf die aktuellen bzw. zum Urteilszeitpunkt geltenden Regelungen zu den unterschiedlichen Gebietsausweisungen im ROG[467] sowie im LPlG NRW[468] lässt sich – bei allen bestehenden Streitpunkten bezüglich der

[463] *Goppel* sieht in der Bezugnahme auf die Erläuterungen des LEP VI hingegen gerade einen Anhaltspunkt gegen die Annahme eines Vorranggebietes. Er ist der Auffassung, es könne sich dabei auch um ein reines Sicherungsziel handeln, den Standort für die Energiegewinnung im Allgemeinen freizuhalten, ohne einer Vorrangeinräumung für eine bestimmte Art der Energieerzeugung. Bei einer solchen reinen Sicherung wäre eine Ausschlusswirkung für eine Nutzung nach außen gänzlich abwegig, vgl. *Goppel*, DVBl 2009, 1592, 1594. Im Erläuterungsbericht des LEP VI unter Nr. 2 wird zwar einschränkend darauf hingewiesen, über Art, Umfang und konkrete Abwendungsfälle sei mit der Aufnahme der Flächen und Kraftwerksstandorte nichts gesagt. Da jedoch explizit auf die Nutzung als Standort für Kraftwerke verwiesen wird, kann dies nicht in der Weise verstanden werden, es handele sich um eine Freihaltung für Energiegewinnung im Allgemeinen. Die Frage nach der Außenwirkung bei einem reinen Sicherungsziel stellt sich daher überhaupt nicht.

[464] Vgl. dazu grundlegend *BVerfG* Beschl. v. 23.06.1987 – 2 BvR 826/83, BVerfGE 76, 107; nachfolgend z. B. *BVerwG* Urt. v. 13.03.2003 – 4 C 3/02, NVwZ 2003, 1261, 1264; *Runkel*, in: *Ernst/Zinkhahn/Bielenberg/Krautzberger, BauGB*, § 1 Rn. 56. m. w. N.; a. A. noch *Goppel*, BayVBl 1984, 229, 231; *Schmidt-Aßmann*, VerwArch 1980, 117, 136 f.

[465] So sieht es auch das *OVG Münster* Urt. v. 03.09.2009 – 10 D 121/07.NE, NuR 2009, 801, Rn. 7.

[466] *OVG Münster* Urt. v. 03.09.2009 – 10 D 121/07.NE, NuR 2009, 801, Rn. 10.

[467] Im ROG 1998, Fassung vom 18.8.1997, BGBl. I, 2081, waren die unterschiedlichen Gebietstypen in § 7 Abs. 4 normiert.

[468] In § 13 LPlG NRW 2005 waren die Gebietstypen ausdrücklich geregelt (zur Ausfüllung der bundesrechtlich vorgegebenen Rahmengesetzgebung), in der aktuellen Fassung ist aufgrund der konkurrierenden Gesetzgebungskompetenz lediglich in § 12 Abs. 2 LPlG NRW

Wirkung der einzelnen Gebiete im Detail – relativ leicht gegen eine Außenwirkung eines Vorranggebietes argumentieren.[469] Diese Argumentationsstruktur missachtet jedoch das Fehlen einer gesetzlichen Regelung zum Zeitpunkt der Planaufstellung.[470] Betrachtet man zunächst die aktuelle gesetzliche Regelung im ROG 2008, so widerspricht die Annahme einer Außenwirkung eindeutig dem Wortlaut des § 8 Abs. 7 S. 1 Nr. 1 ROG[471], der eine Sperrwirkung innerhalb des ausgewiesenen Gebietes regelt, jedoch nichts über die Wirkung außerhalb des Gebietes aussagt.[472] Zudem spricht auch die Regelung des § 8 Abs. 7 S. 2 ROG, die die Kombination eines Vorrang- mit einem Eignungsgebiet ermöglicht, gegen die Außenwirkung eines reinen Vorranggebietes.[473] Käme schon dem Vorranggebiet selbst eine Außenwirkung zu, wäre diese Kombinationsmöglichkeit von Vorrang- und Eignungsgebiet überflüssig.[474] Kennzeichen der Eignungsgebiete nach § 8 Abs. 7 S. 1 Nr. 3 ROG[475] ist der Ausschluss der gesicherten Nutzungen außerhalb des jeweiligen Gebietes.[476]

Entscheidend für die Wirkung der einzelnen Festlegungen in Landesplänen ist der Wille des Landesplaners. In einer grundlegenden Entscheidung[477] hatte

---

normiert, dass Vorranggebiete die Wirkung von Eignungsgebieten haben, soweit nicht anders festgelegt ist.

[469] So *Goppel*, DVBl 2009, 1592, 1591 f.; *Appel*, UPR 2011, 160, 167 f.

[470] ROG in der Fassung vom 28.04.1993, BGBl. I, 630; dabei handelte es sich um rahmenrechtliche Vorschriften, das LPlG NRW 1994 als das Rahmenrecht ausfüllendes Landesgesetz enthielt ebenso wenig diesbezügliche Regelungen.

[471] Entspricht der zum Zeitpunkt des Urteils des *OVG Münster* Urt. v. 03.09.2009 – 10 D 121/07.NE, NuR 2009, 801, geltenden Regelung des § 7 Abs. 4 S. 1 Nr. 1 ROG 1998, in der Fassung vom 18.8.1997, BGBl. I, 2081.

[472] Vgl. z. B. *Köck*, DVBl 2012, 3, 8; *Gatz*, DVBl 2009, 737, 740; *Kirste*, DVBl 2005, 993, 999; *Lehners*, Raumordnungsgebiete nach dem Raumordnungsgesetz 1998 1998, S. 39; *Hoppe,* in: Hoppe/Bönker/Grotefels, Öffentliches Baurecht, § 4 Rn. 48; *Höhnberg/Numberger,* in: *Heigl/Hosch/Höhnberg/Numberger*, Raumordnung und Landesplanung in Bayern 2014, 27. Ergänzungslieferung 2008, Art. 11 Rn. 14.

[473] § 8 Abs. 7 S. 2 ROG entspricht der zum Zeitpunkt des Urteils des *OVG Münster* Urt. v. 03.09.2009 – 10 D 121/07.NE, NuR 2009, 801, geltenden Regelung des § 7 Abs. 4 S. 2 ROG 1998, in der Fassung vom 18.8.1997, BGBl. I, 2081.

[474] So auch *von Nicolai*, ZUR 2004, 74, 76.

[475] Entspricht der zum Zeitpunkt des Urteils des *OVG Münster* Urt. v. 03.09.2009 – 10 D 121/07.NE, NuR 2009, 801, geltenden Regelung des § 7 Abs. 4 S. 1 Nr. 3 ROG 1998, in der Fassung vom 18.8.1997, BGBl. I, 2081.

[476] Die Innenwirkung der Eignungsgebiete steht hinter derjenigen der Vorranggebiete zurück. Diese Lesart ist nicht unumstritten, teilweise wird den Eignungsgebieten eine den Vorranggebieten gleichkommende Innenwirkung zugesprochen, vgl. *Lehners*, Raumordnungsgebiete nach dem Raumordnungsgesetz 1998 1998, S. 76; *Goppel*, in: *Spannowsky/Runkel/Goppel, ROG*, § 8 Rn. 88.: Die innergebietliche Steuerungswirkung komme derjenigen des Vorranggebietes gleich; Goppel widerspricht sich jedoch selbst in *Goppel*, in: Spannowsky/Runkel/Goppel, ROG, § 8 Rn. 74: Die dem Eignungsgebiet zugesprochene Innenwirkung bleibe hinter derjenigen des Vorranggebietes zurück. So auch *Schmidt-Eichstaedt*, LKV 2012, 481, 484; *Kirste*, DVBl 2005, 993, 999.

[477] BVerwGE 90, 329.

das BVerwG zu der möglichen Wirkung eines Vorranggebietes ausgeführt, innerhalb der gesicherten Fläche dürfe keine Nutzung vorgesehen werden, die die landesplanerisch vorgesehene Nutzung verhindere.[478] Die Wirkung eines Vorranggebietes wurde dadurch auf eine reine Innenwirkung beschränkt. Welche Verbindlichkeit eine solche Ausweisung für die Gemeinde beinhalte, hänge davon ab, welchen Stellenwert der Landesplaner der Vorrangsicherung eingeräumt habe.[479] Hätte die Landesplanungsbehörde eine außergebietliche Wirkung der Gebietsausweisung im LEP NRW 1995 herbeiführen wollen, hätte sie dies aufgrund einer umfassenden Abwägung zielförmig festlegen müssen.[480] Eine solche – über die Vorranggebietsausweisung an sich hinausgehende – Abwägung ist aus den Ausführungen im LEP NRW 1995 nicht ersichtlich. Vielmehr spricht gegen eine auch außergebietliche Sperrwirkung die Erläuterung unter C.III.1. „Flächenintensive Großvorhaben – Vorbemerkungen", die Inanspruchnahme der gesicherten Gebiete für flächenintensive Großvorhaben solle u. a. auf der Grundlage regionaler und kommunaler Konzepte erfolgen. Es ging der Landesplanungsbehörde somit nur um die Inanspruchnahme der gesicherten Gebiete, zur Flächennutzung außerhalb ist dadurch nichts festgelegt. Im Rahmen der Erläuterungen zu den Festsetzungen der flächenintensiven Großvorhaben wird zudem ausdrücklich darauf hingewiesen, dass in den Gebieten und der jeweiligen Umgebung nichts verwirklicht werden darf, was der zielkonformen Nutzung entgegensteht.[481] Zwar wird hier auch die Nutzung außerhalb des Gebietes angesprochen, jedoch nur bezogen auf die Sicherstellung der zielförmigen Nutzung innerhalb des Gebietes. Eine abgeschlossene Abwägung mit daraus folgender verbindlicher Aussage über die Nutzung der Flächen außerhalb der gesicherten Gebiete stellt dies nicht dar.

Nicht außer Acht zu lassen sind die Ausführungen im Vorgängerlandesentwicklungsplan LEP VI aus dem Jahre 1978, welche trotz des Spielraumes für unterschiedliche Auslegungen im Ergebnis für eine rein innergebietliche Sperrwirkung sprechen.[482] Im Rahmen des dortigen Erläuterungsberichtes unter Ziffer 6 wurden die Planungsträger angehalten, die gesicherten Standorte sowie auch die angrenzenden Bereiche so freizuhalten, dass der beabsichtigten Kraftwerksplanung nichts entgegensteht. Gleichwohl geht damit nicht einher, dass keine Kraftwerke außerhalb der gesicherten Standorte ausgewiesen werden dürfen. Andererseits wird unter Ziffer 5.3. ausgeführt, die vier ausgewiesenen

---

[478] BVerwGE 90, 329, 169.

[479] BVerwGE 90, 329, 168 a. E.

[480] So auch *Appel*, UPR 2011, 160, 167; *Bartlsperger*, Raumplanung zum Außenbereich 2003, 196 f. spricht sich dafür aus, dass einer Gebietsausweisung explizit oder zumindest konkludent der Ausschluss der privilegierten Nutzung außerhalb des Gebietes entnommen werden können müsse.

[481] Abschnitt C.III.3. „Erläuterungen" im LEP NRW 1995.

[482] LEP VI 1978, MBl. NW, 1878.

Standorte ließen ausreichend Wahlmöglichkeit für die Betreiber. Daraus lässt sich schließen, dass über diese Standorte hinaus keine weiteren vorgesehen waren. Explizit ausgeschlossen sind weitere Standorte jedoch durch diese Formulierung auch nicht. Im Rahmen der Erläuterungen zur Systematik des Landesentwicklungsplanes führte die Behörde zu den textlichen Darstellungen unter Ziffer 7.2 aus, die Nutzung der Standorte und der Ausschluss entgegenstehender Nutzungen solle gesichert werden – wiederum eine rein innengebietlich bezogene Erläuterung.

Die vom OVG Münster zur Untermauerung seiner Auslegung herangezogenen Randnummern im Urteil des BVerwG zum Flughafen Berlin-Schönefeld unterstützen die vom OVG Münster vertretene Auffassung der Außenwirkung nicht.[483] In dem in Bezug genommenen Abschnitt finden sich keinerlei Ausführungen zur Wirkung eines Vorranggebietes, vielmehr beziehen sich die Erläuterungen des BVerwG auf die Bindungswirkung landesplanerischer Standortausweisungen gegenüber der Planfeststellungsbehörde und dem dieser Behörde jeweils verbleibenden Abwägungsspielraum. Zur Fragestellung der Innen- oder Außenwirkung eines Vorranggebietes ist in diesem Urteil keine Aussage enthalten.[484]

Die abgeschlossene Abgewogenheit der Standortausweisung als Voraussetzung für die zielförmige Festlegung in einem Vorranggebiet mit der Ausschlusswirkung nach außen gleichzusetzen, geht zu weit.[485] Berechtigt ist die Kritik, trotz einer abgeschlossenen Abwägung bezüglich des in einem Vorranggebiet ausgewiesenen Standorts könne dem Landesplaner nicht unterstellt werden, andere mögliche Standorte außerhalb des Vorranggebietes definitiv ausschließen zu wollen.[486] Aus der Bewertung eines Standortes als den am besten geeigneten kann nicht zwangsläufig der Ausschluss aller anderen Standorte gefolgert werden. Das ist zwar durchaus möglich, aber dann muss dieser Wille des Landesplaners auch erkennbar sein. Allein mit der Ausweisung eines Gebietes zur Sicherung einer bestimmten Nutzung ist dies nicht unbedingt geschehen, da Gebietsausweisungen unterschiedliche Wirkungen nach innen und außen haben können. Es kann auch das Ergebnis einer abschließenden Abwägung sein, innergebietlich eine abschließende Entscheidung treffen zu wollen, nicht aber außergebietlich. Vielmehr ist eine Landesplanungsbehörde nicht gezwungen,

---

483 Das *OVG Münster* Urt. v. 03.09.2009 – 10 D 121/07.NE, NuR 2009, 801, Rn. 10, verweist auf *BVerwG* Urt. v. 16.03.2006 – 4 A 1075/04, NVwZ 2006 Beilage Nr. 1, Rn. 71 ff.

484 Ebenso wenig in dem vom *OVG Münster* Urt. v. 03.09.2009 – 10 D 121/07.NE, NuR 2009, 801, Rn. 10 zusätzlich zur Begründung herangezogenen Urteil des BVerwGs zu einer gebietsscharfen Ausweisung eines Standorts einer Messe sowie eines Regionalflughafens, *BVerwG* Urt. v. 15.05.2003 – 4 CN 9.01, BVerwGE 118, 181.

485 So das *OVG Münster* Urt. v. 03.09.2009 – 10 D 121/07.NE, NuR 2009, 801, Rn. 11 f.

486 *Goppel*, DVBl 2009, 1592, 1593.

alle als aus ihrer Sicht als geeignet bewerteten Standorte im Landesentwicklungsplan besonders auszuweisen und abzusichern.[487]

Ergänzend wird teilweise angeführt, für eine abschließende Wirkung auch außerhalb des gesicherten Gebietes sei ein abgeschlossenes Gesamtkonzept der Landesplanungsbehörde erforderlich.[488] Nur wenn eine abschließende Entscheidung bezüglich des Ausschlusses der Nutzung auf den Flächen außerhalb der gesicherten Gebiete vorliege, bestehe eine abschließende Abwägung.[489] Ein solches Gesamtkonzept ist dem LEP NRW 1995 nicht zu entnehmen. Auch das Gericht ging offenbar nicht davon aus, da es feststellte, der Gemeinde sei grundsätzlich die Ausweisung an anderer Stelle im Gemeindegebiet nicht verwehrt.[490] Die weitere Argumentation, selbst wenn die Ausweisung des Gebietes eine reine Standortsicherung darstelle, sei die Ausweisung eines anderen Standortes an anderer Stelle im Gemeindegebiet ausgeschlossen, ist nicht nachvollziehbar.[491] Zutreffend wird dazu angemerkt, wenn es sich bei der Standortfestlegung um ein reines Sicherungsziel handele, das nichts über die konkrete Nutzung in dem Gebiet aussage, sondern lediglich die Standortfreihaltung zur Energiegewinnung im Allgemeinen vorsehe, sei eine Außenwirkung erst recht nicht ableitbar.[492]

Nicht zielführend sind auch die Versuche des Gerichts, die Außenwirkung mit den Ausführungen im LEP NRW 1995 zu begründen, vor der Inanspruchnahme der gesicherten Kraftwerkstandorte sollten zuerst Möglichkeiten der Energieeinsparung und die Steigerung der Energieproduktivität genutzt werden.[493] Was diese Festlegungen im LEP NRW 1995 mit der Verbindlichkeit der Ausweisungen nach außen zu tun haben, wird vom Gericht nicht erläutert.

Nicht so einfach von der Hand zu weisen ist die Argumentation des Gerichts, aus der schon im LEP VI geregelten expliziten Zulässigkeit der Errichtung von Kraftwerken an bestehenden Standorten ergebe sich die Außenwirkung der Gebietsausweisung für den Kraftwerksstandort, da ohne Außenwirkung eine solche Ausnahmeregelung nicht erforderlich wäre.[494] Diese im LEP VI ent-

---

[487] Vgl. *Goppel*, DVBl 2009, 1592, 1593.

[488] So *Appel*, UPR 2011, 160, 168 mit Verweis auf *BVerwG* Urt. v. 13.03.2003 – 4 C 3/02, NVwZ 2003, 1261.

[489] So das *BVerwG* Urt. v. 13.03.2003 – 4 C 3/02, NVwZ 2003, 1261 zu Konzentrationszonen für Windenergieanlagen nach § 15 Abs. 3 S. 3 BauGB.

[490] *Appel*, UPR 2011, 160, 168 mit Verweis auf *OVG Münster* Urt. v. 03.09.2009 – 10 D 121/07.NE, NuR 2009, 801, Rn. 13.

[491] Das *OVG Münster* Urt. v. 03.09.2009 – 10 D 121/07.NE, NuR 2009, 801, Rn. 15 sieht seine Auslegung als reine Standortsicherung als „enges Verständnis" der landesplanerischen Zielvorgabe.

[492] So *Goppel*, DVBl 2009, 1592, 1594.

[493] *OVG Münster* Urt. v. 03.09.2009 – 10 D 121/07.NE, NuR 2009, 801, Rn. 12 mit Verweis auf die Darstellungen im LEP NRW 1995 unter D.II.1., abgedruckt bei Fn. 462.

[494] *OVG Münster* Urt. v. 03.09.2009 – 10 D 121/07.NE, NuR 2009, 801, Rn. 12 mit Verweis auf Ziffer 5.3. des LEP VI 1978.

haltene Formulierung zur Zulässigkeit des Kraftwerksbaus an bestehenden Kraftwerkstandorten bezog sich jedoch auf die fehlende Inanspruchnahme des Darstellungsprivileges des LEP VI bezüglich der Ausweisung von Kraftwerksstandorten. In diesem Bereich hatte die Planungsbehörde bei der Aufstellung des LEP VI die ihr zustehende Planungskompetenz nicht vollständig ausgeschöpft.[495] Begründet wurde diese regionalplanerische Zurückhaltung mit möglichen technologischen Entwicklungen, die dann möglicherweise für andere Standorte sprechen würden.[496] Bezogen auf die Zulässigkeit von Kraftwerkserweiterungen an bestehenden Standorten handelt es sich somit mangels abschließender Reglung der Ausweisungen an sich um eine rein deklaratorische Regelung. Die weitere Annahme des Gerichts, eine Ausweisung zur Sicherung energiewirtschaftlicher Ziele auf Landesebene sei nach einer Betrachtung des gesamten Landesgebietes nur sinnvoll, wenn damit auch eine gegenüber den Gemeinden abschließende Entscheidung einhergehe, trägt die Begründung einer Außenwirkung ebenfalls nicht. Vorranggebieten kommt zwar nach übereinstimmender Auffassung die Wirkung eines Zieles der Raumordnung zu.[497] Jedoch bezieht sich diese Wirkung aufgrund des Charakters des Gebietes auch nur auf die innergebietliche Sperrwirkung.[498]

Bezüglich der Aussage der Landesplanungsbehörde im LEP NRW 1995, es handele sich bei der Ausweisung der Kraftwerksstandorte um eine „Angebotsplanung",[499] hatte das OVG Münster die zutreffende Schlussfolgerung gezogen, die Gemeinde könne sich gegen das Angebot entscheiden, da ein solches keine Planungspflicht beinhalte. Eine Sperrwirkung für Kraftwerksausweisungen außerhalb der festgesetzten Gebiete geht damit allerdings nicht zwangsläufig einher.[500]

Im Ergebnis ist daher festzuhalten, dass der vom Gericht angenommenen außergebietlichen Wirkung des Vorranggebietes entgegenzutreten ist. Es liegt keine auch außerhalb der vorgesehenen Gebiete wirkende abschließend abgewogene Ausweisung vor. Die Gemeinde war damit nicht aufgrund der landes-

---

[495] Im Unterschied dazu ging der LEP VI für die Gebiete für flächenintensive Großvorhaben von einem solchen Darstellungsprivileg und damit der Ausschöpfung der Planungskompetenz aus, so ausdrücklich unter Nr. 4.3. des Erläuterungsberichtes des LEP VI (MBl. NW, 1878) formuliert.

[496] Nr. 5.3. Absatz 5 der Erläuterungen zum LEP VI, MBl. NW, 1878.

[497] Vgl. oben C.V.4.a. Der Landesplaner wollte auch eine zielförmige Festlegung treffen, vgl. oben E.IV.4.a.

[498] Wie soeben schon ausgeführt, kann eine abschließende Abwägung auch darin liegen, eine innergebietliche, nicht aber außergebietliche Sperrwirkung erzeugen zu wollen; so *Goppel*, DVBl 2009, 1592, 1593.

[499] So ausgeführt am Ende des Abschnitts D.II.3. „Energieversorgung" im LEP NRW 1995, GV. NW., 532; vgl. oben E.IV.1.a, sowie 3.

[500] *OVG Münster* Urt. v. 03.09.2009 – 10 D 121/07.NE, NuR 2009, 801, Rn. 14 a. E.

planerischen Standortsicherung in einem Vorranggebiet daran gehindert, den Standort für das Kraftwerk an anderer Stelle auszuweisen.

Rein tatsächlich würde bei Zulassung des Kraftwerksbaus auf der von der Landesplanung vorgesehenen Fläche an keiner anderen Stelle im Gemeindegebiet mehr die Zulassung eines Kraftwerks möglich sein. Der dahingehende Wille, ein Kraftwerk ausschließlich auf der gesicherten Fläche zuzulassen, ist den Ausführungen der Landesplanungsbehörde wie dargelegt nicht zu entnehmen.[501]

b. Verhältnis der Landes- zur Regionalplanung, der Landes- und Regionalplanung zur gemeindlichen Planung sowie das Zusammenspiel der Standortausweisungen in den unterschiedlichen Raumordnungsplänen

Die Konsequenz, die das OVG Münster aus seiner Annahme, es handele sich im Regionalplan um ein Vorranggebiet mit Außenwirkung für die nachgeordnete Regional- und Bauleitplanung zieht, ist ebenfalls nicht schlüssig. Das Gericht kam zu dem Schluss, die Ausweisung eines Standortes für ein Kraftwerk an anderer Stelle als innerhalb des Vorranggebietes sei nicht von vornherein ausgeschlossen, die Vorrangplanung dabei jedoch in den Blick zu nehmen.[502] Dadurch komme dann doch im Regelfall eine Planung an anderer Stelle nicht in Betracht, wenn die landesplanerisch beabsichtigte Flächennutzung nicht beeinträchtigt werden solle. In der Literatur wird zu Recht der diesen Aussagen innewohnende Widerspruch herausgestellt. Wenn die Festlegung eines Vorranggebietes die in diesem Gebiet gesicherte Nutzung an anderer Stelle nicht ausschließe, dann müsse das Vorranggebiet auch in keiner Weise „in den Blick" genommen werden bzw. die gesicherten Ziele auch nicht grundsätzlich verwirklicht werden. Die Gemeinde dürfe dann uneingeschränkt ihre Planungshoheit ausüben und ihrerseits Gebietsausweisungen vornehmen. Eine Beeinträchtigung der landesplanerischen Flächennutzung könne dann überhaupt nicht vorliegen. Schließe jedoch das festgelegte Vorranggebiet eine Nutzung an anderer Stelle aus, seien alle entgegenstehenden Planungen unzulässig.[503]

---

[501] Das OVG Münster kam darüber hinaus noch aus weiteren Gründen zur Annahme der Unwirksamkeit des Bebauungsplans Nr. 105 – E.ON Kraftwerk. So war es der Auffassung, es läge ein Verstoß gegen § 50 BImSchG und damit eine Verletzung des § 1 Abs. 7 BauGB vor, *OVG Münster* Urt. v. 03. 09. 2009 – 10 D 121/07.NE, NuR 2009, 801, Rn. 43 ff. Zudem genüge die im Rahmen des immissionsschutzrechtlichen Genehmigungsverfahrens durchgeführte FFH-Verträglichkeitsprüfung ebenfalls nicht dem Abwägungsgebot (*OVG Münster*, a. a. O., Rn. 100 ff.). Des Weiteren seien die Anforderungen des § 1a BauGB durch die unzureichende Berücksichtigung der allgemeinen Belange des Naturschutzes nicht erfüllt worden (*OVG Münster*, a. a. O., Rn. 106 ff.). Abschließend nennt das Gericht noch „weitere[...] Abwägungsmängel[...]", die zumindest in ihrer Gesamtschau zur Unwirksamkeit des Bebauungsplanes „führten" (*OVG Münster*, a. a. O., Rn. 121 ff.).

[502] *OVG Münster* Urt. v. 03. 09. 2009 – 10 D 121/07.NE, NuR 2009, 801, Rn. 13.

[503] *Goppel*, DVBl 2009, 1592, 1594.

Folgt man der Auffassung des Gerichtes von der Außenwirkung des Vorranggebietes, ist die Zulassung eines Kraftwerkes an einem anderen Standort von vornherein ausgeschlossen. Ein „in den Blick nehmen" durch die Gemeinde bei ihrer Planung – um in dieser Terminologie des Gerichts zu bleiben – damit insoweit erforderlich, dass die Gemeinde die zielförmige vorranggebietliche Ausweisung strikt zu beachten hat.

Folgt man der Auffassung des Gerichts, dem Vorranggebiet komme auch außergebietliche Sperrwirkung zu, ist die Annahme, der Regionalplan in der Fassung seiner 4. Änderung 2006 verstoße gegen die Standortvorgaben des LEP NRW 1995, zutreffend.[504] In diesem Regionalplan war außer dem im LEP NRW 1995 vorgesehenen Standort noch ein weiterer Standort ausgewiesen. Bei einer Sperrwirkung der vorranggebietlich gesicherten Nutzung auch außerhalb des Gebietes darf im Regionalplan kein weiterer, alternativer Standort ausgewiesen werden.

Ausgehend von der zutreffenden Annahme einer reinen Innenwirkung[505] des Vorranggebietes ist gegen die zusätzliche Standortausweisung im Regionalplan nichts einzuwenden. Der regionale Planungsträger ist nicht gehindert, weitere Standorte für mögliche Kraftwerksvorhaben auszuweisen. Auch ein Verstoß gegen § 19 Abs. 1 S. 1 LPlG NRW 2005[506] ist nicht gegeben, die Ausweisung des im LEP NRW 1995 vorgesehenen Standortes fand auch im Regionalplan statt. Dieser enthielt darüber hinaus nur eine zusätzliche Standortausweisung. Eine solche war weder durch § 19 Abs. 1 S. 1 LPlG NRW 2005 noch durch die Vorranggebietsausweisung im LEP NRW 1995 ausgeschlossen.[507]

Die Ausführungen des OVG Münster, die Gemeinde habe das hierarchische Verhältnis der unterschiedlichen regionalen Planungsträger verkannt, ist nicht nachvollziehbar. Das gilt insbesondere für die vom Gericht dargestellten Varianten der Verbindlichkeit der landes- und regionalplanerischen Vorgaben, die nach dessen Auffassung beide zur Unwirksamkeit der Bauleitplanung der Gemeinde führten.[508] Schon die erste Schlussfolgerung, ausgehend von der vom Gericht bejahten außergebietlichen Verbindlichkeit der Vorgaben im LEP NRW 1995 und im Regionalplan Münster – Teilabschnitt Emscher-Lippe, der Bebauungsplan sei mangels Anpassung an die Landes- und Regionalplanung unwirksam, ist unpräzise. Zunächst fehlt es schon an einer Erläuterung, warum auch der Standortausweisung im Regionalplan an dem im LEP NRW 1995 vorgesehenen

---

[504] *OVG Münster* Urt. v. 03.09.2009 – 10 D 121/07.NE, NuR 2009, 801, Rn. 19.

[505] So das Ergebnis der hier vorgenommenen Auslegung, vgl. oben E.IV.4.a.(2).

[506] § 19 Abs. 1 S. 1 LPlG in der zum Zeitpunkt der Änderung des Regionalplanes relevanten Fassung vom 07.05.2005, GV. NW, 430 lautete: „Die Regionalpläne legen auf der Grundlage des Landesentwicklungsprogramms und des Landesentwicklungsplanes die regionalen Ziele der Raumordnung für alle raumbedeutsamen Planungen und Maßnahmen im Planungsgebiet fest. "

[507] So wohl auch *Goppel*, DVBl 2009, 1592, 1594.

[508] *OVG Münster* Urt. v. 03.09.2009 – 10 D 121/07.NE, NuR 2009, 801, Rn. 21.

Standort Außenwirkung zukommt. Bei Annahme einer solchen Außenwirkung auch der regionalplanerischen Ausweisung wäre die Festlegung eines zweiten Standortes durch die Regionalplanung schon in sich widersprüchlich. Wenn die Regionalplanungsbehörde selbst von einer Außenwirkung ihrer Gebietsausweisungen ausgehen würde, könnte sie nicht zwei Kraftwerksstandorte mit jeweils außergebietlicher Wirkung ausweisen. Unabhängig von der bei dieser Auslegung vorliegenden Unvereinbarkeit des Regionalplans mit dem Landesentwicklungsplan hätte die Gemeinde ihrerseits ohne Verstoß gegen die raumplanerischen Vorgaben das Kraftwerk nur an dem sowohl im LEP als auch im Regionalplan vorgesehenen Standort zulassen können. Davon geht auch das Gericht aus, als es feststellt, der Gemeinde wäre eine sowohl mit dem Regionalplan als auch mit dem Landesentwicklungsplan vereinbare Standortausweisung möglich gewesen[509] – gemeint ist wohl die Ausweisung an dem im LEP NRW 1995 und im Regionalplan vorgesehenen Standort. Eindeutig formuliert wird dies allerdings nicht. Trotzdem läge in diesem Fall ein Verstoß des Regionalplans gegen die Vorgaben des Landesentwicklungsplanes vor.

Ausgehend von der reinen Innenwirkung der Gebietsausweisungen sowohl im LEP als auch im Regionalplan, liegt weder ein Verstoß des Regionalplans gegen den Landesentwicklungsplan, noch ein Verstoß des Bebauungsplans gegen den LEP und den Regionalplan vor. Die Gemeinde ist nach § 1 Abs. 4 BauGB an beide Pläne gleichermaßen gebunden. Die Regionalpläne sind nach § 8 Abs. 2 ROG aus den jeweiligen Landesraumordnungsplänen zu entwickeln.[510] Diese Vorgabe hält der Regionalplan hier auch ein. Die landesplanerische Standortausweisung enthält eine reine Innenwirkung und schließt damit die Ausweisung anderer möglicher Standorte für den Kraftwerksbau nicht aus. Wenn die Regionalplanungsbehörde außer dem im Landesentwicklungsplan gesicherten Standort auch einen weiteren für den Kraftwerksbau geeignet hält, ist sie nicht gehindert nach ordnungsgemäßer Abwägung diesen zusätzlich auszuweisen. Das Gericht geht dagegen davon aus, bei Gültigkeit des Regionalplans lägen sich widersprechende Zielvorgaben vor, weshalb sich die Gemeinde mit den unterschiedlichen Zielvorgaben im Vergleich zum LEP NRW 1995 auseinandersetzen und eine Abwägungsentscheidung hätte treffen müssen.[511] Was hätte die Gemeinde also tun müssen? Die unterschiedlichen Zielvorgaben „abwägen“? Oder sich für die in beiden Plänen übereinstimmende Standortausweisung entscheiden sollen? Die Möglichkeit einer „Abwägung“ widerstreitender Zielvorgaben ist schon sehr zweifelhaft. Zudem ist dies auch gar nicht erforderlich, da bei reiner Innenwirkung der vorranggebietlichen Standortausweisung der Regionalplan gar keine widersprechende Zielfestlegung enthält,

---

[509] *OVG Münster* Urt. v. 03.09.2009 – 10 D 121/07.NE, NuR 2009, 801, Rn. 24.

[510] Entsprechendes war in § 9 Abs. 2 S. 1 Halbs. 1 ROG 1998 geregelt, Gesetz in der Fassung vom 18. 8. 1997, BGBl. I, 2081.

[511] *OVG Münster* Urt. v. 03.09.2009 – 10 D 121/07.NE, NuR 2009, 801, Rn. 37 ff.

sondern nur eine weitere, zusätzliche Standortsicherung.[512] Es handelte sich nicht um eine Abwägung widerstreitender Zielvorgaben, sondern um die Abwägung der beiden Standortalternativen. Eine solche ist ohne weiteres zulässig. Unzulässig wäre eine Ausweisung einer anderweitigen Nutzung in dem durch den LEP NRW 1995 für den Kraftwerksstandort gesicherten Bereich.

Dass sich die Gemeinde zwar an die Vorgaben des Regionalplans, nicht aber an die des Landesentwicklungsplans gebunden sah, ist der Begründung des Bebauungsplanes nicht zu entnehmen.[513] Die Gemeinde weist zwar im Zusammenhang mit den Darstellungen der zwei Alternativen des Regionalplanes im Gegensatz zu den Erläuterungen zu den Vorgaben des Landesentwicklungsplanes auf § 1 Abs. 4 BauGB hin.[514] Aus der bloßen Wiedergabe der gesetzlichen Norm an dieser einen Stelle des Bebauungsplanes und dem Fehlen eines solchen Hinweises an andere Stelle kann jedoch nicht geschlossen werden, dass sich die Gemeinde an die landesplanerischen Vorgaben nicht in gleicher Weise gebunden sah. Vielmehr setzt sich die Gemeinde auch mit den landesplanerischen Vorgaben auseinander.[515]

5. Zusammenfassung der wesentlichen Inhalte und Kritikpunkte der Datteln-Entscheidung

Insgesamt ist daher festzuhalten, dass das OVG Münster bei der Beurteilung des Bebauungsplanes Nr. 105 – E.ON Kraftwerk die Bindungswirkung der raumordnerischen Vorgaben überspannt hat und auch das Verhältnis der unterschiedlichen landesplanerischen Vorgaben zueinander sowie zur Bauleitplanung verkannt hat.

Der Landesentwicklungsplan LEP NRW von 1995 enthält die zielförmige Ausweisung eines Kraftwerkstandorts, gesichert durch ein Vorranggebiet, dem jedoch anders als vom OVG Münster angenommen nicht auch ein Verbot für eine Ausweisung der innerhalb des Gebietes gesicherten Nutzung außerhalb des Gebietes zukommt. Die Ausweisung eines zusätzlichen Kraftwerkstandorts im Regionalplan Münster – Teilplan Emscher-Lippe war zulässig und stellte keinen Verstoß gegen die Vorgaben im Landesentwicklungsplan dar. Ebenso wenig

---

[512] Ähnlich auch *Goppel*, DVBl 2009, 1592, 1594.

[513] So sieht es jedoch das *OVG Münster* Urt. v. 03. 09. 2009 – 10 D 121/07.NE, NuR 2009, 801, Rn. 20.

[514] S. 136 der Begründung zum Bebauungsplan Nr. 105 – E.ON Kraftwerk, Begründung abrufbar unter http://www.datteln.de/9_Bauen_Wohnen/StaedtebaulichePlanungen/Umweltbericht_mit_Begruendung.pdf (zuletzt abgerufen am 22. 11. 2015).

[515] S. 32 f. der Begründung zum Bebauungsplan Nr. 105 – E.ON Kraftwerk, Begründung abrufbar unter http://www.datteln.de/9_Bauen_Wohnen/StaedtebaulichePlanungen/Umweltbericht_mit_Begruendung.pdf (zuletzt abgerufen am 22. 11. 2015). Damit kompensiert sie auch den fehlenden Hinweis auf die landesplanerischen Vorgaben zu Beginn der Begründung in dem Abschnitt „Planungsrechtliche Vorgaben", S. 8 f.

lag darin ein Verstoß gegen § 19 Abs. 1 LPlG NRW 2005, die Ausweisung eines weiteren Gebietes bedeutet nicht die Verkennung der Grundlage des Landesentwicklungsplanes.

Die Ausweisung für flächenintensive Großvorhaben und Kraftwerksnutzungen im Gebietsentwicklungsplan bzw. Regionalplan Münster – Teilplan Emscher-Lippe, ist ebenfalls als vorranggebietliche Ausweisung zu qualifizieren. In Ziel 16.1. im Abschnitt zu den flächenintensiven Großvorhaben wird ausdrücklich festgehalten, in den ausgewiesenen und den angrenzenden Bereichen „Planungen und Maßnahmen zu unterlassen, durch die die Verwirklichung der geplanten flächenintensiven und Kraftwerksnutzungen erheblich erschwert bzw. unmöglich gemacht wird."[516] Dadurch kommt der landesplanerische Wille zum Ausdruck, diese Gebiete für die Nutzung für flächenintensive Großvorhaben bzw. Kraftwerke zu sichern und alle dieser gesicherten Nutzung entgegenstehenden Nutzungen innerhalb des Gebietes auszuschließen. Der Verweis auf den Ausschluss entgegenstehender Nutzungen auch in den angrenzenden Bereichen kann nicht als Außenwirkung in dem hier diskutierten Sinne verstanden werden, die gesicherte Nutzung gleichzeitig außerhalb des jeweiligen Gebietes auszuschließen.

Die Gemeinde war aufgrund der Vorschriften des § 4 Abs. 1 ROG und insbesondere § 1 Abs. 4 BauGB sowohl an die Vorgaben im Landesentwicklungsplan als auch im Regionalplan gebunden, folglich gehindert, in den jeweils gesicherten Gebieten eine anderweitige, der Nutzung durch Kraftwerke entgegenstehende, Ausweisung vorzunehmen. Die Ausweisung des Bebauungsplangebietes für das Kraftwerk an dem im Regionalplan vorgesehenen Standort stellt indes keinen Verstoß gegen die landesplanerische Vorgabe dar, da diese gerade keine Sperrwirkung außerhalb des gesicherten Gebietes erzeugt. Hätte die Landesplanungsbehörde eine solche Wirkung erzeugen wollen, hätte sie dies ausdrücklich zielförmig festlegen müssen.

[516] Ziel Nr. 16.1. des GEP Emscher-Lippe in seiner Grundfassung mit der ersten Änderung, aufgestellt am 30.06.2004, mit Erlassen vom 30.04.2004 und 26.10.2004 genehmigt, im GV. NW 2004, 621 bekannt gemacht. Durch die zum Aufstellungszeitpunkt des Bebauungsplanes in Kraft gewesene 4. Änderung des Regionalplanes erfolgte keine Änderung der genannten Festlegungen.

V. Zusammenfassung der wesentlichen in der Rechtsprechung vertretenen Ansätze zur Bindungswirkung raumplanerischer Vorgaben

Insgesamt kann den analysierten Urteilen zu den drei Großvorhaben Ausbau des Flughafens Berlin-Schönefeld, des Flughafens Frankfurt am Main und zu dem Bebauungsplan Nr. 105 – E.ON Kraftwerk der Stadt Datteln keine eindeutige Tendenz zum Umfang der Befugnisse der Raumordnungsbehörden im Verhältnis zu den Befugnissen der Fachplanungsbehörden bzw. kommunalen Planungsträgern entnommen werden.

1. Befugnis zu und Wirkung von Standortausweisungen

Hinsichtlich des Umgangs mit Standortentscheidungen ergibt sich aus dem Urteil des BVerwG zum Flughafenausbau am Standort Berlin-Schönefeld zunächst die Leitlinie, Standortentscheidungen für Großvorhaben wie einen internationalen Verkehrsflughafen vorrangig auf der Ebene der Raumplanung zu treffen.[517] Eine solche Standortfestlegung sei auch in Form eines Zieles der Raumordnung möglich. Die luftverkehrsrechtliche Planfeststellungsbehörde sei dann bei ihrer Entscheidung im Rahmen der luftverkehrsrechtlichen Zulassung bezüglich der raumordnungsrechtlichen Belange an diese Standortentscheidung gebunden. Gleichwohl bestehe keine Zulassungspflicht. „Raumordnungsexterne Belange" könnten der Zulässigkeit des Vorhabens an dem im Raumordnungsplan vorgesehenen Standort entgegenstehen.[518] Dabei kämen sowohl öffentliche als auch private Belange in Betracht. Anders hatte diese der VGH Kassel in seiner Entscheidung zum LEP Hessen 2000 beurteilt, als er davon ausging, raumplanerische Standortentscheidungen müssten auch bezüglich raumordnungsexterner Belange abschließend abgewogen werden.[519]

Im Zusammenhang mit dem Ausbau des Flughafens Frankfurt am Main sind die befassten Gerichte davon ausgegangen, die im LEP Hessen 2007 ausgewiesene Vorrangfläche für die Erweiterung des Flughafens sei ein Ziel der Raumordnung und damit bindend für die fachplanungsrechtliche Zulassungsentscheidung. Die auf der gesicherten Fläche vorgesehene Nutzung für den Bau einer neuen Landebahn im Nordwesten als solche wurde jedoch nur als Grund-

---

[517] *BVerwG* Urt. v. 16.03.2006 – 4 A 1075/04, NVwZ 2006 Beilage Nr. 1, Rn. 72. Vgl. dazu oben unter E.I.3.a.(1).

[518] *BVerwG* Urt. v. 16.03.2006 – 4 A 1075/04, NVwZ 2006 Beilage Nr. 1, Rn. 76 f. Vgl. dazu oben unter E.I.3.a.(2).

[519] *VGH Kassel* Urt. v. 16.08.2002 – 4 N 455/02, NVwZ 2003, 229, 231. Vgl. dazu oben unter E.II.1.a.

satz der Raumordnung angesehen, der der Abwägung zugänglich sei.[520] Eine Pflicht zur zielförmigen Standortausweisung auf Ebene der Raumplanung sei nicht gegeben, die Fachplanungsbehörde vielmehr verpflichtet, bezüglich der Standortwahl eine vollumfängliche Abwägung durchzuführen.[521]

Im Urteil des OVG Münster zu dem Bebauungsplan für das Kraftwerk Datteln hatte das Gericht der Standortfestlegung in einem Vorranggebiet nicht nur eine innergebietliche, sondern darüber hinaus eine außergebietliche Sperrwirkung zuerkannt. Die innerhalb des Gebietes vorgesehene Nutzung schließe die Zulässigkeit einer solchen Nutzung außerhalb des gesicherten Standortes aus. Daher sei die Ausweisung eines anderen Standortes als im Raumordnungsplan vorgesehen durch die zielbetroffenen Gemeinde unzulässig.[522]

2. *Zulässigkeit und Umfang von Lärmschutzvorgaben*

Im Bereich der durch die Raumplanungsbehörden zulässigen Vorgaben bezüglich möglicher Lärmschutzmaßnahmen sind die Divergenzen innerhalb der Rechtsprechung weitaus größer. Das BVerwG hatte im Urteil zum Flughafenausbau am Standort Berlin-Schönefeld begrüßenswerter Weise noch klagestellt, die Landesplanungsbehörde müsse bei Aufstellung des Landesentwicklungsplanes eine vorausschauende Prüfung vornehmen, ob die durch ihre Standortentscheidung möglicherweise entstehenden Lärmkonflikte von den Fachplanungsbehörden nach ihrer Einschätzung zu bewältigen sein werden. Bei der Festlegung eigener Maßnahmen zur Vermeidung von Lärmkonflikten sei die Landesplanungsbehörde jedoch beschränkt auf raumordnungsrechtliche Mittel, insbesondere auf die Festlegung der Siedlungs- und Freiraumstruktur sowie deren Konkretisierung in Gestalt von Planungszonen zur Siedlungsbeschränkung. Die eventuelle Anordnung technischer oder betrieblicher Schutzvorkehrungen, insbesondere passive und aktive Lärmschutzmaßnahmen, sei der Planfeststellungsbehörde vorbehalten.[523]

Eine zielförmige Ausweisung eines Nachtflugverbotes sahen auch die mit dem LEP Hessen 2007 im Zusammenhang mit dem Ausbau des Flughafens Frankfurt am Main befassten Gerichte als unzulässig an. Vom VGH Kassel sowie nachfolgend vom BVerwG wurde es als zulässig bewertet, einen Grundsatz zum Lärmschutz im Landesentwicklungsplan aufzustellen. Zusätzlich wurde dieser Grundsatz zum Lärmschutz als eine „konkretisierende Gewichtungsvorgabe" qualifiziert, die als grundsätzliches Verbot planmäßiger Flüge in der

---

[520] *VGH Kassel* Urt. v. 21.08.2009 – 11 C 227/08.T u.a., juris, Rn. 433; *VGH Kassel* Beschl. v. 05.02.2010 – 11 C 1549/08.N, BeckRS, 47545. Vgl. dazu oben unter E.II.4.

[521] *VGH Kassel* Urt. v. 21.08.2009 – 11 C 227/08.T u.a., juris, Rn. 439.

[522] *OVG Münster* Urt. v. 03.09.2009 – 10 D 121/07.NE, NuR 2009, 801, Rn. 10ff. Vgl. dazu oben unter E.IV.3.

[523] *BVerwG* Urt. v. 16.03.2006 – 4 A 1075/04, NVwZ 2006 Beilage Nr. 1, Rn. 154.

Zeit zwischen 23 und 5 Uhr zu verstehen sei und den Gestaltungsspielraum der Planfeststellungsbehörde bezüglich der Betriebsregelungen in dieser Zeit auf annähernd Null einschränke. Die vom BVerwG geforderte „vorausschauenden" Prüfung bezüglich der zu bewältigenden Lärmschutzbelange sei eingehalten, wenn die Landesplanungsbehörde der Auffassung sei, nur so könne die Bewältigung der möglicherweise entstehenden Lärmkonflikte durch die Fachplanungsbehörde sichergestellt werden.[524]

VI. Problematik der Bindungswirkung raumplanerischer Festlegungen im Zusammenhang mit der Regelung des § 15 Abs. 1 S. 2 NABEG

Im Zusammenhang mit der gesetzlichen Neuregelung des Ausbaus des Stromübertragungsnetzes sind ebenfalls Schnittstellen mit Ausweisungen in Landesraumordnungsplänen entstanden.[525] Insbesondere das Verhältnis der Regelung des § 15 Abs. 1 S. 2 NABEG zu § 4 Abs. 1 ROG ist nicht eindeutig. § 15 Abs. 1 S. 2 NABEG normiert einen „grundsätzlich[en]" Vorrang der Bundesfachplanungen vor den Landesplanungen.

1. Überblick über das Verfahren der Stomnetzausbauplanung und den Berührungsbereich mit der Raumplanung durch die Länder

Im Zusammenhang mit der verstärkten Nutzung der Erneuerbaren Energien und der damit verbundenen Notwendigkeit des Ausbaus des Stromübertragungsnetzes fand eine gesetzliche Neuregelung des Verfahrens des Stromnetz(aus)baus statt.[526] Das Verfahren ist fortan dreistufig aufgebaut. Zunächst findet eine gesetzliche Bedarfsplanung nach §§ 12 b-e EnWG statt, im Rahmen derer ein Bundesbedarfsplan aufgestellt wird. Auf zweiter Stufe werden konkrete Trassenkorridore durch die BNetzA im Rahmen der Bundesfachplanung nach §§ 4 ff. NABEG festgelegt. Die Anlagenzulassung findet anschließend in einem Planfeststellungsverfahren, §§ 18 ff. NABEG statt.

---

[524] *VGH Kassel* Urt. v. 21. 08. 2009 – 11 C 227/08.T u. a., juris; *BVerwG* Urt. v. 04. 04. 2012 – 4 C 8/09 u. a., NVwZ 2012, 1314, 1329. Vgl. dazu oben unter E.III.2. und 3.

[525] Durch das „Gesetz zur Neuregelung energiewirtschafsrechltischer Vorschriften" vom 26. 07. 2011, BGBl I, 1554, wurde insbesondere das ENWG geändert. Zentraler Bestandteil des „Gesetzes über Maßnahmen zur Beschleunigung des Netzausbaues Elektrizitätsnetze" vom 28. 07. 2011, BGBl I, 1690, ist das NABEG (Art. 1 dieses Gesetzes, zuletzt durch Artikel 318 der Verordnung vom 31. August 2015 (BGBl I, 1474)).

[526] Einen Überblick über die neuen Regelungen geben unter anderem *Appel*, UPR 2011, 406, *Wagner*, DVBl 2011, 1453 sowie *Grigoleit*, UPR 2011, 401. Einen Vergleich zur alten Rechtslage findet sich bei *Durner*, DVBl 2011, 853; *Moench/Ruttloff*, NVwZ 2011, 1040 sowie *Erbguth*, NVwZ 2012, 326.

Berührungspunkte mit der Landesraumordnungsplanung entstehen vor allem im Bereich der Bundesfachplanung der BNetzA nach §§ 4 ff. NABEG. Im Mittelpunkt der Diskussionen steht die Vorschrift des § 15 Abs. 1 S. 2 NABEG und sein Verhältnis zu der Bindungswirkung der Erfordernisse der Raumordnung des § 4 ROG. Die dadurch entstehenden Unklarheiten bezüglich der Bindungswirkungen der Ziele der Raumordnung sind denen im Zusammenhang mit der Regelung des § 16 Abs. 3 S. 3 FStrG ähnlich.[527] Gleichwohl ist auch hier daran festzuhalten, die in § 4 ROG normierte Zielbindungspflicht nicht durch fachgesetzliche Regelungen einer Relativierung zuzuführen.

2. *Einschlägige Variante des § 4 ROG im Rahmen der Bundesfachplanung*

Teilweise wird in der Literatur schon das Eingreifen der strikten Zielbindungsregelung des § 4 Abs. 1 ROG abgelehnt. Es handele sich bei der Entscheidung der BNetzA nicht um eine raumbedeutsame Planung einer öffentlichen Stelle i. S. d. § 4 Abs. 1 S. 1 Nr. 1 ROG, die Planung erfolge vielmehr aufgrund eines Antrages der Stromnetzübertragungsunternehmen und liege damit nicht in öffentlicher Hand.[528] Diese Argumentation geht fehl. Die eigentliche Planungsentscheidung – geprägt durch Abwägung unterschiedlicher Belange – liegt alleine in der Hand der BNetzA, die als Behörde des Bundes eine öffentliche Stelle i. S. d. § 3 Abs. 1 Nr. 5 ROG ist. Würde man die Entscheidung, ob eine öffentliche oder eine private Planung vorliegt, von dem Initiativrecht zur Planungseinleitung abhängig machen, wären beispielsweise auch Planfeststellungsentscheidungen nicht als Entscheidungen öffentlicher Stellen zu qualifizieren.[529] Auch diese werden durch Einreichung des Planes bei der Anhörungsbehörde durch den Vorhabenträger eingeleitet, § 73 Abs. 1 VwVfG.

Konsequenz der Einschlägigkeit des § 4 Abs. 1 S. 1 Nr. 1 ROG für die Entscheidung der Trassenkorridorfestlegung im Rahmen der Bundesfachplanung ist die in dieser Norm angeordnete strikte Bindung der Fachplanungsbehörde, hier der BNetzA, an die Ziele der Raumordnung.[530]

3. *Unterscheidung der Regelungswirkung des § 15 Abs. 1 S. 2 NABEG nach zeitlichem Anwendungsfall*

In der Diskussion über einen Vorrang der Bundesfachplanung gegenüber der Landesplanung wird nicht immer trennscharf zwischen den einzelnen Konstellationen, in denen es zu einem Konflikt der unterschiedlichen Planungen

[527] Vgl. dazu oben E.I.3.b.(3).

[528] *Appel*, NVwZ 2013, 457, 458 f.

[529] So auch *Kümper*, NVwZ 2014, 1409, 1410.

[530] Zur Bindungswirkung der Ziele, Grundsätze und sonstigen Erfordernissen der Raumordnung vgl. unter C.III.2.

kommen kann, unterschieden. Zu trennen ist die Beurteilung von zwei Konstellationen: Zum Einen eine Entscheidung der BNeztA über die Festlegung eines Trassenkorridores, dem schon bestehende Ziele der Raumordnung in Landesraumordnungsplänen entgegenstehen.[531] Zum Anderen die Aufstellung oder Änderung eines Raumordnungsplanes, in dessen räumlichem Geltunsgbereich schon zuvor ein Trassenkorridor durch die Bundesfachplanung festgelegt wurde.[532] Grundlegend ist die Ermittlung des genauen Regelungsgehaltes des § 15 Abs. 1 S. 2 NABEG.[533]

a. Adressat der Regelung des § 15 Abs 1 S. 2 NABEG

§ 15 Abs. 1 S. 2 NABEG richtet sich nicht an die BNetzA im Rahmen ihrer Bedarfsplanung, sondern an die Landesplanungsbehörden bei Aufstellung oder Änderung ihrer Raumordnungspläne. Die Landesplanungsbehörden haben alle öffentlichen und privaten Belange im Rahmen der Planaufstellung oder -änderung gegeneinander abzuwägen, § 7 Abs. 2 ROG. Im Rahmen dieser Abwägung ist § 15 Abs. 1 S. 2 NABEG als besondere Gewichtungsvorgabe in die Abwägung einzustellen.[534] Das bedeutet, Festlegungen von Trassenkorridoren im Wege der Bundesfachplanung können im Regelfall nicht durch andere Belange im Rahmen der landesplanerischen Entscheidung überwunden werden. Einmal im Rahmen der Bundesfachplanung aufgestellte Trassenkorridore dürfen nicht durch landesplanerische Entscheidungen konterkariert werden.

Maßgebliche Vorschriften für die BNetzA zur Bestimmung des Verhältnisses der Bundesbedarfsplanung zur Raumplanung sind § 5 Abs. 1 S. 4 NABEG sowie § 4 Abs. 1 S. 1 Nr. 1 ROG. § 5 Abs. 1 S. 4 NABEG enthält der die Pflicht der BNetzA zur Prüfung der Übereinstimmung der Bundesfachplanung mit den Erfordernissen der Raumordnung i. S. d. § 3 Abs. 1 Nr. 1 ROG.[535] Aus dieser unglücklichen Formulierung kann keine Relativierung der Bindung an die landesplanerischen Vorgaben abgeleitet werden.[536] Vielmehr ist unter Berücksichtigung des § 4 Abs. 1 S. 3 ROG, der ausdrücklich nur die fachgesetzliche Normierung weitergehender Bindungswirkungen zulässt, die Vorschrift als allgemeine Raumordnungsklausel zu verstehen, die lediglich auf die Regelungen in § 4 ROG Bezug nimmt.[537]

---

[531] Dazu unter E.VI.3.b.
[532] Dazu unter E.VI.3.c.
[533] Dazu unter E.VI.3.a.
[534] Zur Gewichtungsvorgabe in § 29b LuftVG vgl, oben unter E.III.5.c.
[535] Etwas anderes ergibt sich auch nicht aus der Gesetzesbegründung, vgl. BT-Drs. 17/6073.
[536] In diese Richtung *Appel*, NVwZ 2013, 457, 460.
[537] Zu den einzelnen Raumordnungsklauseln vgl. oben unter D.I.

b. Bundesfachplanung zeitlich nach der Aufstellung eines Landesraumordnungplanes

Soll ein Trassenkorridor im Wege der Bundesfachplanung festgelegt werden, und eine Ausweisung als Ziel der Raumordnung in einem Landesraumordnungsplan steht dieser Ausweisung entgegen, kann die BNetzA nicht auf Grundlage des § 15 Abs. 1 S. 2 NABEG diese Vorgabe überwinden. Adressat dieser Regelung ist die Landesraumplanungsbehörde bei ihrer Ausweisung,[538] nicht die BNetzA. Diese ist nach allgemeinen Grundsätzen über§ 4 Abs. 1 S. 1 Nr. 1 ROG an die zielförmige Vorgabe gebunden.[539]

Handelt es sich um die Aufstellung oder Änderung eines Raumordnungsplanes nach In-Kraft-Treten des NABEG, muss die BNetzA bei der Aufstellung des Raumordnungsplanes als öffentliche Stelle beteiligt werden, § 10 ROG. Wurde sie dies nicht, entfällt die Bindung aufgrund § 5 ROG. Entsprechendes gilt, wenn die BNetzA zwar beteiligt wurde, sie jedoch widersprochen hat und die Voraussetzungen des § 5 Abs. 2 ROG vorliegen. Ein nachträglicher Widerspruch ist unter den Voraussetzungen des § 5 Abs. 3 ROG möglich.[540]

Wurde der Raumordnungsplan vor Geltung des NABEG aufgestellt oder geändert, konnte die BNetzA bei der Aufstellung als öffentliche Stelle von den Landesplanungsbehörden nicht beteiligt werden. In diesem Fall ist auch der Anwendungsbereich des § 5 ROG nicht eröffnet. Die BNetzA kann sich über einen Antrag auf Befreiung nach § 6 Abs. 2 ROG i. V. m. den konkretisierenden Regelungen im jeweils anwendbaren Landesplanungsgesetz von der Zielbindung zu lösen versuchen. Die Entscheidung über die Befreiung liegt bei den jeweils zuständigen Landesplanungsbehörden, es existiert kein Automatismus der Nicht-Anwendung des entsprechenden Zieles wie bei § 5 ROG. Der Bundesfachplanung ist es unbenommen, die schon vorhandenen Trassenkorridore, die durch die Landesraumplanungsbehörden ausgewiesen worden sind, für ihre Planungen zu verwenden. Diese Möglichkeit ist in § 11 Abs. 1 Nr. 3 NABEG explizit vorgesehen. In diesen Fällen kann die BNetzA ein vereinfachtes Verfahren durchführen. Auch diese Regelung spricht nicht gegen eine strikte Zielbindung.[541] Vielmehr ist zu beachten, dass eine landesplanerische Ausweisung eines Trassenkorridores nicht in jedem Fall die Ausweisung eines anderen Korridores durch die BNetzA verhindert. Die Befugnis der Landesplanungsbehörden, Trassenkorridore auszuweisen, ist in § 8 Abs. 5 S. 1 Nr. 3 ROG explizit vorgesehen und im Rahmen der Einführung des NABEG auch nicht aufgehoben worden. So lange diese Ausweisung nicht in einem kombinierten Vorrang-Eignungsgebiet nach § 8 Abs. 7 S. 1 Nr. 1, S. 2 ROG erfolgt,

538 Dazu soeben unter E.VI.3.a.

539 So auch *Sellner/Fellenberg*, NVwZ 2011, 1025, 1031.

540 Zu den einzelnen Voraussetzungen des § 5 ROG vgl. oben unter D.III.2.b.

541 So jedoch *Appel*, NVwZ 2013, 457, 461.

entfaltet eine zielförmige Ausweisung keine Außenwirkung und verhindert damit nicht in jedem Fall die Ausweisung eines anderen Trassenkorridores. Die Ausgestaltung des § 11 Abs. 1 Nr. 3 NABEG als „kann-Vorschrift“ ist daher aufgrund der unterschiedlichen Fallgestaltungen nicht als Argument gegen die strikte Bindungswirkung der Ziele heranziehbar.

c. Aufstellung oder Änderung eines Raumordnungsplanes zeitlich nach Durchführung einer Bundesfachplanung

Wird ein Landesraumordnungsplan nach der Festlegung eines Trassenkorridores im Wege der Bundesnetzplanung aufgestellt oder geändert, sind die Landesraumplanungsbehörden über § 15 Abs. 1 S. 2 NABEG an die Bundesfachplanung gebunden. Diese ist als besondere Gewichtungsvorgabe in der Abwägung einzustellen.[542]

4. Zusammenfassung zum Verhältnis der Bundesfachplanung zur Landesraumplanung

Die Frage nach dem Vorrang der Bundesfachplanung vor der Landesraumplanung oder umgekehrt kann nicht für alle Fallgestaltungen mit einer einheitlichen Aussage beantwortet werden.

Wird die Bundesfachplanung auf einer Fläche durchgeführt, für die in Landesraumordnungsplänen schon Erfordernisse der Raumordnung bestehen, ist die BNetzA nach dem abgestuften Bindungssystem des § 4 Abs. 1 Nr. 1 ROG an die Ziele gebunden, die sonstigen Erfordernisse der Raumordnung sind der Abwägung zugänglich. Die BNetzA hat über § 5 ROG die Möglichkeit, den Zielen zu widersprechen oder über § 6 Abs. 2 ROG einen Antrag auf Abweichung zu stellen.[543]

Die Landesraumplanungsbehörden ihrerseits sind bei Aufstellung oder Änderung bestehender Raumordnungspläne über § 15 Abs. 1 S. 2 NABEG an die Bundesfachplanung gebunden.[544]

---

[542] Vgl. dazu schon soeben unter E.VI.3.a.

[543] Vgl. dazu unter E.VI.3.b., zu § 5 ROG vgl. unter D.III.2.b.

[544] Vgl. dazu unter E.VI.3.c.

VII. Bewertung der in der Rechtsprechung vertretenen Ansätze zur Bindungswirkung raumplanerischer Vorgaben

1. Befugnis zu und Wirkung von Standortentscheidungen

Die Entscheidungen zum Flughafenausbau am Standort Berlin-Schönefeld und zum Flughafen Frankfurt am Main widersprechen sich bezüglich der Zulässigkeit von Standortentscheidungen durch die Raumplanungsbehörden nicht. Standortentscheidungen können, müssen aber nicht durch die Landesplanungsbehörde in Landesraumordnungsplänen abschließend festgelegt werden. Ob die Standortausweisung als Ziel oder als Grundsatz erfolgt, bleibt den Raumplanungsbehörden freigestellt.

Aus dem Judikat zum Flughafenausbau Berlin-Schönefeld ergibt sich eine begrüßenswerte Klarstellung des Verhältnisses der Planungen zueinander: Standortentscheidungen der Raumplanungsbehörden sind hinsichtlich der raumordnungsrechtlichen Belange für Fachplanungsentscheidungen bindend. Im Rahmen der fachplanungsrechtlichen Abwägungsentscheidung können die raumordnungsrechtlichen jedoch durch „raumordnungsexterne", auf Raumplanungsebene noch nicht ersichtliche oder spezifisch fachplanerische Belange überwunden werden. Typische raumordnungsrechtliche Belange sind im Gegensatz dazu ausgehend von der Leitvorstellung des § 1 Abs. 2 ROG Belange, die den Ausgleich der sozialen, wirtschaftlichen und ökologischen Ansprüche an den Raum zum Gegenstand haben. Diese Leitvorstellung wird durch die Grundsätze in § 2 ROG, die erforderlichenfalls in den Raumordnungsplänen zu konkretisieren sind, präzisiert.[545] Dies umfasst nicht nur die inhaltliche Präzisierung der Grundsätze, sondern ermöglicht auch eine Einbeziehung der in § 2 Abs. 2 ROG genannten Bereiche in die zielförmige Ausweisung.[546] Bezogen auf Standortentscheidungen sind dies insbesondere Betrachtungen des Flächenverbrauchs, möglicher Lärm- und Abgasbelastungen sowie Umwelt- und Ressourcenschutz.[547] Raumordnungsexterne Belange sind dagegen solche, die erst auf Ebene der fachplanungsrechtlichen Zulassungsentscheidung in ihrem konkreten Ausmaß erkennbar werden, insbesondere eigentumsrechtliche Belange, konkrete Gesundheitsbelastungen, Eingriffe in Natur und Landschaft.[548] Diese Unterscheidung zwischen raumordnungsrechtlichen und raumordnungsexternen Belangen ist nicht immer einfach zu treffen. Es kann aber von den jeweiligen Fachplanungsbehörden verlangt werden, zu entscheiden, ob der jeweilige

[545] *Lieber*, NVwZ 2011, 910.

[546] *Spannowsky*, in: *Spannowsky/Runkel/Goppel, ROG*, § 2 Rn. 31.

[547] So z. B. im LEP FS 2003, Verordnung über den Landesentwicklungsplan Flughafenstandortentwicklung 28.10.2003, Berl. GVBl, 521, Standortanforderung 4.4 zur Verminderung räumlicher Nutzungskonflikte.

[548] *BVerwG* Urt. v. 16.03.2006 – 4 A 1075/04, NVwZ 2006 Beilage Nr. 1, Rn. 77.

Belang typisch gesamträumlich bezogen und daher nicht mehr der Abwägung fähig ist, oder ob es sich um einen Belang handelt, der erst auf der Zulassungsebene konkretisierbar ist und folglich den raumordnungsrechtlichen Belangen vorgehen kann. Unvermeidbar ist dabei auch ein gewisser Überschneidungsbereich, wodurch in eingeschränktem Umfang eine Doppelprüfung einiger Belange stattfindet.[549]

Die in den Entscheidungen zum Flughafenausbau Frankfurt am Main getroffene Unterscheidung zwischen der zielförmigen Ausweisung eines Vorranggebietes und der Absicherung der Nutzung an sich im LEP Hessen 2007 entspricht den gesetzlichen Vorgaben.[550] Mit der Ausweisung des Vorranggebietes zur Sicherung dieses Standortes für einen möglichen Ausbau des Flughafens in diesem Gebiet im LEP Hessen 2007 ist nach der Regelung in § 8 Abs. 7 S. 1 Nr. 1 ROG[551] nur festgelegt, dass keine dieser gesicherten Nutzung entgegenstehenden raumbedeutsamen Nutzungen innerhalb dieses Gebietes ausgewiesen werden dürfen. Die Nutzung der Flächen außerhalb des Gebietes muss gesondert geregelt werden.

Hätte die Landesplanungsbehörde im LEP Hessen 2007 nicht nur das Vorranggebiet selbst, sondern auch die Nutzung innerhalb des Vorranggebietes als Ziel der Raumordnung ausgewiesen, wäre eine abweichende Standortentscheidung durch die Planfeststellungsbehörde ebenfalls möglich gewesen. Voraussetzung dafür wäre allerdings das Überwiegen raumordnungsexterner Belange, eine vollumfängliche Abwägung wäre dann nicht zulässig.

Das Urteil zum Kohlekraftwerk Datteln hat die Bindung der Gemeinden an zielförmige Vorgaben überspannt. Die Annahme einer auch außergebietlichen Sperrwirkung der in dem ausgewiesenen Vorranggebiet gesicherten Nutzung geht zu weit.[552] Die Ausweisung in einem Vorranggebiet erzeugt nur innergebietlich eine Sperrwirkung. Eine außergebietliche Wirkung einer Gebietsausweisung kann nur durch die zusätzliche umfassende Abwägung der raumordnungsrechtlichen Belange ausserhalb des Gebietes herbeigeführt werden.[553] Der Wille zu einer solch weitgehenden Wirkung der Gebietsausweisung als Vorranggebiet war den Ausführungen der Landesplanungsbehörde nicht zu entnehmen. Die Regionalplanungsbehörde und auch die Gemeinde waren nicht gehindert, eine Standortausweisung an einem anderen als dem landesplanerisch gesicherten Standort vorzunehmen.[554]

---

549 Vgl. dazu schon unter E.I.3.b.(2).ii.

550 Vgl, zu den Entscheidungen oben unter E.II.4. sowie die Stellungnahme unter E.II.6.b.

551 Entspricht § 7 Abs. 4 S. 1 Nr. 1 ROG aF., Gesetz vom 18. 08. 1997, BGBl. I, 2081.

552 So *OVG Münster* Urt. v. 03. 09. 2009 – 10 D 121/07.NE, NuR 2009, 801, Rn. 10 ff.

553 Gesetzlich vorgesehen ist dies ausdrücklich bei der Ausweisung in einem kombinierten Vorrang-Eignungsgebiet nach § 8 Abs. 7 S. 2 ROG. Vgl. dazu oben unter E.IV.4.a., insbesondere a.(3).

554 Vgl. dazu oben unter E.IV.3. und 4.

2. *Befugnis zu Vorgaben hinsichtlich des Lärmschutzes*

Die vom BVerwG im Urteil zum Flughafenausbau am Standort Berlin-Schönefeld festgestellte Verpflichtung der Raumplanungsbehörden, eine vorausschauende Prüfung bezüglich möglicherweise entstehender Lärmkonflikte verbunden mit der Beschränkung diesbezüglicher raumplanerischer Anordnungen auf raumordnungsrechtliche Mittel vorzunehmen, stellt eine praktikable Abgrenzung der jeweiligen Kompetenzbereiche dar.[555] Die Anordnung technischer oder betrieblicher Schutzvorkehrungen bleibt der Planfeststellungsbehörde vorbehalten.[556]

Die vom VGH Kassel sowie nachfolgend vom BVerwG anerkannte Kompetenz der Landesplanungsbehörden, einen Grundsatz zum Lärmschutz im Landesentwicklungsplan aufzustellen,[557] hält sich ebenfalls noch innerhalb der gesetzlichen Vorgaben. Der Schutz der Nachtruhe der Bevölkerung kann als Grundsatz der Raumordnung festgelegt werden, wenn die Landesplanungsbehörde der Auffassung ist, nur so könne die Bewältigung der möglicherweise entstehenden Lärmkonflikte durch die Fachplanungsbehörde sichergestellt werden. In die Kompetenz der über die Zulässigkeit des konkreten Vorhabens entscheidenden Planfeststellungsbehörde wird dadurch nicht unzulässig eingegriffen. Der Grundsatz ist im Rahmen der Abwägung zu beachten und kann durch andere Belange gestärkt oder geschwächt bzw. überwunden werden.

Diesem Grundsatz dann jedoch den Charakter eines Grundsatzes mit Gewichtungsvorgabe zuzusprechen, der faktisch nicht mehr überwunden werden kann, widerspricht der bestehenden Systematik der Raumordnung.[558] Die gesetzlich vorgegebene strikte Unterscheidung zwischen Zielen und Grundsätzen der Raumordnung und der damit verbundenen unterschiedlichen Bindungswirkung wird dadurch aufgelöst. Zudem wird durch die gerichtliche Interpretation des Grundsatzes als Verbot planmäßiger Flüge in der Zeit zwischen 23 und 5 Uhr im Ergebnis doch eine Betriebsregelung durch die Raumplanungsbehörde getroffen, was nach dem Urteil des BVerwG zum Flughafen Schönefeld gerade unzulässig ist.[559] Auch wenn nach Auffassung des VGH Kassel der Planfeststellungsbehörde noch genügend Spielraum zur Regelung der Nacht-

---

555 *BVerwG* Urt. v. 16.03.2006 – 4 A 1075/04, NVwZ 2006 Beilage Nr. 1, Rn. 154.

556 *BVerwG* Urt. v. 16.03.2006 – 4 A 1075/04, NVwZ 2006 Beilage Nr. 1, Rn. 154.

557 *VGH Kassel* Urt. v. 21.08.2009 – 11 C 227/08.T u. a., juris; *BVerwG* Urt. v. 04.04.2012 – 4 C 8/09 u. a., NVwZ 2012, 1314.

558 So jedoch der *VGH Kassel* Urt. v. 21.08.2009 – 11 C 227/08.T u. a., juris, Rn. 767 und nachfolgend das *BVerwG* Urt. v. 04.04.2012 – 4 C 8/09 u. a., NVwZ 2012, 1314, Rn. 292 ff. Vgl. zu dieser Kritik oben unter E.III.5.b.(1).

559 Das *BVerwG* Urt. v. 16.03.2006 – 4 A 1075/04, NVwZ 2006 Beilage Nr. 1, Rn. 154, hat zum Ausdruck gebracht, die betrieblichen Schutzvorkehrungen seien dem Vorhabenträger im Rahmen der planfeststellungsrechtlichen Zulassungsentscheidung aufzuerlegen. Im Umkehrschluss bedeutet dies, Betriebsregelungen gehören gerade nicht zum Bereich der landesplanerischen Entscheidung.

flüge im Einzelnen bleibe, liegt der Anerkennung eines solchen Grundsatzes mit Gewichtungsvorgabe eine Überinterpretation der Befugnisse der Raumplanungsbehörden zu Grunde.[560] Der Sache nach handelt es sich bei Nachtflugvorgaben um Betriebsregelungen. Über diese kann und muss aufgrund der Ermittlungsbedürftigkeit hinsichtlich vieler Belange, die oftmals bezüglich vieler Einzelheiten erst zum Zeitpunkt der konkreten Zulassungsentscheidung feststehen, alleine die Planfeststellungsbehörde entscheiden. Das Erfordernis der vorausschauenden Prüfung, wie es das BVerwG im Schönefeld-Urteil so treffend beschrieben und zur Abgrenzung der unterschiedlichen Befugnisse beigetragen hat, wurde vom VGH Kassel und nachfolgend auch vom BVerwG selbst in den Urteilen zum Flughafenausbau in Frankfurt am Main überspannt. Die systematisch saubere Abgrenzung im Urteil zum Ausbau des Flughafens Berlin-Schönefeld wurde durch das Urteil zum Flughafenausbau in Frankfurt am Main wieder aufgeweicht. Die Vorgabe konkreter Nachflugbeschränkungen überschreitet den Kompetenzbereich der Raumplanung. Zum Einen handelt es sich dabei um explizit fachplanerische Materien, die weniger die Ordnung, Sicherung und Entwicklung des Raumes als die konkrete Zulassungsentscheidung des Großvorhabens „Flughafenbau“ bzw. „Flughafenausbau“ betreffen. Zum Anderen sind die konkreten Lärmauswirkungen und die Anzahl der Lärmbetroffenen gerade typische Faktoren, deren exakte Größenordnung erst zum Zeitpunkt der konkreten Zulassungsentscheidung ermittelt werden können und müssen, die also auch einer auf Raumplanungsebene abschließend getroffenen Entscheidung als sogenannte „raumordnungsexterne“ Belange im Rahmen der fachplanerischen Abwägung entgegenstehen können. Die Raumplanungsbehörde muss die möglichen Lärmauswirkungen – soweit diese erkennbar sind – in ihre Abwägung mit einbeziehen, darf jedoch mangels tatsächlicher Möglichkeit einer abschließenden Ermittlung der konkreten Anzahl an Lärmbetroffenen keine konkreten Vorgaben zu Nachtflugbeschränkungen anordnen. Die zielförmige Ausweisung eines Nachtflugverbotes ist unzulässig.[561]

3. *Durchschlagen von Mängeln auf den Planfeststellungsbeschluss*

Hinsichtlich des Durchschlagens von Mängeln bei der raumplanerischen Standortentscheidung auf den jeweiligen Planfeststellungsbeschluss ergibt sich aus den analysierten Entscheidungen eine einheitliche Linie. Im Landesentwicklungsplan für den Ausbau des Flughafens Schönefeld war der Standort ziel-

[560] *VGH Kassel* Urt. v. 21.08.2009 – 11 C 227/08.T u. a., juris, Rn. 769 ff.

[561] Die Zulässigkeit einer solchen Ausweiung bezweifelnd auch *VGH Kassel* Urt. v. 21.08.2009 – 11 C 227/08.T u. a., juris, Rn. 765 im Urteil zum Planfeststellungsbeschluss vom 18.12.2007. Ausdrücklich ablehnend äußerte sich das BVerwG in der damit zusammenhängenden Revisionsentscheidung, *BVerwG* Urt. v. 04.04.2012 – 4 C 8/09 u. a., NVwZ 2012, 1314, Rn. 307.

förmig festgelegt, die Planfeststellungsbehörde somit an die Ausweisung im Hinblick auf die raumplanerischen Vorgaben gebunden. Diese raumplanerische Entscheidung ist in den Planfeststellungsbeschluss übergegangen und konnte im Rahmen eines Normenkontrollverfahrens bezüglich des Planfeststellungsbeschlusses nach § 47 VwGO inzident überprüft werden.[562] Im LEP Hessen 2007 dagegen war nach Ansicht des Gerichts nur die Vorrangfläche isoliert als Ziel ausgewiesen, die Nutzung als Standort für die neue Landebahn des Flughafens Frankfurt am Main nur als Grundsatz. Die Planfeststellungsbehörde musste bzw. durfte dadurch hinsichtlich der Standortwahl vollumfänglich abwägen, etwaige Mängel bei der landesplanerischen Ausweisung schlugen nicht auf den späteren Planfeststellungsbeschluss durch.[563]

---

[562] *BVerwG* Urt. v. 16. 03. 2006 – 4 A 1075/04, NVwZ 2006 Beilage Nr. 1, Rn. 83.
[563] *VGH Kassel* Urt. v. 21. 08. 2009 – 11 C 227/08.T u. a., juris, Rn. 439.

F. Lösungsvorschlag zur Abgrenzung der Befugnisse

Als Leitlinien für das Verhältnis der Raumplanung zur Fachplanung und kommunalen Planung soll als Fazit der Analyse und der herausgearbeiteten Problembereiche Folgendes gelten:

I. Standortentscheidungen als primär raumordnungsrechtliche Entscheidungen

Standortentscheidungen für infrastrukturelle Großvorhaben fallen aufgrund ihrer Bedeutung und ihrer großflächigen Auswirkungen auf den Raum in den Kompetenzbereich der Raumplanung. Ob die jeweils zuständige Raumplanungsbehörde die Ausweisung in Form eines abschließend abgewogenen und damit bindenden Zieles der Raumordnung oder in Form eines Grundsatzes vornimmt, kann sie frei entscheiden. Wenn sie allerdings eine verbindliche Entscheidung treffen möchte, muss sie aufgrund einer raumplanerisch abschließende Abwägung ein Ziel der Raumordnung festlegen und dieses Ziel auch als solches kennzeichnen, § 7 Abs. 4 ROG. Andernfalls sind weder Fachplanungs- noch kommunale Planungsbehörde an die Vorgaben gebunden sondern vielmehr befugt, eine vollumfängliche eigenständige Abwägung hinsichtlich der Standortentscheidung vorzunehmen. Dies gilt sowohl bei gewollter zielförmiger Festlegung aber fehlender Kennzeichnung als Ziel, als auch bei ausdrücklicher Festlegung als Grundsatz.

II. Strikte Trennung von Zielen und Grundsätzen

Von den Raumplanungsbehörden bei ihren Festlegungen klar zu unterscheiden sind die gesetzlich vorgegebenen Kategorien von Zielen der Raumordnung gegenüber Grundsätzen der Raumordnung. Grundsätze können mit einer Gewichtungsvorgabe versehen werden, wodurch diesen Belangen dann im Rahmen der Abwägung ein erhöhtes Gewicht zukommt.[1] Trotzdem bleiben Vorgaben in Form von Grundsätzen immer im Rahmen der Abwägung durch die nachfol-

[1] Vgl. dazu ausführlich unter E.III.5. Dazu auch *Hoppe*, DVBl 1998, 1008 ff.

gende Planungs- oder Zulassungsbehörde überwindbar. Die Uminterpretation eines Grundsatzes mit Gewichtungsvorgabe zu einem im Ergebnis bindenden Ziel, das keiner Abwägung durch die nachfolgende Planungsbehörde mehr zugänglich ist,[2] verstößt gegen die gesetzlichen Vorgaben im ROG.[3] Eine Ausnahme von der strikten Bindung an Ziele ist gesetzlich ausdrücklich nur in § 4 Abs. 2 ROG, § 5 sowie § 6 ROG vorgesehen. Die Anordnung einer unüberwindbaren Bindung an Grundsätze ist nicht möglich.[4] Im Umkehrschluss dazu kann dies nicht auch in allen anderen Konstellationen vorgesehen werden.

III. Unterscheidung zwischen raumordnungsrechtlichen und raumordnungsexternen Belangen

Der Ansatz des BVerwG, eine Unterteilung in raumordnungsrechtliche und raumordnungsexterne Belange vorzunehmen, sollte bei künftigen Ausweisungen als Maßgabe für die Raumplanungsbehörden beibehalten werden.

Die Unterteilung in raumordnungsexterne und raumordnungsrechtliche Belange ist Ausfluss der unterschiedlichen Kompetenzbereiche. Die Raumplanungsbehörde kann nur bezüglich der gesamträumlichen Nutzungskonkurrenzen eine abschließende Regelung treffen. Die Fachplanungsbehörden können nicht gezwungen werden, trotz entgegenstehender fachrechtlicher Belange, wie insbesondere unzumutbare Lärmbelastungen, ein Vorhaben am landesplanungsrechtlich vorgesehenen Standort zuzulassen. Je mehr Belange die Raumplanungsbehörde zum Zeitpunkt ihrer Entscheidung schon ermitteln und in die Abwägung einbeziehen kann, desto verbindlicher ist ihre Standortentscheidung. Wenn sie überhaupt nicht vorausschauend prüft, ob die wahrscheinlich auftretenden Konflikte auf Fachplanungsebene voraussichtlich gelöst werden können, ist es umso wahrscheinlicher, dass ihre Standortentscheidung durch raumordnungsexterne Belange überwunden werden wird.

Für Gemeinden steht eine raumplanerische Standortentscheidung in Form eines Zieles ebenfalls nicht zur Disposition. Sie hat ihre Planungen an die raumplanerische Vorgabe anzupassen, was die Regelung des § 1 Abs. 4 BauGB verdeutlicht.[5] Möglich bleibt für die Gemeinden eine Konkretisierung der

[2] So der *VGH Kassel* Urt. v. 21.08.2009 – 11 C 227/08.T u. a., juris und nachfolgend das *BVerwG* Urt. v. 04.04.2012 – 4 C 8/09 u. a., NVwZ 2012, 1314, zu den landesplanerischen Lärmschutzaussagen, vgl. dazu oben unter E.III.

[3] Vgl. dazu sehr ausführlich im Rahmen der Analyse der Urteile zum LEP Hessen 2007, oben unter E.III.5.

[4] Vgl. zu der Ausnahmeregelung in § 4 Abs. 2 ROG und dessen Reichweite oben unter D.I.2.b

[5] Einen guten Überblick über den Zusammenhang von Raumplanung und kommunaler Planung gibt das *BVerwG* Urt. v. 17.09.2003 – 4 C 14/01, NVwZ 2004, 220, 224. Zu diesem Stufenverhältnis auch explizit *BVerwG* Urt. v. 16.03.2006 – 4 A 1075/04, NVwZ 2006 Beilage

zielförmigen Vorgaben.[6] Wenn diese der Auffassung sind, die anpassungspflichtauslösenden Ziele beeinträchtigen sie in ihrer Planungshoheit, so haben sie die Möglichkeit, gerichtlich dagegen vorzugehen.[7] Wie bei allen raumplanerischen Vorgaben ist zu prüfen, was genau als Ziel der Raumordnung ausgewiesen wurde. Insbesondere bei der Ausweisung von Gebieten im Sinne des § 8 Abs. 7 ROG bzw. den maßgeblichen landesrechtlichen Regelungen ist zu trennen zwischen der Sicherung des Gebietes, der Sicherung der Nutzung und der jeweiligen inner- und/oder außergebietlichen Wirkung der jeweiligen Sicherung.[8] Die Regionalplanungsbehörden sind ebenfalls nach § 4 Abs. 1 S. 1 Nr. 1 ROG an die landesweiten Vorgaben gebunden.

IV. Beachtung der gesetzlichen Gebietskategorien

Diese klare, gesetzlich vorgegebene Unterscheidung zwischen Zielen und Grundsätzen der Raumordnung ist von den Raumplanungsbehörden insbesondere bei der Ausweisung einzelner Gebiete im Sinne des § 8 Abs. 7 ROG zu beachten. Wird ein Vorranggebiet nach § 8 Abs. 7 S. 1 Nr. 1 ROG ausgewiesen, muss strikt getrennt werden zwischen der Sicherung des Gebietes für eine bestimmte Nutzung und der Sicherung der Nutzung selbst. Es handelt sich um zwei zu trennende Festlegungen, denen jeweils Zielqualität zukommen kann. Mit der Ausweisung des Vorranggebietes zur Sicherung eines Standortes für ein bestimmtes raumbedeutsames Vorhaben in diesem Gebiet ist nach der Regelung in § 8 Abs. 7 S. 1 Nr. 1 ROG nur festgelegt, dass keine dieser gesicherten Nutzung entgegenstehenden raumbedeutsamen Nutzungen innerhalb dieses Gebietes ausgewiesen werden dürfen. Die Nutzung der Flächen außerhalb des Gebietes muss gesondert geregelt werden. Wird das Vorranggebiet an sich als Ziel der Raumordnung ausgewiesen, kommt der gesicherten Nutzung in diesem Gebiet ein absoluter Vorrang gegenüber anderen Nutzungen innerhalb des Gebietes zu. Die gesicherte Nutzung ist innergebietlich keiner Abwägung mit anderen Belangen mehr zugänglich. Einen dahingehenden Spielraum eröffnet § 8 Abs. 7 S. 1 Nr. 1 ROG nicht.[9] Voraussetzung ist nicht nur die Bezeichnung als Vorranggebiet oder Kennzeichnung als Ziel der Raumordnung, sondern wie

---

Nr. 1, Rn. 64. Zu den Möglichkeiten des Rechtschutzes der Gemeinden gegen raumplanerische Ziele, wenn sie diese für unwirksam halten vgl. in Abschnitt H.

[6] Vgl. oben unter C.III.2.a.

[7] Vgl. dazu im Rahmen der Erläuterungen zum Rechtschutz unter H.

[8] Vgl. ausführlich bei der Analyse des Datteln-Urteils, E.IV.4.a.

[9] Vgl. *Hoppe*, in: *Hoppe/Grotefels/Bönker*, Öffentliches Baurecht, § 4, Rn. 47; *Koch/Hendler*, Baurecht, Raumordnungs- und Landesplanungsrecht 2009, § 3, Rn. 24; *Höhnberg/Numberger*, in: *Heigl/Hosch/Höhnberg/Numberger*, Raumordnung und Landesplanung in Bayern 2014, 27. Ergänzungslieferung 2008, Art. 11 Rn. 15.

bei jeder zielförmigen Ausweisung die tatsächlich abgeschlossene Abwägung der raumordnungsrechtlichen Belange durch die Raumplanungsbehörde, § 3 Abs. 1 Nr. 2 ROG. Die bloße Bezeichnung als Vorranggebiet genügt nicht und kann eine fehlende abschließende Abwägung nicht ersetzen.

Eine Sperrwirkung auch außerhalb des ausgewiesenen Gebietes für die in diesem Gebiet gesicherte Nutzung wird selbst bei ordnungsgemäßer abschließender Abwägung und entsprechende Kennzeichnung als Vorranggebiet oder Ziel der Raumordnung nicht erzeugt. § 8 Abs. 7 S. 1 Nr. 1 ROG spricht eindeutig von einem Ausschluss der gesicherten Nutzung nur innerhalb des jeweiligen Gebietes. Den Raumplanungsbehörden werden durch den Gesetzgeber verschiedene Gebietstypen zur Verfügung gestellt. Es ist von den Raumplanungsbehörden zu verlangen, dass sie sich innerhalb dieses „Angebotes" bewegen und bei ihren Ausweisungen die gesetzlichen Vorgaben einhalten und nicht die unterschiedlichen Gebietstypen vermischen. Gleiches gilt auch für die Gerichte, die sich mit Inhalt und Gültigkeit von Raumordnungsplänen befassen. Den landesplanerischen Regelungen dürfen keine Bindungswirkungen zugesprochen werden, die nicht aus den Festlegungen in den jeweiligen Raumordnungsplänen hervorgehen.[10] Wenn eine außergebietliche Sperrwirkung erzeugt werden soll, wodurch die Nutzung außer in dem gesicherten Gebiet an keiner anderen Stelle des Planungsraumes zulässig sein soll, ist dies unter anderem möglich durch die Ausweisung eines kombinierten Vorrang- und Eignungsgebietes nach § 8 Abs. 7 S. 2 ROG. Einem reinen Vorranggebiet nach § 8 Abs. 7 S. 1 Nr. 1 ROG darf diese außergebietliche Sperrwirkung nicht zugesprochen werden. Dadurch wird die vorhandene gesetzliche Systematik verlassen. Die Raumplanungsbehörden haben die Möglichkeit, die innerhalb des Vorranggebietes gesicherte Nutzung an anderen Stellen außerhalb des Gebietes auszuschließen, indem sie auch die Nutzung an dem gewünschten Standort innerhalb des Gebietes als Ziel der Raumordnung ausweisen. Voraussetzung ist wie bei jeder zielförmigen Ausweisung die abgeschlossene Abwägung sowie die Kennzeichnung als Ziel. Die Verwendung der bundes- oder landesgesetzlichen Begriffe für die jeweiligen Gebietstypen muss dabei nicht erfolgen, sie kann jedoch anstelle der ausdrücklichen Kennzeichnung als „Ziel" erfolgen. Jedenfalls muss immer der Wille des Planungsträgers erkennbar sein, ob die Nutzung inner- und/oder außergebietlich gesichert werden soll.[11] Die Regelungen des § 8 Abs. 7 ROG sind nicht abschließend.[12] Die Gesetzesbegründung zur Neufassung des § 8 Abs. 7 ROG nimmt ausdrücklich Bezug auf die Vorgängerregelung des § 7 Abs. 4 ROG, die

---

[10] So aber das *OVG Münster* Urt. v. 03. 09. 2009 – 10 D 121/07.NE, NuR 2009, 801, Rn. 9, vgl. dazu ausführlich E.IV.4.a.

[11] In diese Richtung auch *Erbguth*, NVwZ-Extra Aufsätze Online 2013, 1, Fn. 35.

[12] *Goppel*, in: *Spannowsky/Runkel/Goppel, ROG*, § 8 Rn. 71.

als nicht abschließende Normierung angesehen wurde.[13] In manchen Landesplanungsgesetzen werden auf der Grundlage der Abweichungsbefugnis nach Art. 72 Abs. 3 S. 1 Nr. 4 GG die in § 8 Abs. 7 S. 1 und S. 2 ROG enthaltenen Möglichkeiten der Gebietsausweisungen modifiziert.

Im Bayerischen Landesplanungsgesetz beispielsweise wird die Kombinationsmöglichkeit von Eignungs- und Vorranggebiet explizit ausgeschlossen, Art. 14 Abs. 2 S. 2 BayLPlG. Die Raumplanungsbehörden dürfen diese landesrechtliche Vorgabe nicht durch die Ausweisung eines Vorranggebietes und die zusätzliche zielförmige Festlegung des Ausschlusses dieser Nutzung außerhalb der gesicherten Fläche umgehen. Meist besteht dafür auch kein Bedarf, da landesgesetzlich Alternativen vorgesehen sind. So besteht in Bayern nach Art. 14 Abs. 2 S. 1 Nr. 3 BayLPlG die Möglichkeit der Ausweisung von Ausschlussgebieten.[14] Durch solche können bestimmte raumbedeutsame Funktionen und Nutzungen in einem Gebiet ausgeschlossen werden. Durch die Ausweisung eines Vorranggebietes zur Sicherung einer bestimmten Nutzung und der gleichzeitigen Festlegung eines oder mehrerer Ausschlussgebietes im Planungsbereich, kann die Wirkung eines kombinierten Vorrang- mit einem Eignungsgebiet erreicht werden.[15] Maßgeblich ist auch hier nicht die entsprechende Bezeichnung, sondern der dahinterstehende landesplanerische Wille.[16] Gerade im Hinblick auf den kompetenzrechtlich zulässigen Ausschluss dieser Kombinationsmöglichkeit von inner- und außergebietlicher Ausschlusswirkung kann einem isolierten Vorranggebiet nicht ohne weiteres eine außergebietliche Sperrwirkung zuerkannt werden. Dadurch würde die gesetzlich vorgegebene Systematik gänzlich aufgelöst.

---

[13] Vgl. BT-Drs 16/10292, S. 24; zentrales Urteil dazu *BVerwG* Urt. v. 01.07.2010 – 4 C 6/09, NVwZ 2011, 240, Rn. 16.

[14] In Baden-Württemberg können nach § 11 Abs. 7 S. 1, S. 5 LPlG in Regionalplänen auch Ausschlussgebiete festgelegt werden. Im LPlG RhPf ist in § 6 Abs. 2 Nr. 3 die Möglichkeit der Regelung von Ausschlussgebieten vorgesehen. § 3 Abs. 2 des SaarlLPG sieht ebenfalls die Möglichkeit der Ausweisung von Ausschlussgebieten vor. Nach § 2 Abs. 1 S. 3 SächsLPLG dürfen Eignungsgebiete nur in Kombination mit Vorranggebieten ausgewiesen werden. § 3 Abs. 7 S. 3 LPlG SachsAnh ermöglicht zusätzlich die Kombination von Vorbehalts- mit Eignungsgebieten. § 4 Abs. 2 S. 4 ThürLPlG verlangt bei Ausweisung eines Eignungsgebietes die zusätzliche Ausweisung eines Vorranggebietes. Vgl. dazu schon oben unter C.V.4. Zur Diskussion um das Bestehen eines abweichungsfesten Kernes vgl. Fn. 7.

[15] So auch *Schreiber*, BayVBl 2012, 741, 744; *Haselmann*, ZfBR 2014, 529, 531.

[16] Vgl. *BayVGH* Beschl. v. 28.04.2014 – 22 ZB 12.1075, juris, Rn. 13.

V. Einordnung in Gebietskategorien vor deren ausdrücklichen gesetzlichen Regelung

Vergleichbare Maßstäbe galten auch für raumplanerische Gebietsfestlegungen vor deren ausdrücklicher gesetzlicher Regelung.[17] Umso mehr musste der Wille des Landesplaners Grundlage für die Ermittlung der Wirkung der jeweiligen Gebietsausweisungen sein. Die Raumplanungsbehörden hatten die Möglichkeit, die innerhalb des Vorranggebietes gesicherte Nutzung an anderen Stellen außerhalb des Gebietes auszuschließen, indem sie auch die Nutzung an dem gewünschten Standort innerhalb des Gebietes als Ziel der Raumordnung auswiesen. Voraussetzung musste wie bei jeder zielförmigen Ausweisung die abgeschlossene Abwägung sowie die Kennzeichnung als Ziel sein. Jedenfalls musste der Wille des Planungsträgers erkennbar sein, ob die Nutzung inner- und/oder außergebietlich gesichert werden soll.[18]

VI. Entscheidungskompetenz hinsichtlich der Lärmschutzbelange

Diese klare Aufgaben- und Kompetenztrennung gilt insbesondere im Hinblick auf die Beurteilung der Anforderungen an ausreichenden Lärmschutz. Die Beurteilung der konkret notwendigen Lärmschutzmaßnahmen, sowohl aktive als auch passive, fällt in den Kompetenzbereich der Fachplanungsbehörden. Für den Bereich der Flughafenplanung und Genehmigung ergibt sich dies auch aus den einfachgesetzlichen Regelungen des LuftVG. Von der luftfahrtrechtlichen Genehmigung nach § 6 LuftVG ist auch der Betrieb des Flugplatzes umfasst und damit auch Art und Umfang der zulässigen Nachtflüge, Obergrenzen für die Anzahl der Nachtflüge und Lärmkontingente.[19] Der Schutz vor Fluglärm ist explizit bei der Genehmigung von Flugplätzen zu berücksichtigen, § 6 Abs. 2 S. 1, § 8 Abs. 1 S. 1 LuftVG.[20] Trotzdem ist die Landesplanungsbehörde gehalten, bei ihrer Standortausweisung vorausschauend zu prüfen, ob es auf der Zulassungsebene überhaupt möglich sein wird, die voraussichtlich entstehenden Lärmkonflikte zu bewältigen.

---

[17] So z. B. für die Rechtslage zum Zeitpunkt der Aufstellung des LEP NRW 1994, welcher die raumplanungsrechtliche Grundlage für die Bauleitplanung der Kommune Datteln darstellte. Vgl. zur Wirkung der maßgeblichen Gebietsausweisung ausführlich oben unter E.IV.4.a.(3).

[18] In diese Richtung auch *Erbguth*, NVwZ-Extra Aufsätze Online 2013, 1, 4 mit Fn. 35.

[19] *Reidt*, in: *Grabherr/Reidt/Wysk, Luftverkehrsgesetz*, § 6 Rn. 39.

[20] Lärmschutzrelevante Auswirkungen kommen auch den konkreten Flugrouten zu. Diese fallen allerdings ebenfalls nicht in den Kompetenzbereich der Raumplanung sondern nach § 27a Abs. S. 1 LuftVO in den Zuständigkeitsbereich des Bundsaufsichtsamtes für Flugsicherung. Diese Festlegungen stehen daher auch außerhalb der Zuständigkeit der Planfeststellungsbehörde (vgl. auch *BVerwG* Urt. v. 11.07.2001 – 11 C 14/00, NVwZ 2001, 350, 355).

VII. Entscheidungskompetenz hinsichtlich möglicher Nachtflugverbote

Die zielförmige Ausweisung eines Nachtflugverbotes in einem Landesentwicklungsplan ist unzulässig.[21] Dies würde mehr noch als der von den Gerichten angenommene Grundsatz mit Gewichtungsvorgabe die Kompetenzen der Fachplanungsbehörden beschneiden. Die konkreten Betriebsregelungen, zu denen auch die zulässige Anzahl und die Verteilung der Nachtflüge gehören, sind der Materie der fachplanungsrechtlichen Zulassung zuzuordnen.[22] Die Entscheidung über die konkreten Lärmschutzmaßnahmen kann erst bei der konkreten Zulassungsentscheidung getroffen werden. Erst dann sind alle konkret betroffenen Anwohner und Betriebe ermittelbar und die Erforderlichkeit einer Beschränkung des Nachtflugbetriebes beurteilbar.[23]

VIII. Keine zwingende abschließende Entscheidung auf Raumordnungsebene

Zugegebenermaßen wäre es im Sinne der Vermeidung komplizierter Abgrenzungsfragen wünschenswert, man könnte eine Festlegung derart treffen, dass Standortentscheidungen immer abschließend durch die Raumordnungsbehörden getroffen werden dürfen bzw. müssen. Die Wahl eines Standortes für ein Großvorhaben wie einen Flughafen stellt zunächst vielfältige Anforderungen an den Raum, die in einen Ausgleich gebracht werden müssen. Dies ist Aufgabe der Raumplanung. Raumplanung ist und bleibt jedoch überörtlich und überfachlich. Die Fachplanung hat daneben ihre Berechtigung und Notwendigkeit, um im Rahmen der fachplanungsrechtlichen Zulassungsentscheidung die speziellen fachplanungsrechtlichen Belange einbeziehen zu können. So sind beispielweise bei der Genehmigungsentscheidung für einen Flughafen nach § 6 LuftVG i. V. m. § 42 LuftVZO unter anderem die allgemeinen Verwaltungsvorschriften des Bundes zu beachten, § 42 Abs. 1 S. 3 LuftVZO,[24] nach § 6 Abs. 2

---

[21] An der Zulässigkeit eines zielförmigen Nachtflugverbotes zweifelte auch der *VGH Kassel* Urt. v. 21.08.2009 – 11 C 227/08.T u. a., juris, Rn. 765 im Urteil zum Planfeststellungsbeschluss vom 18.12.2007. Ausdrücklich ablehnend äußerte sich das BVerwG in der damit zusammenhängenden Revisionsentscheidung, *BVerwG* Urt. v. 04.04.2012 – 4 C 8/09 u. a., NVwZ 2012, 1314, Rn. 307.

[22] *Schiller*, in: *Grabherr/Reidt/Wysk, Luftverkehrsgesetz*, § 8 Rn. 30, 32.

[23] Gegen die Möglichkeit zielförmiger Ausweisungen von Nachtflugverboten spricht sich auch *Stüer, DVBl 2007, 610*, 614 mit Verweis auf *BVerwG* Urt. v. 16.03.2006 – 4 A 1075/04, NVwZ 2006 Beilage Nr. 1, allerdings ohne Angabe einer Randnummer, aus.

[24] Allgemeine Verwaltungsvorschriften existieren z. B. zur Kennzeichnung von Luftfahrthindernissen. Zudem gibt es „Gemeinsame Grundsätze des Bundes und der Länder über die Markierung und die Befeuerung von Flugplätzen mit Instrumentenflugverkehr“, „Gemeinsame

S. 2 LuftVG sind die Erfordernisse des Naturschutzes, der Landschaftspflege sowie des Städtebaus angemessen zu berücksichtigen, ebenso muss ausreichender Schutz vor Fluglärm gewährleistet werden. Zudem sind mögliche Gefahren für die öffentliche Sicherheit und Ordnung, § 6 Abs. 2 S. 3 LuftVG zu ermitteln. Diese beispielhaft genannten Belange sind bei der konkreten Zulassungsentscheidung zu berücksichtigen. Sie stehen vielfach auch erst bei genauer Kenntnis des geplanten Umfangs des Vorhabens, Länge und Richtung der Start- und Landebahnen, § 42 Abs. 2 Nr. 5 LuftVZO und der damit verbundenen Lärmauswirkungen fest. Im Rahmen der raumplanerischen Standortentscheidung können nicht alle relevanten Belange ermittelt und abschließend abgewogen werden.

Grundsätze des Bundes und der Länder über Zeichen und Wegweiser für den Rollverkehr auf Flugplätzen mit Instrumentenflugverkehr", „Richtlinien für die Anlage und den Betrieb von Flugplätzen für Flugzeuge im Sichtflugbetrieb". Diese und weitere relevante Verwaltungsvorschriften sind abzurufen unter http://www.verwaltungsvorschriften-im-internet.de/Teilliste_Bundesministerium_f_r_Verkehr__Bau_und_Stadtentwicklung.html#bsvwvbund_02112001_LR116116518 (zuletzt abgerufen am 22. 11. 2015).

G. Einführung einer Zwischenentscheidung zur Verdeutlichung der Kompetenzabgrenzung

Um die immer noch vorhandenen Abgrenzungsprobleme zwischen Zielen und Grundsätzen sowie den exakten Umfang der Bindungswirkung gegenüber anderen Planungsträgern klarer regeln zu können, könnten Zwischenentscheidungen bezüglich der Standortentscheidung eingeführt werden. Diese würden die gesonderte Festlegung zu Standorten außerhalb des Raumordnungsplanes ermöglichen.[1] Möglich wäre dies durch eine gesonderte Entscheidung der fachplanerischen Genehmigungsbehörde über die Zulässigkeit eines konkreten Vorhabens an einem bestimmten Standort im Wege eines fachplanerischen Vorbescheides.[2] Alternativ wäre eine gesonderte Ausweisung der Standorte durch die Raumplanungsbehörden selbst denkbar.[3]

I. Ausgestaltung als fachplanungsrechtlicher Vorbescheid

1. Vorhandene Regelungen zu Vorbescheiden

Möglichkeiten zum Erlass eines Vorbescheides sind beispielsweise in § 9 BImSchG, in § 7a AtomG oder in Art. 71 BayBO[4] geregelt. Durch den Erlass eines solchen Vorbescheides werden jeweils einzelne Fragen zu dem beantragten Vorhaben vorab verbindlich entschieden. Die Genehmigungsbehörde darf bei ihrer nachfolgenden Entscheidung bezüglich der Zulässigkeit des gesamten Vorhabens über die im Vorbescheid geklärten Fragen nicht neu entscheiden.[5] Eine Befugnis zum Beginn der Ausführung des Vorhabens ergibt sich aus dem

---

[1] Dies wurde teilweise im Zusammenhang mit der Entscheidung des BVerwG zum Flughafen Berlin-Schönefeld 2006 gefordert, vgl. z. B. *de Witt*, DVBl 2006, 1373, 1377; *Durner*, RuR 2010, 271, 278. In diese Richtung auch schon *Blümel*, DVBl 1977, 301.

[2] Vgl. dazu unter G.I.

[3] Dazu unter G.II.

[4] Ähnliche Regelungen finden sich auch in anderen Landesbauordnungen, vgl. z. B. § 75 LBO Bremen; § 66 LBO SchlH; § 75 Sächs BO; § 76 Saar LBO; § 57 LBO BaWü.

[5] *BVerwG* Urt. v. 30. 06. 2004 – 4 C 9/03, NVwZ 2004, 1235, 1236 für das immissionsschutzrechtliche Genehmigungsverfahren; für den Vorbescheid im Baurecht: *BVerwG* Urt. v. 10. 05. 1968 – IV C 8/67, NJW 1969, 73; *Stüer*, Handbuch des Bau- und Fachplanungsrechts 2015, Rn. 2641 f.

jeweiligen Vorbescheid nicht.[6] Der Vorbescheid nach § 9 BImSchG sowie derjenige nach § 7a AtomG beziehen sich jeweils unter anderem ausdrücklich auf die Frage der Standortentscheidung für das einzelne Vorhaben.[7]

Der Gedanke, eine ähnliche Regelung im Zusammenhang mit raumplanerischen Standortentscheidungen einzuführen, ist daher nicht von vornherein von der Hand zu weisen.

2. *Einführung eines Vorbescheids im Raumplanungsrecht*

Praktikabilität und Nutzen der Einführung eines Vorbescheides für die Entscheidung über den Standort bestimmter Vorhaben ist allerdings zweifelhaft. Nachfolgend werden nur einige ausgewählte Problembereiche aufgezeigt.

a. *Verfahrensrechtliche Ausgestaltung*

Schon die konkrete verfahrensrechtliche Ausgestaltung für den Erlass eines raumplanerischen Vorbescheides wirft erhebliche Probleme auf.

(1) *Zuständigkeit*

Die Zuständigkeit für den Erlass eines fachplanerischen Vorbescheides müsste der Vorhabengenehmigungsbehörde übertragen werden. Nur diese kann und muss die raumordnungsexternen Belange in ihre Abwägungsentscheidung miteinbeziehen und kann eine endgültige Standortentscheidung treffen. Daher wäre eine abschließende Entscheidung unabhängig davon möglich, ob der Standort im Raumordnungsplan als Ziel oder als Grundsatz ausgewiesen ist.

(2) *Antragstatbestand*

Die bestehenden gesetzlichen Regelungen zu Vorbescheiden in anderen Rechtsgebieten sind als Antragstatbestände ausgestaltet.[8] Für den jeweiligen Vorhabenträger besteht die Möglichkeit, eine verbindliche Entscheidung über einzelne Genehmigungsvoraussetzungen auf seinen Antrag hin schon vor Einleitung des Genehmigungsverfahrens für das gesamte Vorhaben zu erhalten.

---

[6] Für den immissionsschutzrechtlichen Vorbescheid *Jarass, BImSchG*, § 9 Rn. 1 f.; für den Vorbescheid für eine Anlage nach dem AtomG *Steindorf/Häberle*, in: *Erbs/Kohlhaas, Strafrechtliche Nebengesetze*, § 7a AtomG Rn. 1; für den Vorbescheid nach der Bayerischen Bauordnung *Jäde*, in: *Jäde/Dirnberger/Bauer/Weiß, BayBO*, Art. 71 Rn. 5.

[7] Art. 71 BayBO spezifiziert die durch den Vorbescheid regelbaren Details nicht weiter, bezieht sich vielmehr allgemein auf „einzelne […] Fragen des Bauvorhabens".

[8] Vgl. dazu oben unter G.I.1.

Im raumplanungsrechtlichen Kontext besteht ein Interesse an einer vor das eigentliche Zulassungsverfahren gezogenen Entscheidung über die Zulässigkeit des Vorhabens an dem gewünschten Standort insbesondere für einen potentiellen späteren Vorhabenträger, der eine Windenergieanlage, ein Kraftwerk oder einen Flughafen (um- oder aus-)bauen möchte. Durch den Antrag auf Erlass eines Vorbescheides könnten diese Vorhabenträger eine Entscheidung über den möglichen Standort schon vor Beginn des Planfeststellungsverfahrens oder des immissionsschutzrechtlichen Genehmigungsverfahrens herbeiführen.

Eine andere Ausgestaltung als durch ein Antragsverfahren ist kaum zweckmäßig. Die Entscheidung, ob und wo ein Vorhaben verwirklicht werden soll, geht primär vom Vorhabenträger aus.

(3) Abwägungsentscheidung

Um die Zulässigkeit des Vorhabens an dem beantragten Standort beurteilen zu können, müsste die Vorhabengenehmigungsbehörde eine Abwägung ähnlich derjenigen im Rahmen der Zulassungsentscheidung für das komplette Vorhaben durchführen. Bedingt durch die Auswirkungen, die von der Festlegung eines Standortes für ein raumbedeutsames Vorhaben auf die Umgebung ausgehen, könnte eine solche Entscheidung nur durch Abwägung aller betroffenen öffentlicher und privater Belange ergehen. Ob das entsprechende Vorhaben an dem konkret beantragten Standort zulässig wäre oder nicht, hängt immer davon ab, wie sich das jeweilige Vorhaben auf die Umgebung auswirkt. Zur Beurteilung der fachplanungsrechtlichen Zulässigkeit des Vorhabens insgesamt sind ebenfalls die Auswirkungen auf die Umgebung ausschlaggebend. Es müssten die jeweiligen Verfahrensregelungen für die entsprechende Zulassungsentscheidung beachtet und für anwendbar erklärt werden.[9] Im Ergebnis würde der Erlass eines Vorbescheides durch die Vorhabengenehmigungsbehörde dazu führen, dass diese nahezu die gesamte Prüfung der Vereinbarkeit des Vorhabens mit den gesetzlichen Vorgaben, die sie im Rahmen der endgültigen Zulassungsentscheidung durchführen muss, schon im Rahmen der Entscheidung über den Vorbescheid leisten müsste. Zwar wäre mit Erlass des Vorbescheides über den Standort abschließend entschieden. Diese Entscheidung über eine – wenngleich wichtige – Vorfrage würde sich dennoch zu einer umfangreichen und aufwendigen Abwägungsentscheidung mit kompletter Öffentlichkeitsbeteiligung aufblähen. Eine Regelung vergleichbar mit § 73 VwVfG im Rahmen des Planfeststellungsverfahrens, der die Beteiligung der Behörden, Gemeinden und anderer,

[9] Die Abwägung aller öffentlichen und privaten Belange ist z. B. in § 8 Abs. 1 LuftVG für die Planfeststellungsentscheidung über Bau und Änderung von Flugplätzen geregelt.

deren Belange durch das Vorhaben berührt werden, regelt, wäre erforderlich.[10] Dadurch entstünde eine Doppelung der Prüfung.

Eine Garantie, dass die Zulassungsbehörde im Rahmen der vorgeschalteten Standortprüfung ihre Bindung an die raumplanerischen Vorgaben nicht verkennt, ist durch die Auslagerung der Entscheidung ebenfalls nicht gegeben.

(4) Bindungswirkung für das nachfolgende Genehmigungsverfahren sowie Präklusionsregelungen

Durch den Vorbescheid würde über die Zulässigkeit des Vorhabens an dem beantragten Standort mit Bindungswirkung für das nachfolgende Genehmigungsverfahren entschieden. Um ein zeitliches Auseinanderfallen von Vorbescheidserteilung und endgültiger Genehmigung zu verhindern, müsste eine zeitliche Begrenzung der Wirksamkeit des Vorbescheides gesetzlich mitgeregelt werden. Andernfalls besteht die Gefahr der Veränderung der tatsächlichen Umstände. Es können zwischenzeitlich neue Belange entstehen oder sich solche, die schon in die Abwägungsentscheidung miteinbezogen worden waren, in für das Vorhaben relevanter Weise verändern. Im immissionsschutzrechtlichen Genehmigungsverfahren ist die Bindungswirkung des Vorbescheides auf zwei Jahre begrenzt, § 9 Abs. 2 BImSchG. Eine längere Frist wäre im Zusammenhang mit der Vorabentscheidung über raumplanerische Vorgaben auch nicht angebracht.

Alternativ könnte eine Regelung aufgenommen werden, wonach eine Änderung der Sach- und Rechtslage, die zu einer abweichenden Beurteilung führt, die Bindungswirkung entfallen lässt.[11] Dies würde allerdings die Bindungswirkung des Vorbescheides stark einschränken. Die Genehmigungsbehörde müsste im Genehmigungsverfahren immer prüfen, ob sich eine Änderung insbesondere der Sachlage für die Standortentscheidung ergeben hat und im Ergebnis erneut in die umfängliche Ermittlung und Abwägung einsteigen, um nicht eventuell neue oder veränderte Belange zu übersehen.

Zusätzlich müsste für den raumplanungsrechtlichen Vorbescheid ein Einwendungsausschluss für die nicht in Bestandskraft erwachsenden Belange geregelt werden. Alle Einwendungen, die schon im Rahmen der Öffentlichkeitsbeteiligung bezüglich des Vorbescheides zur Diskussion gestellt wurden, dürften nicht erneut im Genehmigungsverfahren vorgebracht werden.[12] So ist es beispielsweise in § 11 BImSchG bzw. § 7b AtomG vorgeschrieben.

---

[10] Alternativ könnte auch auf § 74 VwVfG verwiesen werden.

[11] So ist es für die immissionsschutzrechtliche Teilgenehmigung in § 8 S. 2 BImSchG geregelt.

[12] Derartige Präklusionsregelungen sind verfassungsrechtlich unbedenklich, vgl. *BVerfG* Beschl. v. 08. 07. 1982 – 2 BvR 1187/80, BVerfGE 61, 82, 109 ff.; *BVerfG* Beschl. v. 06. 04. 1982 – 2 BvR 304/82, NVwZ 1983, 27.

b. Rechtschutzaspekte

Die vorgezogene Entscheidung über den Standort außerhalb des Genehmigungsverfahrens würde auch für den Rechtschutz Veränderungen mit sich bringen. Die bisher für bestimmte Bereiche gesetzlich geregelten Vorbescheide sind als Verwaltungsakte im Sinne des § 35 VwVfG ausgestaltet. Nichts anderes würde auch für einen raumplanerischen Vorbescheid gelten.[13]

(1) Verpflichtungsklage des Vorhabenträgers

Würde der beantragte Vorbescheid von der Genehmigungsbehörde abgelehnt, weil der Standort nicht mit den raumplanerischen Vorgaben übereinstimmt, könnte der Vorhabenträger Verpflichtungsklage auf Erteilung des Vorbescheides erheben.[14] In diesem Verfahren würde das Gericht inzident die Rechtmäßigkeit des der Vorbescheidsablehnung zu Grunde liegenden Zieles bzw. Grundsatzes der Raumordnung prüfen.

Käme das Gericht zu dem Ergebnis, das Ziel bzw. der Grundsatz leide an einem beachtlichen[15] Abwägungsmangel, so würde es diesem zustehen, die raumplanerische Vorgabe für seine gerichtliche Entscheidung außer Acht zu lassen. Mangels entgegenstehender raumplanerischer Vorgaben würde das Gericht bei Spruchreife, § 113 Abs. 5 S. 1 VwGO,[16] die Genehmigungsbehörde verpflichten, den beantragten Vorbescheid zu erlassen. Durch die gerichtliche Entscheidung bezüglich des Vorbescheides würde der Raumordnungsplan oder einzelne in diesem enthaltene Bestimmungen nicht tangiert, eine allgemeine Verwerfungskompetenz steht den Gerichten bei einem inzidenten Verfahren nicht zu.[17] Käme die Vorhabengenehmigungsbehörde anschließend dieser Verpflichtung, den beantragten Vorbescheid zu erlassen, nach, ergäbe sich eine widersprüchliche Rechtslage. Zum einen der Vorbescheid, der die Zulässigkeit des Vorhabens an dem vom Vorhabenträger vorgesehenen Standort

---

[13] Es handelt sich um eine Entscheidung einer Behörde – der Raumplanungsbehörde oder der Genehmigungsbehörde –, zur Regelung eines Einzelfalls – der raumplanerischen Standortentscheidung für ein einzelnes Vorhaben –, auf dem Gebiet des öffentlichen Rechts, die auf unmittelbare Rechtswirkung nach außen – gegenüber dem Vorhabenträger und, bei Erlass durch die Raumplanungsbehörde, der Zulassungsbehörde –, gerichtet ist.

[14] Nach vorheriger Durchführung des Widerspruchverfahrens, sofern dieses nicht nach landesrechtlichen Vorschriften entbehrlich ist, § 68 Abs. 2 i. V. m. Abs. 1 S. 2 VwGO.

[15] Vgl. § 12 ROG.

[16] Zur Spruchreife allgemein vgl. *Schenke*, in: *Kopp/Schenke, VwGO*, § 113 Rn. 193 ff. *Hufen*, Verwaltungsprozessrecht 2013, § 26, Rn. 21, lehnt die Spruchreife bei komplexen Sachverhalten ab, ebenso verneint er in § 26, Rn. 22 die Befugnis zum „Durchentscheiden" bei Abwägungsentscheidungen. In diese Richtung auch *Schenke*, in: *Kopp/Schenke, VwGO*, § 113 Rn. 25; *Schenke*, in: *Kopp/Schenke, VwGO*, § 113 Rn. 25. im Zusammenhang mit der Anfechtungsklage.

[17] Vgl. dazu vertieft unten unter H.I.5.d.

bejaht, andererseits der weiterhin bestehende Raumordnungsplan mit der entgegenstehenden Standortausweisung, der der Zulässigkeit entgegensteht. Über die raumplanungsrechtliche Vorgabe müsste sich die Vorhabengenehmigungsbehörde auf Grund der Bindungswirkung des Vorbescheides hinwegsetzen.

Der aufgrund des Verpflichtungsurteiles geänderte Vorbescheid könnte zudem von einem Drittbetroffenen, der sich auf die Unvereinbarkeit des Vorbescheides mit den raumplanerischen Vorgaben berufen kann, durch eine Anfechtungsklage angegriffen werden.[18] Rechtssicherheit wird durch einen so ausgestalteten Vorbescheid nicht geschaffen.

Wird der Verpflichtungsantrag abgelehnt, hat dies keine Auswirkungen auf das nachfolgende Genehmigungsverfahren. Der Vorhabenträger kann den Antrag auf Zulassung an dem gewünschten Standort stellen und die Genehmigungsbehörde kann und muss erneut vollumfänglich in die Abwägung einsteigen. Dies ließe sich nur verhindern, wenn ein positiver Vorbescheid als zwingende Voraussetzung für den Antrag auf Vorhabengenehmigung festgeschrieben würde. Ohne eine solche zulassungsbegrenzende Regelung wäre der Vorteil einer vorgezogenen Standortprüfung hinfällig. Diese Regelung müsste allerdings in jedes Fachgesetz, das die entsprechenden Voraussetzungen für die Erteilung der jeweiligen Genehmigung erhält, aufgenommen werden. Beim Zusammentreffen eines Vorbescheides über die Zulässigkeit an einem Standort und einer immissionsschutzrechtlichen Genehmigung käme es zum Erlass zweier Vorbescheide. Das gesamte Genehmigungsverfahren würde mehr und mehr aufgebläht.

(2) Anfechtungsklage eines Drittbetroffenen

Würde ein Drittbetroffener Anfechtungsklage[19] gegen den Vorbescheid erheben und käme das Gericht zu der Auffassung, das Ziel oder der Grundsatz[20] der Raumordnung, die jeweils eine Standortausweisung an der von dem Vorhabenträger beantragten Stelle enthalten, seien unwirksam und dies führe zu einer Verletzung der Rechte des Drittbetroffenen,[21] so würde es den Vorbescheid aufheben.[22] Die Entscheidung über die Unwirksamkeit des Zieles bzw. des Grundsatzes würde allerdings nur inzident für das konkrete Verfahren Wirkung entfalten, eine allgemeingültige Verwerfung des Zieles steht dem Gericht nicht

---

[18] Nach vorheriger Durchführung des Widerspruchverfahrens nach §§ 68 ff. VwGO, sofern dieses nicht nach landesgesetzlicher Regelung entfällt, § 68 Abs. 1 S. 2 i. V. m. Abs. 1 S. 2 VwGO. Zur Anfechtungsklage eines Drittbetroffenen sogleich unter G.I.2.b.(2).

[19] Nach vorheriger Durchführung des Widerspruchverfahrens nach §§ 68 ff. VwGO, sofern dieses nicht nach landesgesetzlicher Regelung entfällt, § 68 Abs. 1 S. 2 VwGO.

[20] Zu den Unterschieden bei den Rechtschutzmöglichkeiten gegen Ziele einer- und gegen Grundsätze andererseits vgl. ausführlich unter H.I.4. sowie H.II.1.

[21] Dafür ist eine Verletzung zumindest auch drittschützender Normen notwendig.

[22] § 113 Abs. 1 S. 1 VwGO.

zu.[23] Der Raumordnungsplan bliebe von dieser Entscheidung unberührt, das entsprechende Ziel bzw. der Grundsatz wäre weiterhin wirksam. Würde der Vorhabenträger nachfolgend den Antrag auf Genehmigung seines Vorhabens stellen, bliebe es über § 4 ROG bei der Bindung an den Raumordnungsplan mit der zielförmigen Standortvorgabe, obwohl schon zuvor in dem Verfahren gegen den Vorbescheid gerichtlich geklärt worden wäre, dass dieses Ziel bzw. der Grundsatz an bestimmten Mängeln leide und daher unwirksam sei. Dies könnte verhindert werden, wenn ein positiver Standortvorbescheid als zwingende Genehmigungsvoraussetzung geregelt würde.[24]

(3) Bestandskraft des Vorbescheides

Als zusätzliches Problem stellt sich die schnell eintretende Bestandskraft des Vorbescheides dar. Als Verwaltungsakt wäre er nur innerhalb eines Monats ab Bekanntgabe desselben bzw. ab Zustellung des Widerspruchsbescheides anfechtbar, § 74 Abs. 1 VwGO.[25] Versäumt es ein Drittbetroffener, innerhalb dieser Frist gegen den Vorbescheid vorzugehen, würde dieser bestandskräftig. Im nachfolgenden Genehmigungsverfahren wäre die Genehmigungsbehörde dann an ihre positive Entscheidung im Vorbescheid gebunden. Eine Anfechtung der Genehmigungsentscheidung wäre aufgrund der Bindungswirkung des Vorbescheides nur unter Berufung auf die Verletzung solcher Belange, die nicht von der Bestandskraft des Vorbescheides erfasst werden und die nicht schon im Rahmen der Öffentlichkeitsbeteiligung im Verfahren zum Erlass des Vorbescheides vorgebracht werden konnten, möglich.

Ein gerichtliches Vorgehen gegen die raumplanerische Standortentscheidung im Raumordnungsplan direkt hätte bei einer Unwirksamkeitserklärung dieser Regelungen keine Auswirkung auf die bestandskräftige positive Vorbescheidsentscheidung.[26] Auch dieses Auseinanderfallen der bestehenden Regelungen verdeutlicht die Schwächen eines solchen Vorbescheides.

---

[23] Vgl. dazu vertieft im Rahmen der Ausführungen zum Rechtschutz unten unter H.I.5.d.

[24] Vgl. dazu die Ausführungen unter G.I.2.b.(1). a. E.

[25] Bzw. im Wege einer Verpflichtungsklage angreifbar, § 74 Abs. 2 i. V. m. Abs. 1 VwGO.

[26] Ein Widerruf wäre nur unter den Voraussetzungen des § 49 VwVfG möglich. Diese sind bei einem begünstigenden Verwaltungsakt stark eingeschränkt.

II. Isolierte Regelung der raumplanerischen Standortentscheidung durch die Raumplanungsbehörde außerhalb des Raumordnungsplanes

Alternativ wäre eine vollständige Herauslösung der raumplanerischen Standortentscheidungen aus den Raumordnungsplänen und eine gleichzeitige Verortung dieser Entscheidung in einer Art Vorbescheid durch die Raumplanungsbehörde selbst möglich.[27] Der Erlass dieser Entscheidung wäre antragsunabhängig.

Da es sich bei dieser Standortentscheidung, wie auch bei den übrigen Regelungen, die in Raumordnungsplänen enthalten sind, um eine planerische Entscheidung handeln würde, hätte diese Entscheidung nicht die Rechtsnatur eines Verwaltungsaktes, sondern sie müsste ähnlich den Raumordnungsplänen beispielsweise als Rechtsverordnung erlassen werden. Die genaue Ausgestaltung wäre, wie auch bei den Raumordnungsplänen selbst, den Ländern überlassen.[28] Allerdings müsste wie bei der Ausgestaltung als fachplanerischer Vorbescheid eine gesonderte Abwägungsentscheidung mit Öffentlichkeitsbeteiligung durchgeführt werden. Die Bezeichnung als Vor„bescheid" ist in diesem Zusammenhang daher irreführend, passender wäre entsprechend dem Inhalt der Regelung die Bezeichnung als „raumplanerische Standortentscheidung".

Wenn eine raumplanerisch abschließende Entscheidung getroffen werden soll, ist dies nur durch eine Standortfestlegung als Ziel der Raumordnung möglich. Eine verbindliche raumplanerische Standortentscheidung in einer vom Raumordnungsplan gesonderten Entscheidungsform wäre somit nur möglich, wenn die Raumplanungsbehörde den Standort auch abschließend regeln möchte. Es steht diesen frei, in welchem Umfang sie von ihrer raumplanerischen Koordinationsaufgabe Gebrauch machen wollen. Soll keine abschließende Festlegung getroffen werden, müsste die entsprechende Regelung im Raumordnungsplan verbleiben. Das hätte das Auseinanderfallen der raumplanerischen Standortaussagen zur Folge. Die Alternative, auch eine nur als Grundsatz ausgestaltete Standortfestlegung in einer gesonderten Entscheidung festzulegen, hätte dagegen keinerlei Vorteile gegenüber dem Belassen der Entscheidung im Raumordnungsplan. Ob den Vorhabengenehmigungsbehörden die Befugnis zur vollumfänglichen Abwägung zusteht oder nicht, würde von den identischen Kriterien abhängen wie unter der aktuellen Gesetzeslage.

Auch im Falle einer zielförmigen Ausweisung könnte über die endgültige Zulässigkeit des Vorhabens an diesem Standort in einer „raumplanerischen Standortentscheidung" noch keine endgültige Entscheidung getroffen werden, da die Beurteilung der raumordnungsexternen Belange der späteren Genehmigungsbehörde obliegt. Daran würde sich auch durch eine ausgelagerte Ent-

[27] In diese Richtung geht wohl der Vorschlag von *Blümel*, DVBl 1977, 301.

[28] Vgl. dazu unter H.I.1.

scheidung nichts ändern. Durch eine solche von der Raumplanungsbehörde erlassene „raumplanerische Standortentscheidung" kann keinesfalls eine vergleichbare unumstößliche Vorentscheidung wie beispielweise durch einen Vorbescheid im Baurecht getroffen werden.

Die Bestandskraft einer solchen zielförmigen „raumplanerischen Standortentscheidung" ist identisch wie bei einer Regelung des Standortes direkt im Raumordnungsplan. Auch bezüglich des Rechtschutzes ergeben sich somit keinerlei Vorteile. Die gerichtliche Überprüfung gestaltet sich genauso wie beim Vorgehen gegen einzelne Regelungen im Raumordnungsplan.[29]

Ob sich die Genehmigungsbehörden von einer isolierten Entscheidung davon abhalten lassen, selbst eine umfangreiche Abwägung aller Belange durchzuführen, ist zu bezweifeln. Der inzidenten Prüfung der raumplanerischen Vorgaben in einem gerichtlichen Verfahren gegen die Vorhabengenehmigungsentscheidung steht die raumplanerische Standortfestlegung nicht entgegen. Anders als bei einem durch die Genehmigungsbehörde selbst erlassenen verbindlichen Vorbescheid ist noch nicht endgültig über die Zulässigkeit an diesem Standort entschieden worden.

III. Fazit zur Einführung einer gesonderten (Standort-)Zwischenentscheidung

Die Einführung eines Vorbescheides bzw. einer gesonderten „raumplanerischen Standortentscheidung" trägt nicht zur Vereinfachung und Verbesserung der Abgrenzung der unterschiedlichen Kompetenzbereiche bei.

Ein durch die Genehmigungsbehörde als Verwaltungsakt erlassener Vorbescheid hätte zwar den Vorteil einer zügig eintretenden Bestandskraft. Die dargestellte Problematik eventuell auseinanderfallender Festlegungen im Raumordnungsplan einerseits und im Vorbescheid andererseits würde jedoch zu einer erheblichen Rechtsunsicherheit führen.

Der Mehrwert einer gesonderten raumplanerischen Standortentscheidung, die von der Raumplanungsbehörde selbst erlassen wird, ist noch geringer. Raumplanerisch abschließend kann nur über Ziele der Raumordnung entschieden werden. Eine Pflicht zur abschließenden Standortentscheidung kann und soll den Raumplanungsbehörden jedoch nicht auferlegt werden. Es steht diesen frei, in welchem Umfang und mit welcher Bindungswirkung sie von ihrer raumplanerischen Koordinationsaufgabe Gebrauch machen wollen. Sowohl die Variante, nur die zielförmigen Festlegungen in eine gesonderte Entscheidung auszulagern, als auch die Variante, Standortfestlegungen in einem Grundsatz der Raumordnung außerhalb des Raumordnungsplanes zu regeln, hätte keine

[29] Vgl. dazu ausführlich unter H.

entscheidenden Vorteile. Vielmehr würde die erstgenannte Variante zu einer Zersplitterung der Regelungen führen, wenn beispielsweise einige Standorte als Ziele, andere nur als Grundsätze festgelegt werden. Letztgenannte Variante würde gegenüber der bestehenden Rechtslage keinerlei substanzielle Veränderungen herbeiführen und nur den Nachteil einer gesonderten Abwägungsentscheidung mit erneuter Öffentlichkeitsbeteiligung mit sich bringen.

H. Rechtschutzgesichtspunkte im Zusammenhang mit Raumordnungsplänen

Im Zusammenhang mit den bisherigen Erkenntnissen zu den Befugnissen der verschiedenen Planungsträger ist das bestehende Rechtschutzsystem in die Betrachtung miteinzubeziehen.

Der Schwerpunkt dieser Betrachtung liegt in der Analyse, ob die bestehenden Rechtschutzmöglichkeiten für die von den Bestimmungen im Raumordnungsplan betroffenen natürlichen und juristischen Personen, insbesondere auch Gemeinden und andere Planungsträger, ausreichend sind.

Im Hinblick auf die gesetzlich vorgezeichnete und in der bisherigen Untersuchung herausgearbeitete Unterscheidung zwischen Zielen und Grundsätzen der Raumordnung werden die Auswirkungen dieser Unterscheidung auf den Rechtschutz gegen die jeweiligen Bestimmungen analysiert.

Die Rechtsnatur der Raumordnungspläne ist in den einzelnen Ländern unterschiedlich ausgestaltet.[1] Daraus resultiert eine Vielzahl unterschiedlicher formeller Rechtsbehelfe.[2] In vielen Fällen ist ein Normenkontrollantrag nach § 47 VwGO der statthafte Rechtsbehelf. Zentrale Frage ist in diesem Zusammenhang das Bestehen der Antragsbefugnis des jeweiligen Antragstellers.[3]

Wenn die einzelnen Genehmigungsbehörden oder die die Bauleitpläne aufstellenden Gemeinden der Auffassung sind, die raumplanungsrechtlichen Bestimmungen seien unwirksam, stellt sich die Frage, ob diese befugt sind, die entsprechenden Bestimmungen außer Acht zu lassen.[4]

---

[1] Vgl. dazu sogleich unter H.I.1.a.

[2] Vgl. dazu sogleich unter H.I.1.b.

[3] Dazu nachfolgend unter II.

[4] Sogenannte Inzidentverwerfungskompetenz, dazu unter H.III. bezüglich der Genehmigungsbehörden bzw. unter H.V. bezüglich der Gemeinden als bauleitplanenden Behörden.

I. Überblick über das bestehende Rechtschutzsystem

1. Rechtsnatur der Pläne sowie mögliche förmliche Rechtsbehelfe

Für den Rechtschutz gegen Raumordnungspläne bzw. die in diesen Plänen enthaltenen Bestimmungen ist entscheidend, in welcher Rechtsform die Raumordnungspläne erlassen wurden.

a. Unterschiedliche Rechtsnatur der Pläne

Die Rechtsnatur der Raumordnungspläne ist bundesgesetzlich nicht vorgeschrieben.[5] Das ROG ist mangels anderweitiger Regelungen offen für die Aufstellung von Raumordnungsplänen außerhalb der Rechtsform Gesetz und Rechtsverordnung, auf die sich § 11 ROG ausdrücklich bezieht. So ist den einzelnen Ländern über § 8 Abs. 1 ROG nur vorgegeben, einen landesweiten Raumordnungsplan sowie Regionalpläne für die jeweiligen Teilräume aufzustellen.[6] Weiter bestimmt § 11 Abs. 1 ROG für einen Raumordnungsplan, der nicht als Gesetz oder Rechtsverordnung aufgestellt wird, dessen öffentliche Bekanntmachung, die Bekanntmachung der Genehmigung des Planes oder die Bekanntmachung des Beschlusses über den Plan.

In den einzelnen Landesplanungsgesetzen finden sich infolge dessen Raumordnungspläne unterschiedlicher Rechtsnatur. Überwiegend werden die Pläne in Form von Rechtsverordnungen erlassen,[7] teilweise als Sat-

---

5 Auch das BVerfG geht von der Zulässigkeit von Raumordnungsplänen mit unterschiedlicher Rechtsnatur aus, vgl. *BVerfG* Beschl. v. 23. 06. 1987 – 2 BvR 826/83, BVerfGE 76, 107, 117.

6 Für die Länder Berlin, Hamburg und Bremen sind in § 8 Abs. 1 S. 2 und S. 3 ROG Ausnahmen vorgesehen; § 8 Abs. 1 S. 3 ROG nimmt auch das Saarland von der Pflicht aus, Regionalpläne aufzustellen.

7 Die landesweiten Raumordnungspläne werden meist als Rechtsverordnungen beschlossen oder durch Rechtsverordnung für verbindlich erklärt. Baden-Württemberg: Die Landesregierung ist ermächtigt, die Entwicklungspläne, zu denen nach § 6 Abs. 1 LPlG BW auch der Landesentwicklungsplan gehört, durch Rechtsverordnung für verbindlich zu erklären, § 10 Abs. 1 LPlG BW; Bayern: Die Festlegungen im Landesentwicklungsprogramm werden von der Staatsregierung mit Zustimmung des Landtags als Rechtsverordnung beschlossen, Art. 20 Abs. 2 BayLPlG; Berlin/Brandenburg: Die gemeinsamen Landesentwicklungspläne werden von den Regierungen beider Länder jeweils als Rechtsverordnung erlassen, Art. 7 Abs. 4 des Landesplanungsvertrages zwischen den Ländern Berlin und Brandenburg; Hessen: Der Landesplanungsvertrag wird von der Landesregierung mit Zustimmung des Landtages als Rechtsverordnung festgestellt, § 4 Abs. 5 HessLPG; Mecklenburg-Vorpommern: Das Landesraumentwicklungsprogramm wird durch die Landesregierung im Benehmen mit dem Landesplanungsbeirat als Rechtsverordnung erlassen, § 7 Abs. 4 LPlG MV; Niedersachsen: Das Landes-Raumordnungsprogramm wird von der Landesregierung als Verordnung beschlossen, § 4 Abs. 2 NdsROG; Nordrhein-Westfalen: Die Landesregierung beschließt den Landesentwicklungsplan mit Zustimmung des Landtages als Rechtsverordnung, § 17 Abs. 2 LPlG NRW; Rheinland-Pfalz: Die Landesregierung erklärt das Landesentwicklungsprogramm

zungen.[8] Selten[9] werden Raumordnungspläne als förmliche Gesetze erlassen.[10] Manche Pläne entsprechen keiner dieser Rechtsnormkategorien.[11] Letztgenannte Pläne müssen zum Teil genehmigt werden, teilweise genügt eine Anzeige der Planaufstellung mit nachfolgender Bekanntmachung.[12]

---

durch Rechtsverordnung für verbindlich, § 8 Abs. 1 S. 7 LPlG RhPf; Saarland: Die Landesregierung beschließt den Landesentwicklungsplan als Rechtsverordnung, § 3 Abs. 8 SaarlLPG; Sachsen: Die Staatsregierung beschließt den Landesentwicklungsplan als Rechtsverordnung, § 7 Abs. 2 SächsLPlG; Sachsen-Anhalt: Der Landesentwicklungsplan wird von der Landesregierung durch Verordnung beschlossen, § 5 Abs. 3 S. 1 LPlG SachsAnh; Schleswig-Holstein: Die Landesregierung beschließt mit Zustimmung des Landtags den Landesentwicklungsplan als Rechtsverordnung, § 5 Abs. 9 S. 1 LaplaG SchlH; Thüringen: Das Landesentwicklungsprogramm wird durch Rechtsverordnung der Landesregierung für verbindlich erklärt, § 4 Abs. 4 S. 1 ThüLPlG. Teilweise werden auch die Regionalpläne bzw. Teile dieser als Rechtsverordnung beschlossen: In Bayern werden die in den Regionalplänen enthaltenen Festlegungen als Rechtsverordnung beschlossen und auf Antrag des Regionalen Planungsverbands durch die zuständige höhere Landesplanungsbehörde für verbindlich erklärt, Art. 22 Abs. 1 S. 2 BayLPlG; Mecklenburg-Vorpommern: Regionale Raumentwicklungsprogramme werden von der Landesregierung durch Rechtsverordnung für verbindlich erklärt, § 9 Abs. 5 LPlG MV; Schleswig-Holstein: Die Landesregierung beschließt die Regionalpläne als Rechtsverordnungen, § 5 Abs. 10 S. 2 LaplaG SchlH. In Baden-Württemberg können auch fachliche Entwicklungspläne aufgestellt werden, § 6 Abs. 1 Nr. 2, § 8 LPlG BW. Diese werden von der Landesregierung durch Rechtsverordnung für verbindlich erklärt, § 10 Abs. 1 LPlG BW.

[8] Als Satzung erlassen: Baden-Württemberg: Die Regionalpläne sind nach § 12 Abs. 10 LPlG BW von den Regionalverbänden durch Satzung festzustellen und werden nach § 13 Abs. 1 LPlG BW von der obersten Raumordnungs- und Landesplanungsbehörde durch Genehmigung für verbindlich erklärt; Brandenburg: Die Regionalen Planungsgemeinschaften erlassen die Regionalpläne als Satzungen, § 2 Abs. 4 S. 1 RegBkPlG Bbg, diese wird von der Landesplanungsbehörde im Einvernehmen mit den fachlich zuständigen Ministerien genehmigt; Niedersachsen: Das Regionale Raumordnungsprogramm wird vom Träger der Regionalplanung als Satzung erlassen und muss durch die obere Landesplanungsbehörde genehmigt werden, § 5 Abs. 5 S. 1 NdsROG; Sachsen: Die Verbandsversammlung beschließt die Regionalpläne als Satzung, diese bedürfen der Genehmigung der obersten Raumordnungs- und Landesplanungsbehörde, § 7 Abs. 2 SächsLPlG.

[9] Um einen vollständigen Überblick über die verschiedenen Rechtschutzmöglichkeiten zu erhalten, wird der Rechtschutz gegen Raumordnungspläne in Form förmlicher Gesetze überblicksartig dargestellt.

[10] Das Landesentwicklungsprogramm in Nordrhein-Westfalen, ein zusätzlicher Plan neben Landesentwicklungsplan und Regionalplan, wird als Gesetz erlassen, § 16a S. 1 LPlG NRW. Aktuell existiert kein solches Landesentwicklungsprogramm, das bisherige ist mit Wirkung zum 31. 12. 2009 außer Kraft getreten, § 38 Abs. 2 LEPro NRW, vgl. Art. 83 des Dritten Gesetzes zur Befristung des Landesrechts Nordrhein-Westfalen, GV.NRW 2005, 273. In Brandenburg und Berlin existiert neben den gemeinsamen Landesentwicklungsplänen noch ein übergeordnetes gemeinsames Landesentwicklungsprogramm, das als Staatsvertrag vereinbart wird und insbesondere Grundsätze der Raumordnung für die Gesamtentwicklung beider Länder festlegt, Art. 7 des Landesplanungsvertrages zwischen den Ländern Berlin und Brandenburg.

[11] Zum Rechtschutz gegen diese Pläne bzw. die in diesen enthaltenen Bestimmungen vgl. den Überblick unter H.I.1.b.(3). sowie die detaillierte Darstellung unter H.I.4.

[12] Im Einzelnen sind in den Ländern folgende Regelungen in Kraft: Hessen: § 7 Abs. 1 HessLPG: Regionalpläne werden nach Aufstellung durch die Regionalversammlung von der Landesregierung genehmigt; Nordrhein-Westfalen: § 19 Abs. 4 S. 1 LPlG NRW: Der Re-

b. Mögliche förmliche Rechtsbehelfe – Überblick

Sind Raumordnungspläne in einer bestimmten Rechtsform aufgestellt worden, z. B. als förmliches Gesetz, Rechtsverordnung oder Satzung, richtet sich der statthafte Rechtsbehelf nach der Rechtsform des Raumordnungsplanes. Die in dem jeweiligen Plan enthaltenen Regelungen nehmen die Rechtsnatur des Planes insgesamt an.[13] Ob auf die Rechtsnatur der Pläne abzustellen ist oder ob es auf die Rechtsnatur der in diesen enthaltenen einzelnen Regelungen ankommt, wurde lange kontrovers diskutiert.[14] Teilweise wird auch bei Plänen, die in einer bestimmten Rechtsform erlassen wurden, immer noch nicht exakt zwischen dem Plan und den einzelnen in diesem enthaltenen Regelungen getrennt.[15] Überwiegend wird in Rechtsprechung und Literatur zutreffender Weise auf die einzelnen in den Plänen enthaltenen Bestimmungen abgestellt.[16]

---

gionalplan wird nach Abschluss des Erarbeitungsverfahrens vom Regionalrat aufgestellt. Die Aufstellung ist nach § 19 Abs. 6 S. 2, 3 LPlG NRW der Landesplanungsbehörde anzuzeigen und der Plan wird drei Monate nach der Anzeige bekannt gemacht, es sei denn die Landesplanungsbehörde erhebt Einwendungen; Rheinland-Pfalz: § 10 Abs. 2 LPlG RhPf: Die von den Planungsgemeinschaften erarbeiteten regionalen Raumordnungspläne sind von der obersten Landesplanungsbehörde im Benehmen mit den betroffenen oberen Landesplanungsbehörden zu genehmigen; Sachsen-Anhalt: § 7 Abs. 6 S. 1, 2 LPlG SachsAnh: Die Regionalversammlung beschließt den Regionalen Entwicklungsplan, der der Genehmigung der obersten Landesplanungsbehörde bedarf. Gleiches gilt für die Regionalen Teilgebietsentwicklungspläne, § 8 Abs. 4, § 7 Abs. 6 S. 1, 2 LPlG Sachs-Anh; Thüringen: § 5 Abs. 1 S. 1, 3 ThürLPlG: Die Regionale Planungsgemeinschaft entwickelt den Regionalplan aus dem Landesentwicklungsprogramm, dieser bedarf der Genehmigung der obersten Landesplanungsbehörde.

[13] *Koch/Hendler*, Baurecht, Raumordnungs- und Landesplanungsrecht 2009, § 3 Rn. 46; *OVG Lüneburg* Beschl. v. 05. 11. 1975 – I C 3/74, NJW 1976, 2281, 2282; *VGH München* Gerichtsbescheid v. 30. 11. 1993 – 20 A 93.40022 u. a., NVwZ-RR 1995, 114, 115; *Ziekow*, in: *Sodan/Ziekow, VwGO*, § 47 Rn. 100.

[14] Einen Überblick über diese Diskussion sowie die Frage, welche Rechtsnatur Plänen zukommt, die nicht in bestimmter Rechtsform erlassen wurden, findet sich schon bei *Blümel*, VerwArch 1993, 123 ff.

[15] *Koch/Hendler*, Baurecht, Raumordnungs- und Landesplanungsrecht 2009, § 9 Rn. 3 ff., stellt teilweise auf die Rechtsnatur der Pläne, teilweise auf die darin enthaltenen Ziele ab. *Goppel*, in: *Spannowsky/Runkel/Goppel, ROG*, § 4 Rn. 83 f.; *Kment*, Rechtsschutz im Hinblick auf Raumordnungspläne 2002, S. 33 ff. stellt auf den Plan als Ganzes ab und verweist insbesondere auf die eingeschränkte „Teilbarkeit" eines Planes, die sich vor allem in der Rechtsprechung zu den Bebauungsplänen gefestigt hat, vgl. z. B. *BVerwG* Beschl. v. 18. 07. 1989 – 4 N 3.87, BVerwGE 82, 225, 230; *BVerwG* 27. 01. 1978 – 7 C 44.76, DVBl 1978, 536, 537; *BVerwG* Beschl. v. 20. 08. 1991 – 4 NB 3.91, DVBl 1992, 37 ff.; *Schmidt-Aßmann*, DÖV 1981, 237, 239 stellt auf die Bestimmtheit der Regelungen, des Erlassverfahrens und die Veröffentlichungsmodalitäten ab.

[16] *BVerfG* Beschl. v. 23. 06. 1987 – 2 BvR 826/83, BVerfGE 76, 107, 114; *OVG Lüneburg* Urt. v. 11. 04. 1986 – OVG C 17/83, ZfBR 1986, 287; *Redeker*, in: *Redeker/von Oertzen, Verwaltungsgerichtsordnung*, § 47 Rn. 17; *Schmidt*, in: *Eyermann, VwGO*, § 47 Rn. 26.

(1) Pläne in Form von förmlichen Gesetzen

Ist der Raumordnungsplan als förmliches Gesetz erlassen worden, ist für natürliche und juristische Personen die Erhebung einer Individualverfassungsbeschwerde nach Art. 93 Abs. 1 Nr. 4a GG möglich.[17] Für Kommunen kommt eine Kommunalverfassungsbeschwerde nach Art. 93 Abs. 1 Nr. 4b GG vor dem BVerfG oder vor dem jeweiligen Landesverfassungsgericht in Betracht.[18] Sind andere Gerichte mit ihrer Ansicht nach verfassungswidrigen Gesetzen konfrontiert, ist Art. 100 GG maßgeblich.[19]

(2) Pläne in Form von Rechtsverordnungen oder Satzungen

Wenn der Raumordnungsplan als Rechtsverordnung oder Satzung erlassen wurde, kommt ein Normenkontrollantrag nach § 47 Abs. 1 Nr. 2 VwGO in Betracht.[20] Zudem können auch Rechtsverordnungen mit einer Individual – bzw. Kommunalverfassungsbeschwerde angegriffen werden.[21]

Raumordnungspläne des Bundes mit Standortkonzepten als Grundlage für die verkehrliche Anbindung nach § 17 Abs. 2 ROG werden als Rechtsverordnungen erlassen, ebenso der Raumordnungsplan für die AWZ nach § 17 Abs. 3 ROG.[22] Als statthafter Rechtsbehelf kommt ebenfalls ein Normenkontrollantrag nach § 47 VwGO in Betracht.[23]

(3) Pläne ohne bestimme Rechtsform

Bei Raumordnungsplänen, die nicht in einer bestimmten Rechtsform erlassen worden sind, ist es für den Rechtschutz ausschlaggebend, ob den in den Plänen enthaltenen Bestimmungen Rechtsnormqualität zukommt. Innerhalb eines Planes können auch Bestimmungen mit und Bestimmungen ohne Rechtsnormqualität enthalten sein.[24] Wenn ein Raumordnungsplan nicht in einer bestimmten

---

[17] Vgl. sogleich unter H.I.2.a.

[18] Bei entsprechender Regelung im Landesrecht, vgl. unter H.I.2.b.

[19] Vgl. dazu unter H.I.2.c.

[20] Dazu sogleich unter H.I.3.a.(1).

[21] Dazu unten unter H.I.3.a.(2). Zu dem Sonderfall eines als Rechtsverordnung erlassenen Raumordnungsplanes, der durch Parlamentsgesetz geändert wird, in dem dann wiederum der einheitliche Verordnungsrang auch für die Änderung angeordnet wird, vgl. *BVerwG* Urt. v. 16.01.2003 – 4 CN 8/01, NVwZ 2003, 730. Das BVerwG geht von einer gerichtlichen Überprüfbarkeit im Wege des Normenkontrollverfahrens aus. Ablehnend *Schenke*, in: *Erbguth* (Hrsg.), Planungsrecht in der gerichtlichen Kontrolle, 2012, S. 73, 79 f.

[22] Vgl. zu den Bundesraumordnungsplänen unter C.V.3.

[23] Vgl. dazu unter H.I.3.b.

[24] Das *BVerwG* Urt. v. 20. 11. 2003 – 4 CN 6/03, BVerwGE 119, 217, 220 f. stellt ausdrücklich klar, dass es auf die einzelnen Bestimmungen des jeweiligen Planes ankomme und dass diese innerhalb eines Planes durchaus unterschiedlicher Rechtsnatur sein können.

Rechtsform erlassen wurde, kommt insbesondere ein Normenkontrollantrag nach § 47 VwGO als möglicher Rechtsbehelf in Betracht. Entscheidend ist dabei die Rechtsnormqualität der einzelnen angegriffenen Bestimmung. Ist die Rechtsnormqualität zu verneinen, kommt eine Inzidentkontrolle in Betracht.[25]

2. Rechtschutz gegen als förmliche Gesetze erlassene Raumordnungspläne

Für den Rechtschutz gegen Raumordnungspläne, die als förmliche Gesetze erlassen worden sind, ist zu differenzieren, wer gegen den jeweiligen Plan bzw. die in diesem enthaltenen Festlegungen vorgehen möchte.

a. Natürliche und juristische Personen: Individualverfassungsbeschwerde, Art. 93 Abs. 1 Nr. 4a GG

Natürliche und juristische Personen[26] können gegen förmliche Gesetze bundesrechtlich im Wege der Verfassungsbeschwerde nach Art. 93 Abs. 1 Nr. 4a GG vorgehen.[27] In diesem Verfahren können mögliche Grundrechtsverletzungen geltend gemacht werden. Durch Raumordnungspläne kommt insbesondere eine Verletzung von Art. 14 GG oder Art. 2 Abs. 2 S. 1 GG in Betracht.[28] Dabei ist zu differenzieren, ob die Verletzung der Grundrechte auf in dem Plan enthaltenen Zielen oder Grundsätzen beruht. Durch Grundsätze als Vorgaben für die nachfolgende Abwägungsentscheidung ist regelmäßig keine Grundrechtsverletzung möglich, da zu diesem Zeitpunkt noch offen ist, ob diese in der nachfolgenden Planungsentscheidung zur Geltung kommen oder eventuell in der Abwägung überwunden werden. Durch Ziele der Raumordnung kann bei hinreichend konkreter Festlegung eine Grundrechtsverletzung unter Umständen gegeben sein.

Die ausdrücklich in § 90 Abs. 2 BVerfGG normierte Voraussetzung der Rechtswegerschöpfung ist auf Rechtssatzverfassungsbeschwerden nicht an-

---

[25] Zu den unterschiedlichen Möglichkeiten der Inzidentkontrolle vgl. unter H.I.5.

[26] Juristische Personen des Privatrechts sind nur über Art. 19 Abs. 3 GG beschwerdefähig, soweit die Grundrechte ihrem Wesen nach auf die juristischen Personen anwendbar sind. Dies bestimmt sich nach der Eigenart des jeweiligen Grundrechtes, vgl. ausdrücklich für das Eigentumsgrundrecht *BVerfG* Urt. v. 20.07.1954 – 1BvR 459 u. a., BVerfGE 4, 7, 17; *BVerfG* 12.03.1980 – 1 BvR 643, 644/77, BVerfGE 53, 336, 345.

[27] Sogenannte Rechtssatzverfassungsbeschwerde, vgl. z. B. *Benda/Klein*, Verfassungsprozessrecht 2012, Rn. 488 ff. Eine abstrakte Normenkontrolle nach Art. 93 Abs. 1 Nr. 2 GG. §§ 13 Nr. 6, 76–79 BVerfGG wäre mangels Antragsberechtigung nicht statthaft. Nur Bundesregierung, Bundestag und Landesregierungen kommen als Antragsteller in Betracht. Eine konkrete Normenkontrolle nach Art. 100 GG kann nur durch ein Gericht in einem konkreten Verfahren gestellt werden.

[28] In Betracht kommt eine mögliche Beeinträchtigung der körperlichen Unversehrtheit, vgl. *BVerfG* 15.01.1981 – 1 BvR 612/72, BVerfGE 56, 54, 73 ff.

wendbar, da gegen förmliche Gesetze kein fachgerichtlicher Rechtsweg gegeben ist.[29]

Neben der Erschöpfung des Rechtsweges hat das Bundesverfassungsgericht allerdings die zusätzliche Zulässigkeitsvoraussetzung der allgemeinen Subsidiarität aufgestellt. Trotz unmittelbarer und gegenwärtiger Selbstbetroffenheit des Antragstellers ist die Verfassungsbeschwerde nur zulässig, wenn alle Möglichkeiten ausgeschöpft wurden, um fachgerichtlichen Rechtschutz zu erlangen.[30] Insbesondere wird das Abwarten oder Herbeiführen konkreter Einzelakte und das anschließende fachgerichtliche Vorgehen gegen diese verlangt. Grenze ist dabei § 90 Abs. 2 S. 2 BVerfGG. Ist es dem Beschwerdeführer aufgrund schwerer und unabwendbarer Nachteile unzumutbar, eine fachgerichtliche Entscheidung herbeizuführen, kann bei allgemeiner Bedeutung der Sache direkt Verfassungsbeschwerde erhoben werden.[31] Vor Erhebung einer Verfassungsbeschwerde gegen einen Raumordnungsplan kann die Aufstellung eines Bebauungsplanes, in dessen Rahmen die Vorgaben des Raumordnungsplanes aufgrund der Regelungen in § 4 Abs. 1 ROG und § 1 Abs. 4 BauGB umgesetzt werden müssen, abzuwarten sein. Gegen diesen kann dann im Wege der Normenkontrolle nach § 47 VwGO vorgegangen werden, wobei die Vorgaben der Raumordnung inzident überprüft werden. Daneben kommt die Beantragung einer Baugenehmigung und bei Ablehung dieser verwaltungsgerichtlicher Rechtschutz in Betracht. Wann ein solches Abwarten aufgrund Unzumutbarkeit nicht erforderlich ist, ist in der Rechtsprechung nicht eindeutig geklärt.[32] Gegen Raumordnungspläne in Gesetzesform wurden bisher noch keine Verfassungsbeschwerden erhoben.[33]

Einige Länder sehen ebenfalls die Möglichkeit einer Verfassungsbeschwerde von natürlichen bzw. juristischen Personen vor. Die bundes- und landesverfassungsrechtlichen Verfassungsbeschwerden sind grundsätzlich unabhängig voneinander und nebeneinander möglich.[34] Einige Landesgesetze sehen jedoch die Subsidiarität der landesverfassungsrechtlichen Beschwerde vor.[35]

---

[29] *BVerfG* 18.12.1985 – 2 BvR 1167, 1185, 1636/85, 2 BvQ 18/84, BVerfGE 71, 305, 335 f.; *Schlaich/Korioth*, Das Bundesverfassungsgericht 2015, Rn. 252; *Hopfauf*, in: *Schmidt-Bleibtreu/Hofmann/Henneke, GG*, Art. 93 Rn. 514.

[30] *BVerfG* Beschl. v. 02.12.1986 – 1 BvR 1509/83, NVwZ 1987, 573. Ausführlich dazu auch *Sturm*, in: *Sachs, GG*, Art. 94 Rn. 20 f.

[31] *BVerfG* Beschl. v. 09.03.1994 – 1 BvR 1369/90, BVerfGE 90, 128, 136 f.

[32] Vgl. dazu weiterführend *Schlaich/Korioth*, Das Bundesverfassungsgericht 2015, Rn. 253a; *Detterbeck*, in: *Sachs, GG*, Art. 93 Rn. 91, 94 f.

[33] Zu den Voraussetzungen einer Verfassungsbeschwerde natürlicher und juristischer Personen des Privatrechts gegen raumplanerische Bestimmungen vgl. ausführlich *Kment*, Rechtsschutz im Hinblick auf Raumordnungspläne 2002, S. 414 ff.

[34] *Bethge*, in: *Maunz/Schmidt-Bleibtreu/Klein/Bethge, Bundesverfassungsgerichtsgesetz*, § 90 Rn. 425 ff.

[35] Baden-Württemberg: Verfassungsbeschwerde nach § 55 StGHG BW, soweit keine Verfassungsbeschwerde zum BVerfG erhoben ist oder wird, § 55 Abs. 1 StGHG BW; Bayern:

b. Kommunen: Kommunale Verfassungsbeschwerde, Art. 93 Abs. 1 Nr. 4b GG bzw. landesrechtliche Verfassungsbeschwerde

Für Kommunen kommt als Rechtschutzmöglichkeit gegen Raumordnungspläne, die als förmliches Gesetz erlassen wurden, die kommunale Verfassungsbeschwerde zum BVerfG nach Art. 93 Abs. 1 Nr. 4b GG in Betracht.[36] In diesem Verfahren kann eine Verletzung des Rechts auf kommunale Selbstverwaltung aus Art. 28 Abs. 2 GG geltend gemacht werden. Bestandteil dieses Rechts auf kommunale Selbstverwaltung ist unter anderem die kommunale Planungshoheit. Ein ungerechtfertigter Eingriff kann beispielsweise durch Ziele der Raumordnung erfolgen. An diese sind die Gemeinden nach § 4 Abs. 1 ROG, § 1 Abs. 4 BauGB gebunden.[37]

Dieser Rechtsweg ist nach § 91 S. 2 BVerfGG subsidiär gegenüber der Möglichkeit einer landesrechtlichen Verfassungsbeschwerde wegen Verletzung des kommunalen Selbstverwaltungsrechtes beim jeweiligen Landesverfassungsgericht, soweit dieses Recht in der jeweiligen Landesverfassung verankert und der Rechtsweg zum Landesverfassungsgericht eröffnet ist.[38] Das Erfordernis

---

Popularklage nach Art. 94 S. 4 BV, Art. 2 Nr. 7, 55 VfGHG Bay; Berlin: Art. 84 Abs. 2 Nr. 5 Verfassung Berlin, §§ 14 Nr. 6, 49 Abs. 1 VerfGHG Berl, soweit keine Verfassungsbeschwerde zum BVerfG erhoben ist oder wird, § 49 Abs. 1 VerfGHG Berl; Brandenburg: Art. 113 Nr. 4, Art. 6 Abs. 2 Verfassung Brandenburg, §§ 12 Nr. 4, 45 ff. VerfGG Bbg, soweit keine Verfassungsbeschwerde zum BVerfG erhoben ist oder wird, § 45 Abs. 1 VerfGG Bbg; Bremen: nicht vorgesehen; Hamburg: nicht vorgesehen; Hessen: Art. 131 Abs. 1 Verfassung Hessen, §§ 15 Nr. 5, 43 ff. HessStGHG, soweit keine Verfassungsbeschwerde zum BVerfG erhoben ist oder wird, § 43 Abs. 1 S. 2 HessStGHG; Mecklenburg-Vorpommern: Art. 53 Nr. 6 Verfassung Mecklenburg-Vorpommern, §§ 11 Abs. 1 Nr. 8, 52 Abs. 1 LVerfGG MV; Niedersachsen: nur Kommunalverfassungsbeschwerde vorgesehen; Nordrhein-Westfalen: nur Kommunalverfassungsbeschwerde vorgesehen; Rheinland-Pfalz: Art. 135 Abs. 1 Nr. 4, 130a Verfassung Rheinland-Pfalz, §§ 2 Nr. 2, 44 ff. VerfGHG RhPf; Saarland: nur Kommunalverfassungsbeschwerde vorgesehen; Sachsen: Art. 81 Abs. 1 Nr. 4 Sächsische Verfassung, §§ 7 Nr. 4, 27 ff. SächsVerfGHG; Sachsen-Anhalt: Art. 75 Nr. 6 Verfassung Sachsen-Anhalt, §§ 2 Nr. 7, 47 ff. LVerfGG Sachs-Anh; Schleswig-Holstein: nur Kommunalverfassungsbeschwerde vorgesehen; Thüringen: Art. 80 Abs. 1 Nr. 1 Verfassung des Freistaats Thüringen, §§ 11 Nr. 1, 31 ff. ThürVerfGHG.

[36] Die Verfassungsbeschwerde nach Art. 94 Abs. 1 Nr. 4 GG steht ihnen nur offen, wenn sie sich auf Art. 19 Abs. 4 GG (rechtliches Gehör), Art. 101 Abs. 1 S. 2 GG (gesetzlicher Richter), Art. 103 Abs. 1 GG (rechtliches Gehör) oder den allgemeinen Justizgewährleistungsanspruch berufen, vgl. *Benda/Klein*, Verfassungsprozessrecht 2012, § 20 Rn. 635.

[37] Vgl. oben D.II.

[38] Vgl. zu den Voraussetzungen im Einzelnen *Lück*, Der Beitrag der Kommunalverfassungsbeschwerde nach Art. 93 Abs. 1 Nr. 4b GG, § 91 BVerfGG zum Schutz der kommunalen Selbstverwaltung 2014, S. 203 ff.; *Bethge*, in: *Maunz/Schmidt-Bleibtreu/Klein/Bethge, Bundesverfassungsgerichtsgesetz*, § 91 Rn. 74 ff. Diese Möglichkeit haben folgende Länder vorgesehen: Baden-Württemberg: Normenkontrolle auf Antrag von Gemeinden, Art. 68 Abs. 1 Nr. 4, Art. 76 i. V. m. Art. 71 Verfassung des Landes Baden-Württemberg, §§ 8 Abs. 1 Nr. 8, 54 StGHG BW; Bayern: Popularklage nach Art. 94 S. 4 BV, Art. 2 Nr. 7, 55 VfGHG Bay wegen Verletzung von Art. 11 Abs. 2 BV; Brandenburg: kommunale Verfassungsbeschwerde, Art. 100 Verfassung des Landes Brandenburg, §§ 12 Nr. 5, 51 VerfGG Bbg; Bremen: Normenkontrolle

der Rechtswegerschöpfung nach § 90 Abs. 2 S. 1 BVerfGG, das prinzipiell auch für Kommunalverfassungsbeschwerden gilt, ist bei Kommunalverfassungsbeschwerden gegen Gesetze nicht zu beachten.[39]

c. Gerichte, Art. 100 GG

Ist in einem gerichtlichen Verfahren die Wirksamkeit eines als förmliches Gesetz erlassenen Raumordnungsplanes nach Auffassung des Gerichtes entscheidungserheblich und hält das Gericht einen Verstoß gegen das Grundgesetz für gegeben, so hat es das Verfahren auszusetzen und diese Frage dem BVerfG vorzulegen, Art. 100 Abs. 1 S. 1 Alt. 2 GG. Die Feststellung der Unwirksamkeit des Gesetzes ist allgemeinverbindlich, §§ 78, 82 Abs. 1, § 31 BVerfGG.[40] Hält das Gericht einen Verstoß eines Landesraumordnungsplanes gegen Landesverfassungsrecht für gegeben, so hat es das Gesetz dem jeweiligen Landesverfassungsgericht vorzulegen, Art. 100 Abs. 1 S. 1 Alt. 1 GG.[41]

---

durch öffentlich-rechtliche Körperschaften, Art. 140, 144 der Verfassung der Freien Hansestadt Bremen, §§ 10 Nr. 2, 24 StGHG Brem; Hessen: Verfassungsbeschwerde nach Art. 131 Abs. 1, 3, 137 Hessische Verfassung, §§ 15 Nr. 5, 46, 43 ff. HessStGHG; Mecklenburg-Vorpommern: komunale Verfassungsbeschwerde, Art. 53 Nr. 8, 72 bis 75 Verfassung Mecklenburg-Vorpommern, §§ 11 Abs. 1 Nr. 10, 52 Abs. 2 ff. LVerfGG MV; Niedersachsen: kommunale Verfassungsbeschwerde, Art. 54 Nr. 5, 57 Niedersächsische Verfassung, §§ 8 Nr. 10, 36 StGHG Nds; Nordrhein-Westfalen: kommunale Verfassungsbeschwerde, Art. 75 Nr. 4, 78 Verfassung NRW, §§ 12 Nr. 8, 52 VGHG NRW; Rheinland-Pfalz: kommunale Verfassungsbeschwerde, Art. 130a, 135 Abs. 1 Nr. 4, 49 Verfassung Rheinland-Pfalz, §§ 2 Nr. 2, 44 ff. VerfGHG RhPf; Saarland: kommunale Verfassungsbeschwerde, Art. 97 Nr. 4, 123, 117, 118 Saarländische Verfassung, §§ 9 Nr. 13, 55 ff. VerfGHG Saarl; Sachsen: kommunale Verfassungsbeschwerde, Art. 81 Abs. 1 Nr. 5, 90, 82 Abs. 2, 84 bis 89 Sächsische Verfassung, §§ 7 Nr. 8, 36 SächsVerfGHG; Sachsen-Anhalt: kommunale Verfassungsbeschwerde, Art. 75 Nr. 7, 2 Abs. 3, 87 Verfassung Sachsen-Anhalt, §§ 2 Nr. 8, 51 LVerfGG SachsAnh; Schleswig-Holstein: kommunale Verfassungsbeschwerde, Art. 51 Abs. 2 Nr. 4, 54 Schleswig-Holsteinische Verfassung, § 3 Nr. 4 LVerfGG SchlH; Thüringen: kommunale Verfassungsbeschwerde, Art. 80 Abs. 1 Nr. 2, 91 Verfassung des Freistaats Thüringen, §§ 11 Nr. 2, 31 ff. ThürVerfGHG. Keine Möglichkeit zur kommunalen Verfassungsbeschwerde existiert in den Ländern Berlin (mangels Schutz der kommunalen Selbstverwaltung in der Verfassung Berlins) und Hamburg (in Hamburg ist weder eine Verfassungsbeschwerde vorgesehen, noch sind Rechte der Bezirke besonders geschützt).

[39] *Bethge*, in: *Maunz/Schmidt-Bleibtreu/Klein/Bethge, Bundesverfassungsgerichtsgesetz*, § 91 Rn. 47 ff. Ob der Grundsatz der allgemeinen Subsidiarität der Verfassungsbeschwerde und die Unmittelbarkeit der Betroffenheit als Bestandteil der Beschwerdebefugnis bei der Kommunalverfassungsbeschwerde zum tragen kommt, wird uneinheitlich beantwortet, vgl. *BVerfG* Beschl. v. 23. 06. 1987 – 2 BvR 826/83, BVerfGE 76, 107, 112 f.; *Detterbeck*, in: *Sachs, GG*, Art. 93 Rn. 103; *Bethge*, in: *Maunz/Schmidt-Bleibtreu/Klein/Bethge, Bundesverfassungsgerichtsgesetz*, § 91 Rn. 50.

[40] *Dederer*, in: *Maunz/Schmidt-Bleibtreu/Klein/Bethge, Bundesverfassungsgerichtsgesetz*, § 31 Rn. 251 ff.

[41] Zum Verhältnis von Art. 100 Abs. 1 Alt. 1 und Alt. 2 GG vgl. *Wieland*, in: *Dreier, GG*, Art. 100 Rn. 25 f.; *Detterbeck*, in: *Sachs, GG*, Art. 100 Rn. 23 f.

3. Rechtschutz gegen Bestimmungen in Raumordnungsplänen in der Form von Rechtsverordnungen und Satzungen

a. Raumordnungspläne der Länder

(1) Normenkontrollverfahren

Für den Rechtschutz gegen Raumordnungspläne der Länder, die als Rechtsverordnung oder Satzung erlassen wurden, kommt insbesondere das Normenkontrollverfahren in Betracht. § 47 Abs. 1 Nr. 2 VwGO eröffnet den Rechtschutz gegen „unter dem Landesrecht stehende Rechtsvorschriften". Davon erfasst sind Rechtsverordnungen sowie Satzungen, die von juristischen Personen des öffentlichen Rechts erlassen werden.[42] Anerkannt ist dies auch für Normen, die durch Rechtsverordnung für verbindlich erklärt wurden.[43] Ein Normenkontrollverfahren ist nur in den Ländern möglich, in denen diese Rechtschutzmöglichkeit ausdrücklich normiert ist. Dies ist in den meisten Ländern erfolgt, nicht allerdings in Nordrhein-Westfalen, Berlin[44] und Hamburg.[45] Eingeschränkt auf Rechtsverordnungen, die nicht Handlungen eines Verfassungsorganes sind, ist die Normenkontrollmöglichkeit in Rheinland-Pfalz.[46] Antragsteller können nach § 47 Abs. 2 S. 1 VwGO grundsätzlich alle natürlichen und juristischen Personen sowie Behörden sein.[47] Die Entscheidung in einem Normenkontrollverfahren direkt gegen den Raumordnungsplan als untergesetzliche Rechtsnorm

---

[42] Vgl. *Hendler*, NuR 2004, 485; *Gerhardt/Bier*, in: *Schoch/Schneider/Bier, Verwaltungsgerichtsordnung*, vor § 47 Rn. 2; *Schenke*, in: *Kopp/Schenke, VwGO*, § 47 Rn. 25; *OVG Lüneburg* Urt. v. 28. 10. 2004 – 1 KN 155/03, NVwZ-RR 2005, 162 für ein Regionales Raumordnungsprogramm in Satzungsform.

[43] *BVerwG* Beschl. v. 20. 12. 1988 – 7 NB 2.88, BVerwGE 81, 128, 131; *BVerwG* Urt. v. 20. 11. 2003 – 4 CN 6/03, BVerwGE 119, 217, 220; *VGH Kassel* Urt. v. 16. 08. 2002 – 4 N 455/02, NVwZ 2003, 229.

[44] Im Landesplanungsvertrag der Länder Berlin und Brandenburg vom 13. 12. 2012 ist in Art. 3 Abs. 2 für die als Rechtsverordnug aufgestellten gemeinsamen Landesentwicklungspläne nach Art. 8 Abs. 4 explizit die Möglichkeit eines Normenkontrollverfahrens nach § 47 VwGO vor dem OVG Berlin-Brandenburg vorgesehen (GVBl Bbg I. 2012, Nr. 14, S. 1 ff.).

[45] Baden-Württemberg: § 4 AGVwGO BW; Bayern: Art. 5 AGVwGO Bay; Brandenburg: § 4 Abs. 1 BbgVwGG; Bremen: Art. 7 Abs. 1 AGVwGO Brem; Hessen: § 15 HessAGVwGO; Mecklenburg-Vorpommern: § 13 AGGerStrG MV; Niedersachsen: § 75 NdsJG; Saarland: § 18 AGVwGO Saarl; Sachsen: § 24 SächsJG; Sachsen-Anhalt: § 10 AGVwGO SachsAnh; Schleswig-Holstein: § 5 AGVwGO SchlH; Thüringen: § 4 ThürAGVwGO.Die Nichteinführung der Normenkontrolle in einzelnen Ländern verstößt nicht gegen Art. 19 Abs. 4 GG, vgl. *BVerwG* 27. 11. 1964 – VII B 115.62, DÖV 1965, 169; *Halama*, in: *Berkemann* (Hrsg.), Planung und Plankontrolle, 1995, S. 201, 208; *Kment*, Rechtsschutz im Hinblick auf Raumordnungspläne 2002, S. 234 f.; im Folgenden dann jedoch kritisch zur Nichteinführung *Kment*, Rechtsschutz im Hinblick auf Raumordnungspläne 2002, S. 238 ff.

[46] § 4 Abs. 1 AGVwGO RhPf. Verfassungsorgan nach Art. 130 der Verfassung von Rheinland-Pfalz ist auch die Landesregierung. Diese beschließt nach § 8 Abs. 1 S. 7 des LPlG RhPf zusammen mit dem Innenausschuss des Landtags das Landesentwicklungsprogramm. Dieses Landesentwicklungsprogramm ist daher nicht im Wege der Normenkontrolle angreifbar.

[47] Zur Antragsbefugnis im Normenkontrollverfahren sogleich ausführlich unter H.II.

hat die allgemeinverbindliche Feststellung der Gültigkeit oder Ungültigkeit der Norm zur Folge, § 47 Abs. 5 S. 2 VwGO.[48] Die gerichtliche Entscheidung wirkt grundsätzlich ex-tunc.[49]

(2) Individual- und Kommunalverfassungsbeschwerde

Des Weiteren kommt für natürliche und juristische Personen die Erhebung einer bundesrechtlichen Verfassungsbeschwerde nach Art. 93 Abs. 1 Nr. 4a GG in Betracht. Zusätzlich besteht in einigen Ländern die Möglichkeit der Erhebung einer Landesverfassungsbeschwerde bei Geltendmachung einer Verletzung von Landesverfassungsrecht, insbesondere landesverfassungsrechtlich geschützten Grundrechten.[50]

Kommunen haben die Möglichkeit, eine Kommunalverfassungsbeschwerde nach Art. 94 Abs. 1 Nr. 4b GG zu erheben.

Für beide Arten der bundesrechtlichen Verfassungsbeschwerden gilt das Erfordernis der Erschöpfung des Rechtsweges nach § 90 Abs. 2 BVerfGG. Vor Erhebung einer Individual- oder Kommunalverfassungsbeschwerde gegen Bestimmungen in Raumordnungsplänen in der Form von Rechtsverordnungen ist daher zunächst die Durchführung eines Normenkontrollverfahrens erforderlich. Die bundesrechtliche Kommunalverfassungsbeschwerde ist subsidiär gegenüber den Landesverfassungsbeschwerden, sofern solche in den Landesverfassungsgesetzen vorgesehen sind, Art. 93 Abs. 1 Nr. 4b GG, § 91 S. 2 BVerfGG.[51]

Ist landesrechtlich kein Normenkontrollverfahren vorgesehen, ist das Merkmal der Rechtswegerschöpfung nicht weiterführend. Dann greift jedoch das zusätzliche Zulässigkeitskriterium der allgemeinen Subsidiarität der Verfassungsbeschwerde.[52] Insbesondere ist die inzidente Klärung vor den Fachgerichten durch eine Feststellungsklage zu versuchen.[53] Im Zusammenhang mit abgelehnten Baugenehmigungen kann auf den inzidenten Rechtschutz im Wege der Anfechtungsklage zurückgegriffen werden. Führt dieses Vorgehen nicht zum Erfolg, ist die Erhebung einer Verfassungsbeschwerde möglich. Eine Ausnahme von dem Grundsatz der Subsidiarität ist nach § 90 Abs. 2 BVerfGG nur

[48] *BVerwG* Beschl. v. 02. 09. 1983 – 4 N 1.83, BVerwGE 68, 12, 15; *BGH* Urt. v. 28. 06. 1984 – III ZR 35/83, NJW 1984, 2516; *Ziekow*, in: *Sodan/Ziekow, VwGO*, § 47 Rn. 364; *Gerhardt/Bier*, in: *Schoch/Schneider/Bier, Verwaltungsgerichtsordnung*, § 47 Rn. 113.

[49] *Ziekow*, in: *Sodan/Ziekow, VwGO*, § 47 Rn. 356; *Schenke*, in: *Kopp/Schenke, VwGO*, § 47 Rn. 144. Vertieft dazu im Zusammenhang mit der Inzidentverwerfungskompetenz der Gemeinde unter H.V.

[50] Eine Übersicht der landesrechtlichen Regelungen findet sich in Fn. 35.

[51] Vgl. zu den einzelnen Voraussetzungen der Verfassungsbeschwerde sowie der Kommunalverfassungsbeschwerde oben unter H.I.2.a. bzw. b.

[52] Vgl, dazu oben unter H.I.2.a.

[53] *BVerfG* 17. 01. 2006 – 1 BvR 541,542/02, BVerfGE 115, 81, 91 ff. Vgl. zu den Feststellungsklagen unter H.I.5.c.

auf Grund der Unzumutbarkeit des Abwartens für den Einzelnen und der allgemeinen Bedeutung der Verfassungsbeschwerde möglich.[54]

b. Raumordnungspläne des Bundes

Raumordnungspläne des Bundes mit Standortkonzepten als Grundlage für die verkehrliche Anbindung nach § 17 Abs. 2 ROG werden als Rechtsverordnungen erlassen.[55] Sie entfalten für Planungen und Maßnahmen der Länder keine Bindungswirkung, § 17 Abs. 2 S. 2 ROG. Allein der Bund ist bei seiner Bundesverkehrswegeplanung an die Festlegungen gebunden. Mangels möglicher Betroffenheit der Gemeinden und damit fehlender Antragsbefugnis kommt ein Rechtschutz über § 47 Abs. 1 Nr. 2 VwGO nicht in Betracht. Gleiches gilt für Private.[56] Eine Verfassungsbeschwerde nach Art. 93 Abs. 1 Nr. 4a GG bzw. eine Kommunalverfassungsbeschwerde nach Art. 93 Abs. 1 Nr. 4b GG ist gegen Rechtsverordnungen grundsätzlich möglich.[57] Allerdings fehlt es an der unmittelbaren Betroffenheit Einzelner durch den Standortkonzepteplan.

Der Raumordnungsplan für die deutsche ausschließliche Wirtschaftszone (AWZ) nach § 17 Abs. 3 ROG wird ebenfalls als Rechtsverordnung aufgestellt und entfaltet Bindungswirkung nach § 4 ROG.[58] Die AWZ umfasst das Gebiet ab der Basislinie jenseits des Küstenmeeres bis zu einer Erstreckung von 200 Seemeilen.[59] Die AWZ umfasst kein Gemeindegebiet. Demgemäß fehlt es durch die Raumordnungspläne in der AWZ an einer Betroffenheit der Gemeinden ebenso wie Privater. Ein Normenkontrollantrag sowie eine (Kommunal-) Verfassungsbeschwerde kommen nicht in Betracht.

---

[54] Vgl. dazu oben unter H.I.2.a.

[55] Vgl. zu den Bundesraumordnungsplänen unter C.V.3.

[56] *Runkel*, in: *Spannowsky/Runkel/Goppel, ROG*, § 17 Rn. 99.

[57] Vgl. soeben unter H.I.3.a.(2).

[58] Für die AWZ der Ostsee: § 1 Ausschließliche Wirtschaftszone Ostsee-Raumordnungsverordnung in Verbindung mit der Anlage zur Verordnung; Für die Nordsee: § 1 der Verordnung über die Raumordnung in der deutschen ausschließlichen Wirtschaftszone in der Nordsee in Verbindung mit der Anlage zur Verordnung.

[59] Art. 55 bis 75 Seerechtsübereinkommen der Vereinten Nationen vom 10. 12. 1982, BGBl. II 1994, 1798. Die Bundesrepublik Deutschland hat die AWZ in Nord- und Ostsee am 25. 11. 1994 proklamiert, BGBl. II, 3769. Das Küstenmeer darf höchstens 12 Seemeilen breit sein, gemessen von der Basislinie, vgl. Art. 3 bis 5 des Seerechtsübereinkommens der Vereinten Nationen.

4. Rechtschutz gegen Raumordnungspläne ohne gesetzlich festgelegte Rechtsnatur

Raumordnungspläne, deren Rechtsnatur nicht gesetzlich festgelegt ist, können nicht ohne weiteres gerichtlich überprüft werden. Einzelne Regelungen in diesen Plänen, denen Rechtsnormqualität zukommt,[60] können im Wege eines Normenkontrollverfahrens nach § 47 Abs. 1 Nr. 2 VwGO überprüft werden, soweit landesgesetzlich eine solche Überprüfung vorgesehen ist.[61] § 47 Abs. 1 Nr. 1 VwGO ist aus Gründen der Prozessökonomie weit zu verstehen.[62] Eine einheitliche und verbindliche Entscheidung über die Wirksamkeit einer untergesetzlichen Norm ist nur durch deren Überprüfung im Normenkontrollverfahren möglich.[63] Es ist nicht Voraussetzung, dass der Plan selbst Rechtsnormqualität besitzt bzw. alle in diesem Plan enthaltenen Vorschriften eine einheitliche rechtliche Qualität aufweisen.[64] Entscheidend ist die rechtliche Qualität der inhaltlichen Bestimmungen.[65] Rechtsnormqualität im Sinne des § 47 Abs. 1 Nr. 2 VwGO wird allen Bestimmungen, die abstrakt-generell und mit Außenwirkung gegenüber dem Einzelnen ausgestattet sind, zugesprochen.[66]

a. Rechtschutz gegen Ziele der Raumordnung

Lange wurde den Zielen der Raumordnung die Rechtsnormqualität – abstrakt-generelle Regelungen mit Außenwirkung – mangels Außenwirkung abge-

---

60 Vgl. zur Diskussion, ob es auf die Rechtsnatur der Pläne oder die in diesen enthaltenen Bestimmungen ankommt, den Überblick oben unter H.I.1.b.

61 Vgl. dazu unter H.I.3.a.(1) mit Fn. 45.

62 *BVerwG* Urt. v. 20. 11. 2003 – 4 CN 6/03, BVerwGE 119, 217, 220; vgl. dazu auch ausführlich *Hendler*, NuR 2004, 485, 486.

63 Für ein weites Verständnis des § 47 VwGO schon *BVerwG* Beschl. v. 15. 09. 1987 – 7 N 1/87, NVwZ 1988, 1119, 1120.

64 Ausdrücklich *BVerwG* Urt. v. 20. 11. 2003 – 4 CN 6/03, BVerwGE 119, 217, 221 f.; in diese Richtung für Bestimmungen in einem Regionalplan auch schon *VGH München* 12. 09. 1990 – 4 N 88.1300, NVwZ-RR 1991, 332; *Blümel*, VerwArch 1993, 123 ff. A. A. *VGH Kassel* Urt. v. 16. 08. 2002 – 4 N 3272/01, NuR 2003, 115, 116 f.

65 *BVerfG* Beschl. v. 23. 06. 1987 – 2 BvR 826/83, BVerfGE 76, 107, 114; *Schenke*, in: *Erbguth* (Hrsg.), Planungsrecht in der gerichtlichen Kontrolle, 2012, S. 73, 76; *Goppel*, in: *Spannowsky/Runkel/Goppel, ROG*, § 4 Rn. 84 ff.; in diese Richtung schon *Weidemann*, Gerichtlicher Rechtsschutz der Gemeinden gegen regionale Raumordnungspläne 1983, S. 56 ff.

66 *BVerfG* Beschl. v. 23. 06. 1987 – 2 BvR 826/83, BVerfGE 76, 107, 114; *BVerwG* Beschl. v. 25. 11. 1993 – 5 N 1.92, BVerwGE 94, 335, 336 f.; *BVerwG* Urt. v. 20. 11. 2003 – 4 CN 6/03, BVerwGE 119, 217; *Hendler*, NuR 2004, 485 ff.; *Redeker*, in: *Redeker/von Oertzen, Verwaltungsgerichtsordnung*, § 47 Rn. 10a, 12. Nicht erfasst sind im Gegensatz dazu reine Verwaltungsvorschriften, denen nur Innenwirkung zukommt, vgl. *BVerwG* Urt. v. 26. 01. 1996 – 8 C 19.94, BVerwGE 100, 262, 269; *Schenke*, in: *Kopp/Schenke, VwGO*, § 47 Rn. 29 ff.; *Schenke*, Verwaltungsprozessrecht 2014, § 24, Rn. 881.

sprochen.[67] Mittlerweile ist die Rechtsnormqualität von Zielen in der Literatur weitgehend einhellig anerkannt.[68] Auch in der Rechtsprechung werden diese als Rechtsnormen verstanden.[69] Zwar sind Raumordnungspläne und damit auch der Geltungsbereich der in diesen Plänen enthaltenen Ziele örtlich begrenzt, ihre Regelungen nur für einen bestimmten Adressatenkreis verbindlich. Trotzdem kommt den Zielen die für eine Rechtsnorm erforderliche Außenwirkung zu.[70] Auch das BVerfG geht vom Rechtsnormcharakter der Ziele der Raumordnung aus.[71] Aufgrund der in § 3 Abs. 1 Nr. 2 ROG ausdrücklich normierten abgeschlossenen Abgewogenheit der Ziele und die in § 4 ROG normierten Bindungswirkungen für diverse Planungsträger sowie Einzelne entfalten sie die für Rechtsnormen erforderliche Außenwirkung. Nicht nur andere öffentliche Planungsträger sind an die Vorgaben gebunden, sondern nach § 4 Abs. 1 S. 2 ROG auch private Planungsträger, sofern sie öffentliche Aufgaben wahrnehmen. Über § 35 Abs. 3 S. 3 BauGB erlangen die Ziele darüber hinaus eine direkte Wirkung gegenüber einzelnen Vorhaben im Hinblick auf die bauplanungsrechtliche Zulässigkeit.[72] Zieht man einen Vergleich zu Bebauungsplänen, kann die örtliche Begrenztheit kein Argument gegen die abstrakt-generelle Qualität der zielförmigen Festsetzungen sein. Der Adressatenkreis von Bebauungsplänen ist aufgrund der Ortsbezogenheit noch viel geringer. Nichtsdestotrotz werden diese vom Gesetzgeber als Satzungen und damit als Rechtnormen qualifiziert, § 10

---

[67] *BVerwG* 20.01.1984 – 4 C 43/81, BVerwGE 68, 311, 313; *Brohm*, Öffentliches Baurecht 2002, § 37 Rn. 47; *Ronellenfitsch*, in: *Erbguth/Oebbecke/Rengelin u. a.* (Hrsg.), Planung, 2000, S. 366 f.; *Wagner*, DVBl 1990, 1024, 1026.

[68] Vgl. z. B. *Schenke*, in: *Kopp/Schenke, VwGO*, § 47 Rn. 33; *Goppel*, DVBl 2009, 1592, 1595; *Böttger/Broosch*, UPR 2002, 420, 422; *Goppel*, in: *Spannowsky/Runkel/Goppel, ROG*, § 4 Rn. 84 ff.; *Redeker*, in: *Redeker/von Oertzen, Verwaltungsgerichtsordnung*, § 47 Rn. 17; in diese Richtung auch *Koch/Hendler*, Baurecht, Raumordnungs- und Landesplanungsrecht 2009, § 3 Rn. 48, der die nicht in einer Rechtsverordnung, Satzung oder in einem Gesetz enthaltenen Ziele als „hoheitliche Maßnahmen eigener Art" qualifiziert. Sehr guter Überblick über die Entwicklung der damaligen Rechtsprechung bei *Blümel*, VerwArch 1993, 123, 127 ff.

[69] Grundlegend *BVerwG* Urt. v. 20.11.2003 – 4 CN 6/03, BVerwGE 119, 217, 222; zu Zielen in einem Regionalplan *VGH München* Urt. v. 08.12.2003 – 20 N 01.2612, ZfBR 2004, 276; in diese Richtung auch schon *BVerwG* Beschl. v. 07.03.2002 – 4 BN 60/01, NVwZ 2002, 869, 870; *VGH München* 12.09.1990 – 4 N 88.1300, NVwZ-RR 1991, 332; für die Rechtsnormqualität eines sachlichen Teilabschnittes, der Ziele der Raumordnung enthält *VGH München* Urt. v. 14.12.1983 – 4 N 81 A. 436, NVwZ 1985, 502; *VGH München* Urt. v. 30.03.1982 – 20.N-909/79, 20.N 81A. 2146, BayVBl 1982, 726; *OVG Lüneburg* Urt. v. 11.04.1986 – OVG C 17/83, ZfBR 1986, 287. Gegen Außenwirkung noch: *VGH Kassel* Urt. v. 16.08.2002 – 4 N 3272/01, NuR 2003, 115, 117; kritisch dazu auch *Kment*, NuR 2003, 69.

[70] Vgl. dazu sehr prägnant *BVerwG* Urt. v. 20.11.2003 – 4 CN 6/03, BVerwGE 119, 217, 223 f.

[71] *BVerfG* Beschl. v. 23.06.1987 – 2 BvR 826/83, BVerfGE 76, 107, 114 im Zusammenhang mit einer Kommunalverfassungsbeschwerde gegen ein Landesraumordnungsprogramm, das durch Beschluss des Landesministeriums festgestellt und im Ministerialblatt bekannt gemacht wurde.

[72] *VGH München* 12.09.1990 – 4 N 88.1300, NVwZ-RR 1991, 332, 332; vgl. dazu schon oben unter D.II.2.c.(2).

Abs. 1 BauGB.[73] Vielmehr ergibt sich die Abstraktheit von Zielen der Raumordnung aus der Bedeutung der raumplanerischen Festsetzung für eine Vielzahl zukünftiger fachplanerischer oder kommunaler Entscheidungen bzw. der unbestimmten Anzahl an Adressaten.[74] Trotz ihrer relativ punktuellen Aussagen stellen Ziele der Raumordnung eine durch Abwägung entstandene Ausgleichsentscheidung vielschichtiger Interessen dar und sind deshalb als abstrakt-generelle Regelung zu qualifizieren.[75]

Teilweise wird vorgebracht, bei Zielen der Raumordnung könne es sich aufgrund der erneuten Abwägung im Rahmen nachfolgender Zulassungsentscheidungen nie um eine wirkliche abschließende Vollabwägung handeln.[76] Für die Bestimmung der Rechtsnormqualität ist jedoch allein auf die genannten Kriterien des Vorliegens einer abstrakt-generellen Regelung mit Außenwirkung abzustellen. Ob die in dem betreffenden Ziel geregelten Vorgaben für den einzelnen Antragsteller verbindliche Entscheidungen treffen, ist eine Frage der Antragsbefugnis und im jeweiligen Einzelfall zu beurteilen.[77]

b. Rechtschutz gegen Grundsätze der Raumordnung

Im Gegensatz dazu wird den Grundsätzen der Raumordnung in Raumordnungsplänen ohne gesetzlich festgelegte Rechtsnatur überwiegend die Qualität als Rechtsnormen im Sinne des §47 Abs. 1 Nr. 1 VwGO abgesprochen.[78] Sie könnten zwar als abstrakt-generell eingestuft werden, jedoch fehle es an der Außenwirkung.[79] Sie würden sich mit ihren Vorgaben ausschließlich an die nachfolgenden Planungsträger richten, die diese im Rahmen ihrer Abwägungs-

---

[73] *BVerwG* Urt. v. 20.11.2003 – 4 CN 6/03, BVerwGE 119, 217, 226; *BVerfG* Beschl. v. 23.06.1987 – 2 BvR 826/83, BVerfGE 76, 107, 114.

[74] Der *VGH München* 12.09.1990 – 4 N 88.1300, NVwZ-RR 1991, 332 begründet die Abstraktheit mit dem Einfluss der Ziele auf planerische Entscheidungen in einer unbestimmten Vielzahl künftiger Fälle. Ähnlich auch schon *Verfassungsgerichtshof Nordrhein-Westfalen* Urt. v. 15.12.1989 – VerfGH 5/88, NVwZ 1990, 456; ebenso *Weidemann*, Gerichtlicher Rechtsschutz der Gemeinden gegen regionale Raumordnungspläne 1983, S. 34ff.; *Paßlick*, Die Ziele der Raumordnung und Landesplanung 1986, S. 50f.

[75] *BVerwG* Urt. v. 20.11.2003 – 4 CN 6/03, BVerwGE 119, 217, 226; *Böttger/Broosch*, UPR 2002, 420, 422.

[76] *Hendler*, in: *Ziekow* (Hrsg.), Beschränkung des Flughafenbetriebs, Planfeststellungsverfahren, Raumordnungsrecht, 2004, S. 153, 160f.

[77] Zur Antragsbefugnis sogleich unter H.II.

[78] *BVerwG* Beschl. v. 15.06.2009 – 4 BN 10/09, NVwZ 2009, 1226. Zustimmend auch *Schenke*, in: *Erbguth* (Hrsg.), Planungsrecht in der gerichtlichen Kontrolle, 2012, S. 73, 77f. Für unterschiedliche Normkategorien von Zielen und Grundsätzen auch *Deutsch*, NVwZ 2010, 1520, 1523; *Steinberg*, NVwZ 2010, 273, 276.

[79] *BVerwG* Beschl. v. 20.08.1992 – 4 NB 20/91, NVwZ 1993, 167, 169 (insoweit in *BVerwGE* 90, 329 nicht abgedruckt); anders *Kment*, Rechtsschutz im Hinblick auf Raumordnungspläne 2002, S. 178ff.

bzw. Ermessensentscheidungen zu berücksichtigen hätten und in der Abwägung überwinden könnten.[80] Eine direkte Bindung Einzelner folge daraus nicht.

Diese im Rahmen der Statthaftigkeit eines Normenkontrollantrages bzw. im Rahmen der Bestimmung einer Außenwirkung der Grundsätze aufgeworfene Problematik wird an falscher Stelle diskutiert. Die Frage der Bindung anderer Planungsträger sowie einzelner Rechtssubjekte ist nicht relevant für die Rechtsnormqualität, sondern für das Bestehen der Antragsbefugnis nach § 47 Abs. 1 S. 2 VwGO. In diesem Zusammenhang kommt es darauf an, wie stark die Vorgabe auf den jeweiligen Adressaten einwirkt und ob eine eigene Betroffenheit desjenigen vorliegt. Für die Rechtsnormqualität ist der Unterschied zwischen Zielen und Grundsätzen dagegen nicht relevant. Ziele und Grundsätze unterscheiden sich wesentlich durch den Umfang ihrer Bindung. Strikte Bindung an Ziele, der Abwägung zugängliche Grundsätze. Entscheidend ist dabei, dass beiden Kategorien eine Regelungswirkung zukommt.[81] Der Innenrechtskreis der jeweiligen Planungsbehörde wird verlassen.[82] An Regelungen in Regionalplänen beispielsweise sind insbesondere die Kommunen bei der Bauleitplanung sowie Fachplanungsbehörden bei Zulassungsentscheidungen gebunden, § 4 ROG. Inwieweit durch diese Vorgaben eine Verletzung der jeweils eigenen Rechte möglich ist, ist keine Frage der Innen- oder Außenwirkung sondern der Antragsbefugnis.[83]

Je nachdem ob Grundsätze in einem Plan, dem eine festgelegte Rechtsnatur zukommt, geregelt sind oder in einem Plan ohne bestimmte Rechtsnatur enthalten sind,[84] ist der Rechtschutz uneinheitlich ausgestaltet. Im erstgenannten Fall sind die Grundsätze mit dem jeweiligen Rechtsbehelf gegen den Plan

---

[80] *BVerwG* Urt. v. 20.11.2003 – 4 CN 6/03, BVerwGE 119, 217, 222 f.; *BVerwG* Beschl. v. 15.06.2009 – 4 BN 10/09, NVwZ 2009, 1226, 1227; *OVG Magdeburg* Urt. v. 11.12.2008 – 2 K 235/06, ZfBR 2009, 271 f.; *Schenke*, in: *Kopp/Schenke, VwGO*, § 47 Rn. 33; *Redeker*, in: *Redeker/von Oertzen, Verwaltungsgerichtsordnung*, § 47 Rn. 17.

[81] *Möstl*, in: *Erichsen/Ehlers* (Hrsg.), Allgemeines Verwaltungsrecht § 19 Rn. 3 f. stellt für die Normqualität einer Bestimmung darauf ab, dass der Vorschrift eine Regelungswirkung zukommt, d. h. eine Rechtsfolge gesetzt wird, unabhängig davon ob es sich um eine strikte Bindung oder nur um eine Abwägungsdirektive handelt.

[82] *Maurer*, Allgemeines Verwaltungsrecht 2011, § 3, Rn. 5 f. qualifiziert die Rechtsbeziehungen der Verwaltungsträger untereinander ebenfalls als Außenrechtsbeziehung, da es sich jeweils um selbständige Rechtssubjekte handele.

[83] Zur Antragsbefugnis von Gemeinden als juristische Personen, § 47 Abs. 1 S. 2 Alt. 1 VwGO im Rahmen der Normenkontrolle bezüglich Grundsätzen der Raumordnung vgl. unter H.II.1.d.(2)., zur Antragsbefugnis natürlicher und sonstiger juristischer Personen bezüglich Grundsätzen, § 47 Abs. 1 S. 2 Alt. 1 VwGO vgl. unter H.II.1.c.; zur Antragbefugnis von Behörden im Sinne des § 47 Abs. 1 S. 1 Alt. 2 VwGO bezüglich Grundsätzen vgl. unter H.II.2.

[84] Die Grundsätze, die im ROG bzw. den Landesplanungsgesetzen selbst geregelt sind, nehmen deren Rechtsnatur an und sind im Wege des Rechtschutzes gegen Gesetze mit einer Individual- bzw. Kommunalverfassungsbeschwerde angreifbar. Mangels unmittelbarer bindender Rechtswirkung werden solche Klagen zwar statthaft sein, die Beschwerdebefugnis wird aber fehlen.

insgesamt gerichtlich überprüfbar.[85] Im letztgenannten Fall sind die Grundsätze tauglicher Gegenstand der Normenkontrolle. Zudem kommt immer eine inzidente Überprüfung in Betracht.[86]

c. *Verfassungsbeschwerde gegen Ziele und Grundsätze*

Vorschriften, denen Rechtsnormqualität zukommt, sind auch im Wege der Verfassungsbeschwerde überprüfbar.[87] Allerdings ist sowohl bei der Kommunal- als auch bei der Individualverfassungsbeschwerde die vorherige Erschöpfung des Rechtsweges, § 90 Abs. 2 S. 1 BVerfGG, Zulässigkeitsvoraussetzung.[88] Die vorherige erfolglose Erhebung einer Normenkontrolle nach § 47 VwGO ist daher erforderlich.[89] Ist landesrechtlich kein Normenkontrollverfahren vorgesehen, so ist aufgrund des Grundsatzes der allgemeinen Subsidiarität der Verfassungsbeschwerde vorrangig die Klärung im Wege einer allgemeinen Feststellungsklage zu suchen.[90]

Verfassungsbeschwerden gegen Grundsätze der Raumordnung werden mangels Grundrechtsbetroffenheit und damit fehlender Beschwerdebefugnis jedoch regelmäßig unzulässig sein. Der Beschwerdeführer muss selbst, gegenwärtig und unmittelbar betroffen sein.[91] Das ist bei Grundsätzen der Raumordnung nicht der Fall, da diese auf weitere Konkretisierung durch nachfolgende Planungsträger angelegt sind.[92]

5. *Inzidente Normenkontrollmöglichkeiten*

Wenn ein Raumordnungsplan nicht als förmliches Gesetz, Rechtsverordnung oder Satzung erlassen und auch nicht in einer solchen Form für verbindlich erklärt wird, ist die Überprüfung der entsprechenden Festlegungen im Rahmen

---

[85] Vgl. zu den unterschiedlichen Rechtsbehelfen oben unter H.I.2. bzw. unter H.I.3.

[86] Vgl. sogleich unter H.I.5. Dies ist auch relevant, wenn die Normenkontrolle landesgesetzlich nicht vorgesehen ist, wie in Nordrhein-Westfalen, Berlin und Hamburg.

[87] Es handelt sich bei Zielen und Grundsätzen um Akte öffentlicher Gewalt i. S. d. Art. 93 Abs. 1 Nr. 4a GG. Der Begriff des Gesetzes in Art. 93 Abs. 1 Nr. 4b GG im Zusammenhang mit Kommunalverfassungsbeschwerden ist weit zu verstehen, vgl. *BVerfG* Beschl. v. 23. 06. 1987 – 2 BvR 826/83, BVerfGE 76, 107, 114.

[88] Eine Ausnahme besteht nur bei förmlichen Gesetzen, vgl. dazu schon unter H.I.2.a. und b.

[89] *BVerfG* Beschl. v. 14. 05. 1985 – 2 BvR 397, 398, 399/82, BVerfGE 70, 35, 53 f.

[90] Vgl. unter H.I.3.a.(2).

[91] St. RSpr, vgl. nur *BVerfG* Beschl. v. 09. 03. 1994 – 1 BvR 1369/90, BVerfGE 90, 128, 135.

[92] Vgl. schon unter C.III.1.b. sowie detailliert nochmals nachfolgend im Rahmen der ähnlichen Problematik der Antragsbefugnis bei Normenkontrollanträgen gegen Grundsätze der Raumordnung unter H.II.1.d.(2), für Anträge von Gemeinden als Planbetroffene sowie unter H.II.1.c. für Anträge natürlicher und sonstiger juristischer Personen.

inzidenter Normenkontrollen möglich.[93] Entsprechendes gilt für Raumordnungspläne in Form von Rechtsverordnungen und Satzungen in Nordrhein-Westfalen, Berlin und Hamburg.[94]

Eine inzidente verwaltungsgerichtliche Normenkontrolle ist auch bei Bestehen anderweitiger Rechtschutzmöglichkeiten direkt gegen die raumplanerischen Bestimmungen möglich, unabhängig von der Rechtsnormqualität im Einzelnen.[95] „Nachteil" dieser Inzidentkontrollen ist die fehlende Allgemeinverbindlichkeit der etwaigen Unwirksamkeitserklärung.

a. Inzidentkontrolle im Rahmen von Anfechtungs- und Verpflichtungsklagen, § 42 Abs. 1 VwGO

Im Rahmen von Anfechtungs- und Verpflichtungsklagen nach § 42 Abs. 1 VwGO kann es zu einer inzidenten Überprüfung raumplanerischer Vorgaben als Vorfrage der eigentlichen Entscheidung über die Wirksamkeit des im Streit stehenden Verwaltungsaktes kommen. Dies ist insbesondere bei der Anfechtung einer Baugenehmigung bzw. der Erhebung einer Verpflichtungsklage auf Erteilung einer entsprechenden Genehmigung denkbar, wenn der Bebauungsplan an ein Ziel der Raumordnung angepasst wurde, § 1 Abs. 4 BauGB, oder wenn die Ablehnung der beantragten Baugenehmigung im Außenbereich auf Grund entgegenstehender Ziele nach § 35 Abs. 3 S. 2, S. 3 BauGB erfolgte.[96] Ebenso sind Anfechtungs- oder Verpflichtungsklagen im Zusammenhang mit Planfeststellungsbeschlüssen, bei deren Erlass Festlegungen in Raumordnungsplänen zu beachten sind, möglich.[97] Daneben ist auch eine Verpflichtungsklage auf Er-

---

[93] *Schenke*, in: *Erbguth* (Hrsg.), Planungsrecht in der gerichtlichen Kontrolle, 2012, S. 73, 81 ff.; *Koch/Hendler*, Baurecht, Raumordnungs- und Landesplanungsrecht 2009, § 9 Rn. 8; *Schmidt*, in: *Eyermann, VwGO*, § 47 Rn. 7; *Schenke*, in: *Kopp/Schenke, VwGO*, § 47 Rn. 5.

[94] In diesen Ländern besteht keine landesgesetzliche Vorschrift, die ein Normenkontrollverfahren nach § 47 Abs. 1 Nr. 2 VwGO ermöglicht.

[95] *Koch/Hendler*, Baurecht, Raumordnungs- und Landesplanungsrecht 2009 § 9 Rn. 8; *Schmidt*, in: *Eyermann, VwGO*, § 47 Rn. 7; *Schenke*, in: *Kopp/Schenke, VwGO*, § 47 Rn. 5.

[96] Vgl. *Koch/Hendler*, Baurecht, Raumordnungs- und Landesplanungsrecht 2009 § 9 Rn. 8; *Goppel*, in: *Spannowsky/Runkel/Goppel, ROG*, § 4 Rn. 96 f.

[97] So geschehen im Rahmen der Anfechtungsklage gegen den Planfeststellungsbeschluss zum Ausbau des Flughafens Berlin-Schönefeld vom 13.08.2004, *BVerwG* Urt. v. 16.03.2006 – 4 A 1075/04, NVwZ 2006 Beilage Nr. 1. In diesem wurden inzident der LEP FS 2003 überprüft, vgl. oben unter E.I.2., 3. Gegen den Planfeststellungsbeschluss zum Ausbau des Flughafens Frankfurt am Main wurde ebenfalls eine Anfechtungsklage erhoben, *VGH Kassel* Urt. v. 21.08.2009 – 11 C 227/08.T u. a., juris, vgl. dazu oben E.II.4.a. Inzident wurde in diesem Verfahren der Landesentwicklungsplan Hessen 2007 überprüft, Ebenso im Revisionsverfahren, *BVerwG* Urt. v. 04.04.2012 – 4 C 8/09 u. a., NVwZ 2012, 1314, vgl. oben E.II.5.b. Gegenstand des Urteils des *OVG Münster* Urt. v. 03.09.2009 – 10 D 121/07.NE, NuR 2009, 801 war der Bebauungsplan Nr. 105 – EON Kraftwerk. Inzident wurden Festlegungen des LEPro NRW, des LEP NRW 1995 sowie des Regionalplans Münster – Teilabschnitt Emscher-Lippe, überprüft, vgl. dazu oben E.IV.

teilung einer Genehmigung für einen Flächennutzungsplan, § 6 Abs. 1 BauGB, oder für einen Bebauungsplan, § 10 Abs. 2 BauGB, denkbar, wenn die jeweilige Genehmigung aufgrund entgegenstehender Ziele der Raumordnung versagt wurde.[98] Auch Gemeinden können bei Vorhaben auf ihrem Gemeindegebiet gegen Planfeststellungsbeschlüsse im Wege der Anfechtungsklage vorgehen, wenn sie eine Verletzung ihrer Planungshoheit geltend machen können.

b. Inzidentkontrolle im Rahmen eines Normenkontrollantrages gegen einen Bebauungsplan, § 47 Abs. 1 Nr. 1 VwGO

Die Überprüfung raumplanerischer Vorgaben kann auch im Rahmen eines Normenkontrollantrages gegen einen Bebauungsplan nach § 47 Abs. 1 Nr. 1 VwGO unter Berufung auf ein rechtswidriges Ziel, an das der Bebauungsplan nach § 1 Abs. 4 BauGB angepasst wurde, erfolgen.[99] Neben Grundstückseigentümern können Nachbargemeinden Antragsteller sein, die das kommunale Abstimmungsgebot des § 2 Abs. 2 BauGB verletzt sehen, wenn durch den zielangepassten Bebauungsplan zugleich eine Einschränkung ihrer eigenen Planungen erfolgt.[100]

c. Inzidentkontrolle im Rahmen einer Feststellungsklage, § 43 VwGO

Unabhängig davon, ob die einzelnen Bestimmungen in einem Raumordnungsplan mit festgelegter Rechtsnatur erlassen wurden oder nicht, ist auch die Erhebung einer Feststellungsklage nach § 43 VwGO grundsätzlich möglich. Aufgrund der in § 43 Abs. 2 VwGO geregelten Subsidiarität der Feststellungsklage gegenüber Gestaltungs- oder Leistungsklagen ist diese nur statthaft, wenn keine andere Rechtschutzmöglichkeit in Betracht kommt. Nicht erfasst von dieser Subsidiaritätsregelung ist die Erhebung eines Normenkontrollantrages.[101]

Ein raumplanerisches Ziel selbst kann nicht abstrakt Gegenstand einer Feststellungsklage sein. Erforderlich für die Zulässigkeit einer Feststellungsklage ist immer ein konkretes feststellungsfähiges Rechtsverhältnis. Dieses liegt vor, wenn sich aus einem konkreten Sachverhalt durch eine auf diesen Sachver-

---

[98] Vgl. dazu und zu weiteren Beispielen *Kment*, Rechtsschutz im Hinblick auf Raumordnungspläne 2002, S. 254 f.; *Halama*, in: *Berkemann* (Hrsg.), Planung und Plankontrolle, 1995, S. 201, 211; In Betracht kommt auch ein Vorgehen gegen eine Untersagungsverfügung nach § 14 ROG, die einen Verwaltungsakt darstellt, vgl. *Goppel*, in: *Spannowsky/Runkel/Goppel, ROG*, § 14 Rn. 26 ff.; *Halama*, in: *Berkemann* (Hrsg.), Planung und Plankontrolle, 1995, S. 201, 209.

[99] Vgl. zur Antragsbefugnis im Rahmen eines Normenkontrollantrages im Einzelnen unter H.II.

[100] *OVG Lüneburg* Urt. v. 14.09.2000 – 1 K 5414/98, NVwZ 2001, 452, 452 f.

[101] *Pietzcker*, in: *Schoch/Schneider/Bier, Verwaltungsgerichtsordnung*, § 43 Rn. 52; *Schenke*, in: *Kopp/Schenke, VwGO*, § 43 Rn. 8.

halt anwendbare öffentlich-rechtliche Norm rechtliche Beziehungen zwischen mehreren Personen oder einer Person zu einer Sache ergeben.[102] Zwischen zielbetroffener Gemeinde und der jeweiligen Raumplanungsbehörde kann aufgrund der Anpassungspflicht des § 1 Abs. 4 BauGB ein solches Rechtsverhältnis bejaht werden, wenn das streitige Ziel so konkret ist, dass für die Gemeinde kaum mehr Spielraum zur Umsetzung ihrer planerischen Gestaltungsfreiheit besteht.[103] Erforderlich ist zudem ein berechtigtes Interesse an der Feststellung, für das zumindest eine konkrete Planungsabsicht erforderlich ist.[104]

Grundsätze der Raumordnung sind nur Abwägungsvorgaben und dadurch nicht derart konkret, dass der Gestaltungsspielraum der Gemeinde in dem eben genannten Sinne eingeschränkt würde. Es besteht kein für die Zulässigkeit der Feststellunsklage erforderliches konkretes Rechtsverhältnis.

Für natürliche oder sonstige juristische Personen als Antragsteller ist es schwierig, ein solches konkretes Rechtsverhältnis zwischen sich und der Raumplanungsbehörde geltend zu machen. Darüber hinaus greift in der Situation des Vorgehens gegen eine abgelehnte Genehmigung[105] die Subsidiarität der Feststellungsklage gegenüber der Anfechtungs- bzw. Verpflichtungsklage.[106]

In den Ländern, in denen die Möglichkeit eines Normenkontrollantrages nach § 47 Abs. 1 Nr. 2 VwGO eingeführt wurde, ist dieser aufgrund der Unwirksamkeitserklärung des betreffenden Zieles der Raumordnung bei Stattgabe des Antrages im Gegensatz zur bloßen Feststellung der Unwirksamkeit bei erfolgreicher Feststellungsklage das effektivere Rechtschutzmittel. Eine Pflicht zur Erhebung eines Normenkontrollantrags anstelle einer Feststellungsklage

---

[102] *BVerwG* Urt. v. 23.01.1992 – 3 C 50.89, BVerwGE 89, 327, 329; *Sodan*, in: *Sodan/Ziekow, VwGO*, § 43 Rn. 5 ff., insb. Rn. 7.

[103] *Goppel*, in: *Spannowsky/Runkel/Goppel, ROG*, § 4 Rn. 95; *Mitschang/Reidt*, in: *Battis/Krautzberger/Löhr, BauGB*, § 35 Rn. 124; *Halama*, in: *Berkemann* (Hrsg.), Planung und Plankontrolle, 1995, S. 201, 208 f.; grundsätzlich bejahend auch *VGH Kassel* Urt. v. 16.08.2002 – 4 N 3272/01, NuR 2003, 115, 118. Dieses Urteil wurde nachfolgend vom *BVerwG* Urt. v. 20.11.2003 – 4 CN 6/03, BVerwGE 119, 217, aufgehoben. Die Möglichkeit einer Feststellungsklage wurde allerdings im Revisionsverfahren nicht erörtert. *Kment*, Rechtsschutz im Hinblick auf Raumordnungspläne 2002, S. 263 f. bejaht ein solches Rechtsverhältnis auch bei Abwägungs- oder Ermessensentscheidungen der Gemeinden, bei denen diese an Grundsätze der Raumordnung gebunden sind. Die praktische Relevanz solcher Feststellungsklagen dürfte recht gering sein. *Kment*, Rechtsschutz im Hinblick auf Raumordnungspläne 2002, S. 267 f., zieht auch noch die Möglichkeit einer allgemeinen Leistungsklage in Betracht. Gegenstand könne der Antrag auf Unterlassen einer Rechtsetzung sein, die ihrerseits auf einer raumordnungsrechtlichen Zielvorgabe beruhe. Inzident könne dann die raumordnungsrechtliche Zielvorgabe überprüft werden. Die Relevanz solcher Klagen dürfte äußerst gering sein.

[104] *Halama*, in: *Berkemann* (Hrsg.), Planung und Plankontrolle, 1995, S. 201, 209.

[105] Beziehungsweise bei einer Nachbaranfechtungsklage gegen eine erteilte Baugenehmigung.

[106] Vgl. dazu und auch zur Unzulässigkeit einer vorbeugenden Feststellungsklage *Kment*, Rechtsschutz im Hinblick auf Raumordnungspläne 2002, S. 265 f.

ist nicht statuierbar, die Entscheidung verbleibt beim jeweiligen Rechtschutzsuchenden.

In den Ländern, in denen die Normenkontrollmöglichkeit nach § 47 Abs. 1 Nr. 2 VwGO nicht eingeführt wurde,[107] ist die Feststellungsklage für natürliche Personen häufig das einzige Mittel um verwaltungsgerichtlichen Rechtschutz gegen untergesetzliche Rechtsvorschriften zu erreichen. Insbesondere im Hinblick auf die Subsidiarität der Verfassungsbeschwerde[108] ist eine solche das zentrale „Mittel", um gegen Raumordnungsnpläne vorzugehen.

d. Wirkung der inzidenten Normenkontrollentscheidung

Kommt das jeweils befasste Gericht zu dem Ergebnis, die inzident überprüfte raumplanerische Vorgabe verstoße gegen höherrangiges Recht, so hat es diese Vorgabe für sein konkretes Verfahren außer Acht zu lassen. Eine allgemeinverbindliche Unwirksamkeitserklärung steht den Gerichten bei einer nur inzidenten Überprüfung nicht zu.[109] Die Verwerfungskompetenz für untergesetzliche Normen liegt bei den Verwaltungsgerichten im Rahmen einer prinzipalen Normenkontrolle nach § 47 VwGO.[110] Für formelle Gesetze liegt die Verwerfungskompetenz beim BVerfG.[111]

Bezüglich untergesetzlicher Normen besteht ein Nebeneinander der prinzipalen und der inzidenten Normenkontrolle. Die Verwaltungsgerichte sind befugt, im Rahmen eines inzidenten Normenkontrollverfahrens für unwirksam erachtete Normen außer Acht zu lassen.[112] Für formelle Gesetze besteht diese Befugnis der Gerichte gerade nicht. Sie sind vielmehr dazu verpflichtet, die betreffende Norm nach Art. 100 GG dem BVerfG vorzulegen.

II. Antragsbefugnis für einen Normenkontrollantrag, § 47 Abs. 2 S. 1 VwGO

Die meisten Raumordnungspläne werden, wie dargestellt, als Rechtsverordnungen oder Satzungen erlassen bzw. ohne festgelegte Rechtsnatur, weshalb der Normenkontrollantrag nach § 47 Abs. 1 Nr. 2 VwGO die bedeutendste Recht-

---

[107] Namentlich Berlin, Brandenburg und Nordrhein-Westfalen.

[108] Vgl. dazu die Ausführungen unter H.I. a.(2).

[109] Für formelle Gesetze ausdrücklich *BVerfG* Beschl. v. 29. 11. 1967 – 1 BvL 16/63, BVerfGE 22, 373, 378.

[110] *Ziekow*, in: *Sodan/Ziekow, VwGO*, § 47 Rn. 355; *Gerhardt/Bier*, in: *Schoch/Schneider/Bier, Verwaltungsgerichtsordnung*, § 47 Rn. 113.

[111] Prägnant *BVerfG* Beschl. v. 29. 11. 1967 – 1 BvL 16/63, BVerfGE 22, 373, 378; aus der neueren Rechtsprechung auch *BVerfG* Beschl. v. 28. 05. 2008 – 2 BvL 8/08, BVerfGE 121, 233, 240; *Ipsen*, Allgemeines Verwaltungsrecht 2015, Rn. 101.

[112] Vgl. den Überblick bei *Ziekow*, in: *Sodan/Ziekow, VwGO*, § 47 Rn. 25 ff.

schutzmöglichkeit im Zusammenhang mit Raumordnunsplänen ist. Die höchste Zulässigkeitshürde ist die Antragsbefugnis nach § 47 Abs. 2 S. 1 VwGO. Diese Regelung enthält unterschiedliche Anforderungen, je nachdem ob der Antrag von einer natürlichen bzw. einer juristischen Person, § 47 Abs. 2 S. 1 Alt. 1 VwGO,[113] oder von einer Behörde, § 47 Abs. 2 S. 1 Alt. 2 VwGO,[114] gestellt wird.

1. Antragsbefugnis natürlicher oder juristischer Personen, § 47 Abs. 2 S. 1 Alt. 1 VwGO

Natürliche und juristische Personen müssen die Möglichkeit einer aktuellen bzw. absehbaren subjektiven Rechtsverletzung darlegen können, § 47 Abs. 2 S. 1 Alt. 1 VwGO.[115] Schon durch die Regelungen in dem jeweiligen Raumordnungsplan selbst muss eine Rechtsverletzung des Antragstellers möglich sein.[116]

Unabhängig davon, ob der Raumordnungsplan insgesamt als Rechtsverordnung oder als Satzung erlassen wurde und damit zum Gegenstand der Überprüfung in einem Normenkontrollverfahren gemacht werden kann oder ob nur einzelnen Bestimmungen in dem Plan Rechtsnormqualität zukommt, ist für die Antragsbefugnis immer konkret darzulegen, durch welche Regelungen die mögliche Verletzung des Antragstellers zustande kommt. Insbesondere ist zwischen der Geltendmachung einer Verletzung durch Ziele oder durch Grundsätze der Raumordnung zu differenzieren.

a. Antragsbefugnis natürlicher und sonstiger juristischer Personen gegen Ziele der Raumordnung

Die Antragsbefugnis nach § 47 Abs. 2 S. 1 Alt. 1 VwGO und damit das Bestehen subjektiver Rechte natürlicher und sonstiger[117] juristischer Personen, die schon unmittelbar durch Festlegungen in einem Raumordnungsplan verletzt sein können, wurde sehr lange insgesamt abgelehnt.[118] Den Festlegungen in

[113] Dazu unter H.II.1.

[114] Dazu unter H.II.2.

[115] Zur Antragsbefugnis allgemein vgl. *Schenke*, in: *Kopp/Schenke, VwGO*, § 47 Rn. 46 f.

[116] Zur Antragsbefugnis von Gemeinden als juristischen Personen des öffentlichen Rechts bezüglich der Ziele der Raumordnung vgl. unter H.II.1.d.(1)., bezüglich der Grundsätze der Raumordnung unter H.II.1.d.(2). Zur Antragsbefugnis von natürlichen und sonstigen juristischen Personen bezüglich der Ziele der Raumordnung unter H.II.1.a. und b., bezüglich der Grundsätze der Raumordnung unter H.II.1.c.

[117] Nicht behandelt wird hier die Antragsbefugnis der Gemeinden als juristische Personen des öffentlichen Rechts, dazu unter H.II.1.d.

[118] *OVG Lüneburg* Urt. v. 29. 10. 1993 – 6 K 1444/92, DVBl 1994, 296 f. (noch zur alten Fassung des § 47 Abs. 2 VwGO vor dem 6. VwGO-Änderungsgesetz vom 01. 11. 1996,

Raumordnungsplänen komme keine Außenwirkung zu.[119] Als Hauptargumente wurden die geringe Abwägungsdichte und die generell nur relativ grobe Planung durch die Raumplanungsbehörden angeführt. Private Belange würden nur pauschalisierend berücksichtigt.[120] Zudem sei eine tatsächliche Betroffenheit subjektiver Rechte erst durch die weitere Konkretisierung der raumplanerischen Vorgaben beispielsweise in einem Bebauungsplan gegeben.[121]

In letzter Zeit kommen vermehrt Stimmen auf, die der Bejahung der Antragsbefugnis aufgeschlossen gegenüberstehen.[122] Die generelle Ablehnung der Antragsbefugnis bezog sich zumeist auf die Rechtslage vor der gesetzlichen Normierung des Abwägungsgebotes bezogen auf private Belange auf Raumordnungsebene in § 7 Abs. 2 S. 1 ROG.[123] Zudem sind die Regelungen des § 35 Abs. 3 S. 2 und S. 3 BauGB in die Betrachtung mit einzubeziehen. Im Hinblick auf die Existenz dieser Normen ist ein pauschales Ablehnen der unmittelbaren Wirkung von Zielen der Raumordnung gegenüber natürlichen und juristischen Personen nicht mehr möglich.[124]

BGBl. I, 1626, die einen bloßen Nachteil des Antragstellers ausreichen ließ); *VGH München* 26.04.1990 – 22 B 88.3351, NVwZ 1990, 983, 984; *BVerwG* Urt. v. 16.01.2003 – 4 CN 8.01, BayVBl 2003, 437, 440; *VGH München* Urt. v. 08.12.2003 – 20 N 01.2612, ZfBR 2004, 276, 277; *Peine*, Öffentliches Baurecht 2003, Rn. 288; *Brohm*, Öffentliches Baurecht 2002 § 37 Rn. 47, der die Antragsbefugnis auch ausdrücklich für unter Umständen schon sehr konkrete Festlegungen in den Regionalplänen ablehnt.

[119] *BVerwG* 20.01.1984 – 4 C 43/81, BVerwGE 68, 311, 313; ausführlich und differenziert dazu auch *Paßlick*, Die Ziele der Raumordnung und Landesplanung 1986, S. 225 ff.

[120] So auch noch *OVG Magdeburg* Urt. v. 30.06.2009 – 2 K 142/07, ZfBR 2010, 167, 167 f.

[121] *VGH München* 26.04.1990 – 22 B 88.3351, NVwZ 1990, 983, 984; *BVerwG* Beschl. v. 13.11.2006 – 4 BN 18/06, NVwZ 2007, 229.

[122] *Koch/Hendler*, Baurecht, Raumordnungs- und Landesplanungsrecht 2009, § 9 Rn. 6; vgl. auch schon *BVerwG* Beschl. v. 13.06.1996 – 4 NB 26/96, NVwZ 1997, 682 zur Antragsbefugnis in einem Normenkontrollverfahren gegen Bestimmungen in einem Bebauungsplan, wenn die tatsächliche Betroffenheit des Antragstellers erst durch einen weiteren Realakt eintritt (das Urteil erging noch zur Rechtslage vor dem 6. VwGO-Änderungsgesetz vom 01.11.1996, BGBl. I, 1626, als für die Antragsbefugnis ein bloßer Nachteil erforderlich war). *VGH München* Urt. v. 08.12.2003 – 20 N 01.2612, ZfBR 2004, 276, 277; *VGH Mannheim* Urt. v. 09.06.2005 – 3 S 1545/04, ZfBR 2005, 691, 691 f.

[123] Die Abwägungspflicht auch hinsichtlich privater Belange wurde eingeführt im ROG 1998, dort noch in § 7 Abs. 7 ROG aF. So ausdrücklich mit Hinweis auf die geänderte Rechtslage *BVerwG* Beschl. v. 13.11.2006 – 4 BN 18/06, NVwZ 2007, 229 f.; *Goppel*, in: *Spannowsky/Runkel/Goppel, ROG*, § 4 Rn. 84 ff.; *Goppel*, in: *Spannowsky/Runkel/Goppel, ROG*, § 4 Rn. 88; *Schenke*, in: *Erbguth* (Hrsg.), Planungsrecht in der gerichtlichen Kontrolle, 2012, S. 73, 80 f. Die Änderung der Rechtslage ignorierend *OVG Magdeburg* Urt. v. 30.06.2009 – 2 K 142/07, ZfBR 2010, 167, 167 f.

[124] Dazu ausführlich unter H.II.1.a.(1).–b.

(1) § 35 Abs. 3 S. 2 Halbs. 1 BauGB

§ 35 Abs. 3 S. 2 Halbs. 1 BauGB enthält ein Verbot der Zulassung raumbedeutsamer Vorhaben im Außenbereich bei diesen entgegenstehenden, hinreichend konkreten Zielen der Raumordnung.[125] Insbesondere bei konkreten zielförmigen Standortausweisungen entsteht eine unmittelbare Bindung Privater. Deren raumbedeutsames bauplanungsrechtliches Vorhaben im Außenbereich kann bei Existenz eines entgegenstehenden Zieles nicht zugelassen werden. Die Ziele der Raumordnung sind hier keiner weiteren Abwägung zugänglich.[126] Dies ergibt sich schon eindeutig aus dem Wortlaut des § 35 Abs. 3 S. 2 Halbs. 1 BauGB, der die Zulässigkeit des raumbedeutsamen Vorhabens von dessen „nicht [W]idersprechen" in Bezug auf die Ziele der Raumordnung abhängig macht.[127] Insbesondere existiert keine typische Formulierung, die Ausnahmemöglichkeiten vorsieht, wie z. B. „in der Regel".[128]

Differenziert beurteilt dies jedoch das BVerwG. Es geht in seiner Rechtsprechung einerseits weiterhin davon aus, über die Zulassung einzelner Vorhaben im Außenbereich und deren Vereinbarkeit mit Zielen der Raumordnung sei im Wege einer „nachvollziehenden Abwägung" zu entscheiden.[129] Anders sei die ausreichende Berücksichtigung der Eigentumsgarantie des Art. 14 GG nicht möglich.[130] In dem grundlegenden Urteil zur Einordnung der Ziele der Raumordnung als Rechtsnormen[131] stellte das BVerwG andererseits klar, Ziele der Raumordnung seien nicht mehr mit sonstigen Belangen auf eine Stufe stellbar, da sie mittlerweile außerhalb des § 35 Abs. 3 S. 1 BauGB, der die sonstigen Belange betrifft, geregelt seien.[132] Die Vorschrift des § 35 Abs. 3 S. 2 BauGB

[125] Vgl. zu den Anforderungen an die für diese Norm relevanten Ziele der Raumordnung oben D.II.2.c.(1): Nur hinreichend konkrete Ziele können den raumbedeutsamen Vorhaben im Außenbereich entgegenstehen, so auch ausdrücklich *BVerwG* Urt. v. 19.07.2001 – 4 C 4/00, BVerwGE 115, 17, 21.

[126] *Hendler*, NuR 2004, 485, 488; *Hoppe*, DVBl 2001, 661, 662; *Jäde*, in: *Jäde/Dirnberger/Weiss, BauGB/BauNVO*, § 35 Rn. 242; *Hendler*, DVBl 2001, 1233, 1241; *Hoppe/Bönker/Grotefels*, Öffentliches Baurecht, § 8, Rn. 206.

[127] *Erbguth*, in: *Tettinger/Erbguth/Mann* (Hrsg.), Besonderes Verwaltungsrecht § 28 Rn. 1194.

[128] *Kment*, UPR 2002, 428, 428 f.; dem folgend auch *Hoppe*, DVBl 2003, 1345, 1351 f.

[129] *BVerwG* Urt. v. 19.07.2001 – 4 C 4/00, BVerwGE 115, 17 zur wortgleichen Vorgängervorschrift des § 35 Abs. 3 Halbs. 1 BauGB 1987. So auch *Oldiges*, in: *Steiner* (Hrsg.), Besonderes Verwaltungsrecht Kapitel III, Rn. 225a. Dahinstehen kann diese Unterscheidung nach dem *OVG Lüneburg* Urt. v. 28.10.2004 – 1 KN 155/03, NVwZ-RR 2005, 162, 162 f., das der Meinung ist, die raumplanerische Vorgabe würde sich im Regelfall sowieso durchsetzen. Wie es zu dieser Auffassung kommt bleibt offen.

[130] Kritisch dazu *Tettinger/Erbguth/Mann* (Hrsg.), Besonderes Verwaltungsrecht, Rn. 1194 ff., insbesondere Rn. 1197 f.; *Wickel*, in: *Ehlers/Fehling/Pünder* (Hrsg.), Besonderes Verwaltungsrecht § 40, Rn. 255; ablehnend *Kment*, NVwZ 2003, 1047, 1049 f.; *Hoppe*, DVBl 2003, 1345, 1351 f., 1354 f.

[131] *BVerwG* Urt. v. 20.11.2003 – 4 CN 6/03, BVerwGE 119, 217; dazu oben unter H.I.4.a.

[132] *BVerwG* Urt. v. 20.11.2003 – 4 CN 6/03, BVerwGE 119, 217, 224.

entfalte vielmehr rechtliche Wirkung auch gegenüber Privaten, soweit diese nach § 4 Abs. 3 ROG 1998[133] Zieladressaten seien.[134] In der die Verbindlichkeit der zielförmigen Vorgaben im Rahmen des § 35 Abs. 3 S. 2 Halbs. 1 BauGB im Grundsatz ablehnenden Entscheidung hatte das Gericht darauf hingewiesen, Art. 14 GG könne eventuell auch anderweitig Rechnung getragen werden, sollten die berührten privaten Belange schon bei der Aufstellung der Ziele im Rahmen der Abwägung ausreichend berücksichtigt werden.[135] Entscheidend in der Argumentation des Gerichtes war die ausreichende Berücksichtigung privater Belange schon auf Ebene der Raumplanung.

Für eine Bindung an die Ziele der Raumordnung über § 35 Abs. 3 S. 2 Halbs. 1 BauGB spricht schon die Änderung der Vorschrift des § 35 BauGB im Rahmen des BauGB 1987.[136] Die Steuerungskraft raumplanerischer Vorgaben im Außenbereich wurde merklich verstärkt.[137] Insbesondere wurden die Ziele der Raumordnung von den öffentlichen Belangen gelöst und in einem eigenständigen Satz geregelt.[138] Diese öffentlichen Belange sind sowohl mit den privilegierten Vorhaben, § 35 Abs. 1 BauGB, als auch den sonstigen Vorhaben, § 35 Abs. 2 BauGB, abzuwägen. Von diesen Abwägungsentscheidungen sind die Ziele der Raumordnung nun eindeutig getrennt.[139]

Nimmt man zudem den soeben erwähnten Zusatz des BVerwG ernst, den Belangen des Eigentümers[140] könne ausreichend Rechnung getragen sein,

---

[133] Diese Norm entspricht der Regelung in § 4 Abs. 1 S. 2 ROG in der aktuellen Fassung.

[134] *BVerwG* Urt. v. 20. 11. 2003 – 4 CN 6/03, BVerwGE 119, 217, 224 f.

[135] *BVerwG* Urt. v. 19. 07. 2001 – 4 C 4/00, BVerwGE 115, 17, 28.

[136] Gesetz über das Baugesetzbuch vom 08. 12. 1986, BGBl. I, 2191.

[137] Die heute in § 35 Abs. 2 S. 2 BauGB enthaltene Regelung wurde mit Gesetz vom 08. 12. 1986 in § 35 Abs. 3 S. 3 BauGB aF eingeführt.

[138] Bis zum Gesetz über das Baugesetzbuch vom 08. 12. 1986, BGBl. I, 2191, waren die Ziele der Raumordnung gemeinsam mit den übrigen öffentlichen Belangen in § 35 Abs. 3 S. 1 BauGB enthalten. Sehr detailliert dazu *Kment*, Rechtsschutz im Hinblick auf Raumordnungspläne 2002, S. 87 ff., 101 f.; *Hoppe*, DVBl 2003, 1345, 1348; *Erbguth*, in: *Tettinger/Erbguth/Mann* (Hrsg.), Besonderes Verwaltungsrecht § 28 Rn. 1194; *VGH Mannheim* Urt. v. 18. 05. 1999 – 10 S 1443/97, ZfBR 2000, 63, 64; zur ablehnenden Ansicht, die die Änderung der gesetzlichen Regelung nur als Klarstellung bewertet vgl. *Böttger/Broosch*, UPR 2002, 420, 424. § 35 Abs. 3 S. 4 BauGB aF wurde erst neu eingeführt zum 1. 1. 1997 durch Art. 1 Nr. 1 Buchst. b Gesetz v. 30. 7. 1996, BGBl I, 1189. Durch Art. 1 des Gesetzes zur Änderung des Baugesetzbuches und zur Neuregelung des Rechts der Raumordnung vom 18. 08. 1997, BGBl. I, 2081 (sog. BauROG 1998), wurde § 35 Abs. 3 S. 4 BauGB aF zu § 35 Abs. 3 S. 3 BauGB und § 35 Abs. 3 S. 3 aF zu § 35 Abs. 3 S. 2 BauGB.

[139] *Kment*, UPR 2002, 428, 429; *Hoppe*, DVBl 2003, 1345, 1348 f.; *Bartlsperger*, Raumplanung zum Außenbereich 2003, S. 28 ff.

[140] Neben dem Grundstückseigentümer kommen grundsätzlich auch andere dinglich oder obligatorisch Berechtigte als Antragsteller in Betracht. Für Mieter: *BVerwG* Urt. v. 09. 04. 2008 – 4 CN 1/08, NVwZ 2008, 899. Für Pächter: *BVerwG* Urt. v. 05. 11. 1999 – 4 CN 3.99, BVerwGE 100, 36, 39. Als dinglich Berechtigte können insbesondere Miteigentümer, Erbbauberechtigte, Nießbraucher (*VGH München* Urt. v. 25. 03. 1998 – 2 N 94.329, –, juris) antragsberechtigt sein, vgl. dazu auch den Überblick bei *Ziekow*, in: *Sodan/Ziekow*, *VwGO*,

wenn diese auf Raumplanungsebene schon ausreichend berücksichtigt worden seien,[141] ist die Regelung des § 7 Abs. 2 S. 1 ROG zur Abwägung auch privater Belange auf Raumordnungsebene von zentraler Bedeutung,[142] wobei bei zielförmigen Festlegungen zusätzlich explizit die abschließende Abwägung vorgeschrieben ist, § 7 Abs. 2 S. 1 Halbs. 2 ROG. Damit schließt sich der Kreis. Die im Rahmen der Aufstellung der Raumordnungspläne abschließend abgewogenen Ziele sind im Rahmen der Zulassungsentscheidung für Vorhaben im Außenbereich über § 35 Abs. 3 S. 2 BauGB bindend. Eine unzureichende Beachtung der Interessen der Eigentümer und damit die vom BVerwG befürchtete unzureichende Verwirklichung der durch Art. 14 GG gewährleisteten Eigentumsgarantie wird durch die Berücksichtigungspflicht im Rahmen der Abwägung nach § 7 Abs. 2 S. 1 Halbs. 2 ROG vermieden.[143] Nicht ausreichend ist dabei eine nur pauschale Berücksichtigung privater Interessen.[144] Zudem schreibt § 10 Abs. 1 ROG die Beteiligung der Öffentlichkeit schon zum Entwurf des Raumordnungsplanes vor.[145] Über § 35 Abs. 3 S. 2 Halbs. 1 BauGB wirken die Ziele der Raumordnung ebenso unmittelbar und direkt auf den Genehmigungsanspruch eines Vorhabenträgers wie die Festsetzungen in einem Bebauungsplan, bei dessen Aufstellung die Gemeinden aufgrund von § 1 Abs. 4 BauGB an die Ziele der Raumordnung gebunden sind und dadurch direkt auf den Genehmigungsanspruch durchschlagen.[146] Die Regelung in § 35 Abs. 3 S. 2 Halbs. 1 BauGB vermittelt den Zielen der Raumordnung auch im Außenbereich den Geltungsanspruch, den sie im Geltungsbereich eines Bebauungsplanes haben. Zielen der Raumordnung liegt immer eine Abwägungsentscheidung zu

---

§ 47 Rn. 217. Zur Vereinfachung der Darstellung wird im Folgenden nur auf die Grundstückseigentümer Bezug genommen, gleichwohl gelten die Ausführungen für die eben genannten Berechtigten in gleicher Weise.

[141] *BVerwG* Urt. v. 19. 07. 2001 – 4 C 4/00, BVerwGE 115, 17, 28.

[142] Durch das ROG 1998 (Gesetz vom 18. 8. 1997, BGBl. I, 2081) wurde in § 7 Abs. 7 S. 2 ROG a. F. die Vorgabe eingeführt, auf Ebene der Raumordnung auch private Belange in der Abwägung zu berücksichtigen, soweit sie auf der jeweiligen Planungsebene erkennbar und von Bedeutung sind. Durch die erneuten Änderungen im ROG 2008 (Gesetz vom 22. 12. 2008, BGBl. I, 2986) findet sich die entsprechende Regelung nun in § 7 Abs. 2 S. 1 ROG.

[143] So auch ausdrücklich noch zur vorherigen Rechtslage unter der Geltung des ROG 1998, als die abschließende Abwägung bei der Zielaufstellung noch nicht gesetzlich normiert war: *Hendler*, NuR 2004, 485, 488; *Kment*, UPR 2002, 428.

[144] Ausführlich dazu *Hoppe*, DVBl 2003, 1345, 1353 f., der in Rückgriff auf *Anders/Jankowski*, ZUR 2003, 81, 83 ff. zwischen Global- und Detailabwägung unterscheidet.

[145] So schon zur Regelung in § 7 Abs. 5 ROG 1998 *Hendler*, NuR 2004, 485, 488; *Runkel*, in: *Spannowsky/Runkel/Goppel, ROG*, § 7 Rn. 26.

[146] So auch *Kment*, Rechtsschutz im Hinblick auf Raumordnungspläne 2002, S. 110 ff.; *Hoppe*, DVBl 2003, 1345; *Schenke*, in: *Erbguth* (Hrsg.), Planungsrecht in der gerichtlichen Kontrolle, 2012, S. 73, S. 80 f.; *Redeker*, in: *Erbguth/Oebbecke/Rengelin u. a.* (Hrsg.), Planung, 2000 S. 329, 336; anders wiederum *BVerwG* Beschl. v. 13. 11. 2006 – 4 BN 18/06, NVwZ 2007, 229: Erst durch die Baugenehmigung oder immisionsschutzrechtliche Genehmigung für das Vorhaben komme eine Beeinträchtigung des Einzelnen in Betracht. Erst gegen diese Genehmigungen könne der Einzelne dann vorgehen.

Grunde, und zwar eine raumplanerisch abgeschlossene Abwägung. Mit dieser in §§3 Abs. 1 Nr. 2, 7 Abs. 2 ROG enthaltenen Vorgabe korrespondiert §35 Abs. 3 S. 2 Halbs. 1 BauGB, der dementsprechend die strikte Bindung für die bauplanungsrechtliche Zulassung im Außenbereich im Einzelfall normiert. Aus der Zusammenschau dieser Regelungen folgt die Möglichkeit des Einzelnen, diese Ziele direkt im Wege eines Normenkontrollverfahrens einer Überprüfung zuzuführen.[147]

(2) §35 Abs. 3 S. 2 Halbs. 2 BauGB

§35 Abs. 3 S. 2 Halbs. 2 BauGB enthält eine positive, die Zulässigkeit privilegierter Vorhaben im Außenbereich stärkende Raumordnungsklausel.[148] Nach dieser Regelung stehen öffentliche Belange den raumbedeutsamen Vorhaben nicht entgegen, sofern diese Vorhaben auch als Ziele der Raumordnung dargestellt worden und die öffentlichen Belange bei der Abwägung im Rahmen der Zielaufstellung miteinbezogen worden sind. Sind diese Belange schon auf Raumplanungsebene berücksichtigt worden, können sie der bauplanungsrechtlichen Zulassung des Vorhabens nicht mehr entgegenstehen. In eine ähnliche Richtung geht die oben schon erwähnte Argumentation des BVerwG, wenn es von einer Verbindlichkeit der zielförmigen Vorgaben in den Fällen ausgeht, in denen eine Berücksichtigung der privaten Belange auf Ebene der Raumplanung als Voraussetzung für die strikte Bindung an die Ziele im Rahmen der Vorhabenzulassung nach §35 Abs. 3 S. 2 Halbs. 1 BauGB stattgefunden hat.[149] Teilweise wird daraus abgeleitet, die den Einzelnen tatsächlich berührenden Belange würden in vielen Fällen bei der Entscheidung der Aufstellung der Raumordnungspläne noch gar nicht in die Abwägung eingestellt, weshalb nicht von einer mittelbaren Außenwirkung der Ziele ausgegangen werden könne.[150] Dies ist mithin kein tragendes Argument gegen die generell mögliche direkte Wirkung von Zielen der Raumordnung, sondern vielmehr selbstverständlich. Nur wenn private Belange überhaupt in die Abwägung eingestellt worden sind, kann den Zielen der Raumordnung eine Außenwirkung auch gegenüber Privaten zukommen bzw. ist das entsprechende Ziel überhaupt wirksam.[151]

---

[147] So ausdrücklich auch *Böttger/Broosch*, UPR 2002, 420, 425; *Redeker*, in: *Erbguth/Oebbecke/Rengelin u. a.* (Hrsg.), Planung, 2000 S. 329, 333.

[148] Vgl. dazu oben unter D.II.2.c.(1).

[149] *BVerwG* Urt. v. 19.07.2001 – 4 C 4/00, BVerwGE 115, 17, 28, dazu schon oben unter H.II.1.a.(1).

[150] *Böttger/Broosch*, UPR 2002, 420, 425 f.

[151] Insofern gilt für §35 Abs. 3 S. 2 Halbs. 2 BauGB nichts anderes als für §35 Abs. 3 S. 2 Halbs. 1 BauGB, vgl. dazu ausführlich schon soeben unter H.II.1.a.(1).

(3) § 35 Abs. 3 S. 3 BauGB

Auch durch die Regelung des § 35 Abs. 3 S. 3 BauGB wird deutlich, dass Zielen der Raumordnung eine direkte Wirkung gegenüber Privaten zukommen kann. Durch diese Vorschrift wird die Wirkung der Ausweisung von Konzentrationszonen durch Ziele der Raumordnung oder durch Festlegungen in Flächennutzungsplänen gestärkt. Relevant ist dies insbesondere für die Ausweisung von Flächen für Windkraftanlagen.[152] Zwischen der zielförmigen Ausweisung und der konkreten Vohabengenehmigung stehen keine weiteren Zwischenschritte. Ziele der Raumordnung sind auch in diesem Zusammenhang abschließende Entscheidungen, die keiner weiteren Abwägung zugänglich sind.[153] Wie auch für § 35 Abs. 3 S. 2 Halbs. 1 BauGB kommt den Zielen diese Verbindlichkeit nur zu, wenn sie hinreichend konkret[154] und ordnungsgemäß abgewogen sind.[155] Durch die Ausweisung von Konzentrationszonen für bestimmte Vorhaben darf ein entsprechendes Vorhaben des Antragstellers an anderer Stelle im Regelfall nicht zugelassen werden.[156] Wenn ein Antragsteller beispielsweise eine immissionsschutzrechtliche Genehmigung für ein Windrad beantragt, Windräder durch ein Ziel der Raumordnung jedoch an anderer Stelle im relevanten Planungsgebiet[157] ausgewiesen sind, muss die Genehmigungsbehörde aufgrund der Regelung in § 35 Abs. 3 S. 3 BauGB den Antrag wegen der entgegenstehenden zielförmigen Ausweisung ablehnen.[158] Hält der Antragsteller das Ziel für unwirksam, kann er nicht darauf verwiesen werden, die ablehnende Entscheidung im immissionsschutzrechtlichen Genehmigungsverfahren abzuwarten um dagegen vorgehen zu können. Es reicht aus, wenn er hinreichend konkret seine Absicht geltend machen kann, in dem Gebiet eine Genehmigung

---

152 *Söfker*, in: *Ernst/Zinkhahn/Bielenberg/Krautzberger, BauGB*, § 35 Rn. 127; *Mitschang/Reidt*, in: *Battis/Krautzberger/Löhr, BauGB*, § 35 Rn. 120 ff.

153 *Hendler*, NuR 2004, 485, 489; *Anders/Jankowski*, ZUR 2003, 81, 86 ff.; *Hoppe*, DVBl 2003, 1345, 1553 f.; für abwägendes Berücksichtigen der Ziele im Rahmen der Entscheidung nach § 35 Abs. 3 S. 3 BauGB: *Böttger/Broosch*, UPR 2002, 420, 426.

154 Für § 35 Abs. 3 S. 2 Halbs. 1 BauGB ausdrücklich *BVerwG* Urt. v. 19.07.2001 – 4 C 4/00, BVerwGE 115, 17, 21 (noch zur wortgleichen Vorschrift des § 35 Abs. 3 S. 3 Halbs. 1 BauGB 1987).

155 *Kment*, UPR 2002, 428, 432.

156 *Hendler*, NuR 2004, 485, 489; *Hendler*, DVBl 2001, 1233, 1241.

157 Die Ausweisung von Konzentrationszonen in Regionalplänen wirkt grundsätzlich nur für Planungen in dem entsprechenden Plangebiet. Vgl. z. B. den ausdrücklichen Wortlaut des § 8 Abs. 7 S. 1 Nr. 3 ROG, der die Ausschlusswirkung eines Eignungsgebietes ausdrücklich auf den Planungsraum begrenzt. Für mögliche grenzüberschreitende Wirkungen der Festlegungen im eigenen Planungsraum sieht die Vorschrift des § 8 Abs. 3 ROG eine Abstimmung der länderübergreifenden Planungen vor. In den Ländergesetzen sind ähnliche Regelungen enthalten, z. B. Art. 29 BayLPlG; § 12 Abs. 5 LPlG NW.

158 Im Rahmen des immissionsschutzrechtlichen Genehmigungsverfahrens ist aufgrund der Konzentrationswirkung der Genehmigung nach § 13 BImSchG die bauplanungsrechtliche Zulässigkeit mit zu prüfen, vgl. *Jarass, BImSchG*, § 13 Rn. 6.

zu beantragen.[159] Typischerweise erfolgt die Ausweisung von Zielen der Raumordnung mit Wirkung des §35 Abs. 3 S. 3 BauGB in der Form von Eignungsgebieten nach §8 Abs. 7 S. 1 Nr. 3 ROG.[160] Ebenso kommt ein kombiniertes Vorrang-Eignungsgebiet nach §8 Abs. 7 S. 1 Nr. 1 i. V. m. S. 2 ROG in Betracht. Diesen beiden Gebietstypen kommt die für die Wirkung des §35 Abs. 3 S. 3 BauGB erforderliche Ausschlusswirkung in Zielform für gleichartige Vorhaben an anderer Stelle zu.[161] Genauso möglich ist eine entsprechende Festlegung in einem landesrechtlich vorgesehenen Gebiet, sofern dieses als Ziel der Raumordnung festgelegt wird.[162] Zu beachten sind die landesrechtlichen Regelungen zu den einzelnen Gebietstypen. §8 Abs. 7 ROG ist nicht abschließend, einzelne Gebietstypen können landesrechtlich ausgeschlossen sowie zusätzliche Gebietskategorien festgelegt werden.[163] Über §35 Abs. 3 S. 3 BauGB wird dann klargestellt, dass diese zielförmigen Ausweisungen die Vorhabenzulassung an anderer Stelle verhindern. Voraussetzung ist dabei immer das Bestehen eines abgeschlossenen Planungskonzeptes für den jeweiligen Planungsraum bzw. zumindest für einen großen Teil des jeweiligen Gebietes. Eine nur punktuelle Planung genügt nicht um die Ausschlusswirkung für entsprechende Vorhaben an anderen Standorten zu erzeugen.[164]

Im Zusammenhang mit Zulassungsentscheidungen, bei denen §35 Abs. 3 S. 3 BauGB eine Rolle spielt, ist zu beachten, dass der Wortlaut ausdrücklich von einem Entgegenstehen der Ziele der Raumordnung „in der Regel" spricht. Im Gegensatz zu der Regelung in §35 Abs. 3 S. 2 Halbs. 2 BauGB bleibt der Baugenehmigungsbehörde hier noch ein gewisser Entscheidungsspielraum. Gleichwohl sind Abweichungen von Regelvorgaben nur möglich, wenn ein atypischer Ausnahmefall vorliegt.[165] Das beantragte Vorhaben darf der planerischen Gesamtkonzeption nicht widersprechen, die der zielförmigen Ausweisung zu-

---

[159] *VGH Mannheim* Urt. v. 09.06.2005 – 3 S 1545/04, ZfBR 2005, 691, 691 f.; *VGH Kassel* Urt. v. 11.03.2011 – 4 C 883/10.N, ZfBR 2011, 484, 484 f.

[160] *Söfker*, in: *Ernst/Zinkhahn/Bielenberg/Krautzberger, BauGB*, §35 Rn. 127.

[161] Die außergebietliche Sperrwirkung von Eignungsgebieten nach §8 Abs. 7 S. 1 Nr. 3 ROG hat jedenfalls Zielcharakter, vgl. C.V.4.c.; für kombinierte Vorrang-Eignungsgebiete im Sinne des §8 Abs. 7 S. 2 ROG gilt entsprechendes, vgl. C.V.4.d.

[162] Vgl. dazu und zu den Wirkungen der einzelnen Gebietstypen grundsätzlich oben unter C.V.4. sowie detailliert unter F.IV. und V.

[163] So schließt beispielsweise Art. 14 Abs. 2 S. 2 BayLPlG die Festlegung von kombinierten Vorrang-Eignungsgebieten aus. Vgl. dazu auch unter C.V.4.

[164] Sehr ausführlich dazu *Bartlsperger*, Raumplanung zum Außenbereich 2003, S. 193 ff. Vgl. zu den ähnlichen Anforderungen an einen Flächennutzungsplan, dem die Ausschlusswirkung des §35 Abs. 3 S. 3 BauGB zukommen soll: *BVerwG* Urt. v. 26.04.2007 – 4 CN 3/06, NVwZ 2007, 1081; *BVerwG* Urt. v. 31.01.2013 – 4 CN 1/12, NVwZ 2013, 1011; *Schenke*, NVwZ 2007, 134, 140 f.

[165] Für die Beschränkung der Ausnahmen auf atypische Fälle *Hendler*, NuR 2004, 485, 489; *Anders/Jankowski*, ZUR 2003, 81, 86; *Hoppe*, DVBl 2003, 1345, 1354 f. Allgemein zur Bedeutung von „in der Regel"-Formulierungen, die in gleicher Weise wie Sollvorschriften zu verstehen sind: *Sachs*, in: *Stelkens/Bonk/Sachs, VwVfG*, §40 Rn. 26a; *BVerwG*, BVerwGE 12,

grunde lag.[166] Diese Möglichkeit, in Ausnahmefällen dennoch ein Vorhaben an andere Stelle als an der zielförmig vorgesehenen zuzulassen, korrespondiert mit der Regelung des § 7 Abs. 2 S. 1 Halbs. 2 ROG und widerspricht dieser nicht. § 7 Abs. 2 S. 1 ROG schreibt die abschließende Abwägung aller Belange ausdrücklich nur für solche Belange vor, die auf der Raumplanungsebene schon erkennbar sind. Diese Belange können und dürfen bei nachfolgenden Planungs- oder Zulassungsentscheidungen nicht mehr in Frage gestellt werden.[167] Daher gibt es keinen Grund, die Ziele der Raumordnung im Rahmen des § 35 Abs. 3 S. 3 BauGB einer generellen abwägenden Berücksichtigung zu unterwerfen.[168]

(4) § 7 Abs. 2 S. 1 Halbs. 1 ROG

Aus dem in § 7 Abs. 2 S. 1 ROG[169] enthaltenen Abwägungsgebot kann sich ebenfalls die Antragsbefugnis Einzelner[170] ergeben. Im Rahmen der raumordnungsrechtlich abschließenden Abwägung der Ziele nach § 7 Abs. 2 S. 1 Halbs. 2 ROG sind die privaten Belange nach § 7 Abs. 2 S. 1 Halbs. 1 ROG zwingend zu berücksichtigen. Dieser Norm kommt wie auch anderen Abwägungsvorschriften drittschützender Charakter zu.[171] Durch die ausdrückliche Bezugnahme auf die privaten Belange, die bei der Aufstellung der Raumordnungspläne zu berücksichtigen sind, wird deutlich, dass die Norm nicht nur den öffentlichen Interessen, sondern zumindest auch Individualinteressen dient.[172] In die Abwägung einzustellen ist jeder private Belang, der dem jeweiligen An-

---

284, 285; *Kopp/Ramsauer, VwVfG*, § 41 Rn. 44 ff.; *Sachs*, in: *Stelkens/Bonk/Sachs,* VwVfG, § 40 Rn. 26 ff.

[166] *BVerwG* Urt. v. 17. 12. 2002 – 4 C 15.01, BVerwGE 117, 287, 302. So auch *Heitsch*, NuR 2004, 20, 22 f.

[167] So auch das BVerwG mit seiner Feststellung, Ziele müssen raumordnerisch abschließend abgewogen sein, können aber durch raumordnungsexterne Belange überwunden werden, vgl. dazu ausführlich oben bezüglich raumplanerischer Standortentscheidungen unter E.I.3.a. und b.

[168] So jedoch *BVerwG* Urt. v. 17. 12. 2002 – 4 C 15.01, BVerwGE 117, 287, 302.

[169] Teilweise enthalten die Planungsgesetze der Länder konkretisierende Vorschriften, welche die öffentlichen und privaten Belange genauer beschreiben, z. B. in Art. 17 BayLPlG, § 6 Abs. 1 LPlG RhPf und § 3 Abs. 2 S. 3 LPlG BaWü.

[170] Entsprechendes gilt für Gemeinden, die als juristische Personen eine Beeinträchtigung durch ein Ziel oder einen Grundsatz der Raumordnung geltend machen möchten, vgl. zu dieser Konstellation unter H.II.1.d.

[171] Für das fernstraßenrechtliche Abwägungsgebot in § 17 S. 2 FStrG schon *BVerwG* Beschl. v. 14. 02. 1975 – IV C 21.74, BVerwGE 48, 56, 66 f. (zum damals in § 17 Abs. 1 S. 2 FStrG enthaltenen Abwägungsgebot, vgl. Zweites Gesetz zur Änderung des Bundesfernstraßengesetzes vom 04. 07. 1974, BGBl. I, 1401). Für das in § 18 Abs. 1 S. 2 AEG enthaltene Abwägungsgebot *BVerwG* Urt. v. 27. 11. 1996 – 11 A 100/95, NVwZ 1997, 994, 995.

[172] So für § 1 Abs. 6 BauGB aF. (entspricht § 1 Abs. 7 BauGB in der aktuellen Fassung) *BVerwG* Urt. v. 24. 09. 1998 – 4 CN 2.98, BVerwGE 107, 215, 220 ff.; *BVerwG* Beschl. v. 22. 08. 2000 – 4 BN 38/00, NVwZ 2000, 1413, 1414; *Kment*, NVwZ 2003, 1047, 1053.

tragsteller als eigener Belang zusteht und der in der Abwägung auch erkennbar zu berücksichtigen ist.[173]

Dabei kann die Antragsbefugnis nicht auf die Verletzung des jeweiligen Belanges selbst, vielmehr nur auf dessen nicht-ordnungsgemäße Abwägung gestützt werden.[174] Teilweise wird in der Rechtsprechung die Geltendmachung der Möglichkeit einer nicht ordnungsgemäßen Berücksichtigung des entsprechenden Belanges in der Abwägung verlangt,[175] teilweise die Geltendmachung des bloßen Bestehens eines solchen abwägungserheblichen Belanges für ausreichend erachtet.[176] Letztgenannte Auffassung geht davon aus, dass aus dem Bestehen privater Belange automatisch deren mögliche Verletzung folge. Das ist jedoch zu weitgehend. Ein Antragsteller muss selbst darlegen, woraus sich die Verletzung des Abwägungsgebotes im konkreten Fall ergeben kann, ein pauschales Berufen auf die Existenz solcher privater Belange würde die Antragsbefugnis zu weit ausdehnen.

b. Differenzierung nach konkretem Antragsteller bzw. Plangebiet hinsichtlich der Antragsbefugnis gegen Ziele der Raumordnung

Aus der Gesamtschau der Regelungen in § 35 Abs. 3 S. 2 Halbs. 1 BauGB, § 35 Abs. 3 S. 2 Halbs. 2 BauGB, § 35 Abs. 3 S. 3 BauGB und § 7 Abs. 2 S. 1 Halbs. 1 ROG[177] lässt sich die grundsätzliche Möglichkeit des Bestehens einer Antragsbefugnis natürlicher und sonstiger juristischer Personen gegen zielförmige Vorgaben bejahen. Die Frage nach dem Bestehen der Antragsbefugnis einzelner natürlicher oder sonstiger juristischer Personen kann jedoch nicht generell bejaht oder verneint werden. Je nachdem wie konkret die einzelnen angegriffenen Festsetzungen in dem Plan sind, ob der Antragsteller ein von dem Ziel betroffener Grundstückseigentümer ist oder sein Grundstück außerhalb des von dem Ziel erfassten Bereiches liegt und abhängig davon, welche Festsetzungen das Ziel im Einzelnen enthält, ist zu differenzieren.

---

173 *BVerwG* Urt. v. 21. 10. 1999 – 4 CN 1/98, NVwZ 2000, 807, 808; sehr ausführlich zur Abwägung im Bauplanungsrecht *BVerwG* Beschl. v. 09. 11. 1979 – 4 N 1/78, 4 N 2–4/79, NJW 1980, 1061, 1062 f. Ausdrücklich im Zusammenhang mit einem Normenkontrollantrag gegen einen Regionalplan *BVerwG* Beschl. v. 13. 11. 2006 – 4 BN 18/06, NVwZ 2007, 229; auch bei der Geltendmachung einer Verletzung des Abwägungsgebotes bei der Aufstellung eines Bebauungsplanes muss die mögliche Verletzung eines Belanges, der in der Abwägung überhaupt zu beachten war, geltend gemacht werden, vgl. *BVerwG* Urt. v. 24. 09. 1998 – 4 CN 2.98, BVerwGE 107, 215, 219.

174 *BVerwG* Urt. v. 24. 09. 1998 – 4 CN 2.98, BVerwGE 107, 215, 221 f.; *Muckel*, NVwZ 1999, 963; *Kment*, Rechtsschutz im Hinblick auf Raumordnungspläne 2002, S. 323 f.

175 *OVG Koblenz* Urt. v. 07. 03. 2013 – 1 C 11035/12, NVwZ-RR 2013, 708, 709; im Ergebnis auch *BVerwG* Urt. v. 24. 09. 1998 – 4 CN 2.98, BVerwGE 107, 215, 218 f.; in diese Richtung auch *Kment*, Rechtsschutz im Hinblick auf Raumordnungspläne 2002, S. 326.

176 *VGH Mannheim* Urt. v. 05. 07. 2013 – 8 S 1784/11, NVwZ-RR 2014, 21, 22.

177 Bzw. den entsprechenden landesrechtlichen Konkretisierungen.

(1) Grundstückseigentümer im Außenbereich

Möchte ein Grundstückseigentümer[178] ein Vorhaben verwirklichen, das in Widerspruch zu einem Ziel der Raumordnung steht, welches das entsprechende Grundstück direkt betrifft, so kann das Vorhaben nicht zugelassen werden, § 35 Abs. 3 S. 2 Halbs. 1, S. 3 BauGB.[179] Der Eigentümer ist in diesen Fällen antragsbefugt, wenn er eine hinreichend konkrete Beeinträchtigung seines Eigentumsgrundrechtes durch das Ziel der Raumordnung geltend machen kann.[180] Über die Regelungen in § 35 Abs. 3 S. 2 Halbs. 1 und S. 3 BauGB wirken die zielförmigen Festlegungen in ähnlicher Weise auf das Grundstück ein wie die Festlegungen in einem Bebauungsplan als Inhalts- und Schrankenbestimmungen im Sinne des Art. 14 Abs. 1 S. 2 BauGB.[181] Zudem kommt für den Grundstückseigentümer eine Berufung auf die Verletzung des Abwägungsgebotes in Betracht.[182]

(2) Nachbar im Außenbereich

Grundstückseigentümer im Außenbereich, deren Grundstücke nicht in dem von dem Ziel direkt betroffenen Gebiet liegen, sind antragsbefugt, wenn sie sich auf eine Verletzung des Eigentums, Art. 14 GG, oder der Gesundheit, Art. 2 Abs. 2 GG, berufen und eine hinreichend konkrete Beeinträchtigung dieser Grundrechte geltend machen können.[183] Auch hier ist eine gewisse Vergleichbarkeit mit der mittelbaren Betroffenheit durch einen Bebauungsplan gegeben. Zentrales Kriterium ist das Bestehen eines drittschützenden Rechtes, was auch bei Klagen Drittbetroffener gegen Festlegungen in einem Bebauungsplan oft schwierig ist.[184] Über § 35 Abs. 3 S. 3 BauGB wird ausdrücklich der Bezug zwischen der positiven Ausweisung und den dadurch negativ an anderer Stelle aus-

---

178 Neben dem Grundstückseigentümer kommen auch sonstige dinglich oder obligatorisch Berechtigte als Antragsteller in Betracht, vgl. dazu oben Fn. 141. Zur Vereinfachung der Darstellung wird im Folgenden nur auf die Grundstückseigentümer Bezug genommen, gleichwohl gelten die Ausführungen für die eben genannten Berechtigten in gleicher Weise.

179 Diese Vorschriften enthalten eine strikte Bindung an die Ziele, diese sind keiner Abwägung mehr zugänglich, vgl. dazu die obigen Ausführungen unter H.II.1.a.(1) bzw. (3).

180 *Hendler*, DVBl 2001, 1233, 1241.

181 Vgl. dazu oben unter H.II.1.a.(1). bzw. (3).; so auch *Kment*, Rechtsschutz im Hinblick auf Raumordnungspläne 2002, S. 110 ff., 307 f.; *Hoppe*, DVBl 2003, 1345; *Schenke*, in: *Erbguth* (Hrsg.), Planungsrecht in der gerichtlichen Kontrolle, 2012, S. 73, S. 80 f.; *Redeker*, in: *Erbguth/Oebbecke/Rengelin u. a.* (Hrsg.), Planung, 2000 S. 329, 336; *Hendler*, NuR 2004, 485, 489. Zur Antragsbefugnis gegen Festsetzungen eines Bebauungsplanes vgl. z. B. *Schmidt*, in: *Eyermann, VwGO*, § 47 Rn. 45.

182 Vgl. dazu H.II.1.a.(4).

183 Vgl. ausführlich dazu *Kment*, Rechtsschutz im Hinblick auf Raumordnungspläne 2002, S. 314 ff.

184 Vgl. dazu z. B. *Reidt*, in: *Battis/Krautzberger/Löhr, BauGB*, Vorbemerkungen zu den §§ 29 bis 38 BauGB Rn. 14 ff.; *Schenke/Schenke*, in: *Kopp/Schenke, VwGO*, § 42 Rn. 98 ff.

geschlossenen Nutzungen hergestellt. Die zielförmigen Festlegungen erlangen dadurch Außenwirkung.[185] Gleichwohl ist hierbei immer die konkrete Situation des Antragstellers zu beachten. Die Wirkung des § 35 Abs. 3 S. 3 BauGB kommt diesem für die Begründung seiner Antragsbefugnis nur zu Gute, wenn er selbst ein entsprechendes Vorhaben, das durch eine raumplanerische Konzentrationszone an anderer Stelle mit Ausschlusswirkung für sein Grundstück ausgewiesen ist, verwirklichen möchte. Wenn er sich dagegen gegen die Zulässigkeit der in diesem Gebiet gesicherten Vorhaben wenden möchte, wirkt sich die zielförmige Festlegung nicht unmittelbar negativ auf sein Grundstück aus, vielmehr entsteht die unmittelbare Wirkung erst im nachfolgenden Genehmigungsverfahren.[186]

Kann der Antragsteller keine mögliche Verletzung eigener subjektiver Rechte geltend machen, bleibt die Option der Berufung auf eine mögliche Verletzung des Abwägungsgebotes. Erforderlich ist die Möglichkeit einer fehlerhaften Berücksichtigung ihn betreffender privater Belange im Rahmen der Abwägung bei der Zielaufstellung.[187] Auch hierbei ist zu beachten, dass eine pauschale Berufung auf private Belange nicht ausreichend ist, vielmehr müssen die privaten Belange des Grundstückseigentümers außerhalb des betroffenen Plangebietes auf Raumplanungsebene schon erkennbar und für die raumplanerische Abwägung relevant gewesen sein. Ist dies nicht der Fall, ist derjenige auf den Rechtschutz im nachfolgenden Genehmigungsverfahren zu verweisen.[188]

(3) Grundstückseigentümer im Geltungsbereich eines Bebauungsplanes

Neben der möglichen Betroffenheit von Grundstückseigentümern[189] im Außenbereich kann Zielen der Raumordnung auch im Geltungsbereich des § 30 BauGB, dem beplanten Innenbereich, direkte Wirkung auf Einzelne zukommen. Maßgeblich ist hier § 1 Abs. 4 BauGB. Zwar bindet diese Vorschrift unmittelbar nur die Gemeinden bei der Aufstellung ihrer Bauleitpläne.[190]

---

[185] *OVG Koblenz* 20.02.2003 – 1 A 11406/01, NVwZ-RR 2003, 619, 622. Ausführlich zur Bedeutung des § 35 Abs. 3 S. 3 BauGB in diesem Zusammenhang auch *Kment*, Rechtsschutz im Hinblick auf Raumordnungspläne 2002, S. 316 ff. Vgl. dazu oben unter H.II.1.a.(3).

[186] *BVerwG* Beschl. v. 13.11.2006 – 4 BN 18/06, NVwZ 2007, 229, 230.

[187] Vgl. zum Abwägungsgebot allgemein oben H.II.1.a.(4); *BVerwG* Beschl. v. 13.11.2006 – 4 BN 18/06, NVwZ 2007, 229.

[188] *BVerwG* Beschl. v. 13.11.2006 – 4 BN 18/06, NVwZ 2007, 229; *OVG Saarlouis* Urt. v. 18.05.2006 – 2 N 3/05, NJOZ 2006, 3810, 3814 f.

[189] Neben dem Grundstückseigentümer kommen auch sonstige dinglich oder obligatorisch Berechtigte als Antragsteller in Betracht, vgl. dazu oben Fn. 141.

[190] Dazu ausführlich oben unter D.II.1.Die Ausführungen beziehen sich in diesem Abschnitt auf die Anpassungsverpflichtung von Bebauungsplänen. Die Flächennutzungspläne als vorbereitende Bauleitpläne sind nur in der Sonderkonstellation des § 35 Abs. 3 S. 3 BauGB, wenn in ihnen Konzentrationszonen ausgewiesen werden, normenkontrollfähig, vgl. dazu *BVerwG* Urt. v. 26.04.2007 – 4 CN 3/06, NVwZ 2007, 1081; *BVerwG* Urt. v. 31.01.2013 – 4 CN 1/12, NVwZ 2013, 1011; *Schenke*, NVwZ 2007, 134, 140 f.

Gleichwohl folgt aus dieser Norm die Pflicht der Gemeinden, schon bestehende Bauleitpläne an Ziele der Raumordnung anzupassen sowie erstmalig einen entsprechenden zielumsetzenden Bauleitplan aufzustellen.[191] Die Gemeinden sind an die zielförmigen Vorgaben gebunden, können diese keiner weiteren Abwägung zuführen. Bei der Zielaufstellung endgültig abgewogene Belange sind auch auf Bebauungsplanebene keiner weiteren Abwägung mehr zugänglich. Je nach Aussagenschärfe des einzelnen Zieles sind Konkretisierungen möglich.

Wie auch im Außenbereich kommt eine „Durchgriffswirkung" der Ziele auf Einzelne nur in Betracht, wenn diese hinreichend konkret sind.[192] Für die Antragsbefugnis muss ein Grundstückseigentümer, dessen Grundstück im zielbetroffenen Plangebiet liegt, geltend machen, welche konkrete Nutzungsmöglichkeit ihm durch das Ziel verwehrt wird.[193]

Zu unterscheiden sind hier die Fälle schon an das Ziel angepasster Bauleitpläne und noch anzupassender Bauleitpläne.

Existiert ein Bebauungsplan, der an die in diesem Gebiet geltenden Ziele angepasst ist, welche dem Vorhaben des von diesem Bebauungsplan betroffenen Grundstückseigentümers entgegenstehen, kann dieser wahlweise den Bebauungsplan einer Normenkontrolle unterziehen oder gegen die abgelehnte Baugenehmigung vorgehen. In beiden Verfahren wird das Ziel der Raumordnung inzident überprüft. Alternativ besteht die Möglichkeit der Überprüfung des Zieles im Wege eines Normenkontrollantrages. Vorteil der letztgenannten Variante ist die Unwirksamkeitserklärung des Zieles mit allgemeingültiger Wirkung.[194] Gleichwohl ist es für Grundstückseigentümer im beplanten Innenbereich ungleich näher liegend, den Bebauungsplan direkt anzugreifen bzw. gegen eine abgelehnte Baugenehmigung im Wege einer Verpflichtungsklage vorzugehen. Häufig wird ein Grundstückseigentümer den letztgenannten Weg wählen, insbesondere wenn er neben der Unwirksamkeit des Zieles der Raumordnung noch andere Gründe für die Rechtswidrigkeit der Ablehnung der beantragten Baugenehmigung geltend machen möchte.

Wird ein Ziel der Raumordnung aufgestellt und ein dieses Ziel umsetzender Bebauungsplan existiert noch nicht bzw. ist noch nicht an das Ziel angepasst, bleibt dem Grundstückseigentümer, dessen Vorhaben dem Ziel widerpricht, nur der direkte Normenkontrollantrag gegen das Ziel der Raumordnung, möchte er nicht den ablehnenden Bescheid hinsichtlich der Baugenehmigung abwar-

[191] Dazu grundlegend *BVerwG* Urt. v. 17.09.2003 – 4 C 14/01, NVwZ 2004, 220.

[192] Vgl. dazu die Ausführungen im Zusammenhang mit § 35 Abs. 3 BauGB unter H.II.1.a.(1)., (2). und (3).

[193] Ähnlich für § 35 Abs. 3 S. 2 Halbs. 2 BauGB *Böttger/Broosch*, UPR 2002, 420, 427.

[194] Vgl. dazu *BVerwG* Beschl. v. 02.09.1983 – 4 N 1.83, BVerwGE 68, 12, 15; *BGH* Urt. v. 28.06.1984 – III ZR 35/83, NJW 1984, 2516; *Ziekow*, in: *Sodan/Ziekow, VwGO*, § 47 Rn. 364; *Gerhardt/Bier*, in: *Schoch/Schneider/Bier, Verwaltungsgerichtsordnung*, § 47 Rn. 113.

ten.[195] Plant beispielweise ein Grundstückseigentümer im betroffenen Bebauungsplangebiet in Einklang mit den Vorgaben des Bebauungsplanes den Bau eines Wohnhauses und wird für diese Fläche ein Ziel der Raumordnung mit Ausweisung einer Fläche für großflächige Einzelhandelsvorhaben erlassen, ist für den Grundstückseigentümer schon mit Erlass des Zieles der Raumordnung erkennbar, dass sein Bauvorhaben mit Anpassung des Bebauungsplanes nach § 1 Abs. 4 BauGB an dieses Ziel der Raumordnung nicht mehr genehmigt werden wird. In so gelagerten Fällen kann die eigentumsbelastende Wirkung schon durch das Ziel direkt ausgelöst werden.[196] Ein Abwarten auf die Umsetzung des Zieles im Bebauungsplan, die Stellung eines Antrages auf Erlass einer Baugenehmigung sowie ein Abwarten auf die ablehnende Entscheidung ist nicht erforderlich. In der Zeit zwischen Erlass des den Bauvorhabenträger belastenden Zieles der Raumordnung und der Anpassung eines bestehenden Bebauungsplanes besteht eine zeitliche Lücke zu Gunsten des jeweiligen Bauvorhabenträgers. In dieser „Übergangszeit" ist von der Genehmigungsbehörde noch der bestehende Bebauungsplan anzuwenden, unter dessen Geltung das Vorhaben in der oben geschilderten Fallgestaltung zulässig ist. Eine entsprechende Baugenehmigung ist bei auch im Übrigen bestehender Zulässigkeit des Vorhabens zu erteilen.[197] Entscheidend ist in diesen Fällen, wie schnell die Gemeinde ihren Bebauungsplan anpasst und ob die Baugenehmigungsbehörde in der Zwischenzeit die entsprechenden Bauanträge verbescheidet.[198] Eine Pflicht zur möglichst schnellen Entscheidung über einen Bauantrag, der nur auf Grundlage des noch-nicht-angepassten Bebauungsplanes positiv verbeschieden werden kann, besteht nicht. Die Möglichkeit der Erhebung eines Normenkontrollantrages direkt gegen das Ziel der Raumordnung ist für den einzelnen Betroffenen von erheblicher Bedeutung.[199]

Zudem sind die Auswirkungen der in vielen Ländern verstärkt bestehenden Möglichkeiten der genehmigungs- bzw. verfahrensfreien Vorhaben zu beachten.[200] Dadurch ist für bestimmte Vorhaben keine Genehmigung mehr erfor-

---

[195] *Kment*, Rechtsschutz im Hinblick auf Raumordnungspläne 2002, S. 332 ff.

[196] Vgl. dazu auch ausführlich *Kment*, Rechtsschutz im Hinblick auf Raumordnungspläne 2002, S. 147 ff.

[197] So auch *Schroeder*, UPR 2000, 54, 56.

[198] Baugenehmigungsbehörde ist nicht zwingend auch die den Bauleitplan aufstellende Gemeinde – so kommt diese Aufgabe in Bayern beispielsweise häufig den Landratsämtern als Staatsbehörde zu, Art. 53 Abs. 1 S. 1 BayBO, Art. 37 Abs. 1 LKrO Bay; ebenso in Baden-Württemberg, vgl. § 46 Abs. 1 Nr. 3 LBO BaWÜ, § 15 Abs. 1 Nr. 1 LVG BaWü.

[199] Existiert noch gar kein Bebauungsplan und befindet sich das Grundstück im Außenbereich, dann besteht von Anfang an eine Bindung an die Ziele der Raumordnung über § 35 BauGB; vgl. dazu ausführlich im Rahmen der Erläuterungen zur Antragsbefugnis Einzelner im Außenbereich unter H.II.1.a.(1)–(3).

[200] Vgl. z. B. die Regelungen in Art. 57 BayBO für verfahrensfreie Vorhaben, Art. 58 BayBO für genehmigungsfreigestellte Vorhaben; § 50 LBO BaWü: verfahrensfreie Vorhaben; § 51 LBO BaWü: Kenntnisgabeverfahren; § 62 LBO RhPf für genehmigungsfreie Vorhaben,

derlich. Eine Verpflichtungsklage auf Erteilung der Baugenehmigung ist nicht möglich. Folglich bleiben nur die Varianten der Normenkontrolle bezüglich des Bebauungsplanes oder des Zieles der Raumordnung direkt.

Neben der Geltendmachung einer Verletzung subjektiver Rechte kommt auch im Geltungsbereich eines Bebauungsplanes die Begründung der Antragsbefugnis durch Geltendmachung einer Verletzung des Abwägungsgebotes des § 7 Abs. 2 S. 1 ROG im Hinblick auf die unzureichende oder fehlerhafte Berücksichtigung subjektiver Rechte oder privater Belange in Betracht.[201]

(4) Nachbar im Geltungsbereich eines Bebauungsplanes

Schwieriger zu beurteilen ist eine mögliche Betroffenheit eines Einzelnen, dessen Grundstück zwar im Geltungsbereich eines Bebauungsplanes liegt, jedoch nicht unmittelbar in dem von der Zielausweisung betroffenen Gebiet und der durch die im Raumordnungsplan zielförmige Ausweisung eine Beeinträchtigung in seinem Eigentum oder seiner körperlichen Unversehrtheit fürchtet. Sowohl bei dem über Art. 14 GG geschützten Eigentum als auch bei der über Art. 2 Abs. 2 S. 1 GG geschützten körperlichen Unversehrtheit handelt es sich um subjektiv-öffentliche Rechte, deren Verletzung der Einzelne geltend machen kann, auch wenn die zielförmige Festlegung sein Grundstück nicht direkt betrifft.[202] Kann der Betroffene die Möglichkeit der Verletzung in einem der genannten Grundrechte durch die zielförmige Ausweisung geltend machen, so ist die Antragsbefugnis zu bejahen.[203]

Die Möglichkeit der Berufung auf die Verletzung des Abwägungsgebotes im Hinblick auf einen ihm zu Gute kommenden privaten Belang besteht auch für den nicht direkt Planbetroffenen.[204]

Insgesamt ist bei der Bejahung der Antragsbefugnis von Eigentümern, deren Grundstücke nicht direkt im zielbetroffenen Bebauungsplangebiet liegen, wohl Zurückhaltung geboten.

(5) Antragsbefugnis der Vorhabengenehmigungsbehörden

Handelt es sich bei dem Antragsteller um die über die Zulassung des jeweiligen Vorhabens entscheidende Behörde, z. B. die Baugenehmigungsbehörde oder

---

§ 67 LBO RhPf für das sogenannte Freistellungsverfahren; § 65 bis 67 LBO NRW für genehmigungsfreie Vorhaben, Anlagen, Wohngebäude, Garagen und Stellplätze.

[201] Vgl. zur möglichen Verletzung des Abwägungsgebotes H.II.1.a.(4).

[202] Vertiefte Darstellung dazu auch bei *Kment*, Rechtsschutz im Hinblick auf Raumordnungspläne 2002, S. 336 ff.

[203] So auch *Kment*, NVwZ 2003, 1047, 1052.

[204] *BVerwG* Beschl. v. 13. 11. 2006 – 4 BN 18/06, NVwZ 2007, 229 ff.; *Kment*, NVwZ 2003, 1047, 1053; vgl. zur Verletzung des Abwägungsgebotes die Ausführungen unter H.II.1.a.(4).

die Planfeststellungsbehörde, muss auch diese eine Verletzung eigener Belange geltend machen. Möglich ist die Berufung auf einen unzulässigen Eingriff in die fachplanerische Kompetenz. Aufgrund der erleichterten Möglichkeit eines Antrages als Behörde, die mit dem Vollzug der betreffenden Normen befasst ist, § 47 Abs. 2 S. 2 Var. 2 VwGO, ist die Antragsbefugnis über § 47 Abs. 1 VwGO allerdings zu vernachlässigen.[205]

c. Antragsbefugnis natürlicher und sonstiger juristischer Personen gegen Grundsätze der Raumordnung

Das Bestehen der Antragsbefugnis natürlicher und sonstiger juristischer Personen zur Überprüfung von Grundsätzen der Raumordnung wird regelmäßig zu verneinen sein. Grundsätze sind darauf angelegt, im Rahmen der nachfolgenden Planungsentscheidungen konkretisiert zu werden. Infolgedessen steht bei Grundsätzen auch nicht fest, ob diese, so wie von der Raumplanungsbehörde vorgesehen, Geltung erlangen oder durch andere Belange in der nachfolgenden Abwägungsentscheidung überwunden werden. Eine Verletzung subjektiver Rechte natürlicher oder juristischer Personen, die für die Antragsbefugnis erforderlich ist, ist durch die Grundsätze noch nicht gegeben. Erst durch die nachfolgende Konkretisierung, sei es in einem Bauleitplan oder in einer fachplanerischen Zulassungsentscheidung, wird entschieden, ob und in welcher Ausprägung der jeweilige Grundsatz zur Geltung kommt.

Nicht ausgeschlossen ist gleichwohl die Berufung auf eine Verletzung des in § 7 Abs. 2 S. 1 Halbs. 1 ROG enthaltenen Abwägungsgebots durch einen Grundsatz. Dieses raumordnungsrechtliche Abwägungsgebot differenziert bezüglich des grundsätzlichen Gebotes zur Abwägung nicht zwischen Zielen und Grundsätzen. Vielmehr sind bei der Aufstellung der Raumordnungspläne insgesamt alle öffentlichen und privaten Belange in die Abwägungsentscheidung einzubeziehen. Die in § 7 Abs. 2 S. 1 Halbs. 2 ROG enthaltene Pflicht zur endgültigen Abwägung bezüglich Zielen der Raumordnung tangiert nicht das generelle Abwägungsgebot in Halbs. 1. Die mögliche Verletzung in eigenen Belangen im Rahmen der Abwägung ist unabhängig von der Art der in dem Raumordnungsplan enthaltenen Bestimmungen.

d. Antragsbefugnis von Gemeinden als Bauleitplanungsbehörden nach § 47 Abs. 2 S. 1 Alt. 1 VwGO

Gemeinden fallen unter den Begriff der juristischen Person des öffentlichen Rechts in § 47 Abs. 2 S. 1 Alt. 1 VwGO.[206]

---

[205] Vgl. zur Antragsbefugnis über § 47 Abs. 2 S. 2 Var. 2 VwGO sogleich unter H.II.2.

[206] Vgl. z. B. *BVerwG* Beschl. v. 15. 03. 1989 – 4 NB 10.88, BVerwGE 81, 307, 309.

(1) Antragsbefugnis zur Überprüfung von Zielen der Raumordnung

Bei zielförmigen Vorgaben kommt die Bejahung der Antragsbefugnis durch die Möglichkeit einer konkreten Beeinträchtigung der Kommunen in ihrer Planungshoheit als Teil der kommunalen Selbstverwaltung aus Art. 28 Abs. 2 GG in Betracht.[207] Das Bestehen einer solchen Beeinträchtigung ist abhängig von dem jeweiligen Inhalt und Konkretisierungsgrad des Zieles.[208] Die Kommunen können sich nicht pauschal auf die Beeinträchtigung der Planungshoheit berufen, erforderlich ist eine konkrete schon bestehende Planung oder zumindest eine konkretisierte Planungsabsicht.[209]

Möchten die Gemeinden Abwägungsfehler bei der Aufstellung eines Raumordnungsplanes bezogen auf darin enthaltene Ziele der Raumordnung geltend machen, können sie einen solchen Fehler nur unter Berufung auf eine Verletzung des Abwägungsgebotes in § 7 Abs. 2 S. 1 ROG bezogen auf ihnen zustehende Belange rügen. Dieses Abwägungsgebot ist wie auch andere Abwägungsgebote drittschützend.[210]

(2) Antragsbefugnis zur Überprüfung von Grundsätzen der Raumordnung

Nicht ausreichend für die Antragsbefugnis der Gemeinden als juristische Personen des öffentlichen Rechts ist regelmäßig die Geltendmachung einer Beeinträchtigung der Planungshoheit durch Grundsätze der Raumordnung. Dies ist unabhängig davon, ob diese in einem Raumordnungsplan, der als Rechtsverordnung oder Satzung erlassen wurde, enthalten sind oder nicht. Die Gemeinden sind an die Grundsätze nicht in gleicher Weise strikt gebunden wie an die Zie-

---

[207] *BVerwG* Beschl. v. 15. 03. 1989 – 4 NB 10.88, BVerwGE 81, 307, 309.

[208] *Böttger/Broosch*, UPR 2002, 420, 432; den Zielen „im Regelfall" die für die Antragsbefugnis notwendige Konkretheit absprechend z. B. *BVerwG* Urt. v. 16. 01. 2003 – 4 CN 8/01, NVwZ 2003, 730, 732. Die aus § 4 Abs. 1 ROG und § 1 Abs. 4 BauGB folgende Anpassungspflicht der Bauleitpläne an Ziele der Raumordnung führt zu einer unmittelbaren Bindung der Kommunen in diesem Bereich.

[209] *BVerwG* Beschl. v. 15. 03. 1989 – 4 NB 10.88, BVerwGE 81, 307, 311 (noch zur alten Fassung des § 47 Abs. 2 VwGO, als ein bloßer Nachteil ausreichend war und diese konkrete Beeinträchtigung anders als für die Klagebefugnis nach § 42 Abs. 2 VwGO noch nicht erforderlich war); *Redeker*, in: *Redeker/von Oertzen, Verwaltungsgerichtsordnung*, § 47 Rn. 31a; ablehnend *Schenke*, in: *Kopp/Schenke, VwGO*, § 47 Rn. 79, der eine mögliche Betroffenheit der Gemeinde bei zukünftigen Planungen für ausreichend hält.

[210] Für das fernstraßenrechtliche Abwägungsgebot in § 17 S. 2 FStrG schon *BVerwG* Beschl. v. 14. 02. 1975 – IV C 21.74, BVerwGE 48, 56, 66 f. (zum damals in § 17 Abs. 1 S. 2 FStrG enthaltenen Abwägungsgebot, vgl. Zweites Gesetz zur Änderung des Bundesfernstraßengesetzes vom 04. 07. 1974, BGBl. I, 1401). Für das in § 18 Abs. 1 S. 2 AEG enthaltene Abwägungsgebot *BVerwG* Urt. v. 27. 11. 1996 – 11 A 100/95, NVwZ 1997, 994, 995.Zur Geltendmachung der Verletzung des Abwägungsgebotes vergleiche auch unter H.II.1.a.(4). im Rahmen der Erläuterungen der Antragsbefugnis natürlicher und sonstiger juristischer Personen.

le.[211] Die Gemeinden können ihre eigenen Planungen unter Berücksichtigung der Grundsätze vorantreiben, ohne derart strikt an diese Vorgaben gebunden zu sein wie an Ziele der Raumordnung.[212] Sind die Gemeinden der Auffassung, ihr Recht auf kommunalen Selbstverwaltung sei höher zu gewichten als die über den Grundsatz geschützten Belange, können sie die Grundsätze im Rahmen ihrer eigenen Abwägungsentscheidung hinter ihre Planungshoheit zurückstellen.[213]

Eine pauschale Geltendmachung sonstiger, allgemeiner Verstöße bei der Aufstellung des Raumordnungsplanes bezogen auf Grundsätze durch die Gemeinden ist ebenfalls nicht ausreichend für die Bejahung der Antragsbefugnis. Popularanträge sollen verhindert werden, auch wenn es sich um ein objektives Beanstandungsverfahren handelt.[214] Möchten die Gemeinden Abwägungsfehler bei der Aufstellung eines Raumordnungsplanes bezogen auf darin enthaltene Grundsätze der Raumordnung geltend machen, können sie einen solchen Fehler nur unter Berufung auf eine Verletzung des drittschützenden Abwägungsgebotes in § 7 Abs. 2 S. 1 ROG bezogen auf ihnen zustehende Belange rügen.[215]

Unabhängig davon kann die Gemeinde die Überprüfung von Grundsätzen, die das eigene Gemeindegebiet betreffen, im Rahmen des § 47 Abs. 2 S. 1 Alt. 2 VwGO als Behörde anstreben.[216]

2. Antragsbefugnis der Behörden, § 47 Abs. 2 S. 1 Alt. 2 VwGO

Eine Antragsbefugnis unter erleichterten Voraussetzungen besteht für Behörden durch die Regelung des § 47 Abs. 2 S. 1 Alt. 2 VwGO. Diese sind ohne Geltendmachung eines verletzten subjektiven Rechtes antragsbefugt.

Unter den Begriff der Behörde, der auch in diesem Zusammenhang wie in § 1 Abs. 4 VwVfG als jede Stelle, die Aufgaben der öffentlichen Verwaltung

---

211 Vgl. *VGH München* 26.06.1974 – 71 IV 73, BayVBl 1975, 114, 115 für einen Grundsatz zur Festlegung zentraler Orte; die Antragsbefugnis der Gemeinden auch bei Grundsätzen dagegen bejahend *Schenke*, in: *Erbguth* (Hrsg.), Planungsrecht in der gerichtlichen Kontrolle, 2012, S. 73, 80 in Berufung auf die dadurch entstehende Einschränkung des planerischen Ermessens. Allerdings bleibt offen, ob sich diese Aussage auf die Antragsbefugnis nach § 47 Abs. 2 S. 1 Alt. 1 VwGO als juristische Person oder auf die erleichterte Antragsbefugnis als Behörde nach § 47 Abs. 2 S. 1 Alt. 2 VwGO bezieht. Vgl. oben C.III.1.b. und 2.b.

212 Anders zu beurteilen ist dies für die Antragsbefugnis der Gemeinden als Behörden nach § 47 Abs. 2 S. 1 Alt. 2 VwGO, dazu sogleich unter H.II.2.

213 A.A. *Goppel*, in: *Spannowsky/Runkel/Goppel, ROG*, § 4 Rn. 105.

214 Vgl. z.B. *Ziekow*, in: *Sodan/Ziekow, VwGO*, § 47 Rn. 37 f.

215 Dies gilt hier in gleichem Maße wie für zielförmige Bestimmungen, vgl. soeben unter H.II.1.d.(1). Zur Geltendmachung der Verletzung des Abwägungsgebotes vergleiche auch unter H.II.1.a.(4). im Rahmen der Erläuterungen der Antragsbefugnis natürlicher und sonstiger juristischer Personen.

216 Zu den Voraussetzungen für einen Antrag der Gemeinden als Behörden sogleich ausführlich unter H.II.2.

wahrnimmt, zu verstehen ist, fallen auch die Gemeinden.[217] Diese nehmen Aufgaben der öffentlichen Verwaltung wahr. Voraussetzung ist, dass die Gemeinde mit dem Vollzug der Norm befasst ist oder diese in sonstiger Weise zu beachten hat.[218]

Das ist für Gemeinden, deren Gemeindegebiet durch ein Ziel der Raumordnung betroffen ist, zu bejahen. Diese müssen aufgrund § 4 Abs. 1 ROG, § 1 Abs. 4 BauGB ihre bestehende und künftige Bauleitplanung an Ziele der Raumordnung anpassen.[219]

Auch Grundsätze der Raumordnung sind von den Gemeinden in ihrer Eigenschaft als bauleitplanende Behörde zu beachten. An Grundsätze der Raumordnung sind die Gemeinden nicht strikt gebunden, sie können diese im Rahmen der Abwägung überwinden. § 4 Abs. 1 S. 1 ROG verlangt insoweit deren Berücksichtigung. Trotzdem sind diese im Sinne des § 47 Abs. 2 S. 1 Alt. 2 VwGO von der Gemeinde zu beachten.[220] Die Gemeinden müssen sich im Rahmen ihrer Abwägungsentscheidung mit diesen auseinandersetzen. Sie haben die Möglichkeit, die Grundsätze im Rahmen ihrer Abwägungsentscheidung zu überwinden, auch wenn sie der Auffassung sind, diese verletzten sie in ihrer Planungshoheit.[221] Das birgt das Risiko eines Abwägungsfehlers und einer späteren Unwirksamkeitserklärung des Bebauungsplanes bei gerichtlichen Verfahren, die von Dritten angestrebt werden.[222] Alternativ oder zusätzlich können die Gemeinden direkt einen Normenkontrollantrag zur Überprüfung des betreffenden Grundsatzes stellen. Dies hat den Vorteil der rechtsverbindlichen gerichtlichen Entscheidung und damit entstehender Rechtsklarheit. Es hat jedoch den Nachteil der zeitlichen Verzögerung des Aufstellungsverfahrens des jeweiligen Bebauungsplanes.

Neben den Gemeinden ist die erleichterte Antragsbefugnis für die jeweiligen Vorhabenzulassungsbehörden, insbesondere Baugenehmigungs- und Planfest-

---

[217] *BVerwG* Beschl. v. 15.03.1989 – 4 NB 10.88, BVerwGE 81, 307, 309; Redeker/v. Oertzen, § 47, Rn. 33; *Gerhardt/Bier*, in: *Schoch/Schneider/Bier, Verwaltungsgerichtsordnung*, § 47 Rn. 82; *Schmidt*, in: *Eyermann, VwGO*, § 47 Rn. 56 f.; *Kment*, Rechtsschutz im Hinblick auf Raumordnungspläne 2002, S. 299 f.; kritisch dazu *Schmitz*, in: *Stelkens/Bonk/Sachs, VwVfG*, § 1 Rn. 230.

[218] Ständige Rechtsprechung, vgl. *BVerwG* Beschl. v. 15.03.1989 – 4 NB 10.88, BVerwGE 81, 307, 310 f.; *VGH Kassel* Beschl. v. 22.07.1999 – 4 N 1598/93, ZfBR 2000, 194, 196 f.; *VGH Mannheim* Beschl. v. 05.08.1998 – 8 S 1906–97, NVwZ 1999, 1249, 1250; *Redeker*, in: *Redeker/von Oertzen, Verwaltungsgerichtsordnung*, § 47 Rn. 33 f.

[219] *VGH Mannheim* Urt. v. 15.07.2005 – 5 S 2124/04, NVwZ-RR 2006, 232.

[220] So auch *Kment*, Rechtsschutz im Hinblick auf Raumordnungspläne 2002, S. 301.

[221] Vgl. dazu schon oben im Rahmen der Antragsbefugnis der Gemeinden als juristische Personen unter H.II.1.d.(2).

[222] Flächennutzungspläne als vorbereitende Bauleitpläne sind nur in der Sonderkonstellation des § 35 Abs. 3 S. 3 BauGB, wenn in ihnen Konzentrationszonen ausgewiesen werden, normenkontrollfähig, vgl. dazu *BVerwG* Urt. v. 26.04.2007 – 4 CN 3/06, NVwZ 2007, 1081; *BVerwG* Urt. v. 31.01.2013 – 4 CN 1/12, NVwZ 2013, 1011; *Schenke*, NVwZ 2007, 134, 140 f.

stellungsbehörden, relevant. Das einschränkende Kriterium der Befassung mit der entsprechenden Norm[223] ist bei Anwendung der Norm im Rahmen der Zulässigkeitsentscheidung gegeben.[224]

3. Unzutreffende Kennzeichnung der Ziele der Raumordnung und Konsequenzen für den Rechtschutz

Nach der herausgearbeiteten Systematik des Rechtschutzes ist neben der Rechtsnatur der Raumordnungspläne bzw. der in diesen enthaltenen Bestimmungen entscheidend, ob es sich um Ziele oder Grundsätze der Raumordnung handelt. Wird Rechtschutz gegen einzelne Grundsätze beantragt, so scheitert ein Normenkontrollantrag häufig an der Antragsbefugnis.[225] Kennzeichnet die Raumplanungsbehörde entgegen § 7 Abs. 4 ROG eine eigentlich gewollte zielförmige Festlegung nicht als solches Ziel, sondern als Grundsatz, kommt dieser Festlegung auch nur die Wirkung eines Grundsatzes zu. Ob die Raumplanungsbehörde abschließend abgewogen hat ist unerheblich, die Kennzeichnungspflicht soll ja gerade dazu dienen, dass die planende Behörde auch nach außen sichtbar macht, dass sie eine raumplanerisch abschließende Entscheidung getroffen hat. Eine Rechtschutzlücke entsteht gleichwohl nicht. Handelt es sich mangels Kennzeichnung nicht um ein Ziel, besteht auch für die diese Vorschrift anwendenden Behörden oder sonstige Betroffene kein Anlass, von einer zielförmigen Festlegung auszugehen. Folglich können diese Vorgaben im Wege der Abwägung überwunden werden. Eine unmittelbare Beeinträchtigung von Rechten Privater liegt durch die raumplanerische Ausweisung nicht vor.

Wird umgekehrt eine raumplanerische Festlegung trotz fehlender abgeschlossener Abgewogenheit als Ziel gekennzeichnet, können sich die jeweiligen Rechtschutzsuchenden an dieser formalen Kennzeichnung orientieren. Sie sind antragsbefugt, wenn sie eine mögliche Verletzung unmittelbar durch die vermeintlich raumplanerisch abgeschlossene Festlegung geltend machen können.

4. Zusammenfassung der Analyse zum Rechtschutz gegen raumplanerische Bestimmungen

Entscheidend für Art und Statthaftigkeit eines formellen Rechtsbehelfes gegen raumplanerische Bestimmungen ist die Rechtsnatur des jeweiligen Planes beziehungsweise der einzelnen Bestimmung selbst.[226]

---

[223] Vgl. dazu schon Fn. 220.

[224] *Schmidt*, in: *Eyermann, VwGO*, § 47 Rn. 56 f.; *VGH München* Urt. v. 01.04.1982 – 15 N 81 A/1679, BayVBl 1982, 654.

[225] Vgl. oben H.II.1.c. und d.(2).

[226] Vgl. dazu oben unter H.I.1.

Gegen einen als förmliches Gesetz erlassenen Raumordnungsplan sind Individual- bzw. Kommunalverfassungsbeschwerden nach Art. 93 Abs. 1 Nr. 4a bzw. Nr. 4b GG statthaft. Gerichte müssen bei angenommener Unwirksamkeit dieser in einem förmlichen Gesetz enthaltenen Bestimmungen das BVerfG nach Art. 100 GG anrufen.[227]

Raumordnungspläne in Form von Rechtsverordnungen oder Satzungen können im Wege der Normenkontrolle nach § 47 VwGO überprüft werden.[228]

Ist der jeweilige Raumordnungsplan nicht in einer bestimmten Rechtsform erlassen, so ist für die in dem Plan enthaltenen Bestimmungen sowohl in Form von Zielen als auch in Form von Grundsätzen der Normenkontrollantrag nach § 47 VwGO statthaft. Beiden Arten von raumplanerischen Festlegungen kommt die erforderliche Außenwirkung zu.[229]

Ist ein Normenkontrollantrag nach § 47 VwGO statthaft, so kommt es unabhängig davon, ob der Plan als Rechtsverordnung oder Satzung oder ohne Festlegung einer bestimmte Rechtsnatur erlassen wurde, auf die Unterscheidung zwischen Zielen und Grundsätzen an.

Gemeinden als juristische Personen sowie natürliche und sonstige juristische Personen sind nach § 47 Abs. 2 S. 1 Alt. 1 VwGO bezüglich zielförmigen Bestimmungen antragsbefugt, wenn sie die Möglichkeit einer Verletzung in einem subjektiven Recht geltend machen können.[230] Die Verletzung in einem subjektiven Recht durch einen Grundsatz der Raumordnung können die Gemeinden als juristische Personen lediglich geltend machen, wenn sie sich auf die Verletzung des Abwägungsgebotes hinsichtlich eines eigenen Belanges berufen können. Eine Berufung auf die Verletzung ihrer Planungshoheit durch Grundsätze der Raumordnung kann die Antragsbefugnis nicht begründen, da die Vorgaben der Abwägung zugänglich sind.[231]

Ebensowenig sind natürliche und sonstige juristische Personen durch die Grundsätze der Raumordnung in eigenen Rechten betroffen.[232] Sie können sich auf eine Verletzung des Abwägungsgebotes durch Grundsätze berufen.

Die Beeinträchtigung eigener Rechte oder die Verletzung des Abwägungsgebotes bezüglich eigener Belange sonstiger Behörden, insbesondere Vorhabengenehmigungsbehörden, sind kaum denkbar. Die Gemeinden und sonstige mit der Anwendung der raumplanerischen Vorgaben befasste Behörden

[227] Vgl. dazu oben unter H.I.2.a. für natürliche und juristische Personen, b. für Kommunen und c. für die Gerichte.

[228] Vgl. dazu oben unter H.I.3.a.(1). Unter H.I.3.a.(2). finden sich Erläuterungen zur subsidiär statthaften Verfassungsbeschwerde.

[229] Vgl. oben unter H.I.4. Nach Erschöpfung des Rechtsweges ist auch noch die Verfassungsbeschwerde statthaft, vgl. auch dazu unter H.I.4.

[230] Vgl. zu den privaten und sonstigen juristischen Personen unter H.II.1.a. und b., zu den Gemeinden als juristische Personen unter H.II.1.d.(1).

[231] Vgl. dazu oben unter H.II.1.d.(2).

[232] Vgl. dazu oben unter H.II.1.c.

sind über § 47 Abs. 2 S. 1 Alt. 2 VwGO als Behörden sowohl bezüglich Zielen als auch bezüglich Grundsätzen der Raumordnung antragsbefugt. Sie haben die Grundsätze bei ihrer Abwägungsentscheidung zu beachten und können etwaige Fehler geltend machen.[233]

Zusätzlich zur Antragsbefugnis ist das Bestehen eines Rechtschutzbedürfnisses Zulässigkeitsvoraussetzung für einen Antrag nach § 47 VwGO. Dies ist nach allgemeinen Grundsätzen immer dann gegeben, wenn die geltend gemachte Rechtsverletzung des Antragsstellers durch die Unwirksamkeitserklärung der Norm verhindert, beseitigt oder verringert werden kann.[234] Ergibt sich beispielsweise für den Nachbarn durch die Unwirksamkeitserklärung des Zieles kein Wegfall der geltend gemachten Beeinträchtigung, so fehlt sein Rechtschutzinteresse.[235] Im Ergebnis ist immer eine genaue Untersuchung der Sachlage im Einzelfall erforderlich. Für Anträge der Gemeinden als Behörden ist wie auch im Übrigen ein besonderes Rechtschutzbedürfnis nötig.[236] Dieses ist nur ausgeschlossen, wenn die Gemeinde die Möglichkeit hat, selbst die Norm zu ändern oder aufzuheben.[237] Hält sie ein Ziel für rechtswidrig hat sie keine andere Möglichkeit als das Ziel im Wege eines Normenkontrollverfahrens anzugreifen.[238]

Inzidente Rechtschutzmöglichkeiten sind in vielerlei Ausgestaltungen gegeben. Die Möglichkeiten reichen von einer inzidenten Überprüfung im Wege der Anfechtungsklage oder eines Normenkontrollantrages bis hin zu einer Feststellungsklage. Diese Entscheidungen wirken immer nur für die jeweiligen Prozessbeteiligten.[239]

---

[233] Vgl. dazu oben unter H.II.2.

[234] *BVerwG* Beschl. v. 09.02.1989 – 4 NB 1/89, NVwZ 1989, 653 f.; *BVerwG* Beschl. v. 28.08.1987 – 4 N 3/86, NJW 1988, 839, 841; *VGH Mannheim* 03.03.1983 – 5 S 1751/82, NVwZ 1984, 44; ausführlich zum Rechtsschutzbedürfnis im Normenkontrollverfahren *Ziekow*, in: *Sodan/Ziekow, VwGO*, § 47 Rn. 128 ff.

[235] *OVG Saarlouis* Urt. v. 18.05.2006 – 2 N 3/05, NJOZ 2006, 3810, 3814 f. Im konkreten Fall ging es um ein Vorranggebiet für Windkraftanlagen. Selbst bei Unwirksamkeitserklärung des zielförmigen Vorranggebietes bliebe die Privilegierung für Windkraftanlagen in § 35 Abs. 1 Nr. 3 BauGB bestehen, die Situation des Nachbarn hätte sich nicht verbessert. Ob es sich dabei um ein Problem der Antragsbefugnis oder des Rechtschutzbedürfnisses handelt lässt das Gericht offen. Ähnlich auch *Frey*, NVwZ 2013, 1184, 1186 f.

[236] So schon *BVerwG* Beschl. v. 15.03.1989 – 4 NB 10.88, BVerwGE 81, 307, 310; *Schmidt*, in: *Eyermann, VwGO*, § 47 Rn. 81; *Ziekow*, in: *Sodan/Ziekow, VwGO*, § 47 Rn. 269.

[237] *Schenke*, in: *Kopp/Schenke, VwGO*, § 47 Rn. 94; *Ziekow*, in: *Sodan/Ziekow, VwGO*, § 47 Rn. 269.

[238] Die Möglichkeit einer Zielabweichung nach § 6 Abs. 2 ROG steht dem nicht entgegen. In diesem Verfahren steht die Rechtmäßigkeit des betreffenden Zieles nicht im Streit. Vgl. dazu auch *Kment*, Rechtsschutz im Hinblick auf Raumordnungspläne 2002, S. 303 f., der dies als Problem der Antragsbefugnis behandelt.

[239] Vgl. dazu oben unter H.I.5.

III. Zusammenhang zwischen unwirksamen Zielen und an diese angepasste Bebauungspläne

Wird ein Ziel der Raumordnung für unwirksam erklärt und exisitiert ein an dieses Ziel angepasster Bebauungsplan, so bleibt dieser von der Unwirksamkeitsentscheidung unberührt. Der Bebauungsplan ist nicht in der Weise abhängig von einem Raumordnungsplan, dass er die automatische Unwirksamkeit zur Folge hat. So lange kein neues Ziel der Raumordnung aufgestellt ist, ist kein Verstoß gegen § 1 Abs. 4 BauGB bzw. § 4 Abs. 1 ROG gegeben. Es existiert dann keine raumplanerische Vorgabe mehr, an die der Bebauungsplan angepasst werden müsste.[240] Es liegt vielmehr in der Planungshoheit der Gemeinde, ob sie den Bebauungsplan ändert oder ob sie bei der bestehenden Planung bleibt. Wenn beispielsweise das raumplanerisch ausgewiesene Vorranggebiet für Windenergienutzung, § 8 Abs. 7 S. 1 Nr. 1 ROG, aufgrund von Abwägungsfehlern für unwirksam erklärt wird, kann es trotzdem aus gemeindlicher Sicht Gründe dafür geben, die entsprechende Fläche im Flächennutzungsplan für Windenergienutzung freizuhalten. Die Erteilung einer Baugenehmigung für ein Vorhaben, dem diese Windenergienutzung entgegensteht, scheitert dann an dem Bebauungsplan. Einen Anspruch auf entsprechende Änderung des Bebauungsplanes verneint § 1 Abs. 3 S. 2 BauGB ausdrücklich. Stellt die Raumplanungsbehörde ein neues Ziel der Raumordnung auf,[241] löst dies eine neue Anpassungsverpflichtung nach § 1 Abs. 4 BauGB aus.

Baugenehmigungen, die nach Inkrafttreten des die Anpassungspflicht auslösenden Zieles auf der Grundlage des noch nicht angepassten Bebauungsplanes erteilt und bestandskräftig werden, bleiben von der gerichtlichen Unwirksamkeitsfeststellung unberührt.[242] Die Ausnutzung einer noch nicht vollzogenen Baugenehmigung nach Erlass des Urteils, das die Unwirksamkeit der jeweiligen Norm feststellt, ist dagegen nicht zulässig, § 47 Abs. 5 S. 3 i. V. m. § 183 S. 2 VwGO.[243] Ist die Baugenehmigung dagegen schon vollständig ausgeschöpft,

[240] So ausdrücklich für den Fall, dass überhaupt kein Raumordnungsplan aufgestellt wurde *BVerwG* Beschl. v. 25.06.2007 – 4 BN 17.07 C, ZfBR 2007, 683, 684; *BVerwG* Urt. v. 29.04.2010 – 4 CN 3/08, NVwZ 2010, 1430, 1433 (Rn. 24); *Kümper*, LKV 2014, 542, 545.

[241] Gleiches gilt für eine Änderung des bestehenden Raumordnungsplanes, je nachdem wie umfangreich die konkrete Unwirksamkeitserklärung ausgefallen ist.

[242] So ausdrücklich die Begründung des Gesetzesentwurfes zu § 47 Abs. 6 VwGO a. F. (entspricht dem heutigen § 47 Abs. 5 VwGO) vom 21.11.1975, BTDrs. 7/4323, S. 12; ebenso *BVerwG* Beschl. v. 14.07.1987 – 7 N 1.78, BVerwGE 56, 172, 176; *BVerwG* Beschl. v. 17.12.1992 – 4 NB 25.90, DVBl 1993, 651; differenzierend *Hufen*, Verwaltungsprozessrecht 2013, § 38 Rn. 52.

[243] *BVerwG* Beschl. v. 28.08.1987 – 4 N 3/86, NJW 1988, 839, 841.

d. h. das Bauvorhaben verwirklicht, steht diesem der für unwirksam erklärte Bebauungsplan aufgrund des Bestandsschutzes nicht entgegen.[244]

IV. Verwerfungskompetenz der Genehmigungsbehörden bei angenommener Rechtswidrigkeit der raumplanerischen Vorgaben

1. Problemüberblick

Im Zusammenhang mit den unterschiedlichen Rechtschutzmöglichkeiten ist die Möglichkeit der einzelnen von den raumplanerischen Ausweisungen im Rahmen ihrer eigenen Entscheidungen betroffenen Behörden, diese Vorgaben nicht zu beachten, mit in die Betrachtung einzubeziehen. Die gerichtlichen Kontrollmöglichkeiten sind im Zusammenhang mit den behördlichen Kontrollmöglichkeiten zu sehen, die jeweiligen Befugnisse zu trennen.

Neben den Grundstückseigentümern und Gemeinden kommen auch die das jeweilige Vorhaben genehmigenden Behörden mit Zielen und Grundsätzen bzw. allgemein mit Erfordernissen der Raumordnung[245] in Berührung. Insbesondere ist an die für Baugenehmigungen[246] oder immissionsschutzrechtliche Genehmigungen zuständigen Behörden sowie an Planfeststellungsbehörden zu denken.

Wenn die jeweils zuständigen Behörden im Rahmen ihrer Zulassungsentscheidung ein Ziel der Raumordnung für unwirksam erachten, stellt sich die Frage, ob sie an dieses Ziel gebunden sind oder ob sie dieses außer Acht lassen dürfen. Diese Befugnis zur Nichtbeachtung der entsprechenden Vorgaben wird mit dem Begriff der inzidenten Verwerfungskompetenz der Behörden umschrieben. Davon zu unterscheiden ist die inzidente Verwerfungskompetenz der Gerichte. Letztgenannte umfasst die Befugnis der Verwaltungsgerichte im Rahmen eines Verfahrens, in dem inzident als Vorfrage die Rechtmäßigkeit einer raumplanerischen Vorgabe überprüft wird,[247] diese raumplanerische Vorgabe bei Unwirksamkeit selbiger im konkreten gerichtlichen Verfahren unangewendet zu

[244] Sehr ausführlich zu dieser Thematik *Kraft*, UPR 1988, 288, 295 ff., der den Vollzug der Baugenehmigung nach Erlass eines den Bebauungsplan für unwirksam erklärenden Normenkontrollurteiles ablehnt, aus Vertrauensschutzgründen bei schon in gewissem Umfang begonnener Bauausführung die Weiterführung für zulässig erachtet. Die Vollziehbarkeit insgesamt eher ablehnend *Pietzner*, in: *Schoch/Schneider/Bier, Verwaltungsgerichtsordnung*, § 183 Rn. 44.

[245] Erfordernisse der Raumordnung als Oberbegriff, § 3 Abs. 1 Nr. 1 ROG.

[246] Baugenehmigungsbehörde ist nicht zwingend auch die den Bauleitplan aufstellende Gemeinde, so kommt diese Aufgabe in Bayern häufig den Landratsämtern Staatsbehörde zu, Art. 53 Abs. 1 S. 1 BayBO, Art. 37 Abs. 1 LKrO Bay, ebenso in Baden-Württemberg, vgl. § 46 Abs. 1 Nr. 3 LBO BaWü, § 15 Abs. 1 Nr. 1 LVG BaWü.

[247] Zu den unterschiedlichen Varianten dieser gerichtlichen inzidenten Normenkontrolle raumplanerischer Vorgaben vgl. oben unter H.I.5.

lassen.[248] In Rechtsprechung und Literatur wurde bisher vor allem die Befugnis zur inzidenten Verwerfungskompetenz der Baugenehmigungsbehörden bei von diesen angenommener Unwirksamkeit des für die Genehmigungserteilung maßgeblichen Bebauungsplanes diskutiert. Die Grundproblematik ist im Zusammenspiel zwischen raumplanerischen Vorgaben und Entscheidungsbefugnissen der jeweiligen Genehmigungsbehörden ähnlich. Allgemein anerkannt ist das Bestehen der reinen Prüfungskompetenz der einzelnen Behörden. Bei ihren Entscheidungen sind diese berechtigt, die jeweiligen Normen auf deren Vereinbarkeit mit höherrangigem Recht zu prüfen.[249] Die sich für die jeweilige Behörde ergebenen Befugnisse bei angenommener Unwirksamkeit werden uneinheitlich beurteilt.

2. Vorgehen bei angenommener Unwirksamkeit von Zielen der Raumordnung, die in Satzungen oder Rechtsverordnungen enthalten sind bzw. denen selbst Rechtsnormqualität zukommt[250]

a. Mögliche Konstellationen

Relevant wird die Frage nach der Verwerfungskompetenz der Genehmigungsbehörden in mehreren Konstellationen:

Die Vorgaben eines Zieles der Raumordnung werden von der den Bebauungsplan aufstellenden oder ändernden Gemeinde aufgrund der Anpassungsverpflichtung aus § 1 Abs. 4 BauGB in den Bebauungsplan übernommen. Dieses Ziel wird von der Baugenehmigungsbehörde im Rahmen der bauplanungsrechtlichen Entscheidung über die Erteilung einer Baugenehmigung nach § 30 BauGB als unwirksam angesehen. Infolgedessen möchte sie bei ihrer Entscheidung über die Zulassung des beantragten Vorhabens von den diesbezüglichen Vorgaben im Bebauungsplan abweichen. Als Beispiel kann die Übernahme von raumplanerisch festgelegten Konzentrationszonen in den Bebauungsplan genannt werden.

Relevant wird die behördliche Verwerfungskompetenz auch bei der baurechtlichen Zulassungsentscheidung für ein Vorhaben im Außenbereich, für das

---

[248] Daneben existiert noch das Verwerfungsmonopol des BVerfGes sowie der Landesverfassungsgerichte bezüglich formeller Gesetze, Art. 100 Abs. 1 GG. Fachgerichte, die eine für ihren Rechtsstreit entscheidungserhebliche Norm für verfassungswidrig halten, dürfen nicht selbst über die Wirksamkeit der Norm entscheiden, sondern sind verpflichtet, das Verfahren auszusetzen und die Rechtswidrigkeit der Norm vom BVerfG klären zu lassen. Vgl. zu den Möglichkeiten der Behörde bei Zweifeln an der Wirksamkeit formeller Gesetze unter H.III.4.

[249] *Reidt*, in: *Battis/Krautzberger/Löhr, BauGB*, § 10 Rn. 10 ff.; *BGH* Urt. v. 25. 10. 2012 – III ZR 29/12, NVwZ 2013, 167, 168.

[250] Die nachfolgenden Ausführungen beziehen sich nicht auf Erfordernisse der Raumordnung, die in Raumordnungsplänen enthalten sind, die als förmliches Gesetz erlassen wurden, dazu unter H.III.4. Zur Rechtsnormqualität von Zielen der Raumordnung vgl. oben unter H.I.4.a.

bezüglich der bauplanungsrechtlichen Zulässigkeit § 35 BauGB maßgeblich ist.[251] In dieser Konstellation wirken die Ziele der Raumordnung in den unterschiedlichen Konstellationen des § 35 Abs. 3 S. 2, S. 3 BauGB direkt auf die Zulassungsentscheidung ein.[252] Ist die Baugenehmigungsbehörde der Auffassung, das entsprechende Ziel sei unwirksam, stellt sich das identische Problem der Normverwerfungskompetenz bezüglich des Zieles wie im Geltungsbereich eines Bebauungsplanes nach § 30 BauGB. Handelt es sich um eine Zulassungsentscheidung als Ergebnis eines Planfeststellungsverfahrens und existieren zielförmige Standortvorgaben, stellt sich für die Planfeststellungsbehörde, die das raumplanerische Ziel für unwirksam hält, ebenfalls die Frage der Bindung trotz angenommener Nichtigkeit.

b. Unterschiedliche Rechtsnatur der Raumordnungspläne, Nichtigkeitsdogma und Planerhaltungsvorschriften

Das Bestehen oder Nicht-Bestehen einer inzidenten Verwerfungskompetenz der Behörden stellt sich wie schon erwähnt in ähnlicher Weise bei von den Baugenehmigungsbehörden angenommener Unwirksamkeit von Bebauungsplänen. Ob die Baugenehmigungsbehörden im Rahmen der Zulassungsentscheidung nach § 35 BauGB an die Ziele gebunden sind, auch wenn sie diese als unwirksam erachten, oder ob sie diese außer Acht lassen dürfen, wird unterschiedlich beurteilt. Für den Vergleich mit einem Bauleitplan spricht, dass auch dieser von der Baugenehmigungsbehörde zunächst als wirksam zu behandeln ist.[253] Teilweise wird auch eine Nicht-Bindung im Rahmen der Zulassungsentscheidung vertreten.[254]

Für Rechtsverordnungen und Satzungen gilt der Grundsatz der materiellen Nichtigkeit der Normen, wenn diese gegen höherrangiges Recht verstoßen oder unter Verstößen gegen Form- oder Verfahrensvorschriften zustande kommen.[255] Dieses Nichtigkeitsdogma wird jedoch vielfach gesetzlich durchbrochen. Für die als Satzungen ergehenden Bebauungspläne existieren in §§ 214, 215 BauGB für bestimmte Fehler Unbeachtlichkeitsvorschriften.[256]

---

[251] Vgl. dazu oben D.II.2.c.

[252] Vgl. zu der Wirkung der Ziele im Rahmen des § 35 BauGB unter H.II.1.a.(1)–(3).

[253] *Redeker*, in: *Erbguth/Oebbecke/Rengelin u. a.* (Hrsg.), Planung, 2000 S. 329, 339; offen gelassen von *Böttger/Broosch*, UPR 2002, 420, 425.

[254] *Kment*, UPR 2002, 428, 43.

[255] Sogenanntes Nichtigkeitsdogma, vgl. den Überblick bei *Ossenbühl*, NJW 1986, 2805, 2806 ff.; *Erbguth*, Allgemeines Verwaltungsrecht 2014 § 25 Rn. 9, § 26 Rn. 5.

[256] *Stock*, in: *Ernst/Zinkhahn/Bielenberg/Krautzberger, BauGB*, § 214 Rn. 2 ff.; ausführlich zur Fehlerlehre *Ossenbühl*, NJW 1986, 2805 ff. In den landesrechtlichen Kommunalgesetzen sind teilweise ähnliche Planerhaltungsvorschriften für alle kommunalen Satzungen enthalten, vgl. z. B. § 10 Abs. 2 Niedersächsisches Kommunalverfassungsgesetz; § 4 Abs. 4 Gemeindeordnung Baden-Württemberg; § 8 Abs. 3 Kommunalverfassungsgesetz Sachsen-Anhalt.

Eine ähnliche Vorschrift findet sich in Bezug auf Raumordnungspläne in § 12 ROG.[257] Unbeachtlich für die Wirksamkeit von Raumordnungsplänen können insbesondere bestimmte Verfahrens- und Formfehler, § 12 Abs. 1 ROG, sowie Abwägungsmängel, die nicht auf das Ergebnis der Abwägung von Einfluss sind, § 12 Abs. 3 ROG, sein. Gleichwohl ergibt sich aus der materiellen Unwirksamkeit der Pläne nicht automatisch die Befugnis zur Verwerfung der Norm durch die jeweiligen mit ihrer Anwendung befassten Behörden.[258] Vielmehr besteht eine Befugnis zur allgemeingültigen Verwerfung von raumordnungsrechtlichen Vorgaben ausdrücklich nur für die Verwaltungsgerichte im Rahmen eines Normenkontrollverfahrens, § 47 Abs. 5 S. 2 VwGO.[259]

Zuzustehen ist den Behörden jedenfalls das Recht zur Prüfung der Rechtmäßigkeit der betreffenden Vorgaben. Sie sind nicht gezwungen, ohne weitere Reflektion Normen anzuwenden.[260] Wenn die Genehmigungsbehörde durch Ausübung ihrer Prüfungskompetenz zu dem Schluss kommt, es liege ein in diesem Sinne unbeachtlicher Fehler vor, kann sie die Norm als wirksam behandeln. Ist sie unsicher, kann sie gerichtlichen Rechtschutz beantragen. Wenn sie zu dem Schluss kommt, die Norm sei unwirksam und deshalb nicht anzuwenden, findet sich keine explizite gesetzliche Regelung, wie die Behörde damit umzugehen hat.

Im Rahmen der Diskussion über das Bestehen der behördlichen Verwerfungskompetenz werden insbesondere die Bindung an Recht und Gesetz aus Art. 20 Abs. 3 GG, die in Art. 28 Abs. 2 GG gewährleistete Planungshoheit der Gemeinden, die Gewährleistung der Rechtssicherheit, sowie der Anspruch des Bauantragstellers auf eine rechtmäßige Entscheidung genannt.

c. *Argumente für eine behördliche Verwerfungskompetenz*

Teilweise wird Art. 20 Abs. 3 GG als Argument für das Bestehen einer behördlichen Verwerfungskompetenz angeführt. Wenn die über die Zulässigkeit des Vorhabens entscheidende Behörde der Auffassung sei, die betreffende Norm verstoße gegen höherrangiges Recht, dürfe sie diese Norm wegen ihrer Bindung an Recht und Gesetz nicht anwenden.[261] Die Nichtanwendung einer nichtigen Norm stelle keinen unzulässigen Eingriff in die Planungshoheit der Gemeinde dar. Neben der in Art. 28 Abs. 2 GG gewährleisteten Planungshoheit seien die

---

[257] In einigen Landesplanungsgesetzen finden sich dieser Regelung entsprechende bzw. diese Regelung ergänzende Vorschriften, z. B. Art. 23 BayLPlG, § 7 NdsROG, § 8 SächsLPlG.

[258] Vgl. *Maurer*, Allgemeines Verwaltungsrecht 2011 § 4 Rn. 60. In diese Richtung aber wohl *Detterbeck*, Allgemeines Verwaltungsrecht 2016, Rn. 121.

[259] Unabhängig davon, ob diese in Plänen enthalten sind, die als untergesetzlicher Normen erlassen wurden oder ob den Bestimmungen denen selbst diese Rechtsform zukommt.

[260] *Reidt*, in: *Battis/Krautzberger/Löhr, BauGB*, § 10 Rn. 10 ff.; *BGH* Urt. v. 25. 10. 2012 – III ZR 29/12, NVwZ 2013, 167, 168.

[261] *OVG Lüneburg* Beschl. v. 15. 10. 1999 – 1 M 3614/99, NVwZ 2000, 1061, 1062.

Eigentümerinteressen in die Bewertung bezüglich eines Bestehens oder Nicht-Bestehens der Verwerfungskompetenz einzubeziehen. Das Eigentumsgrundrecht könne nur durch wirksame Inhalts- und Schrankenbestimmungen im Sinne des Art. 14 Abs. 1 S. 2 GG eingeschränkt werden. Die Gemeinde habe die Möglichkeit, gegen diese Entscheidung Rechtschutz anzustreben.[262]

Im Zusammenhang mit der Verwerfungskompetenz der Planfeststellungsbehörden bei von diesen als unwirksam beurteilten Zielen der Raumordnung wird angeführt, rechtswidrige Zielfestlegungen enthielten keine bindenden Regelungen, daher dürfe die Planfeststellungsbehörde diesbezügliche Vorgaben vollumfänglich zum Gegenstand ihrer Abwägungsentscheidung machen.[263] Ein rechtswidriger Eingriff in die Kompetenzen der Landesplanungsbehörde sei nicht gegeben. Vielmehr reiche deren Kompetenz nur soweit, wie diese auch davon Gebrauch gemacht habe. Wenn keine zielförmige Entscheidung getroffen worden sei, bestehe keine abschließende landesplanerische Entscheidung und damit auch kein unzulässiger Kompetenzeingriff durch eine vollumfängliche Abwägungsentscheidung der Genehmigungsbehörde. Dabei sei es unerheblich, ob das Fehlen einer zielförmigen Vorgabe durch eine bewusste Entscheidung der planaufstellenden Behörde oder aufgrund von Fehlern im Zielaufstellungsvorgang, die zur Unwirksamkeit des Zieles führen, bedingt sei.[264]

Teilweise wird die behördliche Verwerfungskompetenz zwar abgelehnt, für Fälle offensichtlicher Unwirksamkeit der einzelnen Bestimmungen jedoch ausnahmsweise bejaht.[265] Die Offensichtlichkeit der Unwirksamkeit der zielförmigen Bestimmungen wird dann angenommen, wenn eindeutig ein von der jeweiligen Behörde leicht zu erkennender Verkündungsmangel vorliege[266] oder wenn die jeweilige Rechtsfrage in Rechtsprechung und Literatur geklärt sei.[267]

---

262 *OVG Lüneburg* Beschl. v. 15. 10. 1999 – 1 M 3614/99, NVwZ 2000, 1061, 1062 a. E. im Zusammenhang mit einer Ersetzung des gemeindlichen Einvernehmens. Auch bei einer Übergehung der Festlegungen in einem Bebauungsplan durch eine diese ignorierende Entscheidung der Baugenehmigungsbehörde kann die Gemeinde im Wege einer Anfechtungsklage nach § 42 Abs. 2 BauGB gegen die erteilte Baugenehmigung vorgehen, vgl. *Schenke/Schenke*, in: *Kopp/Schenke, VwGO*, § 42 Rn. 137 ff.

263 *Deutsch*, NVwZ 2006, 878, 879.

264 *Deutsch*, NVwZ 2006, 878, 880.

265 *VGH Kassel* Urt. v. 20. 12. 1989 – 4 UE 2251/88, NVwZ 1990, 885, 886; *VGH Kassel* Beschl. v. 22. 02. 1994 – 5 TH 1189/92, NVwZ-RR 1994, 691 f.

266 *VGH Kassel* Urt. v. 20. 12. 1989 – 4 UE 2251/88, NVwZ 1990, 885, 886.

267 *VGH Kassel* Beschl. v. 22. 02. 1994 – 5 TH 1189/92, NVwZ-RR 1994, 691 f. Maßgeblich auf die Offensichtlichkeit der Unwirksamkeit abstellend auch *Anders*, NuR 2007, 657, 662 ff. mit einigen Beispielen.

d. Ablehung der behördlichen Verwerfungskompetenz

Insbesondere die Rechtssicherheit bzw. -unsicherheit und das Zusammenspiel zwischen Exekutive und Legislative sprechen gegen die Zulässigkeit einer behördlichen Verwerfungskompetenz. Wenn jede mit dem Normvollzug befasste Behörde eigenständig entscheiden dürfte, ob sie eine Norm im Rahmen der zu erteilenden Genehmigung anwendet oder aufgrund angenommener Unwirksamkeit außer Acht lässt, würde dies zu einer erheblichen Rechtsunsicherheit und damit verbunden unter Umständen zu einer Rechtsungleichheit führen. Art. 20 Abs. 3 GG steht dem nicht entgegen – dieser spricht vielmehr für die Bindung der Genehmigungsbehörde an den zielumsetzenden Bebauungsplan bzw. an das Ziel der Raumordnung selbst. So lange die entsprechende Vorschrift in Kraft ist und nicht aufgehoben wurde, sei es von der normgebenden Behörde selbst oder durch ein Gericht, ist sie von den normanwendenden Behörden zunächst zu beachten.[268] Die Behörde ist nicht gezwungen, eine von ihr als rechtswidrig angesehene Norm anzuwenden. Vielmehr kann sie die konkrete Entscheidung aussetzen und zunächst die Gemeinde bzw. im Falle eines als rechtswidrig angesehenen Zieles der Raumordnung die jeweilige Landesplanungsbehörde auf ihre Auffassung von der Nichtigkeit hinweisen und um Aufhebung oder Anpassung der Norm bitten.[269] Im Zusammenhang mit für rechtswidrig gehaltenen Bebauungsplänen kann die Baugenehmigungsbehörde auch die Rechtsaufsichtsbehörde einschalten und um aufsichtsbehördliches Einschreiten bitten.[270] Diese Möglichkeit fällt zwar bei Raumordnungsplänen weg, da es diesbezüglich keine weisungsbefugte übergeordnete Behörde gibt. Der Genehmigungsbehörde steht es jedoch offen, neben oder alternativ zu einem nichtförmlichen Herantreten an die planaufstellende Gemeinde, einen eigenen Normenkontrollantrag zur Überprüfung der Rechtmäßigkeit des Zieles nach § 47 Abs. 1 Nr. 2 VwGO zu stellen.[271] So wird gewährleistet, dass der Rechtsschein des bestehenden Bebauungsplanes nicht übergangen wird und eine einheitliche Entscheidung über Gültigkeit oder Ungültigkeit der Norm getroffen wird, § 47 Abs. 5 S. 2 VwGO.[272] Ein solcher Antrag ist nur möglich innerhalb der Jahresfrist nach Bekanntmachung des Planes, § 47 Abs. 2 S. 1

---

[268] *Maurer*, Allgemeines Verwaltungsrecht 2011, § 4, Rn. 66.

[269] *Engel*, NVwZ 2000, 1258, 1259; *Reidt*, in: *Battis/Krautzberger/Löhr, BauGB*, § 10 Rn. 10 ff.; *Maurer*, Allgemeines Verwaltungsrecht 2011, § 4, Rn. 67.

[270] *VGH München* Urt. v. 01. 04. 1982 – 15 N 81 A/1679, BayVBl 1982, 654; ähnlich *OVG Saarlouis* Urt. v. 09. 12. 1991 – 1 R 25/91, NVwZ 1993, 396 zum Verhältnis eines Ausschusses zu dem Gremium Stadtrat.

[271] Wenn der Plan als Satzung oder Verordnung ergangen ist bzw. es sich um die Bindung an ein Ziel der RO handelt und wenn das jeweilige Land die Überprüfungsmöglichkeit nach § 47 VwGO überhaupt vorgesehen hat, vgl. dazu oben H.I.3.a.(1).

[272] *BGH* Urt. v. 25. 10. 2012 – III ZR 29/12, NVwZ 2013, 167, 168; *BGH* Urt. v. 25. 03. 2004 – III ZR 227/02, NVwZ 2004, 1143, 1144; in diese Richtung auch schon *VGH München* Urt. v. 01. 04. 1982 – 15 N 81 A/1679, BayVBl 1982, 654. *Breuer*, DVBl 2008,

VwGO. Danach sind die Genehmigungsbehörden daran gebunden. Möglich ist dann nur noch eine Inzidentverwerfung in einem gerichtlichen Verfahren. Auf die Einleitung eines solchen Verfahrens hat die Genehmigungsbehörde selbst jedoch keinen Einfluss.

Der Planungshoheit der Gemeinde wird dadurch ausreichend Rechnung getragen und ein eigenmächtiger Eingriff in selbige durch die Baugenehmigungs- oder eine andere Genehmigungsbehörde verhindert.

Dem Interesse des antragstellenden Einzelnen, der aufgrund einer Aussetzungsentscheidung der Genehmigungsbehörde auf die Entscheidung über die Zulässigkeit seines Vorhabens warten muss, wird durch die Möglichkeit der Erhebung einer Untätigkeitsklage Rechnung getragen. Diese Klage auf Erteilung der beantragten Genehmigung stellt einen Unterfall der Verpflichtungsklage dar, §§ 42 Abs. 1 Alt. 2, 75 VwGO.[273] Inzident wird in diesem Verfahren dann die Rechtmäßigkeit der raumplanerischen Vorgabe überprüft. Nachteil an diesem Vorgehen ist die nur für das jeweilige Verfahren geltende Unwirksamkeitserklärung der Norm. Die Gerichte sind zwar befugt, für unwirksam gehaltene Normen in dem konkreten Verfahren zu verwerfen, aber nur mit Wirkung für den jeweiligen Rechtsstreit.[274]

In extremen Fällen, wenn eine Vielzahl von Gerichten gleichlautende Entscheidungen zu dem identischen Ziel der Raumordnung getroffen haben, die jeweiligen Zulassungsbehörden nie einen Antrag nach § 47 Abs. 1 Nr. 2 VwGO gestellt haben, kann es zulässig sein, dass die Genehmigungsbehörde selbst ausnahmsweise das entsprechende Ziel inzident verwirft.[275] Diese Möglichkeit muss allerdings auf extreme Ausnahmefälle begrenzt bleiben.[276]

Durch die grundsätzliche Ablehnung der behördlichen Verwerfungskompetenz wird auch sichergestellt, dass die strikte Bindung an die Ziele der Raumordnung nicht von den Bauaufsichts- oder Fachplanungsbehörden umgangen

---

555, 561 f. zieht das Gewaltmonopol zur Begründung heran. Zur Bedeutung des § 47 Abs. 5 S. 2 VwGO *Ziekow*, in: *Sodan/Ziekow, VwGO*, § 47 Rn. 355.

[273] Vgl. dazu allgemein *Sodan*, in: *Sodan/Ziekow, VwGO*, § 42 Rn. 36; *Brenner*, in: *Sodan/Ziekow, VwGO*, § 75 Rn. 1 ff.; *Schenke/Schenke*, in: *Kopp/Schenke, VwGO*, § 42 Rn. 6 ff. Eine Klage auf Änderung des Bebauungsplanes ist dagegen nicht möglich, § 1 Abs. 3 S. 2 BauGB schließt einen Anspruch auf Aufstellung eines Bauleitplanes ausdrücklich aus. Entsprechendes gilt auch für die Änderung eines bestehenden Bauleitplanes. Vgl. dazu *Battis*, in: *Battis/Krautzberger/Löhr, BauGB*, § 1 Rn. 31. Missverständlich drückt sich daher *Engel*, NVwZ 2000, 1258, 1259 aus, der von der schnelleren Herbeiführung einer Planänderung durch Erhebung einer Untätigkeitsklage spricht.

[274] Vgl. z. B. *Erbguth*, Allgemeines Verwaltungsrecht 2014, § 25, Rn. 10 a. E.; dazu auch oben unter H.I.5.d.

[275] In diesen Fällen ist dann die teilweise ins Spiel gebrachte Offensichtlichkeit gegeben, vgl. *Anders*, NuR 2007, 657, 662 ff.; *VGH Kassel* Urt. v. 20. 12. 1989 – 4 UE 2251/88, NVwZ 1990, 885.

[276] Einen Eindruck, in welchen Konstellationen eine solche Verwerfungskompetenz in Betracht kommt, vermitteln die Beispiele bei *Anders*, NuR 2007, 657, 662 ff.

wird, indem sie die Ziele bei angenommener Unwirksamkeit eigenmächtig verwerfen. Bei Bejahung der Verwerfungskompetenz würde die in § 1 Abs. 4 BauGB bzw. § 4 Abs. 1 ROG für die Fachplanungsbehörden angeordnete Bindung sehr einfach unterlaufen werden können. Die Raumplanungsbehörden könnten selbst nicht dagegen vorgehen, sondern nur hoffen, dass die ihr Ziel außer Acht lassende Entscheidung von Anderen gerichtlich angegriffen wird – beispielsweise vom Antragsteller, dessen Antrag abgelehnt wird oder von einem Nachbarn, der gegen die erteilte Genehmigung vorgeht.

3. Vorgehen bei angenommener Unwirksamkeit von Grundsätzen und sonstigen Erfordernissen der Raumordnung, die in Satzungen oder Rechtsverordnungen enthalten sind bzw. denen selbst Rechtsnormqualität zukommt

Die auftauchenden Problemkonstellationen, in denen von Genehmigungsbehörden die Wirksamkeit raumplanerischer Grundsätze oder sonstiger Erfordernisse der Raumordnung angezweifelt werden können, sind denen im Zusammenhang mit der Wirksamkeit von Zielen vergleichbar.[277]

Eine behördliche Verwerfungskompetenz bei angenommener Unwirksamkeit von Grundsätzen oder sonstigen Erfordernissen der Raumordnung ist ebenso wie in Bezug auf die Ziele der Raumordnung abzulehnen.[278] Im Rahmen der Zulassungsentscheidung im Geltungsbereich eines Bebauungsplanes nach § 30 BauGB kommen die Grundsätze sowie die sonstigen Erfordernisse der Raumordnung indirekt über die Vorgaben im Bebauungsplan zur Geltung. Bei der Beurteilung der bauplanungsrechtlichen Zulässigkeit im Außenbereich nach § 35 BauGB kommen die Grundsätze und sonstigen Erfordernisse der Raumordnung als Teil der öffentlichen Belange zur Geltung. Eine gesonderte Regelung in § 35 BauGB, wie sie für die Ziele der Raumordnung gegeben ist, findet sich für die Grundsätze nicht.[279] Wenn die Genehmigungsbehörden der Auffassung sind, der Grundsatz sei unwirksam, so steht ihnen nicht die Befugnis zu, diesen Grundsatz einfach außer Acht zu lassen. Vielmehr können sie, wie auch bei Zielen der Raumordnung, das Verfahren aussetzen und in einen Dialog mit der Raumplanungsbehörde treten oder gerichtlich im Wege eines Normenkontrollantrages dagegen vorgehen, wenn sie als Behörde die betreffende Regelung zu beachten haben oder wenn sie eine Verletzung des Abwägungsgebotes bezogen auf eigene Belange geltend machen können.

---

[277] Vgl. dazu die Problemübersicht oben unter H.III.1.
[278] Vgl. dazu ausführlich soeben unter H.III.2.d.
[279] Zu diesen Regelungen vgl. unter D.II.2.c.(3).

4. Vorgehen bei angenommener Unwirksamkeit raumplanerischer Vorgaben in als förmliche Gesetze erlassenen Raumordnungsplänen

Werden Bestimmungen in Raumordnungsplänen, die als förmliches Gesetz ergangen sind,[280] von der Genehmigungsbehörde als unwirksam angesehen, besteht keine Befugnis zur inzidenten Verwerfung der Norm. Eine explizite gesetzliche Regelung, wie die Behörden bei angenommener Verfassungswidrigkeit der von ihnen anzuwendenden Normen vorzugehen haben, existiert nicht. Die in der Literatur dazu vertretenen Meinungen reichen von der Kompetenz zur Verwerfung[281] bis zur strikten Gebundenheit.[282] Im Hinblick auf die Regelung des Art. 100 Abs. 1 GG, die die Verwerfungskompetenz der Verfassungsgerichte[283] regelt und damit die inzidente Verwerfungskompetenz anderer Gerichte negiert,[284] können die Behörden nicht zur inzidenten Verwerfung förmlicher Gesetze befugt sein. Die mit der Anwendung der Norm betraute Behörde[285] ist vielmehr gehalten, auf eine gerichtliche Klärung hinzuwirken. Der Behörde selbst steht keine explizite Klagemöglichkeit offen. Normenkontrollanträge nach § 47 VwGO sind gegen förmliche Gesetze nicht statthaft. Eine Verfassungsbeschwerde nach Art. 93 Abs. 1 Nr. 4a GG ist generell nur möglich bei Geltendmachung einer eigenen Grundrechtsverletzung. Für die Behörde als juristische Person des öffentlichen Rechts ist dies nur möglich, wenn das Grundrecht dem Wesen nach auf die Behörde anwendbar ist, Art. 19 Abs. 3 GG. Eine eigene Grundrechtsverletzung der Genehmigungsbehörde bei Anwendung der ihrer Meinung nach nichtigen Norm ist nicht denkbar. Die Behörde bzw. der entscheidende Verwaltungsbeamte ist daher gehalten, sich intern an die jeweils übergeordnete Behörde zu wenden.[286] Sind alle übergeordneten Behörden ebenfalls der Meinung, die entsprechende Norm sei nichtig, so haben sie auf eine

---

280 Aktuell trifft dies, soweit ersichtlich auf keinen Raumordnungsplan der Länder und des Bundes zu, vgl. den Überblick unter H.I.1.a. Um eine vollständige Darstellung zu gewährleisten soll der Umgang mit diesen Vorgaben jedoch nicht außen vor bleiben.

281 So z. B. *Sachs*, in: *Sachs, GG*, Art. 20 Rn. 97, m. w. N.

282 So z. B. *Schulze-Fielitz*, in: *Dreier, GG*, Art. 20 (Rechtsstaat) Rn. 98. m. w. N.

283 Bundes- oder Landesverfassungsgerichte, je nachdem gegen welche Verfassung ein Verstoß geltend gemacht wird.

284 Gerichte, die in einem Verfahren die entsprechende Norm anzuwenden haben, haben vielmehr die Pflicht, bei angenommener Verfassungswidrigkeit der Norm und Entscheidungserheblichkeit dieser im konkreten Verfahren dieses auszusetzen und das Bundes- bzw. Landesverfassungsgericht anzurufen, Art. 100 Abs. 1 GG, vgl. z. B. B*VerfG* Beschl. v. 29. 11. 1967 – 1 BvL 16/63, BVerfGE 22, 373, 378.

285 Beziehungsweise der jeweils konkret entscheidungsbefugte Verwaltungsbeamte.

286 So schon *Baumeister/Ruthig*, JZ 1999, 117, 119 f. In diese Richtung angedacht auch bei *Maurer*, Allgemeines Verwaltungsrecht 2011, § 4 Rn. 64. Die von diesem angesprochene Unpraktikabilität dieses Vorgehens bei besonders eilbedürftigen Entscheidungen kommt im Zusammenhang mit auf Bestimmungen in Raumordnungsplänen beruhenden Vorgaben selten in Betracht. Die Zuständigkeitsverteilung der einzelnen Behörden richtet sich nach den landesrechtlichen Bestimmungen.

Klärung durch die Landesregierung im Wege der abstrakten Normenkontrolle nach Art. 93 Abs. 1 Nr. 2 GG zu drängen.[287] Führt dieses Vorgehen nicht zum Erfolg oder sind die übergeordneten Behörden anderer Auffassung, so bleibt die Behörde an die betreffende Norm gebunden, Art. 20 Abs. 3 GG. Wenn sich die Behörde schon nicht sicher ist über die Vereinbarkeit mit Verfassungsrecht, so ist es durchaus im Bereich des Möglichen, dass auch ein anderer Verfahrensbeteiligter oder sonstiger Betroffener die Norm für nichtig hält und daraufhin die Entscheidung der Genehmigungsbehörde gerichtlich angreift. Hält auch das entscheidende Gericht die Norm für verfassungswidrig, muss es nach Art. 100 GG vorgehen.[288]

5. Zusammenfassung zur Verwerfungskompetenz der Genehmigungsbehörden

Eine Verwerfungskompetenz der Genehmigungsbehörden, die mit der Anwendung raumplanerischer Vorgaben befasst sind, ist hinsichtlich aller Arten raumplanerischer Bestimmungen und unabhängig davon, in welcher Rechtsform diese erlassen wurden, abzulehnen. Die Bindung der Verwaltung an Recht und Gesetz aus Art. 20 Abs. 3 GG und die Rechtssicherheit stehen einer etwaigen Verwerfungskompetenz entgegen.[289]

V. Inzidentverwerfungskompetenz der Gemeinden als bauleitplanende Behörden bei angenommener Rechtswidrigkeit der raumplanerischen Vorgaben

Für die Gemeinden, die ihre Bauleitpläne nach § 1 Abs. 4 BauGB an die Ziele der Raumordnung anzupassen haben,[290] stellt sich ebenfalls die Frage, wie sie bei von ihnen angenommener Unwirksamkeit der Ziele mit dieser Anpassungsverpflichtung umzugehen haben. Im Ergebnis ist für die Gemeinden als Planungsbehörden wie für die Genehmigungsbehörden eine Kompetenz zur Verwerfung der landes- bzw. regionalplanerischen Vorgaben abzulehnen.[291] Den Gemeinden steht als bauleitplanenden Behörden keinesfalls die Kompetenz zur allgemeinverbindlichen Verwerfung der raumplanerischen Vorgaben zu.[292]

---

[287] So auch *Schulze-Fielitz*, in: *Dreier, GG*, Art. 20 (Rechtsstaat) Rn. 98.

[288] Vgl. dazu oben unter H.I.2.c.

[289] Vgl. soeben unter H.III.2.–4.

[290] Vgl. zu dieser speziellen Raumordnungsklausel unter D.II.1.

[291] Dazu ausführlich unter H.III.

[292] Diese Kompetenz kommt bei untergesetzlichen Normen den Verwaltungsgerichten in einem Normenkontrollverfahren mit dem Gegenstand Raumordnungsplan bzw. unmittelbar dem Ziel der Raumordnung, § 47 Abs. 1 Nr. 2 VwGO, zu. Verwerfungskompetenz des Verwaltungsgerichtes, *Ziekow*, in: *Sodan/Ziekow, VwGO*, § 47 Rn. 355; *Gerhardt/Bier*, in: *Schoch/*

Lässt eine Gemeinde als bauleitplanende Behörde ein ihr Gemeindegebiet betreffendes Ziel der Raumordnung bei Aufstellung der Bauleitpläne außer Acht, so liegt ein Verstoß gegen die Anpassungsverpflichtung vor. Der Bauleitplan ist wegen des Verstoßes gegen § 1 Abs. 4 BauGB unwirksam.[293] In einigen Ländern ist die Möglichkeit für Raumplanungsbehörden vorgesehen, die Gemeinden zu verpflichten, entsprechende Anpassungen vorzunehmen, wenn dies beispielsweise zur Verwirklichung anderer Ziele erforderlich ist.[294] Entscheidet sich die Gemeinde trotzdem für die Nichtanpassung, so muss sie damit rechnen, dass ein nicht zielkonformer Bebauungsplan[295] zum Gegenstand eines Normenkontrollverfahrens nach § 47 Abs. 1 S. 1 Nr. 1 VwGO gemacht wird. Als Antragsteller kommen unter anderem von dem Bebauungsplan betroffene Grundstückseigentümer in Betracht.[296] In diesem Verfahren wird sodann inzident auch die Wirksamkeit des betreffenden Zieles der Raumordnung überprüft.[297] Die Wirkung einer in einem solchen Gerichtsverfahren festgestellten Unwirksamkeit des betreffenden Zieles beschränkt sich allerdings auf die an diesem Verfahren Beteiligten. Eine allgemeinverbindliche Unwirksamkeitserklärung der raumplanerischen Vorgaben ergibt sich daraus nicht.[298]

Auch bei angenommener Unwirksamkeit von Grundsätzen oder sonstigen Erfordernissen der Raumordnung sind die Gemeinden nicht befugt, diese Bestimmungen außer Acht zu lassen. Vielmehr haben sie auch in diesem Zusammenhang die ihnen zur Verfügung stehenden Rechtschutzmittel auszuschöpfen.[299]

Schneider/Bier, Verwaltungsgerichtsordnung, § 47 Rn. 113. Bei Zielen, die in als formelle Gesetze erlassenen Raumordnungsplänen enthalten sind, kommt die Verwerfungskompetenz dem Bundes- bzw. Landesverfassungsgericht zu, Art. 100 GG bzw. Art. 93 Abs. 1 Nr. 4a, 4b GG bei Verfassungsbeschwerden gegen das Gesetz. Rechtsfolge bei anerkanntem Grundgesetzverstoß ist die Nichtigerklärung durch das BVerfG, §§ 78, 31 BVerfGG (i. V. m. § 82 Abs. 1 BVerfGG bei abstrakten Normenkontrollverfahren bzw. § 95 BVerfGG für Bundesverfassungsbeschwerden).

[293] *BVerwG* 15. 05. 2007 – 4 BN 8/07, NVwZ 2007, 953; *BayVGH* Urt. v. 29. 07. 1992 – 20 N 91.2692, 20 N 91.3793, BayVBl 1993, 721, 723; *Dirnberger*, in: *Spannowsky/Uechtritz, BauGB*, § 1 Rn. 69.

[294] Eine entsprechende Vorschrift ist beispielsweise in § 21 LPlG BW, Art. 33 Abs. 1 BayLPLG, § 17 Abs. 1 NdsROG, § 35 LPlG NW enthalten.

[295] Flächennutzungspläne sind nur eingeschränkt im Wege der Normenkontrolle analog § 47 Abs. 1 Nr. 1 VwGO direkt überprüfbar, wenn ihnen durch die Ausweisung von Konzentrationszonen die Ausschlusswirkung des § 35 Abs. 3 S. 3 BauGB zukommt. Vgl. dazu grundlegend *BVerwG* Urt. v. 26. 04. 2007 – 4 CN 3/06, NVwZ 2007, 1081.

[296] Vgl. dazu H.II.1.b.(3).

[297] Vgl. dazu allgemein unter H.I.5.b.

[298] Vgl. zu den Wirkungen der inzidenten Normenkontrollentscheidung unter H.I.5.d.

[299] Insbesondere Normenkontrollanträge, vgl. H.II.1.d.

VI. Anpassungen des bestehenden Rechtschutzsystems

Wird strikt zwischen dem Rechtschutz gegen Ziele und dem Rechtschutz gegen Grundsätze der Raumordnung getrennt und für Antrags- bzw. Beschwerdebefugnis darauf abgestellt, ob durch die entsprechende Festlegung tatsächlich eine Verletzung in eigenen Rechten erfolgt, sind keine Änderungen im bestehenden Rechtschutzsystem erforderlich. Auch in den Ländern, in denen die Möglichkeit zur Normenkontrolle nicht eingeführt wurde,[300] sind ausreichende Rechtschutzmöglichkeiten gegeben. Raumordnungspläne in der Form von Rechtsverordnungen sowie einzelne Bestimmungen, die in einem Plan ohne bestimmte Rechtsnatur enthalten sind, können immer im Wege des inzidenten Rechtschutzes überprüft werden. Die theoretisch gegebene Möglichkeit der Erhebung einer Verfassungsbeschwerde scheitert meist am Grundsatz der Subsidiarität. Effektiver Rechtschutz ist im Wege von Feststellungsklagen möglich.[301]

[300] Diese Möglichkeit fehlt in Nordrhein-Westfalen, Berlin und Hamburg.

[301] Zur Verfassungsbeschwerde unmittelbar gegen Ziele bzw. Grundsätze der Raumordnung vgl. unter H.I.4.c.; gegen Raumordnungspläne in der Form von Rechtsverordnung oder Satzung vgl. unter H.I.3.a.(2).

I. Fazit

Das bestehende System der unterschiedlichen Planungsvorgänge und Entscheidungsträger ist nicht so unübersichtlich wie es auf den ersten Blick erscheinen mag. Die im ROG enthaltenen Regelungen sind geeignet, die Befugnisse der Raumplanungsbehörden gegenüber denjenigen der Fachplanungs-, insbesondere Vorhabengenehmigungsbehörden und den kommunalen Planungsträgern abzugrenzen. Voraussetzung ist allerdings die entsprechende Beachtung dieser Vorgaben durch alle Planungsträger.

I. Befugnis zur Standortentscheidung durch die Raumplanungsbehörden; freie Entscheidung ob Ziel oder Grundsatz

Dem BVerwG ist der in seiner Entscheidung zum Flughafenausbau Berlin-Schönefeld getroffenen Aussage zuzustimmen, Standortentscheidungen als vorrangig raumplanerische Entscheidungen anzusehen, an welche die Fachplanungsbehörden bei abgeschlossener Abgewogenheit der raumplanerischen Belange gebunden sind.[1]

Gerade auch hinsichtlich ihrer Vorgaben zu Standorten steht es Raumplanungsbehörden frei, raumplanerisch abschließende Entscheidungen in Form von Zielen der Raumordnung oder lediglich der Abwägung zugängliche Vorgaben in Form von Grundsätzen der Raumordnung zu treffen. Zu potentiellen Inhalten der raumordnungsrechtlichen Pläne enthält das ROG explizite Vorgaben. Durch die Möglichkeit der Ausweisung von Zielen und Grundsätzen bzw. sonstigen Erfordernissen der Raumordnung besteht die Option, Regelungen unterschiedlicher Verbindlichkeit für andere Planungsträger zu erlassen. Beide Arten von Festlegungen in Raumordnungsplänen müssen entsprechend gekennzeichnet werden. Dies ergibt sich unmittelbar aus § 7 Abs. 4 ROG. Ziele der Raumordnung zeichnen sich gerade dadurch aus, dass sie nachfolgend nicht mehr überwunden werden können. Zentral ist dabei die abgeschlossene Abwägung auf Ebene der Raumplanung, § 3 Abs. 1 Nr. 2 ROG.[2]

---

[1] *BVerwG* Urt. v. 16. 03. 2006 – 4 A 1075/04, NVwZ 2006 Beilage Nr. 1, Rn. 72.

[2] Vgl. dazu oben C.III.1.a.

Die Möglichkeit der Ausweisung von Standorten in Form von verbindlichen Zielen in Raumordnungsplänen ergibt sich aus § 8 Abs. 5 S. 1 Nr. 3 a) ROG.[3] Danach sollen Raumordnungspläne unter anderem Festlegungen zu den zu sichernden Standorten für die Verkehrsinfrastruktur enthalten. Dadurch ist die generelle Zulässigkeit von Standortaussagen in Raumordnungsplänen gesetzlich geregelt. Einschränkungen auf Ausweisungen nur in Form von bestimmten Erfordernissen der Raumordnung enthält das Gesetz nicht. Vielmehr können auch Standortentscheidungen in jeder „Kategorie" nach § 3 Abs. 1 Nr. 1–3 ROG festgesetzt werden, insbesondere auch in Form eines nach § 3 Abs. 1 Nr. 3, § 4 Abs. 1 ROG verbindlichen Zieles der Raumordnung.[4]

Des Weiteren ist dem VGH Kassel und nachfolgend dem BVerwG ist in seiner Entscheidung zum Ausbau des Flughafens Frankfurt am Main zuzustimmen, dass die Raumplanungsbehörden nicht gezwungen sind, Standortentscheidungen als Ziel auszuweisen.[5] Insbesondere wenn sie mehrere Standorte für gleich geeignet halten, können sie die Entscheidung der Fachplanung überlassen.

II. Berücksichtigung raumordnungsrechtlicher und raumordnungsexterner Belange durch die Raumplanungsbehörden

Die Aussagen zur Geeignetheit eines bestimmten Standortes durch die Raumplanungsbehörde dürfen sich aufgrund der Kompetenzverteilung zwischen Raumordnung und Fachplanung grundsätzlich nur auf eine Aussage zur Geeignetheit aus raumplanerischer Sicht beziehen.[6] Wie das BVerwG im Urteil zum Flughafenausbau Berlin-Schönefeld zutreffend ausgeführt hat, sind alleine die unterschiedlichen Ansprüche an die Raumnutzung in Ausgleich zu bringen.[7] Ziel ist die dauerhafte Regelung der unterschiedlichen Nutzungsansprüche.

Gleichwohl sind die Raumplanungsbehörden aufgrund der Vorgabe in § 7 Abs. 2 S. 1 ROG verpflichtet, im Rahmen einer vorausschauenden Abwägung auch fachplanerische Belange in ihrer Entscheidung mit zu berücksichtigen. § 7 Abs. 2 S. 1 ROG verpflichtet die Raumplanungsbehörden ausdrücklich, alle privaten und öffentlichen Belange in die Abwägung miteinzubeziehen, „soweit

[3] Entspricht § 7 Abs. 2 S. 1 Nr. 3 ROG 1998; vgl. auch *BVerwG* Urt. v. 16.03.2006 – 4 A 1075/04, NVwZ 2006 Beilage Nr. 1, Rn. 65.

[4] So auch *Steinberg/Steinwachs*, NVwZ 2004, 530, 543; anders *Kment*, NuR 2010, 392, 393.

[5] *VGH Kassel* Urt. v. 21.08.2009 – 11 C 227/08.T u. a., juris, Rn. 438; *BVerwG* Beschl. v. 31.03.2011 – 4 BN 19/10, BeckRS 2011, 49978, Rn. 10 ff.; *BVerwG* Beschl. v. 31.03.2011 – 4 BN 18/10, BeckRS 2011, 49977, Rn. 9 ff.

[6] *BVerwG* Urt. v. 16.03.2006 – 4 A 1075/04, NVwZ 2006 Beilage Nr. 1, 1, Rn. 63 ff., so auch schon *BVerwG* Urt. v. 15.05.2003 – 4 CN 9.01, BVerwGE 118, 181, 194.

[7] *BVerwG* Urt. v. 16.03.2006 – 4 A 1075/04, NVwZ 2006 Beilage Nr. 1, Rn. 65 a. E.; so auch schon *BVerwG* Urt. v. 15.05.2003 – 4 CN 9.01, BVerwGE 118, 181, 194.

sie auf der jeweiligen Planungsebene erkennbar sind". Der grundsätzlich angestrebten klaren Trennung der Befugnisse der Raumplanung und der Fachplanung steht es nicht entgegen, von der Raumplanungsbehörde bei ihrer Abwägung die Prüfung der tatsächlichen Realisierbarkeit des konkreten Vorhabens an dem von ihr als bevorzugt angesehenen Standort zu verlangen. Wenn die Realisierung des Vorhabens an dem raumplanerisch bevorzugten Standort für die Raumplanungsbehörde zum Zeitpunkt ihrer Entscheidung erkennbar nicht möglich ist, der Standort von der Raumplanungsbehörde aber trotzdem ausgewiesen würde, würde die Raumplanung ins Leere laufen.[8] Das vom BVerwG aufgestellte Kriterium der „vorausschauenden" Prüfung als Voraussetzung für eine ordnungsgemäße Abwägung seitens der Landesplanungsbehörde ist insbesondere geeignet, um schon frühzeitig feststellen zu können, ob eventuell entstehende Lärmschutzprobleme auf der Fachplanungsebene beherrschbar sein werden.[9]

Darin liegt auch kein unzulässiger Eingriff in die Kompetenz der Fachplanungsbehörden durch die Raumplanung.[10] Die Raumplanungsbehörde prüft detailliert nur die überfachlichen und damit raumordnungsrechtlichen Belange. Bezüglich der Realisierbarkeit bleibt es bei einer Abschätzung der vorhandenen Möglichkeiten, um die später entstehenden Konflikte beherrschen zu können. Die Raumplanungsbehörde hat keine Befugnis diese fachplanerischen, raumordnungsexternen Belange in die Abwägung miteinzubeziehen. Sie muss und darf nur prüfen, ob die Möglichkeit besteht, dass die potentiell entgegenstehenden Belange im Rahmen der Abwägung durch die Fachplanungsbehörde bewältigt werden können. Diese Abwägung ist weiterhin Aufgabe der Fachplanung, eine „Vorwegnahme" durch die Raumplanungsbehörde findet nicht statt. Wenn die Landesplanungsbehörde erkennt, dass trotz der grundsätzlichen raumplanerischen Geeignetheit des Standortes die Möglichkeit besteht, dass dieser beispielweise aufgrund der erheblichen Lärmauswirkungen auf der fachplanerischen Ebene als ungeeignet eingestuft werden könnte, muss sie dies in ihre Entscheidung mit einbeziehen und abschätzen, ob es Mittel und Wege geben kann, dies angemessen zu bewältigen.[11]

Anders als vom VGH Kassel und nachfolgend vom BVerwG im Zusammenhang mit dem Aubau des Flughafens Frankfurt am Main angenommen, fällt die Beurteilung der konkret notwendigen Lärmschutzmaßnahmen, sowohl aktive als auch passive, in den Kompetenzbereich der Fachplanungsbehörden.[12] Ebenso fallen konkrete Betriebsregelungen in die Materie der fachplanungsrechtlichen Zulassungsentscheidung. Zu diesen gehören insbesondere die zu-

---

[8] Zustimmend auch *Rojahn*, NVwZ 2011, 654, 662; *Hendler*, LKRZ 2007, 1, 2 f.

[9] *BVerwG* Urt. v. 16.03.2006 – 4 A 1075/04, NVwZ 2006 Beilage Nr. 1, Rn. 155.

[10] So *Barth*, ZUR 2006, 531, 532.

[11] *Rojahn*, NVwZ 2011, 654, 662.

[12] *VGH Kassel* Urt. v. 21.08.2009 – 11 C 227/08.T u. a., juris, Rn. 763 ff. sowie *BVerwG* Urt. v. 04.04.2012 – 4 C 8/09 u. a., NVwZ 2012, 1314.

lässige Anzahl und die Verteilung der Nachtflüge. Eine zielförmige Regelung von Nachtflugverboten oder ähnlichen Betriebsregelungen durch die Raumplanungsbehörden sind unzulässig.[13]

III. Abwägungsentscheidung der nachfolgenden Zulassungsbehörde – raumordnungsrechtliche Belange

Bei Vorliegen einer zielförmigen Ausweisung durch die Raumordnungsbehörde ist die Planfeststellungsbehörde im Rahmen einer nachfolgenden konkreten Vorhabenszulassungsentscheidung nicht befugt, die raumordnungsrechtlichen Belange in ihre eigene Abwägungsentscheidung mit einzubeziehen.[14] Eine Doppelprüfung identischer Belange ist unzulässig.[15]

Die Fachplanung darf den raumordnungsrechtlich hergestellten Interessenausgleich nicht ihrerseits wieder in Frage stellen und eine eigene Abwägung bezüglich des geeigneten Standorts vornehmen.[16] Dadurch würde der Planungsanspruch der Raumordnung ignoriert und dem gesetzlichen Konzept einer Reduktion komplexer Planungen widersprochen.[17]

In dem, für die Entscheidung im Zusammenhang mit dem Ausbau des Flughafen Berlin-Schönefeld, maßgeblichen Bereich des Luftverkehrsrechtes ergibt sich das aus § 4 Abs. 1 S. 1 Nr. 3 i. V. m. § 3 Abs. 1 Nr. 2 ROG sowie § 8 Abs. 1 S. 2 i. V. m. § 6 Abs. 2 S. 1 LuftVG, dem Abwägungsgebot im Rahmen der luftverkehrsrechtlichen Planfeststellung.[18]

Beantragt der Vorhabenträger die Zulassung an einer anderen Stelle als von der Raumordnung vorgesehen, kann die Planfeststellungsbehörde dieser Entscheidung nur stattgeben, wenn an dem von der Landesplanungsbehörde vorgesehenen Standort raumordnungsexterne Belange entgegenstehen, die bei der Abwägung durch die Planfeststellungsbehörde nicht überwunden werden können. Die Bezugnahme des BVerwG in dem Urteil zum Flughafen Berlin-Schönefeld auf die Fälle, in denen der Vorhabenträger das Vorhaben an der Stelle beantragt, an der auch landesplanerisch der Standort vorgesehen ist, ist nicht als Einschränkung auf diese Fälle zu verstehen.[19] Auch in einer Konstellation, in der ein Vorhabenträger die Zulassung an einer anderen Stelle als im jeweils maßgeblichen Raumordnungsplan vorgesehen beantragt, ist es zwar eher nachvollziehbar, wenn sich die Planfeststellungsbehörde als befugt sieht, eine ei-

---

[13] Vgl. dazu unter E.III.
[14] *BVerwG* Urt. v. 16.03.2006 – 4 A 1075/04, NVwZ 2006 Beilage Nr. 1, Rn. 72.
[15] Dazu unter E.I.3.b.(2).
[16] *BVerwG* Urt. v. 16.03.2006 – 4 A 1075/04, NVwZ 2006 Beilage Nr. 1, Rn. 72.
[17] *BVerwG* Urt. v. 16.03.2006 – 4 A 1075/04, NVwZ 2006 Beilage Nr. 1, Rn. 72 a. E.
[18] *BVerwG* Urt. v. 16.03.2006 – 4 A 1075/04, NVwZ 2006 Beilage Nr. 1, Rn. 71.
[19] *BVerwG* Urt. v. 16.03.2006 – 4 A 1075/04, NVwZ 2006 Beilage Nr. 1, Rn. 72.

genständige Abwägung vorzunehmen. Die raumordnungsrechtlichen Vorgaben gelten jedoch unabhängig davon, an welcher Stelle der Vorhabenträger die Zulassung beantragt hat. Es darf nicht in der Hand des Planungsträgers liegen, ob die Planfeststellungsbehörde mehr oder weniger abwägen darf.

IV. Abwägungsentscheidung der nachfolgenden Zulassungsbehörde – raumordnungsexterne Belange

Die Ausweisung eines Standortes in Form eines Zieles der Raumordnung verpflichtet im Zusammenhang mit einer nachfolgenden Planfeststellungsentscheidung über die Zulässigkeit eines konkreten Vorhabens die Planfeststellungsbehörde nicht zur Zulassung des Vorhabens an der raumplanungsrechtlich vorgesehenen Stelle.[20] Vielmehr ist diese berechtigt und verpflichtet, hinsichtlich raumordnungsexterner Belange eine eigenständige Abwägungsentscheidung zu treffen.[21] Dies ist Ausfluss der unterschiedlichen Kompetenzbereiche. Soweit öffentliche und private Belange auf der Ebene der Raumplanung noch nicht erkennbar sind, sind sie zwingend auf Ebene der fachplanungsrechtlichen Zulassungsentscheidung zu berücksichtigen.[22] Wie das BVerwG zutreffend ausgeführt hat, können insbesondere die von dem Vorhaben ausgehenden schädlichen Emissionen erst auf Ebene der Planfeststellung abschließend ermittelt und bewertet werden.[23]

Diese Prüfungsbefugnis der Fachplanungsbehörde hinsichtlich der raumordnungsexternen Belange ist im Zusammenhang mit der „vorausschauenden" Prüfung raumordnungsexterner Belange durch die Raumplanungsbehörde im Rahmen ihrer Abwägungsentscheidung zu sehen.

V. Sektorales Sonderraumordnungsrecht: § 16 FStRG und § 15 NABEG

Die in der Literatur teilweise aus dem Urteil des BVerwG zum Flughafenausbau Berlin-Schönefeld gefolgerte Anerkennung von sogenanntem „sektoralem Sonderraumordnungsrecht" ist abzulehnen.[24]

Dies wurde aus der Aussage des BVerwG, die Zulässigkeit einer abschließenden Standortentscheidung auf Raumplanungsebene sei insbesondere dadurch

---

[20] *BVerwG* Urt. v. 16.03.2006 – 4 A 1075/04, NVwZ 2006 Beilage Nr. 1, Rn. 76ff.

[21] Dem BVerwG zustimmend auch *Deutsch*, NVwZ 2006, 878; *Kment*, NuR 2010, 392; *de Witt*, DVBl 2006, 1373, 1376f. Ablehnend *Erbguth*, DVBl 2013, 274, 277.

[22] Vgl. auch *Deutsch*, NVwZ 2006, 878.

[23] *BVerwG* Urt. v. 16.03.2006 – 4 A 1075/04, NVwZ 2006 Beilage Nr. 1, Rn. 77.

[24] Insbesondere *Durner*, RuR 2010, 271, 274.

gekennzeichnet, dass eine „rechtsverbindliche Flughafennetz- und Bedarfsplanung auf der Grundlage einer luftverkehrspolitischen Gesamtkonzeption weder auf europäischer noch auf nationaler Ebene existiert“, geschlossen.[25] Die Stärkung der Raumordnung durch diese Rechtsprechung des BVerwG stehe unter dem Vorbehalt des fehlenden bundesrechtlichen sektoralen Sonderraumordnungsrechts in Fachgesetzen, von dessen grundsätzlicher Zulässigkeit das BVerwG ausgegangen sei.[26] Bei Bestehen eines übergreifenden Konzeptes bezüglich Neu- und Ausbau von Flughäfen, entfiele die Kompetenz der Raumordnungsbehörden zur Regelung der (Raum-)Nutzungskonflikte.[27]

Diese Interpretation würde allerdings zu einer Auslagerung einzelner eigentlich raumplanerischer Kompetenzen auf die Fachplanungsbehörden führen. Wenn die Fachplanungsbehörden Raumplanung betreiben dürfen und umgekehrt, verwischen die Kompetenzgrenzen zwischen den Planungsträgern. Entscheidend ist vielmehr, dass die Standortwahl weiträumige Auswirkungen hat und daher, unabhängig davon, welche Regelungen das Fachrecht enthalte, schon auf Landesplanungsebene ein Planungsbedürfnis auslöst.[28]

Der vom VGH München gezogene Vergleich zur gesetzlichen Regelung des § 16 FStrG, der fernstraßenrechtlichen Linienbestimmung, einer „sondergesetzliche[n] Raumordnungsvorschrift des Bundes“,[29] die Vorrang vor den allgemeinen raumordnungsrechtlichen Vorschriften genieße, ist ebenfalls nicht weiterführend. Auch im Rahmen der fernstraßenrechtlichen Linienbestimmung ist die Bindung an die Erfordernisse der Raumordnung über § 4 ROG gegeben.

Abweichendes ergibt sich auch nicht aus § 16 Abs. 3 S. 3 FStrG. Der Wortlaut dieser Norm – „Bundesplanungen haben grundsätzlich Vorrang vor Landesplanungen“ – spricht zwar für einen Vorrang der Linienbestimmungsentscheidung. Allerdings steht diese Regelung im Widerspruch zu § 4 Abs. 1 ROG. Diese Norm ordnet auch für Bundesplanungen die strikte Bindung an die Ziele der Raumordnung an. Dies ergibt sich aus dem Zusammenhang mit den Regelungen der §§ 5 und 6 ROG. Diese enthalten die eine Widerspruchsmöglichkeit der jeweiligen Bundesplanungsbehörde bzw. das Verfahren der Zielabweichung. Gerade die Möglichkeit für Träger von Bundesplanungen, nach § 5 ROG Widerspruch einzulegen, zeigt, dass der Gesetzgeber die Problematik des Verhältnisses der Landesraumordnungsplanung zu Fachplanungen des Bundes gesehen hat. Würde schon die Norm des § 16 Abs. 3 S. 3 FStrG die Bindungsbestimmungen des § 4 ROG aushebeln, wäre die Existenz des § 5 ROG überflüssig.[30]

---

[25] *BVerwG* Urt. v. 16.03.2006 – 4 A 1075/04, NVwZ 2006 Beilage Nr. 1, Rn. 72.

[26] So *Durner*, RuR 2010, 271, 274.

[27] *Durner*, RuR 2010, 271, 274.

[28] So *Kment*, NuR 2010, 392, 394 f.; *Erbguth*, DVBl 2013, 274, 277.

[29] So der *VGH München* Urt. v. 19.04.2005 – 8 A 05.40022, NVwZ-RR 2006, 432, 433.

[30] Zur Bedeutung des § 5 ROG allgemeine unter D.III.2.b., zur Bedeutung im hier geschilderten Zusammenhang unter E.I.3.b.(1). sowie (3).

Zudem bezieht sich § 16 Abs. 3 S. 3 FStrG nicht ausschließlich auf das Verhältnis der Bundesstraßenplanung zur Raumplanung. Vielmehr sind alle Orts- und Landesplanungen erfasst, insbesondere kommunale und landesrechtliche Straßenplanungen. Der Vorrang ist auch nicht absolut angeordnet, sondern nur grundsätzlich.[31]

Ein genereller Vorrang der fernstraßenrechtlichen Linienbestimmung oder ein genereller Vorrang der Landesraumplanung kann daher nicht festgestellt werden.

Entsprechendes gilt im Zusammenhang mit § 15 Abs. 1 S. 2 NABEG. Auch diese Norm ordnet den Vorrang einer Bundesplanung – der Bundesfachplanung durch die Bundesnetzagentur – vor der Landesplanung an. Gleichwohl kann auch durch diese Regelung nicht die Bindungswirkung an die Ziele der Raumordnung unterlaufen werden.[32] Vielmehr richtet sich diese Regelung an die Landesplanungsbehörden, die bei der Aufstellung von Raumordnungsplänen die Vorgaben der Bundesfachplanung als gesetzliche Gewichtungsvorgabe zu beachten haben.

Die BNetzA ihrerseits ist an Ziele der Raumplanung über § 4 Abs. 1 S. 1 Nr. 1 ROG gebunden. Sie hat bei Aufstellung neuer Ziele die Möglichkeit, sich von diesen durch Widerspruch nach § 5 ROG oder einer Abweichung nach § 6 ROG zu befreien. Wurde der Raumordnungsplan vor Geltung des NABEG aufgestellt oder geändert, konnte die BNetzA bei der Aufstellung als öffentliche Stelle von den Landesplanungsbehörden nicht beteiligt werden. In diesem Fall ist auch der Anwendungsbereich des § 5 ROG nicht eröffnet. Die BNetzA kann sich über einen Antrag auf Befreiung nach § 6 Abs. 2 ROG i. V. m. den konkretisierenden Regelungen im jeweils anwendbaren Landesplanungsgesetz von der Zielbindung zu lösen versuchen. Die Bundesfachplanung kann auch die schon vorhandenen Trassenkorridore, die durch die Landesraumplanungsbehörden ausgewiesen worden sind, für ihre Planungen verwenden. Für diesen Fall sieht § 11 Abs. 1 Nr. 3 NABEG ein vereinfachtes Verfahren vor.

VI. Unterschiedliche Gebietstypen und ihre Außenwirkung

Bei raumplanerischen Standortausweisungen, die in bestimmten Gebietskategorien gesichert werden, ist zwischen der Absicherung des Standortes selbst und der möglichen Nutzung an dem gesicherten Standort zu unterscheiden. Der VGH Kassel[33] und nachfolgend das BVerwG[34] haben im Zusammenhang mit

---

[31] Vgl. dazu oben unter E.I.3.b.(3).

[32] So beispielsweise *Appel*, NVwZ 2013, 457, 460. Dazu insgesamt oben unter E.VI.

[33] *VGH Kassel* Urt. v. 21.08.2009 – 11 C 227/08.T u. a., juris, Rn. 434; *VGH Kassel* Beschl. v. 05.02.2010 – 11 C 1549/08.N, BeckRS, 47545.

[34] *BVerwG* Beschl. v. 31.03.2011 – 4 BN 19/10, BeckRS 2011, 49978, Rn. 10 ff. sowie

den Standortausweisungen im LEP Hessen 2007 bezüglich des Ausbaus des Flughafens Frankfurt am Main zutreffend ausgeführt, die Ausweisung eines Vorranggebietes nach § 8 Abs. 7 S. 1 Nr. 1 ROG sichere nicht zugleich die Unzulässigkeit einer bestimmten Nutzung außerhalb des gesicherten Gebietes.[35] Dadurch wird nur festgelegt, dass keine der in dem Vorranggebiet gesicherten Nutzung entgegenstehende raumbedeutsame Nutzungen innerhalb dieses Gebietes ausgewiesen werden dürfen. Die Nutzung der Flächen außerhalb des Gebietes ist durch diese Ausweisung nicht geregelt. Möchte die Raumplanungsbehörde nur das Gebiet freihalten und damit als möglichen Standort anbieten, die tatsächliche Nutzung jedoch noch nicht verbindlich auf dieses Gebiet festlegen, kann sie ihre Erwägungen zu der möglichen Nutzung als Grundsatz ausweisen. Soll eine auch außergebietliche Sperrwirkung für die betreffende Nutzung festgelegt werden, so muss die Raumplanungsbehörde dies gesondert zielförmig ausweisen. Dabei müssen sowohl die formellen als auch die materiellen Voraussetzungen für ein Ziel der Raumordnung vorliegen. Das Ziel der Raumordnung muss als solches gekennzeichnet werden, § 7 Abs. 4 ROG, und es müssen alle Belange abschließend abgewogen worden sein, § 7 Abs. 2 S. 1 Halbs. 2 ROG. Die abgeschlossene Abgewogenheit hinsichtlich der innergebietlich vorgesehenen Nutzung wie es im LEP Hessen 2007 geschehen war, führt nur zu einem Grundsatz der Raumordnung, wenn die maßgebliche Kennzeichnung als Ziel der Raumordnung fehlt. Alternativ kann die außergebietliche Sperrwirkung durch Ausweisung eines kombinierten Vorrang-Eignungsgebiets, wie in § 8 Abs. 7 S. 2 ROG vorgesehen, erreicht werden. Sind landesplanerisch weitere Gebietskategorien vorgesehen, so können diese entsprechend genutzt werden. Durch diese entsprechende Ausweisung ist nicht nur das Gebiet für nachfolgende Planungsentscheidungen für eine entsprechende Nutzung gesichert. Damit ist dieser Standort zudem aus raumplanerischer Sicht für eine entsprechende Nutzung abschließend festgelegt. Möglich ist auch die Festschreibung einer Ausbauverpflichtung an einem bestimmten Standort zusätzlich zur Ausweisung einer Vorrangfläche.

Diese Unterscheidungen müssen sowohl die Raumplanungsbehörden bei ihren Ausweisungen, als auch die nachfolgenden Planungsträger, die diese Ausweisungen in ihre Entscheidung miteinzubeziehen haben, strikt beachten. Die nachfolgenden Planungsträger dürfen sich nicht über diese gesetzlichen Vorgaben hinwegsetzen und eine Verbindlichkeit der raumplanerischen Vorgaben annehmen, obwohl eine entsprechende Kennzeichnung fehlt. Dies gilt gleichermaßen für bauleitplanende Kommunen, wie auch für Regionalplanungsbehör-

BVerwG Beschl. v. 31. 03. 2011 – 4 BN 18/10, BeckRS 2011, 49977, Rn. 9 ff.; *BVerwG* Urt. v. 04. 04. 2012 – 4 C 8/09 u. a., NVwZ 2012, 1314, Rn. 81.

[35] Siehe dazu unter E.II., insbesonder unter E.II.4.ff.

den, wenn sich die entsprechende Gebietsausweisung in einem landesweiten Raumordnungsplan findet.

Sind nachfolgende Planungsträger der Auffassung, die als Ziel gekennzeichnete Festlegung sei entgegen der gesetzlichen Vorgaben nicht abschließend abgewogen, dürfen sie diese nicht eigenmächtig einer vollumfänglichen Abwägung zugänglich machen. Sie sind vielmehr gehalten, eine Klärung herbeizuführen, ob es sich um ein Ziel oder einen Grundsatz handelt. Dies kann durch einen Dialog mit der Raumplanungsbehörde oder durch gerichtliche Klärung geschehen.[36]

VII. Grundsatz mit Gewichtungsvorgabe

Anders als vom VGH Kassel[37] und nachfolgend dem BVerwG[38] bezüglich der Vorgaben zum Lärmschutz im LEP Hessen 2007 entschieden, darf eine von der Landesplanungsbehörde als Grundsatz ausgewiesene Vorgabe nicht als Grundsatz mit Gewichtungsvorgabe ausgelegt werden, dem eine den Zielen gleichkommende Wirkung zukommt.[39] Dies gilt sowohl für die nachfolgenden Planungsbehörden als auch für die mit diesen Vorgaben befassten Gerichte. Die Zulassung von Grundsätzen, die nur in engen Ausnahmefällen bei sehr gewichtigen entgegenstehenden Belangen durch die Fachplanungsbehörden überwunden werden können, würde die in § 4 ROG gesetzlich vorgesehene Trennung zwischen Zielen, Grundsätzen und sonstigen Erfordernissen der Raumordnung und ihrer unterschiedlichen Bindungswirkung völlig auflösen. Dies würde zu Unklarheiten bezüglich der Bindungswirkungen führen. Die in § 7 Abs. 4 ROG vorgeschriebene Kennzeichnungspflicht, ob ein Ziel oder ein Grundsatz vorliegt, muss von den Landesplanungsbehörden und von den nachfolgenden Planungsträgern beachtet werden.[40] Die Gerichte dürfen sich nicht über die Ausweisungen der Landesplanungsbehörden hinwegsetzen und einem Grundsatz die fast identische Bindungswirkung wie einem Ziel zusprechen. Im Urteil zum Flughafenausbau Berlin-Schönefeld hatte das BVerwG noch zutreffend betont, die Gewichtung der öffentlichen Belange sei nicht Aufgabe der Verwaltungsgerichte.[41] Grundsätze können nur durch den Gesetzgeber[42] oder die Planungsbehörden selbst mit einer besonderen Gewichtungsvorgabe versehen

---

[36] Zum Rechtschutz vgl. die Zusammenfassung sogleich unter I.13. sowie oben unter H.
[37] *VGH Kassel* Urt. v. 21.08.2009 – 11 C 227/08.T u. a., juris, Rn. 763 ff.
[38] *BVerwG* Urt. v. 04.04.2012 – 4 C 8/09 u. a., NVwZ 2012, 1314.
[39] Vgl. dazu unter E.III.
[40] Dazu schon unter I.6.
[41] *BVerwG* Urt. v. 16.03.2006 – 4 A 1075/04, NVwZ 2006 Beilage Nr. 1, Rn. 166.
[42] Z. B. § 29 b Abs. 1 S. 2 LuftVG.

werden. Die Einordnung der Grundsätze als in der Abwägung überwindbare Belange bleibt jedoch unverändert.

Durch die Auslegung einer landesplanerischen Vorgabe als Grundsatz mit Gewichtungsvorgabe durch den VGH Kassel und das BVerwG, die im Ergebnis zu einem Nachtflugverbot führt, wird zudem unzulässig in den Kompetenzbereich der Fachplanung eingegriffen. Die konkrete Anordnung von Lärmschutzmaßnahmen ist eine Materie, die originär in die Kompetenz der Fachplanungsbehörde fällt.[43] Dies bleibt, trotz der in dem Urteil des BVerwG zum Ausbau des Flughafens Berlin-Schönefeld aufgestellten Anforderung der vorrausschauenden Berücksichtigung der fachplanerischen Belange, unverändert. Vielmehr hat das BVerwG in diesem Urteil noch klar zu verstehen gegeben, das konkrete Lärmschutzkonzept bliebe der Fachplanung vorbehalten.[44] Das BVerfG hat diese Auffassung im Rahmen eines Nichtannahmebeschlusses bezüglich einer Verfassungsbeschwerde gegen den Planfeststellungsbeschluss für den Ausbau des Flughafens Berlin-Schönefeld bestätigt.[45] Die Landesplanungsbehörde sei nur verpflichtet, vorausschauend zu prüfen, ob die Zulassungsbehörde den Lärmschutzbelangen der Bevölkerung durch entsprechende Anordnungen voraussichtlich Rechnung tragen werden könne. Diese Kompetenz- und Aufgabenverteilung darf durch die Annahme eines Grundsatzes mit Gewichtungsvorgabe nicht umgangen werden.

VIII. Durschlagen von Mängeln auf die Planfeststellungsentscheidung

Ist eine zielförmige Standortausweisung mit Mängeln behaftet, so schlägt dieser Fehler auf die Planfeststellungsentscheidung durch.[46] Handelt es sich um eine Ausweisung in Form eines Grundsatzes, so hat die Unwirksamkeit der landesplanerischen Vorgabe nicht unbedingt die Unwirksamkeit des Planfeststellungsbeschlussses zur Folge.[47] Im Falle einer zielförmigen Ausweisung ist die Planfeststellungsbehörde an die landesplanerische Vorgabe gebunden und diese fließt unmittelbar in die Planfeststellungsentscheidung ein.[48] Liegt ein Grundsatz vor, kann dieser im Rahmen der Abwägung durch die Planfest-

[43] Dies wird vom *VGH Kassel* Urt. v. 21.08.2009 – 11 C 227/08.T u. a., juris, Rn. 763 ff. und dem *BVerwG* Urt. v. 04.04.2012 – 4 C 8/09 u. a., NVwZ 2012, 1314 übersehen. Dazu detailliert in Abschnitt E.III.5.b.

[44] *BVerwG* Urt. v. 16.03.2006 – 4 A 1075/04, NVwZ 2006 Beilage Nr. 1, Rn. 64.

[45] *BVerfG* Beschl. v. 20.02.2008 – 1 BvR 2389/06, NVwZ 2008, 775, Leitsatz 2 bzw. S. 777 Rn. 19.

[46] *BVerwG* Urt. v. 16.03.2006 – 4 A 1075/04, NVwZ 2006 Beilage Nr. 1, Rn. 83.

[47] *VGH Kassel* Urt. v. 21.08.2009 – 11 C 227/08.T u. a., juris, Rn. 439.

[48] Eine Ausnahme bilden die raumordnungsexternen Belange, dazu schon unter I.4.

stellungsbehörde überwunden werden. Über den Standort wird endgültig erst durch die Planfeststellungsbehörde entschieden.

IX. Wirkung unterschiedlicher Gebietsausweisungen

Die Annahme des OVG Münster in der Entscheidung zum Bau eines neuen Kohlekraftwerkes in Datteln, die Ausweisung eines Vorranggebietes zur Sicherung des Standortes in einem Landesentwicklungsplan beinhalte auch eine Außenwirkung, stellt eine Überinterpretation der landesplanerischen Vorgaben dar.[49] Eine zielförmige Standortausweisung innerhalb eines Vorranggebietes schließt die Ausweisung eines anderen Standortes innerhalb des Planungsgebietes weder durch die Regionalplanungsbehörde noch durch die Kommune aus. Auf der Grundlage der heutigen gesetzlichen Regelung in § 8 Abs. 7 ROG ergibt sich dies aus der Existenz des § 8 Abs. 7 S. 2 ROG. Diese Regelung, die ausdrücklich die Möglichkeit einer Kombination von Vorrang- und Eignungsgebiet vorsieht, wäre überflüssig, falls eine reine Vorranggebietsausweisung auch eine außergebietliche Sperrwirkung zur Folge hätte.[50] Ausgehend vom Fehlen einer gesetzlichen Regelung zu den unterschiedlichen Gebietstypen im Zeitpunkt der Aufstellung des dem Urteil zu Grunde liegenden Planes, war zur Ermittlung der Wirkung dieser Ausweisung der Wille der Landesplanungsbehörde ausschlaggebend.[51] Hätte diese eine Wirkung auch außerhalb des für den Standort vorgesehenen Gebietes erzeugen wollen, hätte sie dies explizit zielförmig festlegen müssen.

X. Verhältnis der Landes- zur Regionalplanung, der Landes- und Regionalplanung zur gemeindlichen Planung sowie das Zusammenspiel der Standortausweisungen in den unterschiedlichen Raumordnungsplänen (Datteln)

Reinen Vorranggebietsfestlegungen kommt entgegen der Auffassung des OVG Münster im Urteil zum Kohlekraftwerk Datteln keine Außenwirkung zu.[52] Die weitergehende Aussage des Gerichts, eine Standortfestlegung in einem Vorranggebiet mit Außenwirkung schließe die Ausweisung eines anderen Standortes durch die Gemeinde oder die nachfolgende Planungsbehörde nicht aus, ist

---

[49] *OVG Münster* Urt. v. 03.09.2009 – 10 D 121/07.NE, NuR 2009, 801, Rn. 10. Vgl. dazu unter E.IV. insbesondere unter E.IV.3.a.

[50] Vgl. dazu auch schon unter I.6.

[51] Dazu im Einzelnen unter E.IV.4.a.

[52] Siehe dazu soeben unter I.9.

inkonsequent. Wenn eine Ausweisung bindende Wirkung auch außerhalb des gesicherten Gebietes haben soll, so ist diese Ausweisung von der Gemeinde bei ihren Planungen strikt zu beachten und nicht lediglich „in den Blick zu nehmen“.[53]

Vielmehr sind bei einer Standortfestlegung in einem Vorranggebiet durch die Landesplanungsbehörde mangels Außenwirkung weder die Gemeinde noch die jeweilige Regionalplanungsbehörde daran gehindert, einen alternativen Standort auszuweisen.[54] Soll einer Standortausweisung auch außergebietlich eine Sperrwirkung zukommen, muss dies zusätzlich gesichert werden.

XI. Inhaltsgleiche Ausweisungen

Wie vom OVG Frankfurt (Oder) im Zusammenhang mit der Standortausweisung für den Flughafen Berlin-Schönefeld im gemeinsamen Landesentwicklungsplan der Länder Berlin und Brandenburg zutreffend festgestellt, ist die Übernahme inhaltsgleicher Ausweisungen aus einem landesweiten Plan in einen regionalen Raumordnungsplan ohne erneute Abwägung unzulässig.[55] Eine solche wiederholende Ausweisung ist nur zulässig, wenn bei der Aufstellung des regionalen Raumordnungsplanes eine eigene Abwägung durch die Regionalplanungsbehörde stattfindet. Als Bestandteil des gesamträumlichen Planungssystems sind die landesweiten Vorgaben in den Regionalplänen zu konkretisieren. Durch die Aufstellung eines Regionalplanes werden die Regelungen des landesweiten Planes nicht ersetzt. Jeder dieser Planungsentscheidungen liegt eine eigenständige Abwägung zu Grunde. Die Selbständigkeit der Pläne setzt sich im Rahmen gerichtlicher Überprüfungen von imhaltsgleichen Bestimmungen in einem der beiden Pläne fort. Wird eine solche Bestimmung in einem Plan für unwirksam erklärt hat dies nicht die Unwirksamkeit der identischen Bestimmung in dem anderen Plan zur Folge. Eine ähnliche Festlegung in zwei Plänen ist nur sinnvoll, wenn tatsächlich eine Konkretisierung der Vorgaben des landesweiten Planes vorgenommen wird.[56]

[53] So aber *OVG Münster* Urt. v. 03.09.2009 – 10 D 121/07.NE, NuR 2009, 801, Rn. 13.

[54] Vgl. dazu ausführlich unter E.IV.4.b.

[55] So sehr prägnant das *OVG Frankfurt (Oder)* Urt. v. 24.08.2001 – 3 D 4/99.NE, JurionRS 2001, 28222, 2.b).

[56] Vgl. dazu unter E.I.1.a. und soeben unter I.10.

XII. Vorbescheid

Die erwogene Einführung einer standortbezogenen Zwischenentscheidung durch einen raumplanerischen Vorbescheid der Fachplanungsbehörde[57] bzw. einer gesonderten raumplanerischen Standortentscheidung der Raumplanungsbehörde[58] vereinfacht die Abgrenzung der unterschiedlichen Kompetenzbereiche nicht. Bei einem als Verwaltungsakt von der Genehmigungsbehörde erlassenen Vorbescheid überwiegt der Nachteil eventuell auseinanderfallender Festlegungen im Raumordnungsplan einerseits und im Vorbescheid andererseits, insbesondere wenn gerichtlich gegen den Vorbescheid vorgegangen wird. Zudem müsste auch für den Erlass des Vorbescheides eine umfängliche Abwägungsentscheidung durchgeführt werden. Eine gesonderte raumplanerische Standortentscheidung, die von der Raumplanungsbehörde erlassen wird, ist wegen der unterschiedlichen Bindungswirkung von Zielen und Grundätzen der Raumordnung impraktikabel. Würden nur die zielförmigen Festlegungen in eine gesonderte Entscheidung ausgelagert, würde dies zu einer Zersplitterung der Regelungen führen. Auch Standortfestlegungen in einem Grundsatz der Raumordnung außerhalb des Raumordnungsplanes zu regeln, hätte keine Vorteile gegenüber der Festlegung in dem Raumordnungsplan. Eine stärkere Bindungswirkung kann und soll dadurch nicht erzeugt werden.

XIII. Rechtschutz

Die bestehenden Rechtschutzmöglichkeiten gegen Raumordnungspläne bzw. gegen darin enthaltene Ziele bzw. Grundsätze der Raumordnung sind ausreichend. Entscheidend ist neben der Rechtsnatur der Pläne die strikte Trennung zwischen Zielen und Grundsätzen. Ziele der Raumordnung können bei entsprechenden Voraussetzungen unmittelbar in Rechte der Gemeinden bzw. Einzelner eingreifen und daher insbesondere im Zusammenhang mit Normenkontrollanträgen nach § 47 VwGO die Antragsbefugnis begründen.

Sind die Raumordnungspläne als Rechtsverordnung oder Satzung erlassen worden, so ist eine Normenkontrolle nach § 47 VwGO der statthafte Rechtsbehelf. Ein Normenkontrollantrag ist entgegen der in der Literatur verbreiteten Ansicht sowohl bei der Geltendmachung von Verletzungen durch Ziele als auch gegen Grundsätze statthaft. Der Unterschied dieser Ausweisungen wird erst im Rahmen der Antragsbefugnis nach § 47 Abs. 2 VwGO relevant.[59]

---

[57] Vgl. dazu unter G.I.
[58] Vgl. dazu oben G.II.
[59] Vgl. dazu unter H.II.

Gemeinden als juristische Personen sowie natürliche und sonstige juristische Personen sind nach § 47 Abs. 2 S. 1 Alt. 1 VwGO hinsichtlich zielförmiger Bestimmungen antragsbefugt, wenn sie die Möglichkeit einer Verletzung in einem subjektiven Recht geltend machen können.[60] Die Verletzung in einem subjektiven Recht durch einen Grundsatz der Raumordnung können die Gemeinden als juristische Personen lediglich geltend machen, wenn sie sich auf die Verletzung des Abwägungsgebotes hinsichtlich eines eigenen Belanges berufen können. Eine Berufung auf die Verletzung ihrer Planungshoheit durch Grundsätze der Raumordnung kann die Antragsbefugnis nicht begründen, da die Vorgaben der Abwägung zugänglich sind.[61] Ebenso wenig sind natürliche und sonstige juristische Personen durch die Grundsätze der Raumordnung in eigenen Rechten betroffen.[62] Sie können sich auf eine Verletzung des Abwägungsgebotes bei der Aufstellung von Grundsätzen berufen.

Die Gemeinden und sonstige mit der Anwendung der raumplanerischen Vorgaben befasste Behörden sind über § 47 Abs. 2 S. 1 Alt. 2 VwGO als Behörden sowohl bezüglich der Ziele als auch bezüglich der Grundsätze der Raumordnung antragsbefugt. Sie haben die Grundsätze bei ihrer Abwägungsentscheidung zu beachten und können etwaige Fehler geltend machen.[63]

Ist landesrechtlich kein Normenkontrollverfahren vorgesehen, bestehen ausreichende Rechtschutzmöglichkeiten über Feststellungsklagen nach § 43 VwGO,[64] die aufgrund des Grundsatzes der allgemeinen Subsidiarität gegenüber den Verfassungsbeschwerden vorrangig sind[65] sowie weitere inzidente Rechtschutzmöglichkeiten.[66] Dabei kommen insbesondere Anfechtungs- oder Verpflichtungsklagen im Zusammenhang mit Baugenehmigungen in Betracht.

Bei Raumordnungsplänen, die nicht in einer bestimmten Rechtsform erlassen werden, ist für den Rechtschutz entscheidend, ob den einzelnen in diesen Plänen enthaltenen Bestimmungen Rechtsnormqualität zukommt.[67] Trifft dies zu, können diese Bestimmungen bei Bestehen der Antragsbefugnis im Wege eines Normenkontrollverfahrens nach § 47 VwGO überprüft werden. Der Unterschied zwischen Zielen und Grundsätzen ist im Rahmen der Antragsbefugnis relevant.

Gegen Raumordnungspläne, die als förmliches Gesetz erlassen worden sind, ist für natürliche und juristische Personen die Erhebung einer Individualver-

[60] Vgl. zu den privaten und sonstigen juristischen Personen unter H.II.1.a. und b., zu den Gemeinden als juristische Personen unter H.II.1.d.(1).

[61] Vgl. dazu oben unter H.II.1.d.(2).

[62] Vgl. dazu oben unter H.II.1.c.

[63] Vgl. dazu oben unter H.I.4.

[64] Vgl. dazu unter H.I.5.c.

[65] Vgl. dazu oben unter H.I.4.c.

[66] Vgl. dazu sogleich und oben unter H.I.5.

[67] Vgl. zur Diskussion, ob es auf die Rechtsnatur der Pläne oder die in diesen enthaltenen Bestimmungen ankommt, den Überblick oben unter H.I.1.b.

fassungsbeschwerde nach Art. 93 Abs. 1 Nr. 4a GG möglich.[68] Für Kommunen kommt eine Kommunalverfassungsbeschwerde nach Art. 93 Abs. 1 Nr. 4b GG vor dem BVerfG oder vor dem jeweiligen Landesverfassungsgericht in Betracht.[69] Die Geltendmachung der Beschwerdebefugnis ist bei Beeinträchtigungen durch Ziele der Raumordnung möglich, bei Grundsätzen mangels unmittelbarer Bindungswirkung nicht. Sind andere Gerichte mit ihrer Ansicht nach verfassungswidrigen Gesetzen konfrontiert, ist Art. 100 GG maßgeblich.[70]

Unabhängig davon, in welcher Rechtsform die Raumordnungspläne erlassen wurden, ist die Überprüfung raumplanerischer Festsetzungen im Rahmen einer Inzidentkontrolle möglich.[71] Nachteil aller inzidenten Normenkontrollmöglichkeiten ist die fehlende Allgemeinverbindlichkeit bei festgestellter Unwirksamkeit der raumplanerischen Bestimmungen in diesen Verfahren.

In Betracht kommen insbesondere Anfechtungs- und Verpflichtungsklagen gegen erteilte bzw. nicht erteilte Baugenehmigungen.[72] Ist landesrechtlich die Normenkontrollmöglichkeit nach § 47 VwGO vorgesehen, ist eine inzidente Überprüfung in einem Normenkontrollverfahren gegen einen Bebauungsplan, der raumplanerische Vorgaben umgesetzt hat, möglich.[73] Feststellungsklagen nach § 43 VwGO sind möglich, wenn ein konkretes feststellungsfähiges Rechtsverhältnis geltend gemacht werden kann.[74]

XIV. Verwerfungskompetenz der Genehmigungsbehörden und Gemeinden bei angenommener Unwirksamkeit raumplanerischer Bestimmungen

Vorhabengenehmigungsbehörden, die im Rahmen ihrer Entscheidung die raumplanerischen Vorgaben zu beachten haben, dürfen diese Vorgaben bei von ihnen angenommener Unwirksamkeit nicht einfach außer Acht lassen.[75] Entgegen teilweise vertretener Auffassung sind weder Art. 20 Abs. 3 GG noch die in Art. 28 Abs. 2 GG gesicherte Planungshoheit der Gemeinden als Begründung zur Bejahung der Verwerfungskompetenz heranziehbar.[76] Vielmehr sind aufgrund der Bindung an Recht und Gesetz aus Art. 30 Abs. 2 GG die Behörden

---

68 Vgl. dazu unter H.I.2.a.
69 Vgl. dazu unter H.I.2.b.
70 Vgl. dazu unter H.I.2.c.
71 Vgl. dazu unter H.I.5.
72 Vgl. dazu unter H.I.5.a.
73 Vgl. dazu unter H.I.5.b.
74 Vgl. dazu unter H.I.5.c.
75 Zur Verwerfungskompetenz insgesamt vgl. unter H.IV.
76 So z. B. *OVG Lüneburg* Beschl. v. 15. 10. 1999 – 1 M 3614/99, NVwZ 2000, 1061, 1062, *Deutsch*, NVwZ 2006, 878, 879; vgl. dazu unter H.IV.2.c.

verpflichtet, die raumplanerischen Bestimmungen zu beachten, so lange diese nicht gerichtlich für unwirksam erklärt wurden.[77] Die Behörden sind gehalten, im Wege des Dialoges oder gerichtlich die Wirksamkeit der Bestimmungen zu klären. Das gilt unabhängig von der Rechtsnatur, in der die Pläne erlassen wurden. Inzident sind alle Raumordnungspläne überprüfbar.

Entsprechendes gilt auch für Gemeinden als bauleitplanende Behörden, die ihre Pläne nach § 1 Abs. 4 BauGB, § 4 Abs. 1 ROG an die Ziele der Raumordnung anzupassen haben. Auch diese sind nicht zur inzidenten Verwerfung befugt, sondern haben eine gerichtliche Klärung herbeizuführen.[78]

---

77 Vgl. dazu unter H.IV.2.d.

78 Vgl. dazu unter H.V.

Literaturverzeichnis

Anders, Dieter, Behördliche Inzidentverwerfung unwirksamer Ziele der Raumordnung in Regionalplänen, NuR 2007, S. 657–668.

Anders, Dieter/Jankowski, Klaus, Konzentrationszonen als Ziele der Raumordnung – Detailabwägung contra Globalabwägung, ZUR 2003, S. 81–89.

Appel, Markus, Die Bindungswirkungen des Raumordnungsrechts für nachfolgende Planungs- und Genehmigungsverfahren, zugleich Anmerkung zur Datteln-Entscheidung des OVG Münster, UPR 2011, S. 160–169.

Appel, Markus, Neues Recht für neue Netze – das Regelungsregime zur Beschleunigung des Stromnetzausbaus nach EnWG und NABEG, UPR 2011, S. 406–416.

Appel, Markus, Bundesfachplanung versus landesplanerische Ziele der Raumordnung, Was hat Vorrang?, NVwZ 2013, S. 457–463.

Barth, Regine, Zum aktuellen „Schönefeld-Urteil" des Bundesverwaltungsgerichts, Anmerkungen zum Urteil des Bundesverwaltungsgerichts vom 16.03.2006 – 4 A 1075.04, ZUR 2006, S. 531–534.

Bartlsperger, Richard, Raumplanung zum Außenbereich, Die raumplanerische Steuerung von Außenbereichsvorhaben, Schriften zum öffentlichen Recht, Bd. 923, Berlin 2003.

Battis, Ulrich/Kersten, Jens, Die Raumordnung nach der Föderalismusreform, DVBl 2007, S. 152–159.

Battis, Ulrich/Krautzberger, Michael/Löhr, Rolf-Peter, Baugesetzbuch, Kommentar, 13. Aufl., München 2016 (zitiert: Bearbeiter, in: Battis/Krautzberger/Löhr, BauGB).

Baumeister, Peter/Ruthig, Josef, Staatshaftung wegen Vollzugs nichtiger Normen, JZ 1999, S. 117–125.

Benda, Ernst/Klein, Eckart, Verfassungsprozessrecht, Ein Lehr- und Handbuch, 3., völlig neu bearb. Aufl. Lehr- und Handbuch, Heidelberg, München, Landsberg, Frechen, Hamburg 2012.

Blümel, Willi, Die Standortvorsorgeplanung für Kernkraftwerke und andere umweltrelevante Großvorhaben in der Bundesrepublik Deutschland, DVBl 1977, S. 301–322.

Blümel, Willi, Rechtschutz gegen Raumordnungspläne, VerwArch 1993, S. 123–138.

Böttger, Ulrich/Broosch, Malaika, Zur prinzipalen Normenkontrolle von regionalen Raumordnungsplänen, UPR 2002, S. 420–427.

Breuer, Marten, Nichtiges Gesetz und vernichtbarer Verwaltungsakt, Überlegungen zur Ratio der Fehlerfolgendifferenzierung bei Norm und Einzelakt, DVBl 2008, S. 555–565.

Breuer, Rüdiger, Die hoheitliche raumgestaltende Planung, – Wirkungsbereich und Zusammentreffen von Planfeststellungen, fachlichen Nutzungsregelungen, Bauleitplänen und Plänen der Raumordnung –, Bonner rechtswissenschaftliche Abhandlungen, Bd. 80, Bonn 1968.

Brohm, Winfried, Öffentliches Baurecht, Bauplanungs-, Bauordnungs- und Raumordnungsrecht, 3. Aufl., München 2002.

Calliess, Christian/Ruffert, Matthias (Hrsg.), EUV, AEUV, Das Verfassungsrecht der Europäischen Union mit Europäischer Grundrechtecharta; Kommentar, 4. Aufl., München 2011 (zitiert: Bearbeiter, in: Calliess/Ruffert, EUV/AEUV).

de Witt, Siegfried, Kommentierte Zusammenfassung zum Urteil des BVerwG zum Flughafen Berlin-Schönefeld, DVBl 2006, S. 1373–1382.

Degenhart, Christoph, Die Neuordnung der Gesetzgebungskompetenzen durch die Föderalismusreform, NVwZ 2006, S. 1209–1216.

Detterbeck, Steffen, Allgemeines Verwaltungsrecht, mit Verwaltungsprozessrecht, 14. Aufl., München 2016 (zitiert als: Detterbeck, Allgemeines Verwaltungsrecht).

Deutsch, Markus, Aktuelle Rechtsfragen beim Flughafenausbau, Entscheidung des BVerwG zum Flughafen Berlin Schönefeld, NVwZ 2006, S. 878–883.

Deutsch, Markus, Raumordnung als Auffangkompetenz? – Zur Regelungsbefugnis der Raumordnungspläne, NVwZ 2010, S. 1520–1524.

Dolderer, Michael, Das neue Raumordnungsgesetz (ROG 1998) – Seine Neuerungen und ihre Folgen für die gemeindliche Planungshoheit, NVwZ 1998, S. 345–350.

Dörries, Andrea, Das Verhältnis der Bauleitplanung zur raumbeanspruchenden Fachplanung, – Eine Untersuchung auf der Grundlage des BauROG 1998 –, Schriften zum öffentlichen Recht, Bd. 813, Berlin 2000.

Dreier, Horst (Hrsg.), Grundgesetz, Kommentar, Band II – Art. 20 – 82 GG, 2. Aufl., Tübingen 2006 (zitiert: Bearbeiter, in: Dreier, GG).

Dreier, Horst (Hrsg.), Grundgesetz, Kommentar, Band III, Art. 83–146, 2. Aufl., Tübingen 2008 (zitiert: Bearbeiter, in: Dreier, GG).

Durner, Wolfgang, Konflikte räumlicher Planungen Jus Publicum, Bd. 119, Tübingen 2005.

Durner, Wolfgang, Auswirkungen der Föderalismusreform auf das Eisenbahnplanungsrecht, DVBl 2008, S. 69–77.

Durner, Wolfgang, Raumplanerische Koordination aus rechtlicher Sicht, RuR 2010, S. 271–282.

Durner, Wolfgang, Die aktuellen Vorschläge für ein Netzausbaubeschleunigungsgesetz (NABEG) – Bewertung der Verfassungsmäßigkeit und des Beschleunigungspotentials, DVBl 2011, S. 853–862.

Durner, Wolfgang, Vollzugs- und Verfassungsfragen des NABEG, NuR 2012, S. 369–377.

Engel, Rüdiger, Zur Normverwerfungskompetenz einer Behörde, NVwZ 2000, S. 1258–1260.

Epping, Volker/Hillgruber, Christian (Hrsg.), Beck'scher Onlinekommentar GG, 28. Aufl., München 2016 (zitiert: Bearbeiter, in: Beck'scher Onlinekommentar GG).

Erbguth, Wilfried, Phasenspezifischer oder konzentrierter Rechtsschutz? Anhand des Umwelt- und Planungsrechts, Art. 14 GG, § 35 III 3 BauGB, NVwZ 2005, S. 241–247.

Erbguth, Wilfried, Energiewende: großräumige Steuerung der Elektrizitätsversorgung zwischen Bund und Ländern, NVwZ 2012, S. 326–332.

Erbguth, Wilfried, Kraftwerkssteuerung durch räumliche Gesamtplanung, NVwZ-Extra Aufsätze Online 2013, S. 1–9.

Erbguth, Wilfried, Raumordnung und Fachplanung: ein Dauerthema, – Grundsätzliches und Aktuelles –, DVBl 2013, S. 274–280.

Erbguth, Wilfried, Allgemeines Verwaltungsrecht, Mit Verwaltungsprozess- und Staatshaftungsrecht, 7., überarbeitete und erweiterte Auflage, Baden-Baden 2014 (zitiert als: Erbguth, Allgemeines Verwaltungsrecht).

Erbs, Georg/Kohlhaas, Max/Ambs, Friedrich (Hrsg.), Strafrechtliche Nebengesetze, 207. Ergänzungslieferung, München 2016 (zitiert: Bearbeiter, in: Erbs/Kohlhaas, Strafrechtliche Nebengesetze).

Ernst, Werner/Zinkahn, Willy/Bielenberg, Walter/Krautzberger, Michael (Hrsg.), Baugesetzbuch, 120. Ergänzungslieferung, München 2016 (zitiert: Bearbeiter, in: Ernst/Zinkhahn/Bielenberg/Krautzberger, BauGB).

Eyermann, Erich/Fröhler, Ludwig/Geiger, Harald/Happ, Michael/Kraft, Ingo/Rennert, Klaus/Schmidt, Jörg (Hrsg.), Verwaltungsgerichtsordnung, Kommentar, 14. Aufl., München 2014 (zitiert: Bearbeiter, in: Eyermann, VwGO).

Forsthoff, Ernst/Blümel, Willi, Raumordnungsrecht und Fachplanungsrecht, – Ein Rechtsgutachten –, Frankfurt a. M. 1970.

Frey, Michael, Aktuelle Fragestellungen bei der Normenkontrolle gegen Windkraft-Flächennutzungspläne, – Antragsgegenstand, Antragsbefugnis, Rechtsschutzbedürfnis und Präklusion –, NVwZ 2013, S. 1184–1190.

Gaentzsch, Günter, Bauleitplanung, Fachplanung, Landesplanung, WuV 1985, S. 235–249.

Gatz, Stephan, Zielqualität einer raumordnerischen Planaussage mit Regel-Ausnahme-Struktur, jurisPR-BVerwG 18/2011 Anm. 4 zu BVerwG, Urt. v. 22.06.2011 – 4 CN 4/10

Gatz, Stephan, Rechtsfragen der Windenergienutzung, DVBl 2009, S. 737–748.

Goppel, Konrad, Die Rechtswirkungen des Regionalplans, BayVBl 1984, S. 229–232.

Goppel, Konrad, Die Festlegung von Raumordnungsgebieten – Rechtliche Fragen und planerische Konsequenzen aus der Sicht der Raumordnungsverwaltung, in: *Jarass, Hans D.* (Hrsg.), Raumordnungsgebiete (Vorbehalts-, Vorrang- und Eignungsgebiete) nach dem neuen Raumordnungsgesetz, Symposium des Zentralinstituts für Raumplanung am 28. September 1998 in Münster, Münster, 1998, S. 26–38.

Goppel, Konrad, Ziele der Raumordnung, BayVBl 1998, S. 289–292.

Goppel, Konrad, Glaubenskrieg um Soll-Ziele, BayVBl 2002, S. 449–451.

Goppel, Konrad, Anmerkung zu OVG NRW, Urteil vom 3.9.2009 – 10 D 121/07.NE-Bebauungsplan „E.ON Kraftwerk" der Stadt Datteln ist unwirksam = DVBl Heft 21/2009, S. 1385 ff., DVBl 2009, S. 1592–1595.

Görisch, Christoph, Kernnacht – Mediationsnacht – Nachtrandstunden: Wie weit reicht der Schutz vor nächtlichem Fluglärm?, ZUR 2012, S. 611–616.

Grabherr, Edwin/Hofmann, Max/Wysk, Peter (Hrsg.), Luftverkehrsgesetz, Kommentar, München 1992, Stand 2015 (zitiert: Bearbeiter, in: Grabherr/Reidt/Wysk, Luftverkehrsgesetz).

Grigoleit, Klaus/ Weisensee Claudius, Das neue Planungsnetz für Elektrizitätsnetze, UPR 2011, S. 401–406.

Grüner, Johannes, Die Einschränkung der planerischen Gestaltungsfreiheit durch Optimierungsgebote und Abwägungsdirektiven, – Eine Untersuchung der Rechtsprechung des Bundesverwaltungsgerichts zur Wirkung von § 50 S. 1 BImSchG auf die Abwägung –, UPR 2011, S. 50–56.

Halama, Günter, Durchsetzung und Abwehr von Zielen der Raumordnung und Landesplanung auf der Gemeindeebene, in: *Berkemann, Jörg* (Hrsg.), Planung und Plankontrolle, Entwicklungen im Bau- und Fachplanungsrecht; Otto Schlichter zum 65. Geburtstag, Köln, Berlin, Bonn, München, 1995, S. 201–226.

Hartwig, Walter, Rechtswirkungen von Zielen der Raumordnung und Landesplanung gegenüber privaten Planungsträgern, insbesondere bei §§34, 35 BBauG, NVwZ 1985, S. 8–13.

Haselmann, Cosima, Zur bauplanungsrechtlichen Ausschlusswirkung der raumordnerischen Gebietsarten, ZfBR 2014, S. 529–534.

Heigl, Ludwig/Hosch, Rüdiger/Höhnberg, Ulrich/Numberger, Ulrich, Raumordnung und Landesplanung in Bayern, Kommentar und Vorschriftensammlung, Loseblattausgabe, 29. Ergänzungslieferung, München 2014 (zitiert als: Bearbeiter, in: Heigl/Hosch/Höhnberg/Numberger, Raumordnung und Landesplanung in Bayern 2014).

Heitsch, Christian, Raumordnungsziele und Außenbereichsvorhaben: Steuerungswirkung und Rechtschutz, NuR 2004, S. 20–27.

Hendler, Reinhard, Raumordnungsziele und Eigentumsgrundrecht, DVBl 2001, S. 1233–1242.

Hendler, Reinhard, Probleme der „landesplanerischen Letztentscheidung" im System der Raumordnungsplanung, in: *Ziekow, Jan* (Hrsg.), Beschränkung des Flughafenbetriebs, Planfeststellungsverfahren, Raumordnungsrecht, Vorträge auf den Fünften Speyerer Planungsrechtstagen und dem Speyerer Luftverkehrsrechtstag vom 19. bis 21. März 2003 an der Deutschen Hochschule für Verwaltungswissenschaften Speyer, Berlin, 2004, S. 153–169.

Hendler, Reinhard, Verwaltungsgerichtliche Normenkontrolle Privater gegen Raumordnungs- und Flächennutzungspläne, NuR 2004, S. 485–491.

Hendler, Reinhard, Raumordnungsplanung zur Erweiterung des Flughafens Frankfurt Main, LKRZ 2007, S. 1–7.

Hopp, Wolfgang, Rechts- und Vollzugsfragen des Raumordnungsverfahrens, Eine Untersuchung zu den bundesrechtlichen Vorgaben zum Raumordnungsverfahren, zu ihrer Umsetzung im nordrhein-westfälischen und brandenburgischen Landesplanungsrecht und zur Verwaltungspraxis, Beiträge zur Raumplanung und zum Siedlungs- und Wohnungswesen, Bd. 186, Münster 1999.

Hoppe, Werner, „Ziele der Raumordnung und Landesplanung" und „Grundsätze der Raumordnung und Landesplanung" in normtheoretischer Sicht, DVBl 1993, S. 681–687.

Hoppe, Werner, Die Beimessung eines besonderen Gewichts „bei der Abwägung mit konkurrierenden raumbedeutsamen Nutzungen" in Vorbehaltsgebieten nach §7 Abs. 4 Satz 1 Nr. 2 ROG 1998, DVBl 1998, S. 1008–1011.

Hoppe, Werner, Anmerkung zu OVG NW, Urteil vom 7.12.2000 – 7 a D 60.99 (abgedruckt in DVBl 2001, 657–661), DVBl 2001, S. 661–664.

Hoppe, Werner, Zur planakzessorischen Zulassung von Außenbereichsvorhaben durch Raumordnungs- und durch Flächennutzungspläne, – Zugleich Anmerkungen zur Rechtsprechung des Bundesverwaltungsgerichts zur raumordnungsrechtlichen Zielbindung nach §35 Abs. 3 BauGB –, DVBl 2003, S. 1345–1355.

Hoppe, Werner, Stehen die „Ziele der Raumordnung" in der Form von Soll-Zielen vor dem Aus?, – Bemerkungen zu Soll-Zielen im Anschluss an das Urteil des BVerwG vom 18 September 2003 – 4 CN 20.02 – zu landesplanerischen Aussagen mit Regel-Ausnahmestruktur –, DVBl 2004, S. 478–481.

Hoppe, Werner, Kompetenz-Debakel für die „Raumordnung" durch die Föderalismusreform infolge der uneingeschränkten Abweichungszuständigkeit der Länder?, DVBl 2007, S. 144–152.

Hoppe, Werner/Bönker, Christian/Grotefels, Susan, Öffentliches Baurecht, 4. Aufl., München 2010 (zitiert als: Hoppe/Bönker/Grotefels, Öffentliches Baurecht).
Hufen, Friedhelm, Verwaltungsprozessrecht, 9., überarb. und akt. Aufl., München 2013 (zitiert als: Hufen, Verwaltungsprozessrecht).
Ipsen, Jörn, Allgemeines Verwaltungsrecht, 9., neu bearb. Aufl., München 2015 (zitiert als: Ipsen, Allgemeines Verwaltungsrecht).
Jäde, Henning/Dirnberger, Franz/Bauer, Karl/Weiß, Josef (Hrsg.), Die neue Bayerische Bauordnung, Kommentar mit Durchführungsvorschriften und Materialien, Loseblattausgabe, 61. Ergänzungslieferung, Stuttgart 2015 (zitiert als: Bearbeiter, in: Jäde/Dirnberger/Bauer/Weiß, BayBO).
Jäde, Henning/Dirnberger, Franz/Weiss, Josef (Hrsg.), Baugesetzbuch, Baunutzungsverordnung, Kommentar, 7. Aufl., Stuttgart, München, Hannover, Berlin, Weimar, Dresden 2013 (zitiert: Bearbeiter, in: Jäde/Dirnberger/Weiss, BauGB/BauNVO).
Jannasch, Alexander, Neuere Entwicklungen in der Rechtsprechung des Bundesverwaltungsgerichts zur Flughafenplanung, VBlBW 2013, S. 257–261.
Jarass, Hans D., Bundes-Immissionsschutzgesetz, Kommentar unter Berücksichtigung der Bundes-Immissionsschutzverordnungen, der TA Luft sowie der TA Lärm, 11., vollst. überarb. Aufl., München 2015 (zitiert: Jarass, BImSchG).
Jarass, Hans D./Pieroth, Bodo (Hrsg.), Grundgesetz für die Bundesrepublik Deutschland, Kommentar, 14. Aufl., München 2016 (zitiert: Bearbeiter, in: Jarass/Pieroth, GG).
Kämper, Norbert, Kein Nachtflugverkehr mehr über Deutschland?, NVwZ 2013, S. 8–14.
Kirste, Stephan, Das Zusammenwirken von Raum- und Bauleitplanungsrecht dargestellt am Beispiel der Windenergieanlagen, DVBl 2005, S. 993–1004.
Kment, Martin, Die strikte Rechtsbindung Privater an die Ziele der Raumordnung im Rahmen des § 35 Abs. 3 Sätze 2 und 3 BauGB, UPR 2002, S. 428–432.
Kment, Martin, Rechtsschutz im Hinblick auf Raumordnungspläne Beiträge zur Raumplanung und zum Siedlungs- und Wohnungswesen, Bd. 202, Münster 2002.
Kment, Martin, Die Regelungsqualität der Raumordnungspläne, NuR 2003, S. 69–72.
Kment, Martin, Unmittelbarer Rechtsschutz Privater gegen Ziele der Raumordnung und Flächennutzungspläne im Rahmen des § 35 III BauGB, NVwZ 2003, S. 1047–1055.
Kment, Martin, Bindungswirkung der Grundsätze der Raumordnung gegenüber Personen des Privatrechts, NVwZ 2004, S. 155–158.
Kment, Martin, Standortfestlegungen und Streckenverläufe – Neues zum Verhältnis von Raumordnung und Fachplanung, NuR 2010, S. 392–395.
Kment, Martin, Ebenenspezifische Planung – Konfliktbewältigung – Erforderlichkeit der Planung: Die Raumordnung im Spannungsfeld planerischer Gebote, BauR 2012, S. 1867–1872.
Koch, Hans-Joachim/Hendler, Reinhard, Baurecht, Raumordnungs- und Landesplanungsrecht, 5. Aufl., Stuttgart, München, Hannover, Berlin, Weimar, Dresden 2009 (zitiert als: Koch/Hendler, Baurecht, Raumordnungs- und Landesplanungsrecht).
Köck, Wolfgang, Flächenausweisung für Erneuerbare Energien durch die Raumordnung, in: *Jarass, Hans D.* (Hrsg.), Erneuerbare Energien in der Raumplanung, Symposium des Zentralinstituts für Raumplanung an der Universität Münster am 13. Mai 2011, Berlin, 2011
Köck, Wolfgang, Flächensicherung für erneuerbare Energien durch die Raumordnung, DVBl 2012, S. 3–10.

Kopp, Ferdinand O./Ramsauer, Ulrich (Hrsg.), VwVfG, Verwaltungsverfahrensgesetz, 16. Aufl., München 2015 (zitiert als: Bearbeiter, in: Kopp/Ramsauer,VwVfG).

Kopp, Ferdinand O./Schenke, Wolf-Rüdiger/Schenke, Ralf Peter (Hrsg.), Verwaltungsgerichtsordnung, Kommentar, 22. Aufl., München 2016 (zitiert: Bearbeiter, in: Kopp/Schenke, VwGO).

Kraft, Ingo, Wiederaufarbeitungsanlage ohne Bebauungsplan?, Zur Rechtslage nach dem Normenkontrollurteil des BayVGH vom 29.01.1988 – zugleich ein Beitrag zur Dogmatik des § 183 VwGO, UPR 1988, S. 288–297.

Kümper, Boas, Das Verhältnis der Bundesfachplanung nach §§ 4 ff. NABEG zur Raumordnung der Länder, NVwZ 2014, S. 1409–1415.

Kümper, Boas, Die Unwirksamkeit des Landesentwicklungsplans in Brandenburg und ihre Auswirkungen auf die Regionalplanung und die Bauleitplanung, LKV 2014, S. 542–547.

Langguth, Niklas, Die Grenzen der Raumordnungsplanung – Zur Abgrenzung der Gesetzgebungskompetenzen für Raumordnung und Bauleitplanung –, ZfBR 2011, S. 436–441.

Lehners, Andreas, Raumordnungsgebiete nach dem Raumordnungsgesetz 1998, Zugleich eine hypothetische Zuordnung von Festlegungen in nordrhein-westfalischen Raumordnungsplanen, Beiträge zur Raumplanung und zum Siedlungs- und Wohnungswesen, Bd. 184, Münster 1998.

Lieber, Tobias, Aufgaben und Kompetenzgrenzen der Raumordnung – Eine Erwiderung, NVwZ 2011, S. 910–914.

Lück, Dominik R., Der Beitrag der Kommunalverfassungsbeschwerde nach Art. 93 Abs. 1 Nr. 4b GG, § 91 BVerfGG zum Schutz der kommunalen Selbstverwaltung, 1. Aufl. Kommunalrecht – Kommunalverwaltung, Bd. 60, Baden-Baden 2014.

Marschall, Ernst A., Bundesfernstrassengesetz, Kommentar, 6., völlig neu bearbeitete Aufl., Köln 2012 (zitiert: Bearbeiter, in: Marschall, FStrG).

Maunz, Theodor/Dürig, Günter/Herzog, Roman/Badura, Peter et al (Hrsg.), Grundgesetz, Kommentar, 76. Ergänzungslieferung 2016, München op. 1958– (zitiert: Bearbeiter, in: Maunz/Dürig, GG).

Maunz, Theodor/Schmidt-Bleibtreu, Bruno/Klein, Franz/Bethge, Herbert (Hrsg.), Bundesverfassungsgerichtsgesetz, Kommentar, 48. Ergänzungslieferung, München 2016 (zitiert: Bearbeiter, in: Maunz/Schmidt-Bleibtreu/Klein/Bethge, Bundesverfassungsgerichtsgesetz).

Maurer, Hartmut, Allgemeines Verwaltungsrecht, 18. Aufl. Grundrisse des Rechts, München 2011 (zitiert als: Maurer, Allgemeines Verwaltungsrecht).

Moench, Christoph, Die Planungspflicht der Gemeinde, DVBl 2005, S. 676–686.

Moench, Christoph/Ruttloff, Marc, Netzausbau in Beschleunigung, NVwZ 2011, S. 1040–1046.

Muckel, Stefan, Die fehlgeschlagene Einschränkung der Antragbefugnis bei der Normenkontrolle von Bebauungsplänen, NVwZ 1999, S. 963–964.

Müller, Hermann/Schulz, Gerhard (Hrsg.), Bundesfernstraßengesetz, mit Bundesfernstraßenausbaugesetz, 2. Aufl., München 2013 (zitiert: Bearbeiter, in: Müller, FStrG).

Ossenbühl, Fritz, Eine Fehlerlehre für untergesetzliche Normen, NJW 1986, S. 2805–2812.

Paßlick, Hermann, Die Ziele der Raumordnung und Landesplanung, Rechtsfragen von Begriff, Wirksamkeit insbesondere im Außenbereich gemäß § 35 Abs. 1 BBauG und

Darstellungsprivileg, Beiträge zum Siedlungs- und Wohnungswesen und zur Raumplanung, Bd. 105, Münster 1986.

Peine, Franz-Joseph, Öffentliches Baurecht, Grundzüge des Bauplanungs- und Bauordnungsrechts unter Berücksichtigung des Raumordnungs- und des Fachplanungsrechts, 4., vollst. neu bearb. Aufl, Tübingen 2003 (zitiert als: Peine, Öffentliches Baurecht).

Petschulat, Alexander, Die Regelungskompetenzen der Länder für die Raumordnung nach der Föderalismusreform, Probleme der Abweichungsgesetzgebung, Beiträge zum Raumplanungsrecht, Beiträge zum Raumplanungsrecht, Bd. 248, Berlin 2015.

Redeker, Konrad, Flächenkonzentration durch Ziele der Raumordnung, in: *Erbguth, Wilfried/Oebbecke, Janbernd/Rengelin, Hans-Werner u. a.* (Hrsg.), Planung, Festschrift für Werner Hoppe zum 70. Geburtstag, München, 2000

Redeker, Konrad/Oertzen, Hans-Joachim von (Hrsg.), Verwaltungsgerichtsordnung, Kommentar, 16., überarbeitete Auflage, Stuttgart 2014 (zitiert: Bearbeiter, in: Redeker/von Oertzen, Verwaltungsgerichtsordnung).

Reidt, Olaf, Regelungsmöglichkeiten und -grenzen der Raumordnungspläne – dargestellt am Beispiel des Klimaschutzes, DVBl 2011, S. 789–795.

Rojahn, Ondolf, Umweltschutz in der raumordnerischen Standortplanung von Infrastrukturvorhaben, Gestaltungsmöglichkeiten und Kompetenzgrenzen, NVwZ 2011, S. 654–662.

Ronellenfitsch, Michael, Ziele der Raumordnung, in: *Erbguth, Wilfried/Oebbecke, Janbernd/Rengelin, Hans-Werner u. a.* (Hrsg.), Planung, Festschrift für Werner Hoppe zum 70. Geburtstag, München, 2000

Runkel, Peter, Raumordnerische Steuerung von Netzinfrastrukturen von überörtlicher Bedeutung, in: *Jarass, Hans D.* (Hrsg.), Erneuerbare Energien in der Raumplanung, Symposium des Zentralinstituts für Raumplanung an der Universität Münster am 13. Mai 2011, Berlin, 2011, S. 25–42.

Sachs, Michael (Hrsg.), Grundgesetz, Kommentar, 7. Aufl., München 2014 (zitiert: Bearbeiter, in: Sachs, GG).

Scheidler, Alfred, Bindung der Gemeinden an Pläne des Wasser-, Abfall- und Immissionsschutzrechts im Rahmen der Bauleitplanung?, KommJur 2012, S. 241–246.

Schenke, Wolff-Rüdiger, Gerichtliche Kontrolleröffnungen gegenüber Plänen, insbesondere gegenüber Raumordnungs- und Flächennutzungsplänen, in: *Erbguth, Wilfried* (Hrsg.), Planungsrecht in der gerichtlichen Kontrolle, Kolloquium zum Gedenken an Werner Hoppe, Berlin, 2012, S. 73–101.

Schenke, Wolf-Rüdiger, Rechtsschutz gegen Flächennutzungspläne, NVwZ 2007, S. 134–144.

Schenke, Wolf-Rüdiger, Verwaltungsprozessrecht, 14., neu bearbeitete Auflage 2014. Schwerpunkte Pflichtfach, Heidelberg, Neckar 2014.

Schink, Alexander, Raumordnungsgebiete und kommunale Planungshoheit, Chancen und Schwierigkeiten für die Kommunen, in: *Jarass, Hans D.* (Hrsg.), Raumordnungsgebiete (Vorbehalts-, Vorrang- und Eignungsgebiete) nach dem neuen Raumordnungsgesetz, Symposium des Zentralinstituts für Raumplanung am 28. September 1998 in Münster, Münster, 1998, S. 46–87.

Schink, Alexander, Verhältnis der Planfeststellung zur Raumordnung, DÖV 2011, S. 905–914.

Schlaich, Klaus/Korioth, Stefan, Das Bundesverfassungsgericht, Stellung, Verfahren, Entscheidungen, 10., neu bearb. Aufl., München 2015 (zitiert als: Schlaich/Korioth, Das Bundesverfassungsgericht).

Schmidt-Aßmann, Eberhard, Die Stellung der Gemeinden in der Raumplanung, Sytematik und Entwicklungstendenzen, VerwArch 1980, S. 117–138.

Schmidt-Aßmann, Eberhard, Rechtstaatliche Anforderungen an Regionalpläne, DÖV 1981, S. 237–246.

Schmidt-Bleibtreu, Bruno/Hofmann, Hans/Henneke, Hans-Günter (Hrsg.), GG, Kommentar zum Grundgesetz, 13. Aufl., Köln 2014 (zitiert: Bearbeiter, in: Schmidt-Bleibtreu/Hofmann/Henneke, GG).

Schmidt-Eichstaedt, Gerd, Zur Methodik und Wirkung der Festlegung von Eignungsgebieten für die Windkraftnutzung durch die Regionalplanung, LKV 2012, S. 481–488.

Schmidt-Eichstaedt, Gerd, Repowering in der Regionalplanung – Welche Festlegungen sind in Regionalplänen zugunsten des Repowering zulässig oder sogar geboten?, ZfBR 2013, S. 639–647.

Schoch, Friedrich/Schneider, Jens-Peter/Bier, Wolfgang (Hrsg.), Verwaltungsgerichtsordnung, 29. Ergänzungslieferung, München 2015 (zitiert: Bearbeiter, in: Schoch/Schneider/Bier, Verwaltungsgerichtsordnung).

Schreiber, Robert, Das neue Bayerische Landesplanungsgesetz – der Auftakt zur Reform der bayerischen Landesplanung, BayVBl 2012, S. 741–746.

Schroeder, Werner, Die Wirkung von Raumordnungszielen, UPR 2000, 54 ff., UPR 2000, S. 54–58.

Sellner, Dieter/Fellenberg, Frank, Atomausstieg und Energiewende 2011 – das Gesetzespaket im Überblick, NVwZ 2011, S. 1025–1035.

Simon, Alfons/Busse, Jürgen (Hrsg.), Bayerische Bauordnung 2008 – Band II: Anhang, Kommentar, Loseblattausgabe, 115. Ergänungslieferung, München 2015 (zitiert: Bearbeiter, in: Simon/Busse, BayBO).

Sodan, Helge/Ziekow, Jan (Hrsg.), Verwaltungsgerichtsordnung, Großkommentar, 4. Aufl., Baden-Baden 2014 (zitiert: Bearbeiter, in: Sodan/Ziekow, VwGO).

Spannowsky, Willy, Grenzen landes- und regionalplanerischer Festlegungen gegenüber Verkehrswegeplanungen des Bundes, UPR 2000, S. 418–431.

Spannowsky, Willy, Aufgabe und Kompetenz des Bundes zur Konkretisierung der bundesgesetzlichen Grundsätze der Raumordnung durch einen Raumordnungsplan nach § 17 Abs. 1 ROG, UPR 2013, S. 54–60.

Spannowsky, Willy/Runkel, Peter/Goppel, Konrad (Hrsg.), Raumordnungsgesetz (ROG), Kommentar, München 2010 (zitiert: Bearbeiter, in: Spannowsky/Runkel/Goppel, ROG).

Spannowsky, Willy/Uechtritz, Michael (Hrsg.), BauGB – Baugesetzbuch, Kommentar, 2. Aufl., München 2014 (zitiert: Bearbeiter, in: Spannowsky/Uechtritz, BauGB).

Spoerr, Wolfgang, Raumordnungsziele und gemeindliche Bauleitplanung, in: *Erbguth, Wilfried/Oebbecke, Janbernd/Rengelin, Hans-Werner u. a.* (Hrsg.), Planung, Festschrift für Werner Hoppe zum 70. Geburtstag, München, 2000, S. 343–354.

Steinberg, Rudolf, Das Nachtflugverbot im Urteil des VGH Kassel zum Flughafen Frankfurt a. M., NVwZ 2010, S. 273–278.

Steinberg, Rudolf, Landesplanerische Standortplanung und Planfeststellung – unter besonderer Berücksichtigung der Planung von Verkehrsflughäfen –, DVBl 2010, S. 137–147.

Steinberg, Rudolf/Steinwachs, Jennifer, Infrastrukturprojekte als Ziele der Raumordnung im Landesentwicklungsplan, Zugleich eine Besprechung des Urteils des VGH Kassel vom 16. 08. 2002, NVwZ 2004, S. 530–536.

Steinberg, Rudolf/Wickel, Martin/Müller, Hendrik, Fachplanung, 4. Aufl, Baden-Baden 2012 (zitiert als: Steinberg/Wickel/Müller, Fachplanung).

Stelkens, Paul/Bonk, Heinz Joachim/Sachs, Michael (Hrsg.), Verwaltungsverfahrensgesetz, Kommentar, 8. Aufl., München 2014 (zitiert: Bearbeiter, in: Stelkens/Bonk/Sachs, VwVfG).

Stüer, Bernhard, Die Flughäfen Schönefeld, Leipzig/Halle, Frankfurt und KasselCalden, DVBl 2007, S. 610–617.

Stüer, Bernhard, Handbuch des Bau- und Fachplanungsrechts, Planung – Genehmigung – Rechtsschutz, 5. Auflage, München 2015 (zitiert als: Stüer, Handbuch des Bau- und Fachplanungsrechts).

von Nicolai, Helmut, Konsequenzen aus den neuen Urteilen des Bundesverwaltungsgerichts zur raumordnerischen Steuerung von Windenergieanlagen, – Oder: was ist der Unterschied zwischen einem Ziel? –, ZUR 2004, S. 74–80.

Wagner, Jörg, Die Harmonisierung der Raumordnungsklauseln in den Grenzen der Fachplanung, DVBl 1990, S. 1024–1031.

Wagner, Jörg, Bundesfachplanung für Höchstspannungsleitungen – rechtliche und praktische Belange, DVBl 2011, S. 1453–1460.

Weidemann, Clemens, Gerichtlicher Rechtsschutz der Gemeinden gegen regionale Raumordnungspläne Beiträge zum Siedlungs- und Wohnungswesen und zur Raumplanung, Bd. 89, Münster 1983.

Wolff, Hans J./Bachof, Otto/Stober, Rolf/Kluth, Winfried, Verwaltungsrecht I, 12., neubearb. Aufl. Juristische Kurz-Lehrbücher, München 2007 (zitiert als: Wolff/Bachof/Stober/Kluth, Verwaltungsrecht).

Zentralinstitut für Raumplanung, Das Raumordnungsrecht: Vergangenheit – Gegenwart – Zukunft, DVBl 2005, S. 1149–1161.

Sachregister

Schriften zum Infrastrukturrecht

herausgegeben von
Wolfgang Durner und Martin Kment

Die Schriftenreihe *Schriften zum Infrastrukturrecht* (InfraSR) wurde 2013 gegründet. Das Infrastrukturrecht als übergreifendes Rechtsgebiet erstreckt sich neben den klassischen Verkehrsinfrastrukturen (Straße, Schiene, Wasserstraßen und Luftverkehr) vor allem auf die Anlagen zur Bereitstellung von Wasser und Energie, die stoffliche Ver- und Entsorgung sowie die Kommunikationsinfrastruktur. In all diesen Bereichen stellen sich immer wieder grundsätzliche Fragen nach der Rolle des Staates – sei es als Anbieter oder als Gewährleister eines angemessenen Versorgungsniveaus, der Planung, Zulassung und Finanzierung der erforderlichen Anlagen, der Reglementierung des Zugangs zu Infrastrukturen, des Umgangs mit natürlichen Monopolen oder nach der Gestaltung verbrauchergerechter Preise. Die neue Schriftenreihe will zur Erforschung dieser Fragen beitragen und wendet sich ebenso an staatliche und nichtstaatliche Akteure im Infrastrukturbereich wie an Wissenschaftler, Richter und Rechtsanwälte.

ISSN: 2195-5689
Zitiervorschlag: InfraSR

Alle lieferbaren Bände finden Sie unter *www.mohr.de/infrasr*

Mohr Siebeck
www.mohr.de